Tod und Sterben

Herausgeber
Rolf Winau · Hans Peter Rosemeier

Beiträge von
Meinhard Adler · Margret Baltes · Wilfried Barner
Hans Ebeling · Ingeborg Falck · Jürgen Howe
Siegfried Kanowski · Renate Kreibich-Fischer
Josef Mayer-Scheu · Hans-Joachim Merker
Hansjörg Riehm · Hans Peter Rosemeier · Hans Schadewaldt
Bruno Schlegelberger · Gisela Schneider · Michael Theunissen
Rudolf Wassermann · Elmar Weingarten · Rolf Winau

Mit einem Geleitwort von Jörg Zink

Walter de Gruyter · Berlin · New York 1984

Titelbild: Edvard Munch, Der Todeskuß, 1899. Aus der Sammlung „Mensch und Tod" der Universität Düsseldorf.
Die Abbildungen zu Beginn der Kapitel stammen aus dem Totentanz von Hans Holbein d. J., Basel 1524/25.

CIP-Kurztitelaufnahme der Deutschen Bibliothek

Tod und Sterben / Hrsg. Rolf Winau; Hans Peter
Rosemeier. Beitr. von Meinhard Adler ... –
Berlin; New York: de Gruyter, 1984.
  ISBN 3-11-010001-0

NE: Winau, Rolf [Hrsg.]; Adler, Meinhard [Mitverf.]

Satz: Satz-Rechen-Zentrum Hartmann + Heenemann KG, Berlin. – Druck: Druckerei Gerike GmbH, Berlin. – Bindung: Dieter Mikolai, Berlin. – Umschlagentwurf: Rudolf Hübler, Berlin.

Für Philippe Ariès
(1914 – 1984),

dem alle, die das Thema beschäftigt, zu danken haben.

Jörg Zink

Der Tod und seine Rückseite

Geleitwort

Mit dem Thema „Tod", das lange Zeit aus dem öffentlichen Gespräch ausgeklammert war, beschäftigen sich heute wieder Millionen. Wohl im Zusammenhang mit der Krise des neuzeitlichen Fortschrittsglaubens und Diesseitigkeitsgenügens beginnt es sich heute wieder klarer darzustellen, aufgefächert in Einzelfragen medizinischer, sozialer, psychologischer, philosophischer, juristischer und am Ende theologischer Herkunft und Zielrichtung.

Es ist heute wieder deutlicher, daß es sich dabei um die Sinnfrage schlechthin handelt. Denn wenn es unmöglich sein sollte, dem Tode Sinn abzugewinnen, wäre das Dasein überhaupt zweifelsfrei als ein im Grunde sinnfremdes Unternehmen anzusehen. Denn das Dasein ist immer zugleich ein Werden und ein Sein, ein Vergehen und Neuwerden und nur in dieser komplexen Ganzheit und Gleichzeitigkeit ein menschliches Leben.

So wird es von Epoche zu Epoche immer wieder nötig sein, das ganze Spektrum der möglichen Modelle der Bewältigung dieses Themas zu bedenken und damit auch das der Konsequenzen, die aus heutiger Kenntnis für die Medizin, die Psychologie und das geltende und das neu zu schaffende Recht zu ziehen sind.

*

Ich darf einen persönlichen Satz voranstellen: Für mich – und ich habe als junger Mensch das Sterben hunderter von Kameraden erlebt und seitdem dem Tod aus der Unmittelbarkeit, die der Beruf des Pfarrers mit sich bringt, immer wieder zugesehen – war er niemals das „Aus", niemals das „Ende", sondern immer ein Schritt in eine andere Wirklichkeit. Nach meiner Überzeugung kann, wer einmal wach geworden ist für Zeichen aus einer anderen Dimension des Daseins, in der bloßen „Bereitschaft zum Sterben" niemals einen erlösenden Sinn sehen. Der entsteht erst mit der Fühligkeit für das, was im und am Sterbenden wirklich geschieht. „Auferstehung" ist der christliche Ausdruck dafür.

Wohl aber hat das Thema „Tod" auch ohne solche Voraussetzung für alle, die mit ihm befaßt sind, eine Fülle ethischer Implikationen. Einige der auffälligsten möchte ich kurz nennen, ohne dabei schon ihren religiösen Hintergrund einzubeziehen:

Ein Erstes: Mir scheint, es sei an der Zeit, daß die Medizin, ungeachtet ihrer prinzipiellen Verpflichtung, das Leben zu bewahren, den Tod als einen eigenen, nicht auszusparenden Schritt im Schicksal eines Menschen erfaßt und ihm Raum gibt, wo immer die ärztliche Kunst nicht mehr das Leben, sondern nur noch das Sterben dehnt. Es geht, um es deutlich zu sagen, unendlich viel Qual aus von der Empfindlichkeit von Ärzten, die es nicht ertragen, daß sie am Ende auf alle Fälle dem Tod das Feld überlassen werden.

Hilfe zum Sterben – das ist eines der ärztlichen Grundthemen. In der Krankenpflege der christlichen Tradition war sie immer eine Möglichkeit an der Grenze zwischen dem Erlaubten und dem Gebotenen, im Zwischenbereich des normalerweise Untersagten. Ich erinnere mich: Die Oberin eines großen Diakonissenverbandes wurde gefragt, wie vielen Sterbenden sie zu einem gnädigen Tod verholfen habe. Sie antwortete schroff abweisend: Das wissen Gott und ich.

Ich bin überzeugt, daß kein Gesetz je wird gestatten können, daß ein Mensch das Leben eines anderen vorzeitig beendet. Hier hilft keine gesetzliche Erlaubnis, hier ist das Gewissen aufgerufen, und das einsame Gewissen allenfalls wird um der Liebe Gottes willen einmal tun dürfen, was kein Gesetz erlauben und kein ethischer Wert rechtfertigen kann. Es bedarf dazu eines Menschen, der mit seinem Gewissen auch sonst etwas anzufangen weiß.

Im Umgang mit dem Tod gilt allemal, was auch sonst für den

Umgang mit menschlichem Schicksal gilt: daß der, der Verantwortung trägt, wissen muß, wem er auf welche Frage zu antworten hat, und daß er bereit sein muß, das Risiko einer Schuld zu
tragen um der Menschen willen. Verantwortung hängt mit der
Antwort zusammen, die ein Mensch auf eine bestimmte Frage
zu geben bereit ist. Es dürfte schwer sein, von Verantwortung
zu sprechen, wenn niemand gedacht werden kann, vor dem die
geforderte Antwort formuliert wird.

*

Ein Zweites: Der Tod ist nicht nur die Privatsache des Betroffenen. Er steht im Zusammenhang unseres öffentlichen Lebens
insgesamt. Und da sind wir – wo es doch um den persönlichsten
und einsamsten Vorgang eines Menschenlebens geht – technischen und sozialen Zwängen ausgeliefert wie nie in der Geschichte der Menschheit. Unser Dasein individualisiert sich auf
allen Gebieten, während das Sterben zunehmend kollektiv und
anonym geschieht, und man wird nicht anders können als die
Weise, wie heute in hochtechnisierten Kliniken gestorben
wird, als barbarisch zu bezeichnen. Es geht heute energisch
darum, die Würde des Sterbens zu retten. Wir müssen sehen,
daß die geistverlassene Vernünftigkeit unserer Zivilisation das
Sterben des Menschen weder annehmen noch gestalten noch
auch nur geschehen lassen kann, daß sie weder Kraft noch Gelassenheit noch gar Hoffnung zu vermitteln vermag. Stattdessen beschäftigen wir uns mit dem Erfinden von Strategien
gegen das Nachdenken bis hin zur Auslöschung des Bewußtseins des Sterbenden, ehe das Nachdenken und Annehmen geschehen könnte.

Wie die Dinge heute liegen, gehört meines Erachtens zur Aufgabe eines Arztes nicht nur die Bewahrung des Lebens und
nicht nur die Hilfe zum Sterben, sondern vor allem auch die
Hilfe im Sterben, nachdem es sich nun einmal so ergeben hat,
daß der Arzt in der weltanschaulich neutralen Gesellschaft von
heute im Bewußtsein der Menschen weithin den Platz einnimmt, den früher der Priester innehatte.

Ein Drittes: Hier bietet sich heute vielfach die Mitarbeit des Psychologen bzw. Psychotherapeuten an. Das ist gut und wichtig, sofern der Psychologe zu einer Änderung seiner Therapieziele bereit ist. Denn Psychotherapie zielt von Hause aus auf die Wiedergewinnung von Lebenswillen und Lebensenergie, von Freiheit und personaler Einheit und Ganzheit. Gerade mit solcher Zielvorgabe ist aber keine Sterbehilfe zu leisten, es sei denn, man setze den Sterbenden auf eine Zukunft an, die er gerade nicht mehr hat.

Andererseits kann eine Psychotherapie, die jene personübergreifende Ich-Selbst-Achse kennt, von der C. G. Jung spricht, einen Menschen, der im Grunde sein Sterben „weiß", durchaus sinnvoll begleiten, kann ihm vor allem helfen, auszusprechen, was er einsam erfährt. Sie muß nur bereit sein, auf „Erfolge" zu verzichten, es sei denn, sie nähme es als ihren Erfolg, daß der Sterbende in die Lage kommt, sein Sterben zu „können".

Ein Viertes: Der Tod ist keine Sache, die ein Mensch sinnvoll mit sich selbst allein abmacht, er ist zu sehr ein Vorgang im Abschied von Menschen und Dingen, er ist ein Interaktionsgeschehen, in das viele andere einbezogen sind, die selbst mit dem eigenen Tod nicht befaßt werden. Darum fügt sich hier die noch lange nicht ausgestandene Problematik der Wahrheit an, der wahrheitsgemäßen Information des Sterbenden. Und hier gestatte man mir die Klage darüber, daß nicht nur der Kranke ungeübt ist im Umgang mit dem Gedanken an seinen Tod, sondern zusätzlich die landläufige Täuschung an ihm geschieht, die ihm die bewußte Phase der Vorbereitung auf das Sterben nimmt. Was dabei verloren geht, ist das Abschiednehmen des Menschen vom Dasein und den Mitmenschen. Man macht es sich heute an diesem Punkt leichter, als man es sich in der Menschheitsgeschichte je gemacht hat.

In früheren Zeiten bat man Gott um Bewahrung vor dem „jähen Tod", der eine bewußte Erfahrung des Sterbens verhindert wie auch die notwendige Reflexion darüber, was denn am Ende herausgekommen sei, was man noch in Ordnung bringen könne und womit man bestehen könne vor sich selbst und der letzten Instanz.

Heute bittet man allenfalls um einen schnellen, schmerzlosen Tod, einen Tod, der nicht ins Bewußtsein tritt; man regrediert in den Wunsch nach bloßem Einschlafen. Die ernsthaftere Humanität lag bei unseren Voreltern, die den Abschied wünschten, die Einsicht, das Schuldbekenntnis und den Segen. Ich persönlich möchte es mir in aller Form verbeten haben, daß mich je ein Arzt um den bewußten Abschied bringen sollte.

*

Ein Letztes: Für einen Christen ist das Sterben ein eminent wichtiger Schritt über die Grenze des hiesigen Daseins hinaus in eine Daseinsform, die uns unvertraut ist, die neue Wege öffnet, neue Aufgaben stellt, ohne daß wir im Detail irgendeine konkrete Information über das Was und das Wie besäßen. Begegnung mit Gott, Gericht, Erlösung, Reich Gottes sind Stichworte, die an der Stelle von Symbolen stehen, und es liegt nicht viel daran, wie konkret, wie differenziert oder wie kindlich wir uns das eine oder andere ausmalen mögen.

Es geht nicht, wie es heute leicht gesehen wird, um Spekulationen anhand von allerlei empirischen und verschieden deutbaren postmortalen Erfahrungen, sondern um eine Grundeinstellung zum Dasein als Rahmen für eine Sicht des Todes, die vom Weiter-Gehen, vom Weiter-Erfahren, vom Weiter-Sein weiß. Es geht darum auch nicht um den Widerstand gegen den Tod und nicht um seine „Bewältigung" – was gäbe es da auch zu bewältigen? – sondern um Bejahung, um Einwilligung, um den Blick durch die Wand des augenscheinlichen Endes hindurch auf einen danach folgenden Weg, auf den der Sterbende sich begibt. Und es geht für die Umstehenden um das, was wir Empathie nennen, das beteiligte Eingehen in die Zone, in der ein anderer leidet und sich ängstigt.

Man übt seinen eigenen Tod noch immer am besten dadurch ein, daß man ihn bedenkt, indem man einen anderen, einen Sterbenden, begleitet. Denn der Tod hat nicht nur mit dem Schrecklichen zu tun, sondern auch mit Hingabe, mit Barmherzigkeit, mit verläßlicher Liebe und mit einem stellvertretenden

Glauben, der dem anderen beisteht, wenn er auf die andere Seite des Lebens hinübergehen soll.

Denn das alles, auch der Vorblick auf das folgende Dasein, nimmt dem Tod nicht seine Rätselhaftigkeit und nicht seine Schwere, und nur, wer nichts liebt, wird ohne das Elend des hilflosen Mitleidens auskommen. Er ist kein Anlaß zu Heroismus oder Verzweiflung. Er ist Durchgang, Übergang, Stelle des Rückblicks und der Bereitschaft für das Neue. Seine uns abgekehrte Rückseite ist das Leben. Er findet in derselben Gegenwart Gottes statt wie alles, was zuvor gewesen ist und was ihm folgt. Und entscheidend wird sein, ob, was uns jenseits der Todesschwelle begegnet, sozusagen ein Gesicht hat: Das Gesicht des Christus, das für den Christen schon während dieses Lebens die uns zugewandte Seite Gottes gezeigt hat. Aber davon zu reden, geht über den Sinn eines solchen Geleitworts hinaus.

Ich wünsche mir jedenfalls, daß die Stimmen, die in diesem Buch zu Wort kommen, beim Leser zu Nachdenklichkeit und Wachheit den Mut stärken und ihn befähigen, seine eigene, seine persönliche Antwort zu geben.

Vorwort

Das vorliegende Buch verdankt sein Entstehen den neu einge-
richteten UNIVERSITÄTSVORLESUNGEN der Freien Universität
Berlin, die das alte Anliegen des Studium Generale aufgegriffen
haben. Ziel dieser Vorlesungen ist es, den Zusammenhang der
Universität und ihrer Fächer untereinander wieder sichtbar zu
machen. In einer Zeit der Vereinzelung von Wissenschaft und
Wissenschaftlern, von Lehrern und Studenten erschien die
Einrichtung einer großen Vorlesung als Wagnis und Chance.

Zum Konzept der UNIVERSITÄTSVORLESUNGEN gehört es, daß sie
offen für Studenten aller Fakultäten, darüber hinaus für jeden
Interessierten auch von außerhalb der Universität sind, und daß
sie möglichst schnell in schriftlicher Form vorliegen sollen.

Unser Dank gebührt dem Initiator der UNIVERSITÄTSVORLESUN-
GEN, dem damaligen Präsidenten der FU Berlin, Professor
Eberhard Lämmert, und der Senatskommission für die UNIVER-
SITÄTSVORLESUNGEN für den Mut, eine solche Institution zu be-
gründen und unser Angebot einer Vorlesung *Tod und Sterben*
zu akzeptieren.

Dr. Renate Kunze hat uns von den ersten Ansätzen der Planung
an tatkräftig und umsichtig unterstützt. Ohne die Hilfe des
Außenamtes der FU Berlin wäre es uns nicht möglich gewesen,
unsere Gäste nach Berlin einzuladen.

Zu danken haben wir unseren Hörern, die in unerwartet großer
Zahl unser Angebot angenommen haben, und die, trotz zum
Teil drängender Überfülle, die Atmosphäre geschaffen haben,
das schwierige Thema sachgerecht zu behandeln.

Wir danken allen Autoren dieses Bandes, die die Herausforderung, sich dem Thema zu stellen, angenommen haben. Sie
haben im Mai 1983 in einem Seminar mit uns unter Konzept
diskutiert und uns über ihre eigenen Beiträge hinaus wertvolle
Hilfen gegeben. Sie haben sich der nicht immer leichten Auf-

XIV

gabe unterzogen, auch schwierige Probleme allgemeinverständlich darzustellen, und sie haben die von uns gesetzten knappen Fristen eingehalten.

Unser Dank gilt dem Verlag Walter de Gruyter für die Drucklegung des Bandes.

Zu danken haben wir vor allem unseren Mitarbeitern in den Instituten. Ruth Lejeune und Anneliese Plikat schrieben die Manuskripte im Institut für Medizinische Psychologie; im Institut für Geschichte der Medizin schrieben Brigitte Zierau und Lieselotte Hübel Manuskripte, Renate Polatzek zeichnete die Graphiken, Christa Riedel-Hartwich fertigte die Photoarbeiten und las die Korrekturen.

Ohne ihrer aller Hilfe könnte das Buch nicht so schnell nach Beendigung der Vorlesung erscheinen.

Berlin, Februar 1984

Rolf Winau
Hans Peter Rosemeier

Inhalt

Der alltägliche Tod

Das begleitete Sterben

Hans Peter Rosemeier / Rolf Winau
Zur Konzeption dieses Buches

Tod und Sterben sind ein noch immer weithin tabuisiertes The-
ma. Darüber kann auch die in den letzten Jahren zu beobach-
tende Literaturfülle nicht hinwegtäuschen. Häufig werden dort
Einzelaspekte angegangen, wobei ein starkes Überwiegen von
Themen festzustellen ist, die die persönliche Betroffenheit von
Tod und Sterben artikulieren.

Das Konzept der UNIVERSITÄTSVORLESUNGEN sieht eine Möglichkeit darin, sich einem zentralen Thema von möglichst vielen
Seiten zu nähern, möglichst viele Aspekte zu betrachten. Das
Thema *Tod und Sterben* bot die Möglichkeit einer solchen in-
terdisziplinären und fachübergreifenden Darstellung. Aus
einem zunächst breiter und umfassender angelegten Konzept
entstand schließlich in ausführlichen Diskussionen mit den
Autoren die vorliegende Fassung, die sich auf fünf wesentliche
Aspekte konzentriert:

Im ersten Kapitel *Der vergangene und gegenwärtige Tod* geht
es darum, historische Fakten und Ereignisse darzustellen, die
die Einstellung zum Tode verändert haben und noch heute beeinflussen. Das zweite Kapitel *Der bedachte Tod* gibt Vertre-
tern jener Fachrichtungen das Wort, denen die gedankliche
Durchdringung des Themas zuvorderst zu eigen ist: Kunstgeschichte, Philosophie, Theologie und Literaturwissenschaft
sind hier vertreten. Im dritten Kapitel *Der erforschte Tod*
kommen Berliner Autoren zu Wort, ohne daß damit das Gebiet
auch nur annähernd erschöpft wäre. Wenn hier auf die Anatomie, die Psychologie und die Demographie eingegangen wird,
so geschieht dies beispielhaft für viele Fächer, denen Tod und
Sterben Gegenstand empirischer Forschung sind. *Der alltägliche Tod* wird im vierten Kapitel von zwei ganz unterschiedlichen Seiten angegangen. Der Tod des alten Menschen wird
kontrastiert mit der Alltäglichkeit des gewaltsamen Todes und

der arbeitsteiligen Tiertötung. Das letzte Kapitel *Das begleitete Sterben* diskutiert Möglichkeiten der Sterbebegleitung, der Sterbehilfe, des Rechtes auf den eigenen Tod aus psychologischer, seelsorgerischer, ärztlicher und juristischer Perspektive.

Diese fünf Aspekte können das Thema *Tod und Sterben* bei weitem nicht erschöpfen, sie geben aber einen Eindruck von der Breite einer möglichen und notwendigen Diskussion.

Der vergangene und gegenwärtige Tod

In der Geschichte des Abendlandes hat sich der Umgang mit dem Tod nur sehr langsam gewandelt. Wie können wir uns ein Bild von den Todesvorstellungen der Vergangenheit machen, wenn wir heute oft so leben, als gäbe es den Tod nicht? Anthropologische Untersuchungen der Mythen früher Vorgeschichte der Menschheit haben primitive Vorstellungen vom Tode zutage gefördert, in denen der eigentlich zur Unsterblichkeit bestimmte Mensch durch Versehen, durch Schuld, durch Aggression oder durch Magie stirbt. In seiner Abhandlung über den Tod im abendländischen Denken hat Jacques Choron[1] die Todeskonzepte philosophischer Denkströmungen dargestellt:
- Vielleicht ist der Tod besser als das Leben (Sokrates)
- Der Tod ist die Befreiung der Seele vom Körper (Platon)
- Wie sich das Sterben lernen läßt (Montaigne)
- In einem unendlichen All ist der Tod nicht möglich (Giordano Bruno)
- Das Beste in diesem Leben ist die Hoffnung auf ein künftiges Leben (Pascal)
- Kein Lebewesen geht gänzlich unter, es verwandelt sich nur (Leibniz)
- Der Tod ist das wahre Ziel des Lebens (Schopenhauer).

Todessehnsucht und Todesverherrlichung kennen wir aus der Literatur der Romantik. In der Existenzphilosophie ist der Tod keineswegs nur die Negation unseres Daseins. Todesnähe und Sterben sind Phänomene des Lebens[2]. Nicht immer müssen die Einordnungen geistesgeschichtlich erfolgen. Viele der Ergebnisse der Studien zur Geschichte des Todes im Abendland von

Philippe Ariès beruhen auf einer Auswertung der Literatur, der Kunst und der Sozial- und Wirtschaftsgeschichte untersuchter Zeiträume. *Einstellungen zu Tod und Sterben in der europäischen Geschichte* stellt in diesem Buch Rolf Winau dar.

Tod und Sterben unter dem historischen Aspekt zu diskutieren, weckt heute noch in Deutschland die Assoziation an die Todesmaschinerie der jüngeren Vergangenheit, an den falschen Klang des Begriffes vom guten Tode aus der Antike *Euthanasie.* In *Die Freigabe der Vernichtung lebensunwerten Lebens* greift Rolf Winau die Euthanasiediskussion vor dem Ersten Weltkrieg, in der Weimarer Zeit und im Deutschland nach 1933 auf. Diese Darstellung zu Beginn unseres Buches hat einen direkten Bezug zu Rudolf Wassermanns Arbeit *Das Recht auf den eigenen Tod.* Hier geht es freilich um die Verfügbarkeit des *eigenen* Todes, nicht um die Verfügbarkeit des *fremden* Todes, wie in der Diskussion der 20er Jahre und der Wirklichkeit des Dritten Reiches.

In *Die Willkür des Todes und der Widerstand der Vernunft* stellt Hans Ebeling historische und interkulturelle Differenzen dar. Er fragt, ob der abendländische Tod auf dem Hintergrund abendländischer Vernünftigkeit prinzipiell ein unvernünftiger Tod sein könnte, dem anders als in anderen Kulturen, jedenfalls in der Moderne, Widerstand gelten müsse, da die vernünftige Moderne ohne Gelassenheit zum Tode ist.

Der bedachte Tod

Reflexionen über Tod sind in einer ganzen Reihe von Mutter- und Tochterwissenschaften, ebenso in der Bildenden Kunst, geläufig. Wir erhalten Deutungen und Meditationen über Totentänze von Hans Schadewaldt in seinen *Bildern vom Tod.* In den Totentänzen finden wir die Verbindung von Eros und Thanatos ebenso wie jene Streitgespräche zwischen Mensch und Tod, wie sie im Jedermann-Dialog erscheinen. Wir erfahren, wie sich die Ausbreitung der Pest in Europa auf die künstlerische Darstellung des Todes niederschlug. Der Tod ist nicht „Freund Hein", er ist ein triumphierender Würger. Bei Käthe

Kollwitz genügt die Andeutung einer Skeletthand, die in ein Bildnis hineinragt, um überdeutlich zu machen, wer hier eingreift.

Systematisches Bedenken und Sprechen vom Tod als im Leben gegenwärtig, vom Tod als sachlich ursprünglichem Beweggrund des Philosophierens hilft uns zu klären, die Begriffe von Tod, Tot-Sein, des Endes des Lebens und des Lebens so zu verstehen, daß wir erkennen, daß ‚Sterben' eine Form der Gegenwart des Todes im Leben ist. Michael Theunissen legt uns in *Die Gegenwart des Todes im Leben* nahe, wenn unsere Zeit abgelaufen sei, „Abschied zu nehmen von der Welt und in einem ausgezeichneten, ganz und gar einzigartigen Sinn auch von uns selbst. ... Wenn wir überhaupt, nach einem Wort Heideggers, den Tod ‚vermögen', dann so. Was im Leben nicht möglich ist, im Tode wird es möglich. Denn der Augenblick des Todes ist der, in dem wir nur noch Vergangenheit sind und in keiner Weise mehr Zukunft. In ihm müssen wir von uns selbst Abschied nehmen, weil wir selbst dann nichts als das Vergangene sind. Man selbst zu sein, heißt aber gerade: Zukunft haben und sich in sie hinein entwerfen. Infolgedessen müssen wir im Tode auch insofern Abschied von uns selbst nehmen, als das Vergangene, zu dem wir geworden sind, kein Selbst mehr ist." (Michael Theunissen). Die Antizipation des Todes im Bewußtsein hat ihren unmittelbaren Bezug zur vorweggenommenen Trauerreaktion als Aufgabe des begleiteten Sterbens.

Eine Gegenposition zur skeptischen Haltung vom Tod als ‚Lehrmeister des Abschieds' lehrt uns der Theologe Bruno Schlegelberger vom *Leben nach dem Tode* die ‚Tugend der Hoffnung' und warnt vor Hochmut oder Resignation. Aussagen christlicher Überlieferung dürfen nicht als Reportagen verstanden werden. Der Leser darf nicht erwarten, Theologen, die vom Leben nach dem Tode sprechen, würden sich sozusagen im Himmel auskennen. Die Bilder vom Tod, Fegefeuer, Himmel, Hölle, Wiederkunft Christi, sind Aussagen über die menschliche Zukunft.

Die literarische und künstlerische Verarbeitung des Todes wird in vielen Titeln moderner Dramen deutlich. Z. B.: „Tod des

Handlungsreisenden", „Tod in Venedig". Diese Titel und das folgende Gedicht entstammen einem Aufsatz Friedrich Kienekkers[3].

> *Definition*
> Ein Hund
> der stirbt
> und der weiß
> daß er stirbt
> wie ein Hund
>
> und der sagen kann
> daß er weiß
> daß er stirbt
> wie ein Hund
> ist ein Mensch.
> (Erich Fried)[4]

Die Vorstellung vom Tod als Bruder des Schlafs gehört zu den großen Paradigmen aufklärerischen Welt- und Lebensverständnisses. Gotthold Ephraim Lessing hat diese Auffassung christlichen Anschauungen gegenübergestellt. Wilfried Barner stellt in *Der Tod als Bruder des Schlafes* die Frage nach dem Verhältnis von aufklärerischem Ursprung und ästhetisierender Tendenz eines solchen Bewältigungsmodells in der Literatur.

Der erforschte Tod

Für die Darstellungen der Forschungen über die Problematik des Todes mußte eine Auswahl getroffen werden. Mit der Anatomie des Todes auf der einen Seite und mit Demographie und Empirie des Todes auf der anderen Seite greifen wir je ein traditionelles und ein jüngeres Gebiet der Todesforschung heraus. In *Die Anatomie des Todes* gibt Hans-Joachim Merker die für das naturwissenschaftliche Verständnis vom Tod vorausgesetzten Definitionen, die Festlegung eines wissenschaftlichen Begriffes vom Tode ist von der Frage: Was ist das Leben? nicht zu trennen. Das Fehlen eines Zelltodes unter normalen Bedingungen, die Reduplizierung von Erbsubstanz in Keimzellen, die nach einer Befruchtung einer Eizelle auftretende Zellteilung aus Material der absterbenden einen Tochterzelle und die Bedeutung der zweiten Tochterzelle als Material für die Entwicklung der neuen Geschlechtszellen sind Bestimmungsstücke einer naturwissenschaftlichen Definition des Lebens, des Lebensendes und der Reproduktion. Dieser theoretische Aspekt wird von Merker ergänzt um den für die anatomische Forschung wichtigen Gegenstand, die Leiche.

Von der Begegnung des Studenten mit dem Forschungsobjekt des menschlichen Körpers *Über den Anblick des eröffneten Leichnams im Seziersaal* handelt die Arbeit von Gisela Schneider. Mit dem intimen Vorgang, der sinnlichen Erfahrung der Fleischlichkeit beim Zergliedern des menschlichen Körpers im Anatomiesaal hat sie sich psychologisch auseinandergesetzt. Zu Beginn der Sektion liegt noch der ganze Leichnam auf dem Seziertisch, später nur der Unterkörper, die Beine oder einzelne Gliedmaßen. Mancher Student mag in der Zerstückelung eine Entlastung erleben. Die Neugier und Furcht über den Inhalt der Räume hinter den Kulissen des Saales erfüllt die Inhalte von Träumen der Studenten, die diese existentiellen Erfahrungen verarbeiten müssen.

Die *Untersuchungen zur Mortalität in Berlin im 18. Jahrhundert,* von denen Rolf Winau berichtet, stellen einen Beitrag zur Demographie des Todes in ausgewählten Kapiteln, gesammelt als Quellenmaterial aus Kirchenbüchern der Mitte des 18. Jahrhunderts in Berlin dar. Auffällige Schwankungen der Todesraten, die Konsequenzen von Kriegen und Subsistenzkrisen von Seuchen und Ernährungsstörungen, verlangen nach epidemiologischen historischen Interpretationen des Todes. Aus den Ergebnissen wird auch deutlich, wie bedeutsam der präventive und rehabilitative Anteil neuer Kulturtechniken sich auf die Sterbestatistik auswirkt.

Zur Empirie und Psychologie des Todes sind im angloamerikanischen Bereich in den letzten Jahren umfangreiche Forschungsergebnisse publiziert worden. Lange Zeit stand im Vordergrund die Todesangstproblematik. Neuere Berliner *Untersuchungen zur Psychologie der Todeskonzepte* werden von

Hans Peter Rosemeier berichtet. Empirisch-psychologische Methoden an Berliner Bevölkerung, Ärzten, Krankenpflegepersonal, Medizinstudenten und Kranken förderten eine Todestypologie zutage, die in Abhängigkeit von Religiosität, Bildungsstand, Geschlecht, Lebensalter und beruflichem Umfang an Umgang mit Krankheit und Tod, also in Abhängigkeit von Todesnähe und Todeserfahrung empfindlich reagieren[5]. Typischerweise werden Personen, die häufig Umgang mit Tod und Sterben erleiden müssen, über lange Zeiträume nicht notwendig zynischer, d. h. in ihrer Verarbeitungsstrategie abwehrend, sondern sie werden auch „dünnhäutiger". Schwer erkrankte Personen zeigen sich in ihrer größeren Todesnähe eher berührt und verletzt. Aber entgegen weitverbreiteter Laienannahme nimmt die Todesangst in der Todesnähe keineswegs proportional zu. Menschen, die dem Tod ins Auge sehen mußten, erfahren einen Wandel ihrer Einstellung, weg von einer trockenen, skeptischen Auffassung vom Lebensende, durch selbst mit einer häufig rein theoretisch konstatierten Todesangst, die häufig auch eine Angst vor dem Leben sein mag, hin zu einer Todeserwartung ohne Furcht unter Beteiligung angemessener differenzierter Gefühle.

Der alltägliche Tod

Wir betrachten es als natürlich und nicht auffällig, wenn uns nach durchlebtem Leben im Alter der Tod begegnet. Wir erfahren nun, daß *Altern und Tod in der psychologischen Forschung,* von Margret M. Baltes, von verschiedenen Auffassungen der menschlichen Entwicklung im hohen Lebensalter ausgeht. In der Vorstellung vom produktiven älteren Menschen mit hoher Lebenszufriedenheit und Selbstachtung ist der Tod nicht am Platze. Vergleichbar einem gesellschaftlichen Trend unserer Tage wird innerhalb eines hohen Aktivitätsgrades das Leben so gelebt, als könne es durch den Tod nicht gefährdet werden. In der Entlastungstheorie ist der Rückzug des alten Menschen von der Gesellschaft erlaubt. Im Rückblick auf das Leben und im Bewußtsein der Vergänglichkeit erreicht der alternde

Mensch in dieser Auffassung eine höhere Stufe des abschied-
nehmenden reifen Menschen mit eigener Identität. Margret
Baltes macht uns mit der Perspektive der Lebensspanne vertraut. Diese erlaubt sowohl die reife Ich-Entwicklung im Alter
als auch Variationen, die der individuellen biographischen Entfaltung besonders gerecht werden.

Die *medizinischen Überlegungen zu Altern und Tod* trägt Siegfried Kanowski bei. Genetische Faktoren der Beeinflussung
der Lebensspanne, die Bedeutung von exogen oder endogen
krankmachenden Noxen, wie z. B. Nikotin, Alkohol oder Infektionen, mit jahrzehntelangen Latenzzeiten in ihrer Wirkung
auf die Lebensdauer, aber auch die Bedeutung chronischer Erkrankungen werden hier dargestellt. Kanowski geht auch auf
die erhöhte Suizidalität im Alter als Folge psychischer Erkrankungen ein. Auch über den Ort und das Wie des Sterbens alter
kranker Menschen werden wir hier informiert.

Meinhard Adler ordnet in *Tod als Notwendigkeit, Töten als Alltäglichkeit,* die verschiedenen Todesformen ein: Der schon behandelte „natürliche" Alterstod wird vom Suizid und vom dissoziierten Organtod (Krankheitstod) unterschieden. Dem gewaltsamen Tod wendet sich Adler ausführlich zu. Strukturelle Gewalt beim Verkehrstod oder ritualisierte zwischenartliche Gewalt beim Opfer des Stiers in der Arena auf der einen Seite und
die technologisierte, hoch arbeitsteilige Tiertötung im modernen Schlachtbetrieb werden erläutert. Adler verdeutlicht an
diesen Phänomenen unsere Strategien der Verarbeitung des
Todes, Vermeidungs-, Versachlichungs- und Identifikationsstrategien. Er diskutiert die kulturkritische Bedeutung histori-
scher und zeitgemäßer überlegener Todesverarbeitungsstrate-
gien.

Das begleitete Sterben

Wenn Kinder sterben müssen, so wird gerade wegen des noch
unerfüllten Lebens dieser Tod besonders schmerzlich. Zur
Psychologie der Begegnung des Kindes mit dem Tode gibt Hans

Peter Rosemeier einen medizinpsychologischen Literaturüberblick. Die Entwicklung des Todesbegriffes vom Kleinkind bis zum Jugendlichen weist eine gewisse Ähnlichkeit mit den geistesgeschichtlichen Annahmen über die Entwicklung des Todesbegriffes seit der menschlichen Frühgeschichte auf. Magisches Denken, aber auch der konstruktive neugierige Geist des Schulkindes überformen die ersten Begriffsbildungen des Kindes zum Lebensende. Das zunächst schwerkranke Kind wird auch in seiner gesamten motorischen, geistigen und sozialen Entwicklung in einer für die Altersperioden typischen Weise zurückgeworfen. Mit zunehmendem Alter verfügt es aber über eine Reihe von Strategien der Krankheitsverarbeitung. Die in der Literatur dargestellten Erfahrungen über im Krankenhaus sterbende Kinder bilden die Überleitung zu der Darstellung von Hansjörg Riehm zu *Tod und Sterben von krebskranken Kindern.* Er warnt aus der jahrelangen praktischen Erfahrung im Umgang mit dieser Gruppe vor einer adulten Projektion. Er zieht auch Teile der herrschenden „Lehrmeinung" über die Ausreifung eines kindlichen Todesverständnisses aus seiner Sicht kritisch in Zweifel. Nicht zuletzt in der Frage der Aufklärung weist uns Hansjörg Riehm auf den vorsichtigen Umgang mit der theoretischen Literatur zum Thema hin, wenn er vor dem verbreiteten Optimismus gegenüber einer rückhaltlosen Aufklärung in allen Fällen insbesondere deshalb warnt, weil wir nie ausschließen können, daß ein lebensbedrohtes und sterbenskrankes Kind wirklich ärztlicher Vorhersage gemäß sterben müßte. Vielmehr betont er das Recht der Umgebung auf ein Hoffen bis zuletzt und sieht hierdurch die therapeutische Begegnung gestärkt.

Seit der populären Verbreitung der Schriften von Elisabeth Kübler-Ross[6] ist auch in Deutschland die in den USA schon länger diskutierte quasi-psychotherapeutische Hilfe für Sterbende gefordert worden. Wir tragen diesem Interesse durch eine Reihe von Beiträgen zur Sterbebegleitung Rechnung. Dabei berücksichtigen wir das inzwischen vielfältig aufgeschlüsselte Feld. Trotz der stürmischen Entwicklung verschiedener Sterbebegleitungsangebote gibt es immer noch war

nende Stimmen. Im Recht auf einen selbstbestimmten Tod wird
nun auch das letzte intime Abschiednehmen zu einem Gegenstand technologischen Bemühens. Da im Angesicht des Todes
nicht plötzlich psychische Kompetenzen entwickelt werden,
die auch bisher im Leben diesem Menschen nicht gegeben waren, so tut oft Hilfe not, um letzte Dinge zu erledigen, um befähigt zu sein, emotional Abschied nehmen zu können und nicht
zuletzt Unterstützung bei der Therapie auch im Sinne der
Schmerzlinderung zu gewähren. Renate Kreibich-Fischer berichtet über ihre Arbeit in der Beratung und *Sterbebegleitung
von Krebspatienten im Krankenhaus.* Jürgen Howe setzt sich
mit der *Problematik von Psychotherapie mit Sterbenden* auseinander und geht auf die inzwischen entwickelten konkurrieren-
den Psychotherapieverfahren ein. Elmar Weingarten gibt aus
der soziologischen Sicht und aus der persönlichen Beobachtung eine Bewertung der *sozialen Organisation des Sterbens
im Krankenhaus.* Josef Mayer-Scheu berichtet aus seinen lang-
jährigen Erfahrungen über *die seelsorgerische Begleitung von
Sterbenden und ihren Angehörigen im Krankenhaus.* Von der
Sterbebegleitung älterer Menschen im Krankenhaus erfahren
wir durch Ingeborg Falcks Hinweise auf die Realität eines geriatrischen Krankenhauses. Aus der Sicht der Institution, der
Öffentlichkeit und der Familie bietet der Abdruck der *Resolutionen des Symposions der Deutschen Gesellschaft für Gerontologie* von 1979 Empfehlungen.

Die Problematik der *ärztlichen Verantwortung bei der Sterbehilfe* greift Rolf Winau auf. Seine Auseinandersetzung mit dem
hippokratischen Eid belegt, wie weit wir davon entfernt sind,
daß eine einheitliche ärztliche Ethik etabliert wäre oder wenigstens im Eid geschworen würde. Stattdessen besteht die Möglichkeit, sich an die Standards, die sich die schweizerische Akademie der medizinischen Wissenschaften für die Sterbehilfe gegeben hat, auch bei uns zu halten. Demnach gehört zu den Aufgaben des Arztes nicht zuletzt auch die Sterbehilfe. Die traditionelle Auffassung von der ärztlichen Tätigkeit als auf die Erhaltung und Verlängerung des Lebens gerichtet, wird auf das
Leben bezogen beibehalten. Aber auf den *Sterbenden* bezogen

muß die Frage der Hilfe im Sterben und der Hilfe zum Sterben neu durchdacht werden.

Als Wiederaufnahme der grundsätzlichen Problematik der besonders gelagerten deutschen Vergangenheit in bezug auf die Freigabe der Vernichtung lebensunwerten Lebens liefert Rudolf Wassermann eine Untersuchung der Problematik von Sterben und Tod unter verfassungsrechtlichen Gesichtspunkten. Im Hinblick auf das Grundrecht der Selbstbestimmung bejaht Wassermann das *Recht auf den eigenen Tod.* Er konfrontiert die widersprüchlichen Prinzipien, wie sie einerseits aus der Verfassung des weltanschaulich neutralen Staates und andererseits aus der Praxis hochtechnisierter Krankenanstalten oder aber wie sie in den ethischen Postulaten in Gesellschaft und Ärzteschaft hervorgehen. Wassermann bezieht Position in der Gestalt eines Zitates von Jean Améry: „Ein freier Tod ist eine hochindividuelle Sache, die zwar niemals ohne gesellschaftliche Bezüge vollzogen wird, mit der aber letztlich der Mensch mit sich allein ist, vor der die Sozietät zu schweigen hat."[7]

Anmerkungen

1   Jaques Choron: Der Tod im abendländischen Denken, Stuttgart 1967, S. 9–11, 243.

2   Philippe Ariès: Studien zur Geschichte des Todes im Abendland, München, Wien 1976.

3   Friedrich Kienecker: Der Tod in der Dichtung des zwanzigsten Jahrhunderts, in: Ansgar Paus (Hrsg.): Grenzerfahrung Tod, Frankfurt 1978, S. 129–176.

4   Erich Fried: Warngedichte, München 1964.

5   Einen ersten Teil der Ergebnisse der Berliner Untersuchung zur Todesbedeutung findet man bei Peter Potthoff: Der Tod im medizinischen Denken, Stuttgart 1980.

6   Elisabeth Kübler-Ross: Interviews mit Sterbenden, Gütersloh 1969.

7   Jean Améry: Hand an sich legen. Diskurs über den Freitod, Stuttgart 1983, S. 103.

Der vergangene und gegenwärtige Tod

Rolf Winau

Einstellungen zu Tod und Sterben in der europäischen Geschichte

Obwohl der Tod der ständige Begleiter des Lebens ist, obwohl er zum Leben gehört als Endpunkt wie die Geburt als Anfangspunkt, ist er, zumindest in Deutschland, aus der Öffentlichkeit, aber auch aus der privaten Sphäre verschwunden. Er wird in den meisten Fällen nicht wahrgenommen, geleugnet. Wir leben so, als gebe es ihn nicht.

In den Zeiten vor unserer Zeit freilich ist der Tod im Leben gewesen, er wurde angenommen oder abgelehnt, als Zeremonie begangen oder als bitterer Verlust beklagt. Er war nicht wie heute abwesend, sondern er war da, war mitten unter den Menschen, er war in ihrem Bewußtsein.

Die Einstellungen zum Tod freilich haben sich über die Jahrhunderte der europäischen Geschichte geändert. Dieser Wandlung der Einstellung nachzugehen ist Ziel dieser einleitenden Vorlesung.

Wer sich mit diesem Problem beschäftigt, der stößt sehr bald auf den Namen von Philippe Ariès und seine Studien zur Geschichte des Todes im Abendland, die seit 1976 in deutscher Übersetzung vorliegen und die Ariès' wesentliche Arbeiten zum Thema enthalten.[1]

Die folgenden Ausführungen stützen sich in wesentlichen Passagen auf Ariès, da bislang Kompetenteres nicht geschrieben worden ist.

Wer die Veränderungen in der Einstellung zu Tod und Sterben untersucht, der sieht sich schnell zwei Problemen gegenüber, die sich der historischen Forschung nur schwer öffnen. Einmal handelt es sich bei dem zu untersuchenden Gegenstand um Fragen der kollektiven Mentalität, zum anderen zählt das zu beobachtende Phänomen zu denen der langen Dauer. Mentalitätsgeschichte aber ist, aus Frankreich kommend, gerade erst im Begriff, sich zu etablieren, sie hat noch kein festumgrenztes Forschungsinventar, sie sucht den Zugang zu Mentalitäten auf den verschiedensten Ebenen, ebenso mit der quantitativen Methode, wobei sich freilich die Frage erhebt, ob mit der großen Zahl auch Einstellungen, Meinungen, Mentalitäten zutage treten, aber auch durch Interpretation literarischer oder wissenschaftlicher Quellen, wobei offen bleibt, ob über das Reflektierte des Individuellen hinaus wirklich zu einer Gesamtmentalität vorgestoßen werden kann. Auch zur Etablierung einer solchen Art von Geschichte hat Ariès Bedeutendes beigetragen. Über seine Untersuchungen über den Tod hat er eine bemerkenswerte Aussage gemacht: „Es gibt wenigstens zwei Annäherungsweisen, die einander nicht widersprechen, sondern sich im Gegenteil ergänzen. Die erste ist die der quantitativen Analyse… die zweite geht intuitiver, subjektiver, aber vielleicht umfassender vor. Der Beobachter durchmustert eine heteroklite (und nicht mehr homogene) Masse von Dokumenten und versucht, jenseits der erklärten Intention der Schriftsteller oder Künstler den unbewußten Ausdruck einer kollektiven Sensibilität zu entziffern."[2]

Einstellungen zum Tod ändern sich nicht oder nur höchst selten schlagartig. Zeitgenossen nehmen sie kaum an sich selber und an ihrer Umgebung wahr. Dies bedeutet nach Ariès für den Historiker die Notwendigkeit, in sehr langen Zeiträumen zu denken, die weit über die übliche Chronologie der Geschichte hinausgehen. Die Betrachtung einer Epoche birgt die Gefahr in sich, Phänomene eben dieser Epoche zuzuordnen, die in Wirklichkeit viel älter sind. „Eben deshalb darf der Historiker des Todes keine Scheu tragen, die Jahrhunderte teleskopisch zusammenzuziehen: Die Irrtümer, die er dabei gar nicht vermeiden kann, sind weniger schwerwiegend als die Anachronismen des Verständnisses, in die ihn eine allzu eingeengte Chronologie verfallen läßt."[3]

Wenn wir diesen Prämissen von Philippe Ariès folgen wollen, dann können wir jetzt den Versuch wagen, die Einstellung zu

Tod und Sterben in Europa anzugehen. Eine komplette und lückenlose Schilderung wird und kann es freilich nicht werden. Vielmehr wird mehr oder weniger schlaglichthaft diese Einstellung in bestimmten Epochen, zu bestimmten Zeiten zu skizzieren sein.

Zur Antike nur einige wenige Bemerkungen. Trotz der Vertrautheit mit dem Tod, trotz eines zum Teil bewußten Hinlebens auf den Tod, trotz des Erstrebens eines guten Todes – Euthanasie – gibt es eine strikte Trennung zwischen Lebenden und Toten. Zwar werden die Grabstätten verehrt, aber gleichzeitig legte man Wert darauf, sie nicht in unmittelbarer Nähe der Lebenden zu wissen. Das Verbot, Tote innerhalb der Stadtmauern zu begraben, dürfte viel weniger aus hygienischen Gründen bestanden haben, sondern in diesem Teil des 12-Tafel-Gesetzes z. B. dürften sich sehr viel ältere Vorstellungen verbergen. Die Stätten der Lebenden sollten nicht durch die Toten unrein werden. Man erinnert sich dabei an die Gebote der hellenistischen Kulte, etwa den des Asklepios, der, obschon ein Heilskult, Geburt und Tod aus dem heiligen Bezirk verbannte. Vielleicht spielen sogar noch ältere Motive hier eine Rolle, nämlich die, die Toten daran zu hindern, zurückzukehren und die Lebenden zu belästigen. Wurde doch diesen Geistern, wir wissen es aus der Medizin des Zweistromlandes, Unheil, Krankheit und todbringende Kraft zugesprochen. Römische Friedhöfe liegen deshalb außerhalb der Städte, an der Via Appia in Rom, auch sonst an Ausfallstraßen. Denn fürchtete man sich wohl vor einer Rückkehr, vor einer Verunreinigung, so sollte doch jeder Tote seine eigene Grabstätte haben, bezeichnet mit dem Namen, die Identität über den Tod hinaus bezeugend und die Erinnerung an den Toten bewahrend.

Mit dem frühen Christentum setzt eine Umkehrbewegung dieser beiden Phänomene ein. Die Gräber kommen in die Stadt, in die Kirchen, dagegen verschwindet das individuelle Grab. Keine Inschrift, kein Portrait gibt mehr Auskunft über den Toten, er ist der Anonymität preisgegeben. Diese Entwicklung vollzog sich entgegen den Geboten des kanonischen Rechts und auch gegen die überzeugte Meinung der Kirchenlehrer. Die

Toten hielten zum ersten Mal Einzug in die Städte. Ursprung
für diese Entwicklung dürfte der aus Nordafrika stammende
Märtyrerkult gewesen sein. Über den Gräbern der Märtyrer,
noch immer vor den Stadtmauern, wurde eine Kirche errichtet,
in deren Nähe die Christen begraben sein wollten. Im 6. Jahrhundert öffneten sich die Städte und ihre Kathedralen den Toten. Der Unterschied zwischen Friedhofsabtei und Kathedrale
hörte auf zu bestehen, die Friedhöfe drangen in die Städte ein
wurden Teil der Kirchen. Mit diesem Wandel hat auch das Verschwinden der Identität des Toten zu tun. „Der Verstorbene
wurde der Kirche überlassen, die ihn in ihre Obhut nahm bis zu
dem Tag, an dem er auferstehen würde." Ein Beweis für diese
These von Ariès ist, daß die Mehrzahl der Gestorbenen in dieser Zeit nicht in Einzelgräbern, sondern in Massengräbern beerdigt wurde, die von Zeit zu Zeit geleert werden mußten. Die
dabei zutage gekommenen Knochen wurden in sogenannten
Beinhäusern aufgeschichtet, um Platz für neue Begräbnisse zu
machen. Die Verbindung von Kult- und Begräbnisstätte wurde
dann später auch seelsorgerisch motiviert. Die Lebenden sollten sich der Gestorbenen erinnern, ihrer im Gebet gedenken
und sich vor Augen führen, daß auch sie selbst zu Staub würden. Aus der strikten Trennung der Antike war eine Koexistenz von Lebenden und Toten geworden.

Dieses Miteinander hat auch ganz deutlich auf die Einstellung
zum Tod eingewirkt. Der Tod gehört für die mittelalterlichen
Menschen zum Leben, man kann, man muß sich auf ihn vorbe-
reiten. Der schreckliche Tod ist nicht der, der mit Gewißheit auf
den Menschen zukommt, sondern der plötzliche Tod, sei es
durch Krankheit wie etwa die Pest oder durch Unfall. Nur aus
dieser Sicht ist die Bitte der Litanei zu verstehen: „A subitanea
et improvisa morte libera nos Domine." Den normalen Tod
fühlte der Mensch auf sich zukommen, nur Narren konnten die
sicheren Zeichen seines Nahens übersehen oder nicht wahrhaben wollen. Sie werden von Satirikern und Klerikern deshalb
weidlich verspottet. Die Ahnung des Todes ist etwas Selbstver-
ständliches. „Ein reicher Bauer, der seinen Tod nahen fühlt"
oder „ein König, der sein Ende nahe fühlte", so beginnen noch

heute manche Märchen. In der Literatur des frühen und des hohen Mittelalters ist der Topos vom nahenden Tod ganz geläufig. Roland fühlte, daß der Tod ihn übermannte, Tristan fühlte, daß sein Leben dahinschwand.

Wenn einer sein Ende nahe fühlte, dann traf er ganz bewußt seine letzten Verfügungen. Er legte sich zum Sterben nieder, das Gesicht gen Osten gewendet, den Tod ruhig erwartend. Abschied von dieser Welt nimmt er, zum Ritual gehört die Abbitte bei den zahlreichen Angehörigen und Gefährten, die das Sterbebett umstehen, und die Bitte um Vergebung der Sünden, das Confiteor, und schließlich die Commendatio animae, die Empfehlung der Seele. An dieser Stelle vollzog sich der einzige kirchliche Akt des Sterbens, die Absolution durch den Priester, der dazu das Libera nos Domine betete. Der Tod war eine bewußte, vom Sterbenden eingeleitete öffentliche Zeremonie. Das Sterbezimmer wurde zu einem öffentlichen Ort, nicht nur die Familie des Sterbenden umstand das Bett, wobei darauf Wert gelegt wurde, daß auch die Enkelkinder zugegen waren, sondern auch Freunde, Nachbarn und schließlich auch Fremde, die dem Priester auf seinem Gang zum Sterbenden begegneten und ihm folgten.

Wichtig ist, darauf hinzuweisen, daß das hervorstechende Merkmal dieses Sterbens die Einfachheit und Selbstverständlichkeit ist, mit der es geschieht. Zwar auf zeremonielle Weise, eingebunden in die Gesellschaft, doch ohne Furcht. Vor allem ohne jegliche Dramatik, ohne überschießende emotionale Regungen. Der Tod ist Teil des Daseins und wird als solcher anerkannt.

Ariès hat diesen Tod den gezähmten Tod genannt im Gegensatz zum wilden Tod. Nicht vor seiner Zähmung sei der Tod wild gewesen, er habe sich heute der Zähmung entzogen. Kein schrofferer Gegensatz sei denkbar als der zwischen dem vertrauten und nahen Tode der vergangenen Jahrhunderte und dem Tod unserer Zeit, der uns angst macht bis zu einem Grade, daß wir nicht mehr wagen, ihn beim Namen zu nennen.

Die Vertrautheit mit dem Tod ist eine Form der Anerkennung der Ordnung der Natur. In dieser Ordnung wurde der Tod hingenommen als ein kollektives Schicksal. Vom Hochmittelalter an aber zeichnet sich ein Weg ab, der aus dieser Sicht des Todes hinwegführt.

Abzulesen ist es äußerlich daran, daß nun wieder individuelle Grabstätten in großer Zahl auftauchen, zunächst bei Angehörigen der Oberschicht, dann auch bei denen der Mittelschichten.

Man kann diese Entwicklung auch an den Darstellungen des Jüngsten Gerichts ablesen. Während in den ältesten Darstellungen der Jüngste Tag die Auferstehung der Toten zeigt, aller Toten, die im Schoß der Kirche ruhen, ohne Aufrechnung der guten und bösen Taten, kommt nun eine Darstellung zum Durchbruch, in der das Urteil, die Gewichtung der Seelen durch den Erzengel Michael im Mittelpunkt steht. Jeder Mensch wird nach seiner Lebensbilanz gewogen, gute und böse Taten gegeneinander aufgerechnet. Im Dies irae, jenem Totengesang aus dem 13. Jahrhundert, stehen die Verse

> Liber scriptus proferetur   Und ein Buch wird aufgeschlagen
> In quo totum continetur   Treu darin ist eingetragen
> Unde mundus judicetur.   Jede Schuld aus Erdentagen.

Aus dem universalen kosmischen Buch allen Seins ist am Ende des Mittelalters das Buch des je eigenen Seins geworden. Die Bilanz dieses Seins aber wird erst am Jüngsten Tag – dies illa – vollzogen. Im 15. und 16. Jahrhundert verschiebt sich dieses Bild. Auf Holzschnitten, Einblattdrucken, aber auch in einer in dieser Zeit aufkommenden neuen Literaturgattung, den artes moriendi, wird konkretes Sterbelager und Jüngstes Gericht in eins gezogen. Der Sterbende ruht noch immer auf seinem Bett, umgeben von Verwandten und Freunden, aber über diese reale Szene hinaus erhebt sich eine andere, zusätzliche: Das Gericht vom Ende der Zeiten ist mit all seinen Akteuren ins Sterbezimmer gekommen, aus dem allgemeinen Gericht wird das Gericht über den Einzelnen. Ganz gleich, wie man die Bilder in ihrer Verschiedenheit auch deuten mag, ob als kosmischen Kampf zwischen Gut und Böse um die einzelne Seele oder als

letzte Prüfung für den Sterbenden, der in seinen letzten Momenten sein Leben gleichsam im Zeitraffer vor sich sieht und in
diesem Moment seiner Biographie ihren endgültigen Sinn verleiht, entscheidend ist die dadurch sichtbar gewordene Individualisierung. Aus dem kollektiven Verhalten tritt der Einzelne
heraus. Er erleidet seinen eigenen Tod, ja, man kann es noch
mehr zuspitzen: „Der eigene Tod ist zu dem Ort geworden, an
dem der Mensch das tiefste Bewußtsein seiner Selbst gewonnen hat.“[4]

Blicken wir in die Welt des Barock, dann bietet sich ein ganz
anderes Bild. Jetzt wird der Tod als Bruch begriffen, der einerseits das Leben bedroht, der aber andererseits auch die Grenzen
des Lebens sprengt. Dafür einige Beispiele: Im Jahre 1637 gab
es in Rom eine Theateraufführung, die Bernini inszeniert hatte.
Die ganze römische Gesellschaft war anwesend. Sie sah ein
atemberaubendes Schauspiel: Aus der Nacht tauchte eine
grüne Landschaft auf mit Pavillons und Palästen. Kavaliere zu
Pferd erschienen, Damen, üppig dekolletiert und mit reichem
Schmuck. Es fiel der Gesellschaft nicht schwer, sich selbst auf
der Bühne wiederzuerkennen. Ein festlicher Triumphzug for-
mierte sich, eine Apotheose der bunten Gesellschaft des päpst-
lichen Hofes. Plötzlich erschienen Pagen in schwarzem Samt.
Sie trugen brennende Fackeln, das Licht verdunkelte sich, die
Musik schlug in ernste und getragene Melodien um, und im
Prunk eines silberüberglänzten Wagens erschien der Tod – ein
letzter Triumphator, die Sense in der Hand und von Gerippen
begleitet. Zwei Hanswurste brachen in laute Lamentationen
aus und beklagten sich beim Publikum, daß der Tod jedes Ver-
gnügen zunichte mache und alle Freuden zerstöre. Mit einem
dumpfen Trauermarsch schloß das Schauspiel. Der Beifall war
frenetisch.[5]

Ein anderes Beispiel: Seit dem 15. Jahrhundert war die makabre
Darstellung des Todes, zumindest in Ostfrankreich und West-
deutschland, aufgetaucht, die den verwesenden, von Würmern
zerfressenen Körper zum Thema hatte. In der Poesie wird der
Schrecken vor dem physischen Tod und vor dem körperlichen
Verfall zum vertrauten Thema: „O Aas, das du nichts als Ab-

schaum bist, wer wird dir Gesellschaft leisten? Was aus deinen
Säften hervorgeht, Würmer, von der Verderbnis deines elenden
verwesten Fleisches hervorgebracht."[6]

Ob man in diesen oder anderen Versen Auflösung und Verfall
als Ausdruck des Scheiterns des Menschen interpretieren darf,
sei dahingestellt. Im Barock wandelt sich das makabre Thema.
Thanatos gesellt sich Eros als Begleiter zu. Hatte auf früheren
Totentanzbildern der Tod den Menschen nur eben angerührt,
jetzt tut er ihm Gewalt an mit aufreizenden Berührungen. Im
Theater des Barock häufen sich die Liebesszenen auf Friedhöfen, in Totengrüften. Die berühmteste davon ist geläufig: Liebe
und Tod von Romeo und Julia im Grab der Capulets. In diesen
Zusammenhang gehört auch das Interesse an der Anatomie,
nicht nur von seiten der Wissenschaft, sondern auch von seiten
der Kunst und der Öffentlichkeit. In der Enzyklopädie von Di-
derot und d'Alembert wird Klage darüber geführt, daß alle verfügbaren Leichen von Amateuren aufgekauft wurden und der
medizinischen Wissenschaft nicht zur Verfügung stünden.

Die vom Tod und vom toten Körper ausgehende Faszination
treibt Blüten. Leichen hören auf, bloße Leichname zu sein, sie
werden getrocknet, mumifiziert, präpariert und arrangiert. Das
anatomische Kabinett des Doktor Frederic Ruysch war nicht
nur wissenschaftliches Museum, es war vielmehr Gesamtkunst-
werk, Ausdruck eines Lebensgefühls aus Gegensätzlichkeiten,
Zeichen aber auch für den Bruch der jahrhunderte-, wenn nicht
jahrtausendealten Vertrautheit des Menschen mit dem Tod.

Dieser Bruch wird besonders deutlich in der Phase der Romantik. Im Versuch, dem Tod einen neuen Sinn zu geben, wird seine
Bedeutung überhöht, übertrieben, dramatisiert. Aber nicht der
eigene Tod steht im Mittelpunkt dieser Dramatisierung, sondern der Tod des anderen. Der frühere Tod im Bett hatte eine
feierliche Zeremonialität gehabt, Emotionen hatten nicht zu
diesem Zeremoniell gehört. Nun bemächtigt sich der Umstehenden ein übermächtiges Gefühl des Alleinseins, des Verlas-
senwerdens. Nicht mehr der eigene Tod wird beklagt, sondern
die Tatsache, daß man nun alleingelassen wird, daß ein gelieb-

ter Mensch einen im Tod verläßt. Das jahrhundertealte Zeremoniell des Sterbens löst sich auf, man weint, fällt in Ohnmacht, fastet, siecht dahin, spontan und exzessiv. Die Trauer wird über die Konvention hinaus ins Maßlose übertrieben. Der Tod des anderen dürfte auch die Grundlage für den sich jetzt entwickelnden Friedhofskult gewesen sein. Er ist Ausdruck für die über den Tod hinausgehende Zuneigung und die Weigerung, das Hinscheiden des geliebten Menschen hinzunehmen. Es handelt sich hier nicht um die Übernahme einer alten christlichen Praxis. Ein ganz neues Gefühl macht sich bemerkbar. Wenn man den Toten schon nicht mehr bei sich hat, dann will man ihn wenigstens besuchen können. Dazu aber muß er eine Heimstatt haben, einen konkreten Platz. Das war in der bisherigen Bestattungspraxis nicht gegeben. Der nun entstehende Friedhof ersetzt in der zunehmenden Laisierung immer mehr den Raum der Kirche. Als unter der Regierung Ludwigs XVI. der älteste Friedhof von Paris, der cimetière des Innocents, aufgehoben wurde, kümmerte das keinen Menschen, als man unter Napoleon III. die innerstädtischen Friedhöfe nach außerhalb verlegen wollte, rief dies einen Sturm des Protestes der Bevölkerung hervor, der das Projekt zunächst zum Scheitern brachte.

Wie komplex die neue Situation sich darstellt, erhellt aus einer ganz anderen Tatsache. Neben der Trauer, neben dem Sichhinwenden zum Tod des anderen wird eine konträre, aber nicht minder verbreitete Einstellung sichtbar: Todesempfänglichkeit und Todessehnsucht artikulieren sich nicht nur in der zeitgenössischen Lyrik, sondern auch im alltäglichen Geschehen. „Ich empfand, daß der Tod ein Glück war." „Ich sterbe jung, ich habe es mir immer gewünscht." „Sterben ist eine Belohnung."[7]

Sicher nicht mit dieser Haltung identisch ist die im 19. Jahrhundert bis hin in den 1. Weltkrieg zu beobachtende Begeisterung der jungen Soldaten, die offenen Auges in den Tod stürmten. Aber sie spiegelt doch eine Grundtendenz wider.

Über den jahrhundertelangen Zeitabschnitt, den wir bisher betrachtet haben, hat sich die Einstellung zum Tod nur in sehr langen Zeiträumen und nie dramatisch verändert. Eine solche dramatische Veränderung hat sich in den letzten 40 Jahren ereignet. Auffälligstes Merkmal dieser Veränderung ist eine Ortsverlagerung. Nicht mehr zu Hause stirbt man, im Kreis seiner Familie, sondern im Krankenhaus, allein. Der Tod im Krankenhaus aber ist nicht mehr Anlaß für eine festgefügte Zeremonie, er ist zu einem technischen Problem geworden. Der Tod ist aufgelöst in einzelne, dem Laien kaum verständliche Schritte und Stationen. Der Mensch fühlt seinen Tod nicht mehr kommen, im Gegenteil, ihm wird sein Zustand, werden alle Boten des Todes verheimlicht. Hatte man sich im Mittelalter noch vor einem plötzlichen Tod gefürchtet, so wird er jetzt herbeigesehnt, damit die Situation des Todes im Krankenhaus nicht entsteht. War Anfang des 19. Jahrhunderts die Initiative vom Sterbenden auf seine Familie übergegangen, so wird sie jetzt weiterdelegiert an Ärzte und Krankenhauspersonal. Dies führt zu weiteren bemerkenswerten Veränderungen. Hatte man früher Freunde und Verwandte um das Sterbebett versammelt, so versucht man nun, den Tod möglichst zu verheimlichen, gar nicht daran zu denken, etwa die Enkelkinder zu den sterbenden Großeltern zu führen. Auch Gefühle sind nicht mehr gefragt: von Beileidsbezeugungen wird abgesehen, Trauer in der Öffentlichkeit ist nicht mehr gefragt. Was aus dieser verbotenen Trauer resultiert, dafür nur ein einziges Indiz: die Sterblichkeit von Witwern und Witwen in dem auf den Tod des Lebensgefährten folgenden Jahr ist wesentlich höher als die einer Vergleichsgruppe. Die Verdrängung des Schmerzes, das Verbot seiner öffentlichen Äußerung mögen das Trauma verschärfen.

Der Tod ist im 20. Jahrhundert zum Tabu geworden. Schon 1955 hatte der englische Soziologe Geoffrey Gorer gezeigt, wie der Tod die Sexualität als gesellschaftliches Tabu abgelöst hat, von der neuen Pornographie des Todes hat er dabei gesprochen.[8] Je mehr die Gesellschaft die über die Sexualität verhängten Zwänge lockerte, desto mehr verbannte sie die gesamte Sphäre des Todes. Der Tod ist unbenennbar geworden. Philippe Ariès hat diesen Tod den verbotenen Tod genannt.[9]

Will man indes neueren amerikanischen Untersuchungen glauben, dann hat sich in Amerika inzwischen eine neue Wende vollzogen. Von Pornographie und Tabu zu einer gesellschaftlichen Bewegung und Mode sei die Beschäftigung mit dem Tod geworden. Richard A. Kalish hat in einem Aufsatz versucht, Motive für dieses neuerwachte Interesse zu benennen, von denen er annimmt, daß sie zwar ursächlich nichts miteinander zu tun haben, aber miteinander vereinigt den neuen Trend bestimmen.[10] Zu diesen Motiven gehören das ungeheure Zerstörungspotential, das heute in der Welt vorhanden ist, der Fortschritt der Medizin, die Suche nach Unterprivilegierten und Unterversorgten, die Zunahme der Beschäftigung mit nicht-westlichen Denkweisen und die verstärkte Suche nach einem Sinn des Lebens.

Auch in unserer Gesellschaft beginnen diese Motive eine wenn auch nicht differenzierte Rolle zu spielen.

In dieser Übersicht über Einstellungen zum Tod in der europäischen Geschichte ist ein bestimmter, nicht unwichtiger Aspekt nicht behandelt worden: der Aspekt der Verfügbarkeit des Todes. Er hat in der deutschen Geschichte eine besondere Rolle gespielt, die auch heute noch die Diskussion um Fragen des Lebensendes so schwer macht. Über die sogenannte Euthanasie des Dritten Reiches, über ihre geistigen Wurzeln, ihre Vorbereitung und Durchführung wird deshalb ausführlich zu sprechen sein.

Anmerkungen

1 Philippe Ariès: Studien zur Geschichte des Todes im Abendland, München – Wien 1976. Philippe Ariès: The Hour of Death, New York 1981. Vgl. auch: Jacques Choron: Der Tod im abendländischen Denken, Stuttgart 1967. Gerardo Gnoli und Jean Pierre Vernant (Hrsg.): La mort, les morts dans les sociétés anciennes, New York – London 1982.

2 Philippe Ariès: Studien (Anm. 1), S. 15.

3 Philippe Ariès: Studien (Anm. 1), S. 14.

4 Philippe Ariès: Studien (Anm. 1), S. 188.

5 Diese Schilderung ist entnommen: Reinhard Raffalt: Concerto Romano, München 1956, S. 229-231.

6 Philippe Ariès: Studien (Anm. 1), S. 38.

7 Philippe Ariès: Studien (Anm. 1), S. 45 f.

8 Geoffrey Gorer: The Pornography of Death, in: Encounter, Okt. 1955, deutsch in: Der Monat Nr. 8, 1956, S. 58-62. Dazu auch: Geoffrey Gorer: Death, Grief and Mourning in Contemporary Britain, New York – London 1965.

9 Philippe Ariès: Studien (Anm. 1), S. 57.

10 Richard A. Kalish: Der gegenwärtige Status von Tod und Betreuung des Sterbenden. Das Ende eines Tabus, in: Albin Eser (Hrsg.): Suizid und Euthanasie, Stuttgart 1976, S. 159-169. Vgl. auch: Hermann Feifel: Death, in: N. L. Farberow (Hrsg.): Taboo Topics, New York 1963, S. 8-21.

Rolf Winau

Die Freigabe der Vernichtung lebensunwerten Lebens

„Wenn ein Kranker von unheilbaren Übeln gepeinigt wird, wenn er sich selbst tot wünscht, wenn Schwangerschaft Krankheit und Lebensgefahr erzeugt, wie leicht kann da, selbst in der Seele des Besseren der Gedanke aufsteigen: sollte es nicht erlaubt, ja sogar Pflicht sein, jenen Elenden etwas früher von seiner Bürde zu befreien, oder das Leben der Frucht dem Wohle der Mutter aufzuopfern? So viel Scheinbares ein solches Raisonement für sich hat, so sehr es selbst durch die Stimme des Herzens unterstützt werden kann, so ist es doch falsch, und eine darauf gegründete Handlungsweise würde in höchstem Grade unrecht und strafbar sein. Sie hebt geradezu das Wesen des Arztes auf. Er soll und darf nichts anderes tun als Leben erhalten, ob es ein Glück oder Unglück sei, ob es Wert habe oder nicht, dieses geht ihn nichts an, und maßt er sich einmal an, diese Rücksicht in sein Geschäft mit aufzunehmen, so sind die Folgen unabsehbar, und der Arzt wird der gefährlichste Mensch im Staate; denn ist einmal die Linie überschritten, glaubt sich der Arzt einmal berechtigt, über die Notwendigkeit eines Lebens zu entscheiden, so braucht es nur stufenweise Progressionen, um den Unwert und folglich die Unnötigkeit eines Menschenlebens auch auf andere Fälle anzuwenden."[1]

„Reichsleiter Bouhler und Dr. med. Brandt sind unter Verantwortung beauftragt, die Befugnisse namentlich zu bestimmender Ärzte so zu erweitern, dass nach menschlichem Ermessen unheilbar Kranken bei kritischster Beurteilung ihres Krankheitszustandes der Gnadentod gewährt werden kann."[2]

Das erste Zitat stammt von Christoph Wilhelm Hufeland, einem der bedeutendsten Ärzte zu Beginn des 19. Jahrhunderts, das zweite ist der auf persönlichem Briefpapier von Hitler Ende

Oktober 1939 geschriebene und auf den 1.9. 1939 zurückdatierte Befehl zur Euthanasie der psychisch Kranken in Deutschland.

Euthanasie (eu = gut, thanatos = Tod) begegnet schon als Begriff in der Antike, hier jedoch als Begriff der Philosophie, nicht
der Medizin. Guter, ehrenvoller, zumindest nicht schändlicher
Tod ist dabei gemeint, Tod in Erfüllung des Lebens, der schnell
und ohne Schmerzen eintritt.

Euthanasie als Lebensverkürzung soll freilich schon in der Antike geübt worden sein. Strabo berichtet von der Insel Keos,
wo ein Gesetz die nicht mehr Leistungsfähigen zum Schierlingsbecher verurteilt habe, Plutarch weiß von der Auslese der
schwächlichen Kleinkinder bei den Spartanern. Germanische
und slawische Völker sollen Alte und Gebrechliche mit dem
Kissen erstickt oder an Bäumen aufgehängt haben. Doch die
Form der Überlieferung mahnt zu vorsichtigem Gebrauch des
Überbrachten.[3]

Das Mittelalter lehnte jeden Gedanken einer wie auch immer
gearteten Lebensverkürzung ab. Erst in der Renaissance wird
Überlegungen Raum gegeben, das Leben, das eigene und das
anderer, verfügbar zu machen. Thomas Morus schreibt in seiner
Utopia: „Ist aber die Krankheit nicht nur aussichtslos, sondern
dazu auch dauernd schmerzhaft und qualvoll, dann geben die
Priester und Behörden dem Manne zu bedenken, daß er, zu
allen Verrichtungen unfähig, den Mitmenschen beschwerlich,
sich aber lästig, nachgerade ein lebender Leichnam sei, und ermahnen ihn, nicht länger den Todeswurm in seinem Leibe zu
füttern; da das Leben für ihn eine Qual sei, solle er nicht zögern
zu sterben, sondern er solle getrost und guter Hoffnung aus
diesem unerfreulichen Dasein, diesem wahren Kerker und
Foltergehäuse, sich entweder selbst befreien oder andere ihn
daraus entführen lassen."[4] Und Roger Bacon sagt wenig später
in „De dignitate et augmentis scientiarum", Aufgabe des Arztes
sei nicht nur die Erhaltung der Gesundheit, die Heilung der
Krankheit, sondern auch die Verlängerung des menschlichen
Lebens. Wenn diese Verlängerung aber sinnlos sei, dann sei es

Aufgabe des Arztes, dem Kranken „einen sanften und ruhigen Übergang aus diesem Leben zu jenem zu verschaffen".[5]

Erasmus von Rotterdam und Martin Luther stimmten in dieses Lied mit ein. Der eine wollte im Interesse des Staatswohles die Luetiker dem Flammentod überantworten, der andere meinte beim Anblick eines blödsinnigen Kindes, es sei besser, diesen Wechselbalg zu ersäufen.[6]

In die ärztliche Diskussion kommt die Euthanasie erst um die Wende vom 18. zum 19. Jahrhundert, und sie wird für 50 Jahre ein häufig diskutiertes Thema. Den Schriften ist vieles gemeinsam: Euthanasie bedeutet stets Hilfe beim Sterben, Sterbebegleitung, dem Sterbenden seinen Tod leicht zu machen. Eine Verkürzung des Lebens wird stets kategorisch abgelehnt, selbst wenn der Patient um eine solche bitte. Aber in fast allen Arbeiten finden sich Hinweise auf Maßnahmen, die von der Bevölkerung ganz offensichtlich zur schnelleren Herbeiführung des Todes durchgeführt wurden: erwähnt werden das Ausbetten, das plötzliche Wegziehen des Kissens, das Bedecken des Gesichts mit einem Kissen, das Hochbinden des Kinns, das Fesseln an Händen und Füßen, das Beschweren von Leib und Brust mit einem Stein. Diese Hinweise zeigen, daß es eingewurzelte Gewohnheiten gab, die eine Lebensverkürzung herbeiführen konnten, die aber sicher weit mehr auf animistische Vorstellungen zurückgehen, als daß sie als bewußte euthanatische Maßnahmen angesehen werden können.[7]

Die Euthanasiediskussion vor dem Ersten Weltkrieg

Erst am Ende des 19. Jahrhunderts wird die Verfügbarkeit des menschlichen Sterbens unter dem Einfluß darwinistischer Ideen in aller Offenheit diskutiert. Dabei müssen für die Zeit bis 1933 zwei differente Richtungen, aus unterschiedlichen Wurzeln erwachsend, auseinandergehalten werden.

Die Verfechter einer erweiterten Tötungserlaubnis, Juristen, Mediziner und Theologen, tragen immer ein Transparent voran mit der Aufschrift *Fortschritt und echte Humanität*, welche nicht herzlos die unheilbar Kranken quälen werde, und sie verweisen stets auf den Schaden und die Lasten, die der Allgemeinheit aufgebürdet würden. Ihre normativ-autoritäre, organismische Staatsauffassung, die theoretisch nicht an einen bestimmten Staat oder eine Nation gebunden war, postulierte Maßnahmen in ihrem Sinne.

Die Rassenfanatiker hingegen erkoren einen spezifischen Menschentypus zu ihrem Ideal, wurden dadurch eng an eine Volksgemeinschaft gefesselt, welche, wie im Falle der nordischen Träume, das Hoheitsgebiet eines Staates auch überschritt. Der Nationalsozialismus vermengte beide Ansätze bis zur Unkenntlichkeit ihrer Ursprünge.

1895 hatte in Göttingen Adolf Jost ein Buch erscheinen lassen, das er eine soziale Studie nannte: *Das Recht auf den Tod.*[8]

Als Grundlage seiner Bemühungen dient Jost die kulturpessimistische Philosophie Schopenhauers, der einzig das Mitgefühl als Quelle von Moral und Sittlichkeit gelten läßt. So will Jost dem Leben an sich keinen absoluten Wert zuerkennen, eine solche Wertsetzung sei herzlos gegenüber unheilbar Kranken, darüber hinaus aber auch nachteilig für das Wohl des Ganzen. Mitleid allein bessere wenig, wenn es nicht zur teilnehmenden, barmherzigen Tat, zur Hilfe für den Leidenden werde. Erst das Zusammenspiel von Mitleid mit dem Kranken und der Überlegung des Wertes eines Lebens für die Gemeinschaft kann zu einer Entscheidung führen. Der Wert eines Menschenlebens wird aus zwei Komponenten bilanziert: aus dem Wert des Lebens für den betroffenen Menschen selber und aus dem Nutzen und Schaden, den das Individuum für seine Mitmenschen darstellt. Für Jost können die Faktoren des Lebenswertes nicht nur gleich Null, sie können auch negativ werden. „Gibt es Fälle, in welchen der Tod eines Individuums sowohl für dieses selbst als auch für die menschliche Gesellschaft überhaupt wünschenswert ist?" hatte er gefragt. Und seine Antwort ergibt sich aus seiner Bilanz. Wenn der Wert eines Lebens unter Null sinkt, dann hat der Mensch selbst, aber auch die Gesellschaft das Recht, dieses Leben zu beenden. Der Begriff des lebensunwerten Lebens wird hier zwar nicht expressis verbis, aber inhaltlich geprägt. Es ist erstaunlich, daß Jost sich in diesem Zusammenhang gegen Nietzsche wendet, dem er vorwirft, die ganze Angelegenheit von einem egoistischen Standpunkt aus zu behandeln, der einer sachlichen Erwägung im Wege stehe. Religiöse Einwände wischt er ebenso vom Tisch wie die Möglichkeit des Irrtums. Aber selbst wenn ein Irrtum vorliegt, wiege der eine Fall leicht gegen das Elend von Tausenden und den Vorteil der Gesellschaft. Dennoch schrickt Jost vor den letzten Konsequenzen zurück. Die Frage der Geisteskranken, deren Wert für das Gemeinwohl negativ ist, wird ausgeklammert. Für Jost ist das Recht auf den Tod die Basis eines gesunden Lebens, wobei dieses Recht einen zweifachen Aspekt hat: dem Individuum und dem Staat soll es gleichermaßen zustehen.

Im selben Jahr, 1895, hatte Alexander Tille, der sich selbst als Sozialaristokrat bezeichnete, in seinem *Volksdienst* gefordert, die Herdenmoral der Humanität abzuschaffen, die es jedem gestatte, sich fortzupflanzen. Minderwertige müßten von diesem Geschäft ausgeschlossen werden. Die Darwinschen Gesetze, so hatte er schon zwei Jahre früher argumentiert, müßten in aller Schärfe auch in der menschlichen Gesellschaft angewendet werden. Wer weniger wert sei, solle auch weniger essen. So würden die Untüchtigen unfehlbar zugrunde gehen.[9]

Im Gegensatz zu Tille hatte Otto Ammon ebenso wie Darwin selbst das Prinzip der Humanität höher bewertet als das der Selektion. Ihnen folgte auch Alfred Ploetz.[10] Wilhelm Schallmeyer, der mit seiner Arbeit *Vererbung und Auslese im Lebenslauf der Völker* den ersten Preis des von Krupp finanzierten Preisausschreibens mit dem Thema *Was lernen wir aus den Prinzipien der Deszendenztheorie in Beziehung auf die innerpolitische Entwicklung und Gesetzgebung der Staaten* von 1900 gewonnen hatte, diskutierte folgende Möglichkeiten zur Verbesserung der Erbmasse des Volkes: Verhinderung von Nachkommen mit schlechten Erbanlagen, Erhöhung der Nachkommenschaft von Trägern guter Erbanlagen. Er hält Sterilisierung, auch Zwangssterilisierung für denkbare Möglichkeiten wie auch Eheverbote bei Minderwertigen.[11]

Auch Ernst Haeckel hat in dieser Phase seine Meinung zum Problem des Wertes des menschlichen Lebens geäußert. In den *Lebenswundern* versucht er das neue Verhältnis des Einzelnen und der Gesellschaft zum Sterben zu regeln. Er billigt jedem das Recht zu, sein Leben, das nur Qual bedeute, mit dem Tode zu versöhnen. Nicht Selbstmord, vorurteilsfrei Selbsterlösung solle man solches Handeln nennen. Denn nicht einem allgütigen Vater über den Wolken verdanke man sein Bestehen und schulde deshalb dem Gnadengeschenk Achtung, sondern dem blinden Zufall. Die moderne Zeit habe die Kulturleiden in erschreckendem Maße anschwellen lassen, habe manchen mit ausweglosem Schicksal geschlagen. Mitleid, „eine der edelsten und schönsten Gehirnfunktionen", führt zum Recht oder sogar zur Pflicht, „den schweren Leiden unserer Mitmenschen ein Ende zu bereiten, wenn schwere Krankheit ohne Hoffnung auf Besserung ihnen die Existenz unerträglich macht und wenn sie selbst um ‚Erlösung vom Übel' bitten". Die ärztliche Ethik mit ihrer Forderung nach uneingeschränkter Lebenserhaltung sei unangebracht angesichts des bestehenden Leids.[12]

„Welche ungeheure Summe von Schmerz und Leid", so sagt er, nachdem er die Zahl der Geisteskranken in Deutschland genannt hat, „bedeuten diese entsetzlichen Zahlen für die unglücklichen Kranken selbst, welche namenlose Fülle von Trauer und Sorge für ihre Familien, welchen Verlust an Privatvermögen und Staatskosten für die Gesamtheit." In einer monistischen Moral, deren oberstes Gebot der Einklang von Eigen- und Nächstenliebe sein wird, einer Moral, die naturwissenschaftlich begründet ist, muß die biologische Auslese an hervorragender Stelle stehen. „Es kann daher auch die Tötung von neugeborenen verkrüppelten Kindern vernünftigerweise nicht unter den Begriff des Mordes fallen, wie es noch in unseren modernen Gesetzbüchern geschieht. Vielmehr müssen wir dieselbe als eine zweckmäßige, sowohl für die Beteiligten wie für die Gesellschaft nützliche Maßregel billigen."[13] Und Haeckel weiß auch Beispiele anzuführen, wo ein solches Vorgehen ein Volk zu staatlicher und kultureller Blüte gebracht hat. „Ein ausgezeichnetes Beispiel liefern die alten Spartaner, bei denen aufgrund eines besonderen Gesetzes schon die neugeborenen Kinder einer sorgfältigen Musterung und Auslese unterworfen werden mußten. Alle schwächlichen, kränklichen oder mit irgendeinem körperlichen Gebrechen behafteten Kinder wurden getötet. Nur die vollkommen gesunden und kräftigen Kinder durften am Leben bleiben, und sie allein gelangten später zur Fortpflanzung. Dadurch wurde die spartanische Rasse nicht allein beständig in auserlesener Kraft und Tüchtigkeit erhalten, sondern mit jeder Generation wurde ihre körperliche Vollkommenheit gesteigert. Gewiß verdankt das Volk von Sparta dieser künstlichen Auslese oder Züchtung zum großen Teil seinen seltenen Grad von männlicher Kraft und rauher Heldentugend."[14]

1913/14 ist in der Zeitchrift *Das monistische Jahrhundert* des Deutschen Monistenbundes eine lebhafte Diskussion um das Euthanasieproblem entbrannt. Ausgelöst wurde sie durch einen Beitrag von Roland Gerkan, der, selbst schwerkrank, einen Gesetzentwurf zur Debatte stellte. Engagiert und mit bitterer Ironie trat er für die Freigabe des Gnadentodes ein, der jedem unheilbar Kranken als Recht zustehen solle. In seinem Entwurf ist nur der Kranke antragsberechtigt, die Entscheidung soll durch ein Ärztekollegium vorbereitet werden. Durch Gerichtsbeschluß soll die Euthanasie dann erlaubt werden, eine Euthanasie gegen den Willen des Kranken darf es nicht geben.[15]

Die Euthanasiediskussion in der Weimarer Republik

War es in der Diskussion um die Euthanasie in der Zeit vor dem Ersten Weltkrieg in erster Linie um die Freigabe der Tötung auf Verlangen gegangen, so erreichte sie zu Beginn der 20er Jahre eine neue Dimension durch die Schrift von Karl Binding und Alfred Hoche *Die Freigabe der Vernichtung lebensunwerten Lebens.*[16] Diese Schrift bildet die entscheidende Grundlage für alles, was folgte und nur so folgen konnte. Eine genaue Analyse ist deshalb angezeigt. Die Schrift besteht aus zwei voneinander unabhängigen Beiträgen. Im ersten Teil, der bereits 1913 konzipiert ist, legt der angesehene Jurist Karl Binding seine

Überlegungen zur Euthanasie vor, die im zweiten Teil von dem ebenso angesehenen Psychiater Alfred Hoche ergänzt werden.[17]

Bindings Gedankengänge stellen sich kurz zusammengefaßt wie folgt dar. Der Mensch ist der geborene Souverän über sein Leben. Das ermächtigt ihn dazu, über dieses nach eigenem Gutdünken zu verfügen, auch gegebenenfalls gegen es zu entscheiden. Diese Entscheidung sei aus naturrechtlicher Perspektive das erste aller Menschenrechte. Deshalb seien auch die positivrechtlichen Einschätzungen des Selbstmordes falsch, auch wenn sie zu divergierenden, konträren Auffassungen führten. Weder sei das Sterben von eigener Hand als widerrechtliche Handlung zu sehen, qualitativ dem Mord und dem Totschlag aufs engste verwandt, weil das Verbot der Menschentötung verletzt werde, noch sei die Selbsttötung die Ausübung eines Tötungsrechtes.

Bemerkenswert ist, daß Binding, wenn er die Nachteile abwägt, welche eine Freigabe der Selbsttötung mit sich brächten, besonders den sozialen Schaden bedauert, da dann oft der Gemeinschaft noch durchaus nutzkräftige Mitglieder verlorengingen. Nach der Diskussion der Selbsttötung wendet sich Binding der Freigabe der Euthanasie in richtiger Begrenzung zu und diskutiert vor allem die Situation, in welcher der Arzt einem qualvoll Leidenden Medikamente verabreicht, welche diesen von seiner Marter vorzeitig erlösen, indem sie die bis dahin wirkende Todesursache durch eine andere ersetzen. Auch hier ist Binding der Überzeugung, das Gesetz verbiete solches Tun nicht, versage ihm jedoch die ausdrückliche Erlaubnis. Solche nicht von der Legislative mit Ahndung bedrohte Therapie bedürfe nicht einmal der Zustimmung des Patienten, gegen dessen offenkundige Weigerung sie selbstredend zu unterlassen sei. An Selbstmord und Euthanasie anknüpfend, geht Binding nun weiter, wenn er vom subjektiv unerträglich gewordenen Dasein handelt. Er zitiert das Schlagwort vom Recht auf den Tod; dieses Recht sei unabdingbar mit der Frage nach dem Wert eines Menschenlebens verbunden. Ein endgültiges Urteil könne erst dann gefällt werden, wenn geklärt sei, ob es Men-

schenleben gebe, „die so stark die Eigenschaft des Rechtsgutes
eingebüßt haben, daß ihre Fortdauer für die Lebensträger wie
für die Gesellschaft dauernd allen Wert verloren hat".[18] Mit dieser unscharfen Formulierung schlägt die liberale Grundidee in
antiliberale Zielsetzung um, da der Mensch, wie jeder beliebige
Gegenstand wissenschaftlicher Beschäftigung, nur noch als Objekt gefaßt, die einzigartige und einzige Beziehung zwischen
Behandeltem und Behandelndem übersehen wird.

Ein summarischer Überblick läßt Binding die „ganz nutzlos
vergeudete Arbeitskraft, Geduld und Vermögensaufwendung"
in Irrenanstalten beklagen. Auch der Widerspruch, der grelle
Mißklang zwischen dem Opfer teuerster Vitalität z. B. im Krieg
und der unfruchtbaren Pflege „nicht nur absolut wertloser, sondern negativ zu wertender Existenzen" bringt ihn auf.[19] Damit
steht für ihn fest: es gibt Geschöpfe, deren Tod sie, den Staat
und die Allgemeinheit, entlastet. Die Rechtsprechung habe
nicht die Pflicht, folgende Leben weiter zu schützen: „Die zufolge Krankheit oder Verwundung unrettbar Verlorenen, die
im vollen Verständnis ihrer Lage den dringenden Wunsch nach
Erlösung besitzen und ihn in irgendeiner Weise zu erkennen gegeben haben", die unheilbar Blödsinnigen, die weder den Willen zu leben noch zu sterben ihr eigen nennen, die das furcht-
bare Gegenbild echter Menschen verkörpern, die „geistig gesunden Persönlichkeiten, die durch irgendein Ereignis bewußtlos geworden sind und die, wenn sie aus ihrer Bewußtlosigkeit
noch einmal erwachen sollten, zu einem namenlosen Elend erwachen würden".[20] In all den Fällen sieht Binding weder aus
rechtlicher noch aus sozialer, sittlicher oder religiöser Perspektive ein Hindernis für die Tötung. Nach diesen theoretischen
Rechtfertigungen greift er das Thema auf, wie die Praxis zu regeln sei, um jeglichen Mißbrauch auszuschalten. Die Entscheidung über eine Euthanasie soll einer Staatsbehörde zugesprochen werden, deren Funktion jedoch auf das passive Moment
beschränkt wird, d. h. die eigentliche Initiative bleibt dem an-
tragsberechtigten Privatmann vorbehalten, der sein Gesuch an
das Amt richtet, welches erst dann seine Arbeit aufnimmt. Ein
Ausschuß, zusammengesetzt aus einem Arzt, einem Psychiater

und einem Juristen, urteilt nach sorgfältigem Forschen und Wägen darüber, ob dem Ansinnen stattgegeben werden kann. Entscheidungen dürfen nur einstimmig gefaßt werden. Unsicherheit der Diagnose oder das Gespenst der Fehlerhaftigkeit wischt Binding, ziemlich leichtfertig, mit zum Teil oberflächlichen Argumenten beiseite: „Das Gute und das Vernünftige müssen geschehen trotz allen Irrtumsrisikos; nimmt man aber auch den Irrtum einmal als bewiesen an, so zählt die Menschheit jetzt ein Leben weniger; aber die Menschheit verliert infolge Irrtums so viele Angehörige, daß einer mehr oder weniger wirklich kaum in die Waagschale fällt."[21]

Nicht die schwebende theoretische Auseinandersetzung um die rechtliche Klärung der Natur von Selbstmord oder der Tötung Einwilligender bewegen Alfred Hoche zu seinen ärztlichen Anmerkungen, sondern der Blick des professionell Betroffenen. Hoche setzt sich zunächst mit der Problematik einer verpflichtenden ärztlichen Ethik, einer moralischen Dienstanweisung auseinander, deren Existenz er leugnet. Er weist die offenkundige Relativität eines ärztlichen Wertekanons nach, um so die Rolle vorzubereiten, welche sein Lösungsvorschlag seinen Berufskollegen zumutet, und geht dann an den eigentlichen Hauptgegenstand seiner Stellungnahme heran, nämlich an die Frage, welche er schon bei Binding vorformuliert findet und die er wörtlich entleiht: „Gibt es Menschenleben, die so stark die Eigenschaft des Rechtsgutes eingebüßt haben, daß ihre Fortdauer für die Lebensträger wie für die Gesellschaft dauernd allen Wert verloren hat?", und ohne Umschweife bekennt er, dies sei „im allgemeinen zunächst mit Bestimmtheit zu bejahen".[22] Auch die im juristischen Teil angestrengte Unterteilung des in Betracht kommenden Personenkreises vollzieht er als die Tatsachen unverzerrt widerspiegelnd nach, doch differenziert er den mehrdeutigen Begriff des Lebenswertes: bei unrettbar Kranken und Verwundeten kann zwischen subjektiver und objektiver Gewichtsbemessung eine mehr oder minder große Lücke klaffen, die unheilbar Blödsinnigen vermögen weder selbst ihrer Existenz Bedeutung abzugewinnen, noch können dies Außenstehende. Als Klassifikationsmerkmal geistig toter Kreaturen kann gelten: der Zeitpunkt des Eintritts der Umnachtung, der Grad geistiger Öde, die Beziehungen zur Umwelt und die wirtschaftliche und moralische Bürde für die Umgebung. Den komplexen Gesamtbereich schlüsselt er noch weiter auf in die Fälle, bei denen der Verstand erst im Laufe der Jahre dahinwelkte, dazu rechnen Greisenveränderungen des Gehirns, Dementia praecox, und diejenigen, welche von Geburt an Dunkelheit umfing, was durch Mißbildung des Gehirns, Hemmung der Entwicklung im Mutterleib oder Krankheitsvorgänge im Säuglingsalter verursacht werden kann.

Von Beziehungen zur Umwelt bei solchen zu sprechen, welche nie Bewußtsein erlangt haben, wird niemand ernsthaft wagen, während dagegen die erst später vom Schwachsinn Heimgesuchten meist einen besonderen Affektionswert zu Angehörigen und Freunden erworben haben, was man bei den Überlegungen einer eventuellen Vernichtung berücksichtigen müsse. Die noch weitaus geringste Belastung geht von den Paralytikern aus, welche der Ausbruch des Gebrechens nur wenige Jahre von ihrem Ende trennt. Ihnen am nächsten mit lediglich minimal vermehrter Lebensspanne kommen die vom Greisenblödsinn Betroffenen. Die durch jugendliche Prozesse Verödeten aber vegetieren oft zwei bis drei Jahrzehnte dahin, bis das Schicksal mit ihnen Erbarmen zeigt. Die Allgemeinheit am schwersten treffen die Vollidioten, welche das Pflegepersonal von zwei Menschenaltern verschleißen können, bevor der Tod ihrem traurigen Dasein ein Ende setzt. Alle Zeiten konfrontierten die Völker mit dem Problem, einen möglichen Konflikt zwischen subjektivem Recht auf Existenz und objektiver Zweckmäßigkeit, nach denen Lebensberechtigung abgewogen werden kann, zum Ausgleich zu bringen. Wie sie es bewältigen, ihn aufzulösen, das reflektiert den Grad der jeweils erreichten Humanität.

Finanziellen Aufwand an Anstaltsbediensteten und die nationale Lage zieht Hoche als Kriterien heran, wenn er untersucht, ob sich ein Mitschleppen dieser „Defektmenschen" lohne.

Er selbst veranlaßt eine Umfrage bei einschlägigen deutschen Instituten, um über die pekuniären Verhältnisse Aufschluß zu erhalten. Er errechnete einen jährlichen Unkostensatz von 1300 Mark pro Insassen. Der Gedanke einer durchschnittlichen Lebensdauer von 5 Dekaden und einer Zahl von 20 000 bis 30 000 Insassen in Sanatorien läßt ihn das ungeheure Kapital beklagen, welches in Form von Lebensmitteln, Kleidung und Heizung dem Staatsvermögen für eine unproduktive Sache abgezweigt werde. Aber damit nicht genug; die Einrichtung wie auch die für deren Betrieb benötigten Personen entfallen gleichfalls für weit nützlichere Aufgaben, unfruchtbar wird Arbeitskraft vergeudet: „Es ist eine peinliche Vorstellung, daß ganze Generationen von Pflegern neben diesen Menschenhülsen dahinaltern."[23]

Den Luxus solcher Überbürdung kann das Land sich letztlich nicht erlauben, denn „unsere deutsche Aufgabe wird auf lange Zeit sein: eine bis zum höchsten gesteigerte Zusammenfassung aller Möglichkeiten, ein Freimachen jeder Leistungsfähigkeit für fördernde Zwecke".[24] Wie auf einer gefahrvollen Expedition finden halbe, viertel und achtel Kräfte keinen Platz. Soll das gemeinsame Unternehmen nicht scheitern, müssen sie abgestoßen werden, so fordert es das Interesse der übergreifenden Einheit.

Besitzen durch Blödsinn Verödete überhaupt ein in einem Bewußtsein verankertes Recht auf Dasein? Im Gefüge der übrigen menschlichen Gesellschaft treiben sie wie Fremdkörper, bar jeder eigenen produktiven Leistung, wegen ihrer völligen Hilflosigkeit auf Gedeih und Verderb vom Beistand Dritter abhängig. Ihr Inneres kennt weder klare Vorstellungen noch Gefühle oder Willensregungen. Ein auch noch so verschwommenes Weltbild wie jede andere Verbindung nach draußen fehlen. Selbstbewußtsein und Intellekt fehlen. Aus all dem resultiert aber die unleugbare Folgerung: sie vermögen gar keinen subjektiven Anspruch auf Existenz zu erheben, weil ihnen alle Qualitäten des Subjekts abgehen. Tilgung solcher Geschöpfe hat mit einer mit Strafe bedrohten Tötung nichts gemein, da sie nicht, wie etwa Mord, einen Gegenwillen überwinden muß.

Selbst Mitleid wird zu sinnlos leerem Akt entfremdet, denn wo es kein Leiden gibt, dort gibt es auch kein Mitleiden. Nachdem

Hoche so gezeigt hat, wie schwer diese Kreaturen auf den Schultern der Gesunden lasten und wie unmöglich sie überhaupt auf ein Recht zu leben pochen können, tröstet ihn nur noch die Hoffnung, wir möchten „eines Tages zu der Auffassung heranreifen, daß die Beseitigung der geistig völlig Toten kein Verbrechen, keine unmoralische Handlung, keine gefühlsmäßige Roheit, sondern einen erlaubten nützlichen Akt darstellt. Eine neue Zeit wird kommen, die von dem Standpunkt einer höheren Sittlichkeit aus aufhören wird, die Forderung eines überspannten Humanitätsbegriffes und einer Überschätzung des Wertes der Existenz schlechthin mit schweren Opfern dauernd in die Tat umzusetzen."[25]

Wenn Hoche mit „objektiver Zweckmäßigkeit" argumentiert, so trachtet dies nach einem obersten Prinzip, welches außerhalb des subjektiven Bewußtseins angesiedelt sein kann, dem alles übrige untergeordnet werden muß. Welche Elle legt nun Hoche an? Streifen wir flüchtig über die in Frage kommenden Textstellen, so springen uns Begriffe wie „deutsche Aufgabe", „nationale Überbürdung" oder „Nationalvermögen" ins Auge. Der Nutzen eines Zusammenschlusses von Individuen, der des Staates also, dient ihm als Richtschnur seines Urteils. Welche Vorstellungen er vom Innenleben einer solchen Einrichtung entwirft, wie er die zweifellos unvermeidlichen Konflikte zwischen den absoluten Interessen des einzelnen und der größeren Einheit gelöst sehen will, verdeutlicht sein biologischer Vergleich: „Wir haben es, von fremden Gesichtspunkten aus, verlernt, den staatlichen Organismus im selben Sinne wie ein Ganzes mit eigenen Gesetzen und Rechten zu betrachten, wie ihn etwa ein in sich geschlossener menschlicher Organismus darstellt, der im Interesse der Wohlfahrt des Ganzen auch einzelne wertlos gewordene oder schädliche Teile oder Teilchen preisgibt und abstößt."[26] Wenn er nun konkret von einer „deutschen Aufgabe" spricht, dokumentiert dies ein nur aus der zeitbedingten Situation erklärbares Bedürfnis nach einer neuen heroischen, ganzheitlich-kollektiven und lebensbeschränkenden Sittlichkeit: Das schwierige und entbehrungsreiche Unternehmen, die Auswirkungen und Rückschläge des Krieges zu überwinden, verleihen den gemeinsamen Anstrengungen den Charakter einer entsagungsvollen Expedition.

Obwohl in der Schrift von Binding und Hoche der Begriff Euthanasie nicht gebraucht wird, wird das beschriebene Vorgehen von den Zeitgenossen mit diesem Begriff in Verbindung gebracht. Viele der Schriften, die im Anschluß an die Binding-Hochesche Veröffentlichung erscheinen, tragen ihn als Titel.[27] Der Begriff Euthanasie hat in dieser Diskussion eine neue Qualität erreicht. Er bezeichnet nicht mehr die Bemühungen des Arztes um ein würdevolles Sterben. Euthanasie ist nun auch nicht mehr die Tötung auf Verlangen, sondern sie ist, wie der Titel schon sagt, die Vernichtung lebensunwerten Lebens. Mit der Binding-Hocheschen Schrift ist die intellektuelle Basis gelegt für die sogenannten Euthanasieaktionen des Dritten Reiches. „Nicht die Nationalsozialisten haben den Sinn des Wortes pervertiert, sie brauchten sich nur der Begriffsverwirrung zu bedienen."[28]

Euthanasie im nationalsozialistischen Deutschland

Am 14.7. 1933 verabschiedete das Reichskabinett in derselben Sitzung, in der auch das Konkordat mit dem Heiligen Stuhl gebilligt wurde, das Gesetz zur Verhütung erbkranken Nachwuchses. Es war die veränderte Fassung eines preußischen Gesetzentwurfes, der die Einwilligung des zu Sterilisierenden zur unerläßlichen Voraussetzung gemacht hatte.[29] Solche *Einengungen* fielen jetzt freilich weg. Auch beamtete Ärzte und Anstaltsleiter waren nun antragsberechtigt. Sie hatten die Anzeigepflicht, wenn ihnen Personen bekannt wurden, auf die der § 2 des Gesetzes zutraf. Dieser lautet: „Erbkrank im Sinne dieses Gesetzes ist, wer an einer der folgenden Krankheiten leidet:
1. angeborenem Schwachsinn
2. Schizophrenie
3. zirkulärem (manisch-depressivem) Irresein
4. erblicher Fallsucht
5. erblichem Veitstanz (Huntingtonsche Chorea)
6. erblicher Blindheit

7. erblicher Taubheit
8. schwerer körperlicher Mißbildung."

Auch wer an schwerem Alkoholismus litt, konnte unfruchtbar gemacht werden. An den Erbgesundheitsgerichten wurden die Anträge geprüft und entschieden. War die Sterilisierung beschlossen, mußte sie innerhalb von 14 Tagen durchgeführt werden. Die Entlassung aus Heil- und Pflegeanstalten ohne vorherige Sterilisation wurde verboten.

1935 erfolgte eine Erweiterung des Gesetzes, die, wenn die Sterilisation bei einer Schwangeren durchgeführt wurde, gleichzeitige Abtreibung erlaubte. 1939 wurde durch die Erbpflegeverordnung die Sterilisierungen auf dringende Fälle beschränkt. Während der NS-Zeit sind zwischen 200 000 und 350 000 Menschen zwangssterilisiert worden.

Merklicher Widerstand gegen das Gesetz und gegen seine Durchführung ist zunächst nicht sichtbar geworden.[30] Unter der Flut der Propaganda in Zeitungen, im Film und auf dem Theater ist er zumindest verdeckt worden. Bis zum Kriegsbeginn wurde in über 50 000 Versammlungen Propaganda für die Erb- und Rassenpflege betrieben, Zeitschriften in riesiger Auflage wurden in Schulen und Betrieben verteilt.

Es ist auffällig, daß sich in dieser geballten Propagandaflut nie ein Hinweis auf die Tötung sogenannten lebensunwerten Lebens findet. Ja, es war durch Ministerialerlaß ausdrücklich verboten, dieses Thema zur Sprache zu bringen. Und auf dieses Verbot wird in Pressekonferenzen und Verlautbarungen anderer Art immer wieder hingewiesen.[31]

Dabei wurde gezielte Stimmungsmache für eine Aktion betrieben, ohne diese beim Namen zu nennen. Das *Schwarze Korps*, das Organ der SS, berichtete immer wieder über besonders krasse Fälle von Geisteskrankheit, der Reichsärzteführer Wagner rechnete in aller Offenheit und Öffentlichkeit aus, welche ungeheure Belastung die Erbkranken und Minderwertigen für den Staatshaushalt seien. Die Kostenfrage spielte auch in Veröffentlichungen von Wissenschaftlern eine vorrangige Rolle und fand Eingang in die Schulbücher für Mathematik.[32]

Neben diesen wirtschaftlichen Gesichtspunkten wurden mit zunehmender Dauer immer mehr die Aspekte einer zu steigernden Wehrhaftigkeit angeführt. Man müsse der drohenden Entartung gezielt entgegentreten. Noch 1935 hatte es offiziell geheißen: „Die Freigabe der Vernichtung sogenannten lebensunwerten Lebens kommt nicht in Frage", aber schon 1934 hatte Kardinal Faulhaber gewarnt: „Es könnte ein Arzt auf den Gedanken kommen, die schmerzlose Tötung der sicher unheilbaren Kranken, auch der unheilbar Geisteskranken, die sogenannte Euthanasie erspare dem Staat große Fürsorgelasten und diene deshalb dem Wohle des Volkes."[33]

Immer unverhohlener wurde jedoch der Vernichtungsgedanke innerhalb der Partei weitergedacht. Nicht nur die körperlich und geistig Kranken, auch die Gemeinschaftsunfähigen sollten ausgemerzt werden. Der Leiter des rassenpolitischen Amtes der NSDAP im Gau Hessen-Nassau, der Gießener Professor Heinrich Wilhelm Kranz, nannte die Zahl von einer Million, die nur auf dem Weg der Ausmerze aus dem Fortpflanzungsprozeß ausgeschieden werden könne.[34]

Eine neue ärztliche Ethik wurde propagiert: Weg vom lebensunwerten Leben, hin zum behandelbaren und heilbaren Volksgenossen. Weg vom biologisch Minderwertigen, hin zur biologischen Hochwertigkeit.

So ist die Sterilisationsgesetzgebung der Nationalsozialisten als Vorstufe zur Euthanasie in einer so begriffenen biologischen Staatsauffassung nur folgerichtig. So äußerte sich schon 1935 Hitler gegenüber dem Reichsärzteführer Wagner, daß er im Falle eines Krieges die Euthanasiefrage aufgreifen und zur Lösung bringen werde. So hat die Rückdatierung des Hitlerbriefes auf den 1.9.1939 ihre fürchterliche Konsequenz.[35]

Schon seit Frühjahr 1939 war der *Reichsausschuß zur wissenschaftlichen Erfassung erb- und anlagebedingter schwerer Leiden* geschaffen worden, der eine große Aktion startete, um an Idiotie, Mongolismus, Hydrozephalus und anderen Mißbildungen leidende Kinder ausfindig zu machen. Äußerer Anlaß für die Aktionen war die Bitte eines Leipziger Ehepaares, ihr mehrach mißgebildetes Kind töten zu lassen. Der Direktor der Leipziger Kinderklinik, Werner Catel, hatte sie zu diesem Schritt überredet. Er gehörte neben dem Berliner Augenarzt Hellmut Unger und dem Direktor der Landesheil- und Pflegeanstalt Görden bei Brandenburg, Hans Heinze, zu den Mitgliedern dieses Ausschusses. Die durch Fragebogen bekanntgewordenen Fälle wurden vom Reichsausschuß an drei Gutachter weitergeleitet, die durch einfaches Plus oder Minus über den Tod der Kinder entschieden. Diese Tötung wurde in sogenannten Kinderfachabteilungen vorgenommen, in die die Kinder entweder ohne Wissen der Eltern verlegt wurden oder indem man den Eltern vorgaukelte, in diesen Fachabteilungen sei eine bessere Behandlungsmöglichkeit gegeben. 21 solcher Abteilungen wurden nach und nach geschaffen, das Alter der Kinder von zunächst 3 auf schließlich 16 Jahre hochgesetzt, letztlich reichte in der Spalte Krankheit die Angabe „Jude" oder „Zigeuner". Etwa 5000 Kinder wurden bis zum Kriegsende so getötet.

Ende 1939 wurde mit der Euthanasie der Erwachsenen begonnen. Eine gesetzliche Grundlage hierfür war nicht gegeben. Man konnte sich nur auf den auf privatem Briefbogen Hitlers geschriebenen Befehl berufen. Die Durchführung der Euthanasieaktion spiegelt den für den NS-Staat typischen Kompetenzwirrwarr wider. Schließlich wurde eine Organisation unter der Tarnbezeichnung T 4 geschaffen, die sich gliederte in die *Reichsarbeitsgemeinschaft für Heil- und Pflegeanstalten,* die *Gemeinnützige Stiftung für Anstaltspflege* und die *Gemeinnützige Krankentransport GmbH.* Die Reichsarbeitsgemeinschaft ermittelte durch Versand und Auswertung von Fragebögen die zu tötenden Anstaltsinsassen, die Gekrat übernahm den Transport in die Tötungsanstalten. Auch hier bedeutete ein Plus des Gutachters auf dem Bogen den sicheren Tod des Patienten. Die Gutachter wurden für ihre Tätigkeit je nach Zahl der bearbeiteten Bögen bezahlt. Die Auswertung von weniger als 500 Bögen pro Monat wurde mit 100 Mark honoriert, bearbeitete der Gutachter bis zu 2000 Bögen, erhielt er 200 Mark, bis zu 3500 Bögen bekam er 300 Mark, und erledigte er mehr als 3500 Bögen im Monat, dann erhielt er den Höchstsatz von 400 Mark.

Der Direktor von Egelfing-Haar, Hermann Pfannenmüller, hat von November 1939 bis Mai 1941 5475 Fragebögen „begutachtet".

Das Ausfüllen der Fragebogen war in den Anstalten zunächst meist ahnungslos erfolgt, da niemand die Folgen absehen konnte. Im Januar 1940 begann man in der ersten Tötungsanstalt, Grafeneck, mit der Ermordung der Geisteskranken. Dies geschah zunächst durch Injektion von Morphin-Skopolamin. Von Anfang 1940 wurden in Brandenburg die Tötung durch Kohlenmonoxyd vorgeführt und die Tötungsräume in den Duschen der Anstalten Grafeneck, Brandenburg, Hartheim bei Linz, Sonnenstein und Hadamar installiert.

In diesen Anstalten waren bis 1941 über 70 000 Personen umgebracht worden, über 30 000 „begutachtete" Fragebogen lagen noch bereit. Der offizielle Abbruch der Aktion am 24. August 1941 durch Hitler ist vor allem unter dem Druck der Kirchen erfolgt. Schon sehr bald war von beiden Kirchen, Trägern von Heil- und Pflegeanstalten, der eigentliche Sinn der Fragebogenaktion begriffen worden. Systematisch wurde die Ausführung der Aktion sabotiert, Unterlagen gefälscht, Patienten nach Hause entlassen, falsche Diagnosen eingetragen. Friedrich von Bodelschwingh konnte durch seinen mutigen Einsatz seine Pfleglinge in Bethel über lange Zeit schützen. Über den passiven Widerstand hinaus wurde die evangelische Kirche aktiv: Pastor Paul Gerhard Braune mit seiner Denkschrift vom 9. Juli 1940, die ihm vom 12. August bis zum 31. Oktober 1940 eine Gestapo-Schutzhaft eintrug, und Landesbischof Theophil Wurm mit seinem Brief vom 19. Juli 1940 mögen hier als Beispiele genügen.

Die katholische Kirche hat nach einer kurzen Zeit des Lavierens ab August 1940 klar Stellung bezogen. Der Hirtenbrief der Fuldaer Bischofskonferenz und die Predigt des Bischofs von Münster, Graf Galen, die auf heute noch ungeklärte Weise sehr schnell auf Flugblättern in ganz Deutschland bekannt wurde, führten schließlich zur offiziellen Beendigung der Aktionen.

Dieses offizielle Ende bedeutete jedoch nicht, daß nicht weiter gemordet worden wäre. Ihre Fortsetzung fand die Euthanasie-aktion in der sogenannten *wilden Euthanasie,* bei der in den Anstalten nicht mehr zentral gesteuert eine unbekannte Zahl von Kranken umgebracht wurde.

1941 setzte die Aktion 14 f 13 ein. Auf Weisung Himmlers wurden in den Konzentrationslagern die Geisteskranken selektiert und der Euthanasie zugeführt. Die Mitarbeiter der Dienststelle T 4, die „arbeitslos" waren, fanden hier ein neues Betätigungsfeld.

Alle diese Aktionen, von der Kindereuthanasie bis zur Aktion 14 f 13, sind als Teil der Vernichtungsstrategie auf sozialdarwinistisch-rassistischer Grundlage zur Durchführung der Ausmerze lebensunwerten und artfremden Lebens insgesamt zu sehen. Bei der Endlösung der Judenfrage, mit der zunächst Heydrich beauftragt war, konnte man auf die bewährten Kräfte der Aktion T 4 zurückgreifen, vor allem bei der Errichtung der drei Vernichtungslager Belzec, Sobibor und Treblinka. Erster Kommandant von Treblinka war Eberl, der zuvor Direktor von Brandenburg/Bernburg gewesen war; auch die späteren Kommandanten von Treblinka, Franz und Stangl, kamen von T 4, ebenso Wirth, der die erste Vergasung in Brandenburg geleitet hatte. Er war Büroleiter in Grafeneck, Brandenburg und Hartheim gewesen. Seine Methode wurde nicht nur in Belzec verwendet, sondern auch in Auschwitz und in anderen Konzentrationslagern. Die Aktion T 4 steht nicht isoliert. Sie diente auch zur Erprobung der Massenvernichtungsmechanismen des NS-Regimes.

Während des gesamten Ablaufs der Euthanasieaktionen war eine strikte Publikationssperre verhängt. Auf der anderen Seite lief der Propagandaapparat für die Euthanasie weiter. Bekanntestes Beispiel ist der Film „Ich klage an" von 1941 geworden. In einer geheimen Presseanweisung dazu heißt es: „In Besprechungen des Filmes ‚Ich klage an' soll auf das Thema ‚Euthanasie' nicht eingegangen werden. Dieses Thema soll in keiner Weise aufgegriffen werden. In den Besprechungen kann lediglich die Tatsache des Anschneidens dieses Problems in dem Film erwähnt werden."[36] Der Begriff Euthanasie wird ganz bewußt vermieden, dagegen die Frage diskutiert, ob einem Arzt das Recht zugestanden werden muß, auf Wunsch unheilbaren Kranken ihre Qual abzukürzen.

Diese Zwiespältigkeit wird auch sichtbar in dem Entwurf eines Euthanasiegesetzes, der in seinem Wortlaut zwar verschollen ist, aus einer Besprechung der Strafrechtskommission vom 11. 8. 1939 jedoch teilweise zu rekonstruieren ist. Unter dem Datum vom 24. 1. 1941 trägt das Protokoll die Bemerkung „Niederschrift darf Unbefugten nicht in die Hände fallen". Die ersten Paragraphen des Gesetzes über die Sterbehilfe unheilbar Kranker haben wahrscheinlich gelautet:

„§ 1 Wer an einer unheilbaren, sich oder andere stark belästigenden oder sicher zum Tode führenden Krankheit leidet, kann auf sein ausdrückliches Verlangen mit Genehmigung eines besonders ermächtigten Arztes Sterbehilfe durch einen Arzt erlangen.

§ 2 Das Leben eines Menschen, welcher infolge unheilbarer Geisteskrankheit dauernder Verwahrung bedarf und der im Leben nicht zu bestehen vermag, kann durch ärztliche Maßnahmen unmerklich schmerzlos für ihn vorzeitig beendet werden."[37]

Auch hier wird das Problem der Tötung auf Verlangen geschickt in den Dienst der Vernichtungsaktion gestellt.

Außer dem Film „Ich klage an" waren weitere Dokumentar- und Spielfilme geplant, deren Drehbücher bzw. Exposés erhalten sind und im Augenblick Gegenstand unserer Untersuchungen sind.[38]

Die erhaltenen Unterlagen geben weitere Hinweise darauf, daß die Aktion im August 1941 zwar offiziell beendet wurde, in Wirklichkeit jedoch weiterging und mit Intensität daran gearbeitet wurde. Dafür sprechen die Visitationsberichte der euthanasiebeauftragten Prüfärzte aus dem Jahre 1942 in Schleswig und in Baden, vor allem aber die Notiz über eine Besprechung der Prüfärzte vom 6. 10. 1942 in Berlin. „Plus bedeutet einwandfreier Plusfall, der bei eventueller plötzlicher Wiederaufnahme unserer Arbeit ohne nochmalige Untersuchung zur Ausscheidung in unseren Anstalten vorgesehen werden kann. Z bedeutet, daß dieser Fall noch ungeklärt ist. Trotzdem ist es nicht ausgeschlossen, daß er zu einer späteren Zeit unter unsere Aktion fällt."[39]

Von Anfang 1944 ist eine Liste aus der Städtischen Nervenklinik Bremen bekannt mit Namen von Patienten, die nach Meseritz-Obrawalde überführt worden sind. Die Todesdaten dieser Patienten liegen zwischen dem 2. und 11. Januar 1944. Diese wenigen Hinweise zeigen, daß an der Euthanasieaktion bis zum Ende des Krieges weitergearbeitet worden ist.

Im 19. Jahrhundert war unter Euthanasie die ärztliche Bemühung um einen guten Tod verstanden worden, am Ende des Jahrhunderts und zu Beginn des 20. Jahrhunderts hatte man die Verfügbarkeit des Todes gefordert, zunächst die des eigenen Todes. Die Diskussion hatte sich auf die Freigabe der Tötung auf Verlangen konzentriert. Die Verfügbarkeit des fremden Todes wurde durch die Schrift von Binding und Hoche mit Erfolg propagiert. Sie haben die gedankliche Vorarbeit für die Verbrechen der Nationalsozialisten geleistet.

Anmerkungen

1 Christoph Wilhelm Hufeland: Die Verhältnisse des Arztes, in: Hufelands Journal 23 (1806) 3. Stück, S. 5–36, hier S. 15 f.

2 Der Prozeß gegen die Hauptkriegsverbrecher vor dem internationalen Militärgerichtshof. Bd. 26, Nürnberg 1947, S. 169, Dokument 630-PS.

3 Vgl. dazu John Koty: Die Behandlung der Alten und Kranken bei den Naturvölkern, Stuttgart 1934 (= Forschungen zur Völkerpsychologie und Soziologie 13).

4 Thomas Morus: Utopia, Basel 1947, S. 130.

5 Zitiert nach der deutschen Übersetzung von J. H. Pfingsten: Francis Bacon: Über die Würde und den Fortgang der Wissenschaften, Pest 1783, S. 394.

6 Vgl. Franz Walter: Die Euthanasie und die Heiligkeit des Lebens, München 1948, S. 45.

7 Vgl. dazu Rolf Winau: Euthanasie – Wandlungen eines Begriffs, in: Ingeborg Falck (Hrsg.): Sterbebegleitung älterer Menschen, Berlin 1980 (= Beiträge zur Gerontologie und Altenarbeit 32), S. 7–19.

8 Adolf Jost: Das Recht auf den Tod, Göttingen 1895.

9 Vgl. dazu Wilfried Schungel: Alexander Tille (1866–1912), Husum 1980 (= Abhandlungen zur Geschichte der Medizin und der Naturwissenschaften 40).

10 Vgl. dazu Werner Doeleke: Alfred Ploetz (1860–1940), Sozialdarwinist und Gesellschaftsbiologe, Diss. med. Frankfurt 1975.

11 Wilhelm Schallmayer: Vererbung und Auslese. Grundriß der Gesellschaftsbiologie und der Lehre vom Rassendienst, Jena 1918.

12 Ernst Haeckel: Die Lebenswunder, Stuttgart 1904, S. 109–136.

13 Ernst Haeckel (Anm. 12), S. 134.

14 Ernst Haeckel: Natürliche Schöpfungsgeschichte, in: Ernst Haeckel: Gemeinverständliche Werke, Bd. 2, Leipzig – Berlin 1924, S. 177.

15 Roland Gerkan: Euthanasie, in: Das Monistische Jahrhundert 2 (1913/14), S. 169–173. Zu dieser Diskussion vgl. auch Karl-Heinz Hafner und Rolf Winau: „Die Freigabe der Vernichtung lebensunwerten Lebens." Eine Untersuchung zu der Schrift von Karl Binding und Alfred Hoche, in: Medizinhistorisches Journal 9 (1974), S. 227–254, dort auch der Gesetzentwurf Gerkans, und Gerhard Fichtner: Die Euthanasiediskussion in der Zeit der Weimarer Republik, in: Albin Eser (Hrsg.): Suizid und Euthanasie, Stuttgart 1976, S. 24–40.

16 Karl Binding und Alfred Hoche: Die Freigabe der Vernichtung lebensunwerten Lebens, ihr Maß und ihre Form, Leipzig 1920, 2. Aufl. 1922.

17 Zur Analyse der Schrift von Binding und Hoche vgl. Karl-Heinz Hafner und Rolf Winau (Anm. 15) und Gerhard Fichtner (Anm. 15).

18 Karl Binding und Alfred Hoche (Anm. 16), S. 27.

19 Karl Binding und Alfred Hoche (Anm. 16), S. 27.

20 Karl Binding und Alfred Hoche (Anm. 16), S. 29–33.

21 Karl Binding und Alfred Hoche (Anm. 16), S. 40.

22 Karl Binding und Alfred Hoche (Anm. 16), S. 51.

23 Karl Binding und Alfred Hoche (Anm. 16), S. 55.

24 Karl Binding und Alfred Hoche (Anm. 16), S. 55.

25 Karl Binding und Alfred Hoche (Anm. 16), S. 62.

26 Karl Binding und Alfred Hoche (Anm. 16), S. 56.

27 Vgl. Karl-Heinz Hafner und Rolf Winau (Anm. 15), S. 233 f., Anm. 46, und Gerhard Fichtner (Anm. 15), S. 33–35.

28 Gerhard Fichtner (Anm. 15), S. 35.

29 Vgl. dazu Joachim Müller: Wegstationen zum Gesetz zur Verhütung erbkranken Nachwuchses. Sterilisation und Gesetzgebung bis 1933, Husum 1984 (= Abhandlungen zur Geschichte der Medizin und der Naturwissenschaften 49).

30 Vgl. dazu Kurt Nowak: Euthanasie und Sterilisation im Dritten Reich. Die Konfrontation der evangelischen und katholischen Kirche mit dem Gesetz zur Verhütung erbkranken Nachwuchses und der Euthanasie-Aktion, Göttingen 1978.

31 Vgl. z. B. Bundesarchiv Koblenz, Sammlung Traub, ZSg. 110, Bd. 4, Nr. 73/37. Pressekonferenz vom 1. 4. 37.

32 Gerhard Baader: Psychiatrie, Psychotherapie, Psychosomatik, in: Medizin im Nationalsozialismus, Protokolldienst Bad Boll 23/82, 1982, S. 148–162.

33 Gerhard Baader (Anm. 32), S. 150.

34 Gerhard Baader (Anm. 32), S. 151.

35 Zum Folgenden vgl. Alice Platen-Hallermund: Die Tötung Geisteskranker in Deutschland, Frankfurt 1948, H. C. v. Haase: Evangelische Dokumente zur Ermordung der unheilbar Kranken unter der nationalsozialistischen Herrschaft in den Jahren 1933–1945, Stuttgart 1954, Helmut Ehrhardt: Euthanasie und Vernichtung lebensunwerten Lebens, Stuttgart 1965, Klaus Dörner: Nationalsozialismus und Lebensvernichtung, in: Vierteljahreshefte für Zeitgeschichte 15 (1967), S. 121–152, wieder abgedruckt in: Klaus Dörner: Diagnose der Psychiatrie, Frankfurt 1975, S. 59–95, neu bearbeitet, in: Klaus Dörner, Christina Haerlin u. a. (Hrsg.): Der Krieg gegen die psychisch Kranken, Rehburg-Loccum 1980, S. 74–111, Jan Menges: Euthanasie in het Derde Rijk, Haarlem 1972, Hans-Josef Wollasch: Caritas und Euthanasie im Dritten Reich, in: Caritas, Jahrbuch des Deutschen Caritas-Verbandes 1973, S. 61–85. Alexander Mitscherlich und Fred Miehlke: Medizin ohne Menschlichkeit, 2. Aufl. Frankfurt 1978 (= Fischer Taschenbuch 2003), Ernst Klee: Euthanasie im NS-Staat. Die Vernichtung lebensunwerten Lebens, Frankfurt 1983. Eugen Kogon, Hermann Langbein u. a. (Hrsg.): Nationalsozialistische Massentötungen durch Giftgas, Frankfurt 1983.

36 Bundesarchiv Koblenz, Sammlung Oberheitmann, ZSg. 109 v. 23. 8. 1941, S. J. Nr. 43–41.

37 Besprechung der Strafrechtskommission vom 11. 8. 39, Bundesarchiv Koblenz R 96 I/2 32 66 59 ff.

38 Vgl. Ludwig Rost: Euthanasie in der Filmpropaganda des Dritten Reichs, Diss. Med. FU Berlin 1984.

39 Besprechung der Prüfärzte in Berlin am 6. 10. 42, Bundesarchiv Koblenz R 96 I/2 128 22 44 f.

Hans Ebeling

Die Willkür des Todes und der Widerstand der Vernunft

Historische und interkulturelle Differenzen

Der Tod ist Willkür, und Vernunft meint Widerstand dagegen: jetzt und für alle Zukunft. Negt und Kluge haben, ausgerichtet auf das Kommende, unerbittlich die Gegenwart mit dem gar nicht Vergangenen verknüpft, so auch die eine Willkür des Todes mit der anderen. Über den Tod durch Verrat und den zu spät kommenden Widerstand der Vernunft wird der Abendländer und Alteuropäer immer noch am besten belehrt durch das Rolandslied: die Geschichte einer Nachhut, die in den Pyrenäen aufgegeben wird, noch bevor sie antritt in Ronceval. Negt und Kluge geben dieser Geschichte wieder Kraft, und nur wer die Verzweiflung ausgekostet hat, kann wieder zu Kräften kommen.

„Es gibt das Gemeinwesen, aber die Auslese der Besten wird von diesem Gemeinwesen (wider Willen) in den Tod geschickt, und in der Not erscheint es zu spät auf dem Kampfplatz.

Dies ist die ganze Erfahrung vom 8. Jahrhundert bis zur Zeit der Erzähler des Liedes. Es ist jedoch auch, was Intrige, vorausgegangene Streitigkeiten zwischen militärischen Planstelleninhabern und Parteileuten, was Treue, Verrat, Vorauswissen und Nicht-Handeln betrifft, die gleiche Chiffre im deutschen Hauptquartier, in der Etappe, in der Heeresgruppe Don 1942 abzulesen. Das Ergebnis ist die Aufopferung der 6. Armee, eine Vorhut, die sich in eine Nachhut verwandelt hat, im Kessel von Stalingrad. Aus dem Kessel entkommt der Panzergeneral Hube. Er hat aus der Erfahrung gelernt und bricht in einer ähnlich wie Stalingrad gelagerten Situation in der Kar-Woche 1944 mit der ersten Panzerarmee nicht befehlsmäßig nach Süden aus dem Kessel aus, sondern nach Westen. Hierfür erhält er das Eichenlaub mit Schwertern, muß deshalb das Führer-Hauptquartier in Berchtesgaden aufsuchen. Beim Abflug zerschmettert sein Flugzeug an einer der Bergwände, die Berchtesgaden umgeben. Das Gerücht will nicht verstummen, daß auch hier die Chiffre des Verrats einwirkte. Die Soldaten sagten: er hat nicht gehorcht und ist zum Tode verurteilt worden. Sie nehmen an, daß alle Berichte, die von oben kommen, etwas auslassen, und lesen in der Lücke.“[1]

Die Lücke, in der *wir* zu lesen haben, ist die Zukunft des Todes, die Verwandlung Europas in das Grab von morgen. Es ist nicht unnütz, sich zu diesem Zwecke auf die Geschichte dieses Todes nicht nur im Abendland einzulassen, also ebenso auf historische wie auf interkulturelle Differenzen im menschlichen und gelegentlich sogar vernünftigen Verhalten zum Tode. Ich gehe zunächst ein auf einige diachron relevante Unterschiede im Verhalten zum Tode, sodann auf einige synchron wichtige Differenzen, um schließlich aus der diachronen wie synchronen Betrachtung Schlüsse für die Zukunft des Todes zu ziehen, die sich, sind sie tatsächlich *vernünftige* Schlüsse, am Ende freilich aus sich selbst legitimieren müssen. Es sind Schlüsse auf die Achronie des Todes: auf die Gefahr, der Tod werde zu einem zeitlos gültigen Ereignis, und dies in einer bisher noch gar nicht vorstellbaren Weise. Gerade dieser Gefahr entspricht der äußerste Widerstand der Vernunft und m. E. inzwischen auch die Legitimation der Philosophie selbst, und um ebendiese Legitimation ihres eigenen Tuns sollten die Philosophen, an denen etwas ist, gar nicht besorgt sein: die Legitimation drängt sich auf aus dem Unglück der menschlichen Gattung selbst, und Philosophie verliert dann auch im öffentlichen Ansehen den Charakter, eine abwegige Angelegenheit in den Köpfen einiger luxurierter Nichtstuer zu sein. Ganz im Gegenteil sind die Nichtstuer diejenigen, die dem Tod keinen Widerstand leisten. Für den Widerstand braucht es freilich den Kopf. Zähne und Klauen allein tun es nicht, wenn Menschen sich für Menschen verwenden.

1. Über die *Geschichte des Todes im Abendland* sind wir zuletzt belehrt worden durch Jacques Choron, Warren Shibles, Philippe Ariès, Ivan Illich, und diese, eine wahrlich kluge und äußerst profunde Belehrung nimmt kein Ende. Was aber ist nun eigentlich aus der Geschichte des Todes in unserer Weltgegend zu lernen? Vor allem und immer wieder: *den* Tod gibt es gar

nicht. ‚*Der* Tod‘, das ist ein prinzipiell unzulässiges, wenn auch aus Gründen der praktisch gebotenen Verständigung ›verständliches‹ Zeichen eines Abkürzungsverfahrens, dem kein sachhaltiges *eines* Korrelat entspricht. Über diese Ärgerlichkeit und, was sich darin verbirgt, möge die historische Differenzierung vor allem unterrichten. Im wesentlichen sind es *vier* Grundunterschiede, die ›den‹ Tod von ›dem‹ Tod trennen:

Erstens der Unterschied vom Tod als Durchgang und Tod als Ende. *Zweitens* der Unterschied vom Tod als Naturgegebenheit und Tod als Kulturtatsache. *Drittens* der Unterschied vom Tod als fremdbestimmt und Tod als selbst zu verantworten (und dieser Unterschied deckt sich nicht mit dem zweiten). *Viertens* der Unterschied vom Tod eines Einzelnen und dem gemeinsamen Tod.

1.1   Die erste Zäsur von Bedeutung, *der Tod als Durchgang und der Tod als Ende,* ist auch schon die wichtigste, die die Gegenwart von aller Vergangenheit und jeder Geschichte trennt: Während die weiteste Strecke jeder Kultur von welchem Glauben an eine Unsterblichkeit auch immer besetzt ist, hat sich jedenfalls die europäisch-nordamerikanische inzwischen von diesem Glauben vollständig befreit. Das schließt bekanntlich nicht aus, daß es noch Residuen des Glaubens an ein individuelles Fortleben nach dem Tode gibt, aber das sind Reservate, in denen nur noch an der Zivilisation krank gewordene Indianer mühsam am Leben gehalten werden: Kaum noch konservierbar, aber aus musealem Interesse, also tatsächlich aus Vorzeigegründen noch gepflegt. Seit Kants „Kritik der reinen Vernunft" ist die Deutung des Todes als Durchgang nur noch unter Hinterwäldlern möglich. Sie aber sterben nun aus wie die Wälder selbst. Für die gegenwärtige Deutung des Todes sind sie ohne Bedeutung, und doch stellten sie für die längste Zeit der Historie die maßstäbliche Deutung bereit.

Es versteht sich: es macht einen Unterschied, ob der Tod lediglich eine Durchgangsstation ist zu anderem, gar besserem Existieren, oder ob dieses Leben das letzte ist, das wir haben. An dieses Letzte wird sich der ganz anders klammern, der es für das letzte nimmt.

1.2   Die zweite Zäsur von Bedeutung, *der Tod als Naturgege-benheit und der Tod als Kulturtatsache*, ist vielleicht am meisten charakteristisch für die europäische Kultur. Denn sie verwandelt eben den Tod als Gegebenheit der Natur in eine Tatsache ihrer eigenen Geschichte, transformiert also die Faktizität des Natürlichen in die Faktizität des Geschichtlichen. Dieser Prozeß ist freilich nicht abgeschlossen, aber doch so weit fortgeschritten, daß es inzwischen schon schwerfällt, sich zu vergegenwärtigen, in welchem Maße der Tod einmal Sache der Natur, einer invarianten Physis des Menschen gewesen ist.

Dieser Sachverhalt hat nur wenig mit dem sogenannten natürlichen Tod zu tun. ›Natürlich‹ wird nämlich seit dem 16. Jahrhundert derjenige Tod genannt, der erst eintritt, wenn ein Lebensalter erreicht ist, zu dessen Prolongierung die Medizin nun erstmals in nennenswertem Umfang hat beitragen können. Der ›natürliche‹ Tod ist also bereits alles andere als natürlich, vielmehr Produkt einer Verzögerung durch medizinische Intervention.

Über den Tod als Naturgegebenheit lernt man – beinahe paradoxerweise – am meisten aus der Philosophie, genauer: aus der Tradition der Ontologisierung des Todes, will sagen: Übersteigerung der Naturgegebenheit zu einer Wesensgröße. Der Mensch stirbt dann nicht nur faktisch a. G. seiner Physis, sondern notwendig a. G. seines Wesens. Diese Übersteigerung der Physiologie in eine Ontologie des Todes reicht von Platon bis zu Heidegger, schmälert keine Verdienste, aber erweist sich doch als Tat der Festschreibung einer Natur des Todes, die es *so* gerade gar nicht gibt: Nicht nur besteht für den Tod keine Wesensnotwendigkeit, durch die sich zugleich ein invariantes Eidos der Menschen als brotoi, als Sterblicher ergäbe. Dem Tod kommt nicht einmal eine Naturnotwendigkeit zu, das meint: seine Physis ist aufbrechbar. Technisch-instrumentelles Extrem dieser – inzwischen ja gar nicht mehr so ganz neuen – Interpretation des Todes sind medizinische Anstrengungen der Gegenwart, die Todesgrenze nicht nur manipulativ bis zur Sinnlosigkeit zu verlagern, sondern eventuell überhaupt zu durchbrechen. Der Tod als Grenze wird damit schon beinahe so fiktiv wie die Annahme einer ›Schallmauer‹, die man halt ge-

gebenenfalls bei Einsatz der entsprechenden Mittel durchbrechen kann. Dafür muß man etwas tun, sich etwas einfallen lassen: die Vernunft muß *zurüsten*, zuerst sich selbst.

Was der Tod, der in Gelassenheit hinzunehmen sei, in der und
für die Kultur des Abendlandes bedeutet hat, wird darüber ganz
unkenntlich. Der Tod als Naturgegebenheit war anhaltender
Anlaß der Ergebung und damit einer Freiheit zum Tode, die
spezifisch der Moderne als der Zeit neuzeitlicher, selbstverfü-
gender Vernünftigkeit ganz verwehrt ist: In der Tradition der
Antike, des Mittelalters und auch noch der frühen Neuzeit ist es
dagegen selbstverständlich, daß die eigentliche Kultur damit
beginnt, den Tod als Tod zuzulassen. Montaigne konnte noch
1580 sagen, „que philosopher, c'est apprendre à mourir": Philosophie treiben heißt: Sterben lernen.[2] Denn: „Qui apprendrait
les hommes à mourir, leur apprendrait à vivre": Wer den Menschen beigebracht hat, zu *sterben*, der hat ihnen beigebracht, zu
leben.[3] Der szientifische Positivismus spätestens des 19. Jahrhunderts hatte dagegen auch in der Philosophie den Tod nur
noch zugelassen als einen Betriebsunfall. Der mochte von Fall
zu Fall hingenommen werden, nachlässig, nicht gelassen, mit
einem Quantum Widerwillen, ohne Einwilligung also. Vor
allem aber und grundsätzlich war er weiter zu bekämpfen: als
Feind der Naturwissenschaften ein Feind aller, freilich als
Feind der damaligen Arbeiterklasse gewiß nicht jedermanns
Feind.

Dasselbe Zeitalter der Moderne, das angetreten war, den *einen*
Tod ohne Gelassenheit zu bekämpfen, ist nun zugleich das Zeitalter der generösesten Todesproduktion geworden: Der Tod,
der als das Naturfremde abgedrängt wurde, wird als erstes Kul-
turgut installiert: durch erst jetzt exzessive, weil im großen Stil
technifizierte Kriegsführung, geeint mit dem alten von interes-
sierter Seite erwünschten Tod fürs Vaterland. An der Schwelle
des Dritten und wirklich und tatsächlich Allerletzten Welt-
Krieges ist erkennbar geworden: der Tod ist nun das eigentliche Produkt gesellschaftlicher Arbeit jedenfalls in unserer
Kultur. Die Gelassenheit angesichts des Todes als einer Naturgegebenheit ist vergangen. In der Folge dieses Vergehens ver-

ging nicht der Tod, sondern er wurde zum Renommiertesten der Kultur. Denken Sie, welches Ansehen damit verbunden ist, General zu sein, Mitglied des sog. Verteidigungsausschusses, sog. Verteidigungsminister et hoc genus omne.

1.3   Die dritte Zäsur von Bedeutung, *der Tod als fremdbestimmt und der Tod als selbst zu verantworten*, scheint auf den ersten Blick deckungsgleich mit dem Unterschied von quasi-natürlichem und quasi-künstlichem Tod. Aber der genauere Blick zeigt, daß die Überschneidung beider Unterschiede nur sehr partiell ist. Die Fremdbestimmung des Todes gilt für den Tod durch Cholera wie für den Tod durch feindliches MG-Feuer gleichermaßen – jedenfalls in der Regel. Selbst zu verantworten ist dagegen in der Regel nur und allerdings der selbst initiierte Untergang. Gewiß: eine genauere Analyse der Suizidalität zeigt, daß auch der sogenannte Suizid in den meisten Fällen nur ein Produkt der Fremdbestimmung ist.[4]

Aber als Abkürzungsverfahren mit wenn auch zweifelhafter Legitimation (und Sie sehen hier wieder, wie abgekürzt wir sprechen und offenbar sprechen müssen, wenn wir relativ ›verständlich‹ bleiben wollen) mag bedingt und vorläufig zulässig sein zu vertreten: Relativ zum unfreiwilligen Tod durch vergiftete Lebensmittel ist der Tod durch Dioxin, wenn er einmal die Dioxin-Hersteller selbst treffen sollte, von ihnen für sich selbst zu verantworten als Suizid. So, wie jede Fremdtötung zu verantworten ist, so jede Selbsttötung, dürfen wir abgekürzt unterstellen.

Im übrigen ist hinreichend bekannt, daß die Taxation der Selbstvernichtung in der abendländischen Geschichte von weitreichender Liberalität in der Antike über den christlichen Rigorismus des Mittelalters bis zum Laissez-faire der Gegenwart reicht, während umgekehrt an Stelle der Verherrlichung der Tötung anderer im Krieg in den erfahrungsgesättigten und vernunftgeprüften Völkern allmählich der Sinn dafür wächst, daß gerade dies abwegig sei.

1.4   Die vierte Zäsur von Bedeutung, *der Tod eines Einzelnen und der gemeinsame Tod*, indiziert den eminenten Unterschied, ob *einer* stirbt oder ob *mehrere* sterben, ob dabei einer *vereinzelt* stirbt oder getragen von einer *Gemeinschaft,* ob andererseits der gemeinsame Tod noch Raum läßt für Individualitäten oder ob er nur ein kollektivierender Tod ist. Daran und dadurch entscheidet sich nämlich, von welcher gesellschaftlichen Formation des Todes die Rede ist, wie umgekehrt auch der Typos der Todeserfahrung Rückschlüsse auf die jeweilige Gesellschaft zuläßt:

Man kann sich öffentlich ›zu Tode fixen‹ und dabei so einsam sterben wie die vereinsamte Rentnerin, die nach ihrem Ableben noch monatelang unentdeckt in ihrer Großstadtwohnung liegt. Der Tod wird in beiden Fällen zum Indikator einer prinzipiell zerrütteten, durch kein Organisationstalent der Politprofis zu verbessernden Sozietät gegeneinander A-sozialer, weil voneinander Abgeschnittener. Welch Unterschied dagegen im Ancien Régime die Sterbeszene im Schlafzimmer des alten Lüstlings! Illich schreibt:

„Im 16. Jahrhundert war ‚ein junges Weib der Tod des alten Mannes‘, und im 17. Jahrhundert sagte man: ‚Alte Männer, die mit jungen Mädchen spielen, tanzen mit dem Tod.‘ Am Hofe Ludwigs XIV. war der alte Lüstling Gegenstand des Gespötts; zur Zeit des Wiener Kongresses war er Zielscheibe des Neides. In den Armen der Geliebten des eigenen Enkels zu sterben, wurde zum Symbol für ein angenehmes Ende."[5]

Bedenken wir dagegen den gegenwärtigen Tod auf den Autobahnen und Intensivstationen, in den Silos der Unterdrückung und im Elend der Arbeitslosigkeit, so schmeckt der Fortschritt bitter, auch wenn es ›die guten alten Zeiten‹ eigentlich nie gegeben hat. In einer Gesellschaft der striktesten Entfremdung jedes von sich ist es auch noch verwehrt, den Tod als individuierend zu erfahren, denn er wird nun ebenfalls eingeebnet wie Speise und Trank in den Abfütterungsanstalten moderner US-amerikanischer Eßkultur. Entsprechend hat uns auch die Sterbekultur unserer westlichen Freunde beinahe eingeholt: Kein death in the afternoon mehr, nur noch ein Verschwinden ohne Sinn. Es macht in einer zerrütteten Gesellschaft keinen Unterschied mehr, ob man existiert oder nicht. Deshalb gilt noch für das Verschwinden die Maskerade des „be social": die

zerfallene Gesellschaft zelebriert die Sozietät, die es nicht
mehr gibt, im angeblich sozialen Ritual, keinen mit seinem Sterben zu behelligen.

Der angedeutete Rekurs auf die Historie vergegenwärtigt: der
Tod als Durchgang oder Ende, der Tod von Natur oder aus
Kultur, der fremdverfügte und der selbstverfügte Tod, der ein-
same und der gemeinsame Tod lassen uns zweifeln an der
Einheit der Gegebenheit dessen, was wir weiter abkürzend *den*
Tod nennen. Diese Zweifel werden nicht geringer, wenn wir uns
den eigentlich interkulturellen Differenzen zuwenden: Dabei
wird erkennbar, daß den *vier* Grundunterschieden der Betrachtung innerhalb unserer eigenen alteuropäischen Kultur vier
Grundunterschiede der interkulturellen Betrachtung entsprechen. Der Binnen-Differenzierung der Mortalität entsprechen
Außen-Differenzen der Moralität im Verkehr und Umgang mit
dem Tode. Diese Differenzen zeigen sich rudimentär auch innerhalb der alteuropäischen Kultur. Ihre *eigentliche* Natur ist
m. E. ohnehin nur unter Rekurs auf Vernunftbestimmungen der
Moralität selbst zu vergegenwärtigen. Aber im Sinne der empirischen Verständigung ist der empiriegeleitete interkulturelle
Vergleich nützlich:

2.   *Der Tod außerhalb des Abendlandes*, bezogen auf den alteuropäischen Tod, läßt sich nach Maßgabe von vier grundlegenden interkulturellen Differenzen vergegenwärtigen: dem
Tod, der *kein* Drama ist, dem Tod, dem *keine* Vernunft wider-
streitet, dem Tod, der *nicht* sozial kontraindiziert ist, schließlich
dem Tod, der gerade *nicht* individuiert.

Gewiß: diese Unterschiede scheinen in die alteuropäische Sterbekultur zurück. Gewiß: es ist nicht angebracht, kulturimperia-
listisch andere Kulturen nur ex negativo zu bestimmen. Es ist
freilich auch gewiß, daß die vergleichende Kulturanthropolo-
gie Maßstäbe setzen muß, die nicht die einer bloßen Indifferenz sind, und es ist freilich gut, diese Maßstäbe dann auch explizit zu vergegenwärtigen.

Meine Maßstäbe sind, wenn denn die Grobheit erlaubt ist,
gleichzuordnen und zu reihen, was der Sache nach viel enger

zusammengehört: erstens eine Existentialpragmatik des Todes, zweitens universalisierbare Rationalität, deren europäischer Ursprung nichts an ihrer kontrafaktischen Allgemeinheit ändert, drittens die entsprechende universal orientierte Normierung des Handelns und viertens die alteuropäische Theorie der Subjektivität des Subjekts.

Ich erörtere von daher – und nun in durchaus positiver Benennung: *erstens* den Tod als vorübergehend, *zweitens* den Tod aus Gelassenheit, *drittens* den Tod als sinnvoll, *viertens* den Tod als Fest. Unter den Bedingungen neuzeitlicher Vernunft ist der Tod weder vorübergehend noch eine Sache der Gelassenheit noch sinnvoll noch gar ein Fest. Andernorts konnte und kann er das aber sein. Wie prinzipiell *vergangen* solche Todesbilder inzwischen auch schon außerhalb der westlichen Kultur sind, das wird dann freilich mein Schlußteil zeigen.

Indessen: der Tod hat nicht immer und nicht überall unter Kriegsbewirtschaftung gestanden. Dieser Gedanke, diese Vorstellung, dieser Wahn ist nur spezifisch alteuropäisch und US-amerikanisch.

2.1   Die erste interkulturelle Differenz betrifft *den vorübergehenden Tod.* Noch unabhängig von der Unterscheidung des Todes als bloßer Durchgangsstation oder letztem Ereignis gibt es Kulturen, in denen der Tod prinzipiell transitorischen Charakter hat. Dies ist gegenwärtig noch bezeichnend für die Reste fernöstlicher Kultur, und ich zitiere lieber einen Philosophen mit Kenntnis von innen als einen Kulturanthropologen, um dies zu vergegenwärtigen. Karl Löwith, der selbst lange Jahre in Japan gearbeitet hat, vermerkt einmal:

„Das traditionelle Sinnbild des japanischen Geistes (Yamato-damashii) ist die wilde zarte Kirschblüte. Sie gilt als besonders vornehm, weil sie sich nach kurzer Blüte beim ersten Regen und Wind leicht ablöst und verweht. Dagegen bedeutet für den Japaner der starke Duft der üppig blühenden Rose und ihre Zählebigkeit unanständige Lebensgier und ordinäre Aufdringlichkeit. Die Rose, schrieb der bekannte japanische Gelehrte Nitobe, ,verrottet schamlos am eigenen Stamm'. Das Ideal des buddhistisch gestimmten Japaners ist nicht ,life, liberty and the pursuit of happiness', sondern Freiheit von Lebensgier und ein leichtes Aus-

dem-Leben-gehen. ‚Ihr Europäer', sagte mir ein Mediziner, ‚seid durch
die christliche Sorge um das Heil der eigenen Seele verdorben, ihr
hängt zu sehr am eigenen Leben.' Die Japaner sind gewohnt, ihr individuelles Leben gering zu achten und es aus uns oft kaum verständlichen
Anlässen hinzugeben, um einen im Leben unlösbaren Konflikt durch
freiwilligen Tod zu lösen oder ein gar nicht von ihnen selbst begange-
nes Unrecht zur Wiederherstellung der Ehre ihrer Familie oder ihres
Standes oder ihres Volkes zu sühnen.''[6]

Auch diese Kultur ist ganz und gar im Untergang begriffen im
Zugriff abendländisch-technischer Rationalität. Wie ist aber
eine solche uns fremde Einstellung zum Tode möglich gewesen? Allein auf dem Grunde, den Tod nur als ein vorübergehen-
des Ereignis zu werten: als ein Ereignis ohne größere Bedeutung. Signifikant an diesem Tod ist allein, daß er ohne größere
Signifikanz vorüberzieht. Und er kann so gewertet werden,
weil das Leben selbst ohne größere Bedeutung vergeht.

Dem Abendländer ist es zunächst nicht einmal beiher möglich,
ja prinzipiell anhaltend schlechthin unmöglich, die ablaufende
Zeit nicht weiter wichtig zu nehmen. Denn der Abendländer
steht zunächst unter dem Drucke und dem Schrecken der Vergänglichkeit. Wir sind bestimmt von der „Angst, nicht fertig zu
werden",[7] wie Ernst Bloch dies ausgesprochen hat. Wer noch zu
tun hat und noch die *metaphorische Unsterblichkeit im Werk*[8]
sucht, der weiß und handelt im Bewußtsein, daß nur das Leben
vorübergeht, der Tod gerade nicht. Das Bewußtsein dafür beginnt bereits bei Homer.

2.2   Die zweite interkulturelle Differenz hat zu tun mit *dem
Tod aus Gelassenheit*. Wer dem Tod gegenüber gelassen sein
will, der muß ohne Vernunft sein: ohne den Typos abendländischer Vernunft, von dem wir als ethisch-praktischer Vernunft in
der Tat behaupten müssen, daß er der einzige Typos strikt uni-
versalisierbarer und deshalb überhaupt der einzige Typos der
Vernunft sei. ‚Wer dem Tod gegenüber gelassen sein will, der
muß ohne Vernunft sein', diese Behauptung mag und soll ‚pro-
vozieren', und wir sind in der Tat ‚pro-voziert' durch die Antworten des Orient. Die schärfste Variante der Gelassenheit
zum Tode ist diejenige in der Konsequenz Buddhas. Europäer

können ihren Rückschein noch wahrnehmen im Asiatismus von Schopenhauer. Besser wird aber der Tod in Gelassenheit zugänglich, wenn wir in Alteuropa bleiben, das schließlich seinem eigenen Anspruch nach gerade ein *vernünftiges* gewesen ist – denn eben dadurch wird die Konfrontation härter. Es ist die Konfrontation mit dem Orient im Okzident. Noch und gerade Platon ist voll davon, ja der Tod des Sokrates ist Inbegriff des gelassenen Todes geworden und Philosophie selbst in der Platonischen Tradition bis zu Montaigne als melete thanatu bestimmt worden: als gelassenes Sicheinrichten auf den Tod, den fliehen zu wollen nur Zeichen der Unweisheit wäre. *Gegen* die angebliche Vernünftigkeit solchen Gelassenseins setzt etwa Herbert Marcuse:

„Der Platonische Sokrates begrüßt den Tod als den Anfang des wahren Lebens – jedenfalls für den Philosophen. Aber Tugend, die Wissen ist, rückt den Philosophen, der sich heroisch dem Tod ergibt, in die Nähe des Soldaten auf dem Schlachtfeld, des guten Bürgers, der law and order folgt, kurz in die Nähe jedes ehrenwerten Mannes. Die idealistische Einstellung zum Tode teilen sie auf unterschiedlichen Stufen alle. Und wenn die Autorität, die den Philosophen zum Tode verurteilt, weit davon entfernt, ihn zu vernichten, ihm vielmehr das Tor zum wahren Leben aufstößt, dann erhalten die Scharfrichter die Absolution von der vollen Schuld des Kapitalverbrechens. Die Vernichtung des Leibes bringt noch nicht die ‚Seele‘ um, das Wesen des Lebendigen. Oder sollte hier eine erschreckende Zweideutigkeit vorliegen? Wie weit reicht die Sokratische Ironie? Der Sokrates, der den Tod hinnimmt, setzt seine Richter ins Unrecht. Aber seine Philosophie des Todes anerkennt ihr Recht, nämlich das der Polis über den Einzelnen. Widerruft Sokrates, indem er das Urteil annimmt, es gar provoziert und die Flucht ablehnt, seine eigene Philosophie? Gibt er auf eine entsetzlich subtile und raffinierte Weise zu verstehen, daß seine Philosophie gerade dazu dient, die Mächte zu stützen, die er zeitlebens bekämpfte? Will er auf ein tiefes Geheimnis aufmerksam machen, auf die unzertrennliche Verknüpfung von Tod und Unfreiheit, Tod und Herrschaft?"[9]

So mag aus dem Gegen-Teil zur Moderne verständlich werden, daß die neuzeitlich sich selbst bestimmende Vernunft von einer für sie wesentlichen Aversion gegenüber dem Tod geprägt ist und den geradezu interkulturellen Gegensatz zur eigenen Antike selbst vergegenwärtigt. So bleibt freilich wenig andere

Chance zur Gelassenheit als die Zuflucht zur Ironie: Tucholsky, auf die Frage: ‚Werde ich sterben können? – Manchmal fürchte ich, ich werde es nicht können‘: „Vielleicht wird es nicht so schwer sein. Ein Arzt wird mir helfen zu sterben. Und wenn ich nicht gar zu große Schmerzen habe, werde ich verlegen und bescheiden lächeln: ‚Bitte entschuldigen Sie... es ist das erste Mal.‘"

2.3   Die dritte interkulturelle Differenz rührt an *den sozial indizierten Tod*: In einer nicht durch die Moderne zerstörten Nomadenkultur wie der der jetzt schon untergegangenen der Eskimos auf Grönland versteht es sich, daß das Gewissen zur Tötung der Alten schreiten läßt, sobald sie nicht mehr die Kraft haben, die Härte der Umweltbedingungen und entsprechende Anstrengung des Nomadenlebens zu ertragen. Werner Fuchs hält dazu in seiner Arbeit *Todesbilder in der modernen Gesellschaft* den europäischen Rückschein fest:

„Eine Reihe von Verhaltensweisen Sterbenden gegenüber lassen sich noch unterm Gesichtspunkt entfernter Verwandtschaft mit der Praxis der Altentötung beschreiben. Die Volkskunde berichtet von Sitten, die heute noch in ländlichen Gebieten, in Relikten vielleicht auch in den Städten geübt werden. Sie wollen der Beschleunigung und Erleichterung des Sterbens dienen. Man reißt dem Sterbenden das Kopfkissen weg oder nimmt ihn aus dem Bett und legt ihn auf den Fußboden."[10]

Jeweilig ist es zu tun wie bei den Eskimos um einen letzten Freundschaftsdienst, dessen Grauslichkeit, nicht unbedingt Greuel jeder Zuschauer aus dem Stücke kennt: „Einer flog über das Kuckucksnest." Wir haben zu tun mit dem im strengen Sinne sozial indizierten Tod, während die christlich-kantianisch geprägte Moralität darauf beharrt, der Tod sei allemal sozial kontraindiziert, jedenfalls im Modus der aktiven Unterstützung des Todes. Von daher rührt auch die für die christlich geprägte Kultur, mehr übrigens noch für die islamische bezeichnende beinahe brutale Abwehr jeder Weise der Selbsttötung, die ja in der Weise der Selbsttötung von Alten gerade auch sozial indiziert sein könnte. Auch wenn wir *prinzipiell* mit Kant daran festhalten müssen, daß jeder Modus der Tötung moralisch nicht rechtfertigungsfähig ist, so ist uns darüber freilich beinahe auch

noch der Sinn für die Kultur des sozial indizierten Todes ab-
handen gekommen. Dahinter steht eine wesentliche Unwillig-
keit jedenfalls neuzeitlicher Rationalität, das Einbegreifende
und insofern Kollektivierende des Todes anzuerkennen.

2.4   Die vierte interkulturelle Differenz geht auf *den kollekti-
vierenden Tod.* Im Abendland gibt es schließlich kein Fest des
Todes mehr zu feiern – und am Ende kann es niemand mehr.
Der außereuropäisch kollektivierende Tod kehrt schließlich in
der Moderne wieder ein: – als der moderne Massentod. Wer im
Tode so hingemäht wird, wie es Pest und Cholera besorgt
haben und neuerdings ein Erster, Zweiter und Dritter Weltkrieg
besorgen, der verliert die Kraft für einen emphatischen Rilke
und sein Quasi-Gebet: „O Herr, gieb jedem seinen eignen Tod."
Begriff und Sache des *eigenen* Todes sind außerhalb der europäischen Tradition unbekannt, und es gehört zu den ironischen
Wendungen der Weltgeschichte *gegen* das Geschehen der Philosophie, daß die Rede von der Eigentlichkeit des Sterbens von
Heidegger zu einer Zeit erneuert worden ist, zu der auch schon
das Zeitalter der Massenvernichtung ‚eigentlich' beginnt.
Gewiß bleibt festzuhalten: Heidegger hatte 1927 in *Sein und
Zeit* gerade vom faktischen Sterben abgesehen und statt dessen hingesehen auf das lebenslängliche Verhältnis menschlich-
bewußten Lebens zu seiner eigenen Endlichkeit qua Sterblichkeit. Doch war der entscheidende Parameter des Todesverhält-
nisses die Chance der Individualisierung durch den ausgezeichneten Bevorstand des Todes. Aus Heideggers Sicht ist auch der
Massentod als mögliche Perspektive unseres Todesverhältnis-
ses noch von der Art, daß er diese Chance freigibt: ein Einzelner zu bleiben in der Ausrichtung auf den Tod, befreit von der
Eingebundenheit in das Treiben derer, die den Tod nicht wahrhaben wollen. Als Berichterstatter lasse ich dazu meine eigene
Position der *Kritik* und einer ganz anderen *Konstruktion* beiseite.[11]

Die interkulturelle Betrachtung vergegenwärtigt wie die vor-
aufgehende binneneuropäische jedenfalls wiederkehrend dies
eine: den *einen* Tod gibt es nicht. Wir haben zu tun mit einem
Fall, den der immer todesgefährdete Ludwig Wittgenstein als

den der bloßen Familienähnlichkeit bestimmt hat: Wir kürzen ab und ›übersehen‹, während wir abkürzen. Das aber ist nicht ein Verfahren, das als Abstraktionsverfahren aller Begriffsbildung ohnehin zugrunde liegt, wie es etwa Immanuel Kant, vormals Königsberg, jetzt Kaliningrad, UdSSR, in seiner Logikvorlesung genauer verdeutlicht hat:

„Um aus Vorstellungen Begriffe zu machen, muß man (…) *komparieren, reflektieren* und *abstrahieren* können, denn diese drei logischen Operationen des Verstandes sind die wesentlichen und allgemeinen Bedingungen zu Erzeugung eines jeden Begriffs überhaupt. Ich sehe z. B. eine Fichte, eine Weide und eine Linde. Indem ich diese Gegenstände zuvörderst untereinander vergleiche, bemerke ich, daß sie voneinander verschieden sind in Ansehung des Stammes, der Äste, der Blätter u. dgl. m.; nun reflektiere ich aber hiernächst nur auf das, was sie unter sich gemein haben, den Stamm, die Äste, die Blätter selbst und abstrahiere von der Größe, der Figur derselben u. s. w.; so bekomme ich einen Begriff vom Baume." [12]

Mit dem Tod steht es durchaus anders, und mag auch in vielem Wittgensteins Theorie der Familienähnlichkeit umstritten bleiben, in Ansehung des Todes hat sie einen sehr starken Beleg ihrer Stringenz. Nr. 66 der *Philosophischen Untersuchungen* Wittgensteins variiert „Vorgänge, die wir ‚Spiele‘ nennen: (…) Brettspiele, Kartenspiele, Ballspiel, Kampfspiele usw." Was verbindet hier eigentlich als das Gemeinsame? Wittgensteins Ergebnis ist: „Wir sehen ein kompliziertes Netz von Ähnlichkeiten, die einander übergreifen und kreuzen. Ähnlichkeiten im Großen und Kleinen." [13] Und mit der Nr. 67 fährt er fort: „Ich kann diese Ähnlichkeiten nicht besser charakterisieren als durch das Wort ‚Familienähnlichkeiten‘; denn so übergreifen und kreuzen sich die verschiedenen Ähnlichkeiten, die zwischen den Gliedern einer Familie bestehen: Wuchs, Gesichtszüge, Augenfarbe, Gang, Temperament, etc. etc. – Und ich werde sagen: die ‚Spiele‘ bilden eine Familie." [14]

Eben das ist auch, was wir *höchstens* von der probehalber immer noch unterstellten Einheit der Todesbegriffe sagen können. Doch das theoretische Unglück dieses Disputs ist längst durch das praktisch gewordene Unheil des Todes in der jüngsten Moderne überboten, und auf dieses Unheil konzentriere ich mich nun mit der Absicht, an dem ausgezeichneten Bevorstand des allgemeinen und gemeinsam geteilten Todes durch sogenannte kollektive Selbstvernichtung *die Willkür des Todes und den Widerstand der Vernunft* genauer zu belegen, und ich werde dabei jenseits des Tagespolitischen und in der gebotenen Sanftmut nicht mehr tun als Schlüsse zu ziehen aus der voraufgehenden historischen und interkulturellen Betrachtung. Meistens werde ich aber diese Schlüsse sogar verschweigen, denn jedermann kann sie ziehen – und soll es auch als Wesen der Vernunft.

3.   *Der Tod am Ende.* Diachronie wie Synchronie leiten über auf die Achronie, auf die ‚Zeitlosigkeit' des Todes in der jüngsten Moderne, auf seine eminente Kraft, alle Geschichte und jeden Unterschied stillzustellen. Ich betrachte die Kraft der Aufhebung der Geschichte und *jeder* Kultur, damit auch allen Unterschieds durch die Zeit und den Raum. Ich rede also über das Barbarentum, über *unser* Barbarentum. Aber: wir wollen uns nicht überschätzen; ich rede also über das Barbarentum der west-östlichen Hegemonialmächte.

In der *historischen* Perspektive waren gegeneinandergesetzt: der Tod als Durchgang und der Tod als Ende, der Tod als Naturgegebenheit und der Tod als Kulturtatsache, der Tod als fremdbestimmt und der Tod als selbst zu verantworten, schließlich der Tod eines Einzelnen und der gemeinsame Tod.

Entsprechend waren in der *interkulturellen* Perspektive aufeinander bezogen: der vorübergehende und der endgültige Tod, der Tod in Gelassenheit und der Tod im Widerstreit der Vernunft, der sozial indizierte und der sozial kontraindizierte Tod, zuletzt der kollektivierende und der individuierende Tod.

Der Tod in der jüngsten Moderne hat nun die Qualität, den endgültigen Tod durchzusetzen, der Inbegriff der Unvernunft zu sein, die Kontraindikation schlechthin zu bilden und die Beendigung jeder Einsamkeit wie jeder Gemeinsamkeit darzustellen durch Herstellung der schlechtestmöglichen Allgemeinheit.

3.1   Zur ersten Qualität dieses Todes, *der endgültige Tod* zu sein: Viele Tode gehen vorüber: jedenfalls angesichts der sich selbst erhaltenden, womöglich und gelegentlich auch selbst steigernden menschlichen Gattung. Der endgültige Tod des Holozids stellt dagegen alle Geschichte still. Er verhindert jede weitere Tradierbarkeit. Er zerstört mit der Wirklichkeit der menschlichen Gattung die Möglichkeit jeder Erinnerung. Der endgültige Tod nimmt auch die Möglichkeit, das Gedächtnis der Toten zu bewahren. Nun ist ebendies die bei weitem *erste* Leistung aller Kultur, noch unabhängig von der spezifisch abendländischen Formung einer Kultur aus und in Vernunft: die Bewahrung des Gedächtnisses der Toten. Denn das bedeutet: Herstellung der Kontinuität, Fortsetzbarkeit der Geschichte. Es bedeutet *auch*: Last, Fesselung. Es kann sogar bedeuten: Unterdrückung. Wir kennen die Krankheitsgeschichten ganzer Kulturen und jedenfalls zahlreicher Individuen, die nicht fähig sind, die Väter loszuwerden. Und dabei muß man seit Platon im Interesse vernünftiger Einsicht gegebenenfalls zum ‚Vatermord‘ bereit sein: der bedeutende Vorgänger Parmenides muß distanziert werden. Aber die Metaphorik ist durchsichtig, mehr noch: Selbst und gerade das tatsächliche Umbringen auch der Alten hat Kultur produziert: die Kultur des Gewissens. Das alles wird mit dem Holozid hinfällig.

Präpariert wird die Hinfälligkeit bereits durch die wahrhaft entsetzliche Todesverdrängung, die unsere Kultur überwuchert: Der Tod darf und soll nicht aufregen, er muß eliminiert werden und ignoriert. Der Sterbende hat rücksichtsvoll zu sterben. Öffentlich zulässig ist nur der gewalttätige Tod, auf den hin schon das Kleinkind am Bildschirm trainiert wird, demnächst verkabelt.

In der Konsequenz solcher Todesverdrängung ist die Stilllegung der Geschichte herstellbar. Die Frage, ob der Tod ein Durchgang sei oder das Letzte, wird abgeschafft, die Alternative von vorübergehendem und endgültigem Tod entschieden zugunsten des Endes aller Zeiten als menschlich bewußter Zeiten. Dergleichen nennt die Tradition ‚Apokalypse‘. In der nahezu traditionslosen Gegenwart wird offenbar, daß der endgültige Tod das eigentliche Bruttosozialprodukt aller kulturellen Anstrengungen beinahe schon geworden ist: die Herstellung des toten Seins in der Hervorstellung des Totseins, die zeitinvariant dann gültige Zeitlosigkeit des Todes. Das meint: auf den Tod des Gottes folgt so – einige Jahrhunderte später – der Tod des Menschen.

3.2   Zur zweiten Qualität dieses Todes, *der unvernünftige Tod* zu sein: Der Holozid beendet gleichermaßen die Debatte, inwiefern die Tode der Tradition im Widerstreit mit der Vernunft liegen und inwiefern vielleicht auch nicht. Denn an Stelle des Widerstreits tritt die schlechthin ‚mißtönende‘, die absurde, die sinnlose Lösung der unvernünftigen Selbstaufhebung der menschlichen Gattung. Selbst die Zeit der Karikatur ist um, die wir noch bei Philipp Mainländer als Antwort auf Eduard von Hartmann finden:

„Nachdem aus allen Erdteilen in Berlin telegraphische Meldungen eingelaufen sind, worin die Anzahl derjenigen, welche die Welt vernichten wollen, angegeben ist, addieren Sie die Willensverneiner und finden, daß die Majorität etwa 10 000 Menschen beträgt. Sie stoßen einen Freudeschrei aus und eilen in die Französische Straße, wo Sie, sagen wir 10 000 Depeschen aufgeben des Inhalts:

> Morgen Mittag um zwölf Uhr präzise
> findet Welterlösung statt. Alle
> haben sich *gleichzeitig* zu töten.
> Mordinstrumente nach Belieben.

Der Mittag kommt und nun ermorden sich x Millionen Menschen. ... Sofort beginnt die Götterdämmerung. ... Unser ganzes Sonnensystem ist schließlich ein ungeheures Flammenmeer, welches sich nach der Zentralsonne bewegt, usw., usw., bis endlich Ruhe wird."[15]

Unvernünftig ist der Holozid, da er der Aufgabe der Vernunft widerstrebt, die Sterblichkeit zu *absorbieren*, statt von ihr absorbiert zu werden. Und weil er unvernünftig ist, ist er unmenschlich. Auch das muß nicht mehr näher ausgeführt werden.[16] Das factum brutum *dieses* Todes ist das unüberholbare Ende aller Gelassenheit zu ihm.

3.3   Zur dritten Qualität dieses Todes, *der sozial kontraindizierte Tod* zu sein: Die sogenannte kollektive Selbstvernichtung der menschlichen Gattung befreit zugleich vom spezifisch vernünftigen Disput über die bedingte Vernünftigkeit des Endes einzelner im Interesse der jeweiligen Sozietät. Eine der einschneidendsten Debatten unserer Kultur und jeder Kultur, die sich gegenwärtig noch fortsetzt im Kampf um den Sinn ungehemmter, weil medizin-technisch möglicher Lebensverlängerung, entfällt mit der Tat des Holozids wie jede andere Debatte auch. So erübrigt es sich dann auch, noch den Anteil an Selbstbestimmung und den Anteil an Fremdbestimmung im Holozid zu ermitteln. *Daß* der Holozid sozial kontraindiziert ist, müßte nur vor Irren ausgeführt werden. Die freilich verstünden nicht, was gemeint ist. Der Fall des Irreseins ist allerdings im Rahmen der respektierlichsten Normalität gegenwärtig alles, was der Fall ist: an maßstäblicher Stelle. Wir befinden uns sonach, wie Kant sagt, im Narrenspital der Welt. Es ist nicht mehr möglich, auch nur noch den Wahn-Sinn des Krieges an den Schaltstellen der Macht bekanntzumachen. Wiederkehrend hat sich gezeigt: der Tod ist eine zu ernste Angelegenheit, als daß man ihn den Politikern überlassen dürfte. Das ist das wenigste, was jeder aus der Geschichte lernen kann, soll und muß. Regierungen sind in der jüngsten Moderne überhaupt nur gerechtfertigt auf dem Grunde, daß sie die soziale Kontraindikation des allgemeinen Todes begriffen haben. Statt dessen wird gegenwärtig vom Boden der Bundesrepublik Deutschland aus durch Aufstellung der für die Gewinnung einer sogenannten Erstschlagskapazität erforderlichen Waffen ohne allen noch möglichen Zweifel ab 23. November 1983 ein Angriffskrieg vorbereitet, den bekanntlich Art. 26 (1) GG ausdrücklich verbietet:

„Handlungen, die geeignet sind und in der Absicht vorgenommen werden, das friedliche Zusammenleben der Völker zu stören, insbesondere die Führung eines Angriffskrieges vorzubereiten, sind verfassungswidrig. Sie sind unter Strafe zu stellen."

Es läßt sich zu meinem Bedauern nicht vermeiden, das Thema des Todes schließlich in der Weise zu aktualisieren, wie ich es nun tue. Gewiß ist das Grundgesetz der reinen praktischen Vernunft, wie es Kant entwickelt hat, von fundamentalerer Bedeutung als das Grundgesetz für die Bundesrepublik Deutschland. Aber es ist schön zu sehen, wenn sie beide übereinkom-

men. Erstaunlich bleibt freilich, daß eine hochmilitarisierte Sozietät wie die europäische in West und Ost am Ende immer
noch nicht den letzten Mut aufbringt, das Faktum der präparierten Selbstvernichtung als Faktum uneingeschränkt und in
Wahrhaftigkeit als gegeben anzuerkennen. Wir verlieren darüber die letzte Zeit, die wir haben.

3.4   Zur vierten und alles bestimmenden Qualität dieses Todes
als des *allgemeinen*: Was heißt und zu welchem Zwecke studieren wir den Holozid? Holozid ist der im strengen Sinne allgemeine Tod: der Tod, der jede Modalität, Qualität und Quantität
des Todes in der Tradition in sich vereinigt. Wir studieren diesen Tod, da er diejenige schlechte Allgemeinheit darstellt, der
gegenüber nur die gute Allgemeinheit der Vernunft zu behaupten bleibt: die ideale Kommunikation unter *Freien*, die ideale
Argumentation unter *Gleichen*, die ideale Identifikation unter
Sterblichen. Während die historische und die interkulturelle Betrachtung des Todes erweist, daß es *den* Tod gar nicht gibt, nur
eine reich gefächerte Typologie des Todes, verkürzt sich der
Tod in der jüngsten Moderne auf einen einzigen Typus, der
jeden anderen Typus in sich verschlingt. Gewiß ist der langsam
voranschreitende allgemeine Ausrottungsfriede nicht zu ver-
nachlässigen über dem bevorstehenden Ausrottungskrieg.[17]
Und doch nimmt die Aktualität dieses Bevorstandes zu Recht
ganz gefangen. Es gibt eine Schein-Souveränität jenseits des
Augenblicks, für die aber in Stunden der allgemeinen Not nicht
der Platz ist. Unsere Not ist das Ende des Jahres 1983 und das,
was dem folgt. Es gehört zu den bleibenden und nicht zu verklei-
nernden Verdiensten Martin Heideggers, vor die Freiheit zum
Tode gestellt zu haben – und dies nicht zu dem Zwecke, nur
noch gebannt wie das Kaninchen auf den bevorstehenden Biß
zu starren. Vielmehr kommt es *jetzt* darauf an, die Freiheit zum
Tode in eine Freiheit zum Leben zu verwandeln: in der *jetzt* gebotenen Weise des *vernünftigen* Widerstandes gegen den *ver-
nunftlosen* Tod. Und Philosophen können und wollen diese
Aufgabe nun einmal nicht den Religionen überlassen und dem
Wankelmut der Zeitläufte alter und neuer sogenannter Inner-
lichkeiten.

Aus der Sicht der Philosophie sind nämlich nicht *Friedens*bewegungen entscheidend, sondern *Freiheits*bewegungen. Der Friede an ihm selbst ist immer nur eine condicio sine qua non der eigentlichen Zielsetzungen. Die aber sind bestimmt durch eine Freiheit *vom* Tode. Das ist das Projekt der Vernunft als ethisch-praktischer Vernunft, und von diesem Projekt können wir gar nicht lassen, solange wir irgendeinen Anspruch auf Vernünftigkeit erheben wollen und nicht nur auf ihre Usurpation als technisch-instrumenteller.

Man muß es sich unter Schmerzen im Kopfe eingestehen: Zum dritten Mal in diesem Jahrhundert wird von deutschem Gebiet aus ein Angriff auf russisches Gebiet vorbereitet. Wir verwandeln unsere Freiheit in Unfreiheit, wenn wir nicht mehr bedenken wollten, was das in der Vergangenheit und für die Gegenwart bedeutet hat. Es gibt schließlich beinahe niemanden, der nicht in der Konsequenz des Ersten und jedenfalls des Zweiten Weltkrieges zumindest einige seiner engsten Angehörigen verloren hätte. Die Qualität des Dritten und Letzten Weltkriegs liegt nun unabhängig davon für niemanden mehr im verborgenen, der bei jenem in Deutschland so seltenen tatsächlich ‚gesunden‘, weil in der Tat vernünftigen Menschenverstand ist anstelle des bekannten ungesunden Volksempfindens, das wiederkehrend auf hohem Throne das Regiment der Narren führt. Während die eine fremde Macht auf deutschem Boden eine sogenannte Erstschlagskapazität vorbereitet und die andere fremde Macht sich darauf eingerichtet hat, dem auf ihre Weise zu begegnen, stellt sich die deutsche Frage erstmals wieder für die Deutschen selbst. Das ist in der gegenwärtig präparierten Katastrophe eine Ermutigung. Denn nach einer bald vierzigjährigen Besatzungszeit festigt sich in der jüngeren, zaghaft auch in der mittleren und der älteren Generation erstmals wieder der vernünftige und gar nicht national-bornierte Wille zu sich selbst. Man hat uns jahrzehntelang starren lassen auf die in der Tat unauslöschlichen Verbrechen, die im Namen und auf Rechnung des deutschen Volkes begangen worden sind. Das war und ist unabdingbar und begründet erst eine moralisch gerechtfertigte neue Identität. Das hat aber nur einen guten Sinn ge-

habt, wenn wir uns jetzt gegen die gegenwärtigen und zukünfti-
gen Verbrechen anderer zu wehren beginnen. Das ist nur möglich durch die Wiedergewinnung in der Tat eines National-
bewußtseins, an dessen Ende das steht, was in fernen Zeiten, in
den Zeiten Fichtes, ‚die nationale Erhebung' genannt wurde
und was, eingebettet in eine europäische Bewegung, auch nach
den Schrecken des NS-Systems nicht auf Dauer ignoriert werden kann. Was als *Friedens*bewegung beginnt, muß als *Freiheits*bewegung enden, wenn es eine vernünftige Bewegung gewesen sein soll. Dazu empfiehlt sich die Lektüre Schillers: „Geschichte des Abfalls der vereinigten Niederlande von der spanischen Regierung". Ist es nicht gerade bezeichnend für die Lage,
daß schon diesen Gedanken auszusprechen für ‚Verrat' gilt anstelle des tatsächlichen Verrats?

Lassen Sie mich aber zum wenn schon nicht versöhnlichen, so
doch bedachtsamen Ende einem Berliner die Ehre erweisen,
einem Mediziner, der sich im Sterben auskannte, der aber noch
etwas mehr kannte: den Widerwillen gegen den Tod. Ich meine
Gottfried Benn, der das alte Lied singt, wie wir schließlich alle,
einer nach dem anderen, jeder für sich, abtreten. Exitus: das
meint ja eigentlich: Abtritt. Benn notiert 1944 über das, was er
sonst noch tut:

„Eigentlich ist es die Tätigkeit eines Maulwurfs: man bohrt sich ein,
wirft Erde heraus, weiß gar nicht, wohin die fliegt, weiß in keiner Weise,
wohin der Gang führt – man buddelt und verschwindet –, nur hat man
nicht so ein schönes glänzendes Fell, sondern wird trocken und schäbig,
niemand wird sich einen Schulterumhang aus einem machen."[18]

Die Absicht der Vernunft ist es, den Tod *gleichwohl und trotz
allem* zu überbieten. Mögen wir alle trocken und schäbig werden. Das mindeste, was jedermann möglich ist: man muß dem
nicht auch noch zustimmen. Die Bremer Stadtmusikanten
haben dem nicht zugestimmt: Esel, Hund, Katze und Hahn, und
sind verfahren nach dem Muster: Komm mit, etwas Besseres als
den Tod findest du überall. *Der Mensch muß nicht dümmer sein
als die Esel.*[19]

Anmerkungen

1 Oskar Negt und Alexander Kluge: Geschichte und Eigensinn, Frankfurt 1981, S. 373.

2 Michel de Montaigne: Essais I, 20.

3 Michel de Montaigne: Essais I, 20.

4 Hans Ebeling: Die ideale Sinndimension. Kants Faktum der Vernunft und die Basis-Fiktionen des Handelns, Freiburg – München 1982, S. 19–22.

5 Ivan Illich: Die Nemesis der Medizin. Von den Grenzen des Gesundheitswesens, hier zitiert nach Hans Ebeling (Hrsg.): Der Tod in der Moderne, NWB, Königstein/Ts. 1979, S. 197.

6 Karl Löwith: Bemerkungen zum Unterschied von Orient und Okzident, in: Karl Löwith: Vorträge und Abhandlungen. Zur Kritik der christlichen Überlieferung, Stuttgart 1966, S. 9.

7 Ernst Bloch: Das Prinzip Hoffnung, Frankfurt 1959, Bd. 2, S. 1369.

8 Ernst Bloch: Das Prinzip Hoffnung, Frankfurt 1959, Bd. 2, S. 1366–1372.

9 Herbert Marcuse: Die Ideologie des Todes, in: Hans Ebeling (Hrsg.): Der Tod in der Moderne. NWB, Königstein/Ts. 1979, S. 108.

10 Werner Fuchs: Todesbilder in der modernen Gesellschaft, Frankfurt 1969, S. 199.

11 Hans Ebeling: Selbsterhaltung und Selbstbewußtsein. Zur Analytik von Freiheit und Tod, Freiburg – München 1979, S. 72–114. Hans Ebeling: Freiheit, Gleichheit, Sterblichkeit. Philosophie *nach* Heidegger, Stuttgart 1982, S. 26–41 und 149–162.

12 Logik (Jäsche), § 6 Anm. 1. AA IX, 94 f.

13 Ludwig Wittgenstein: Philosophische Untersuchungen. Nr. 66.

14 Ludwig Wittgenstein: Philosophische Untersuchungen. Nr. 67.

15 Philipp Mainländer: Philosophie der Erlösung. Frankfurt 1886, Bd. 2, S. 640 f.

16 Hans Ebeling: Die ideale Sinndimension. Kants Faktum der Vernunft und die Basis-Fiktionen des Handelns, Freiburg – München 1982.

17 Hans Ebeling: Gelegentlich Subjekt. Gesetz: Gestell: Gerüst, Freiburg – München 1983, S. 112–128.

18 Gottfried Benn: Briefe an F. W. Oelze, Wiesbaden – München 1977, Bd. 1, S. 358.

19 Es ist freilich anzuerkennen, daß der Mensch sich wiederkehrend
    so verhält, wie wenn er *durchaus* dümmer wäre als die Esel. Das
    sehr bescheidene kontrafaktische Postulat ignoriert also gerade
    nicht, sondern bekämpft, was geschieht. Keine große Philosophie
    hat sich jemals mit der Realität abgefunden, und auch kein tatsächli-
    cher Demokrat. So bleibt denn der 22. November 1983, seitdem er
    Realität geworden ist (die schmerzlichste Realität deutscher Ge-
    schichte seit dem 9. Mai 1945), um so entschiedener zu bekämpfen
    mit den Mitteln der Vernunft. Das meint heute in der Mitte Euro-
    pas: Widerstand gegen den Tod. Vgl. Hans Ebeling: Rüstung und
    Selbsterhaltung. Kriegsphilosophie. Paderborn – München 1983.

Der bedachte Tod

Der bedachte Tod

Hans Schadewaldt

Bilder vom Tod

Meditationen über Totentänze

Als zum ersten Mal im Hochmittelalter der „Schwarze Tod"
nach Europa übergriff und bei der ersten Epidemie in Florenz
1348 von 100 000 Einwohnern innerhalb eines halben Jahres
60 000 an der Pest verstarben, löste dies eine im ganzen Abendland zu verspürende Erschütterung aus. Das berühmte Sitten-
gemälde jener Zeit, „Decamerone" des Giovanni Boccaccio
(1313–1375), entstand in seinem ersten Teil in jenem furchtbaren Pestjahr. Aber auch Francesco Petrarcas (1304–1374) bedeutendes Werk „Il Trionfo della Morte" verdankt diesem
schrecklichen Ereignis seine Entstehung und in direkter Abhängigkeit davon auch das heute noch von Millionen von Besu-
chern bewunderte Fresko mit dem gleichen Titel im Camposanto von Pisa. Nördlich der Alpen schlug diese unmittelbare
Erfahrung der Konfrontation mit dem unerbittlichen und rück-
sichtslosen Tod sich in den „Totentänzen" nieder, die erst nach
dieser Pest als Fresken in Klöstern und an Kirchhofsmauern erschienen und später besonders gern in einer abgewandelten
Form und nach Einführung des Buchdrucks von den Meistern
der Graphik gestaltet wurden.

Als im Zweiten Weltkrieg Millionen von Soldaten und Zivili-
sten dahingerafft wurden, stellte sich fast ein gegensätzliches
Verhalten der noch mit dem Leben davongekommenen Bevölkerung ein. Der Tod wurde verdrängt und mit allen Mitteln das
„diesseitige Leben" beschworen, sei es, daß man aus nihili-
stisch-atheistischen Erwägungen heraus ein „jenseitiges Leben" überhaupt negierte, das diesseitige zum „absurden Theater" erklärte, nach dem alten, antiken Wahlspruch „Carpe
diem" das kurze Glück der Erdentage zu erhaschen suchte,
oder weil man nach dem Ende des furchtbaren Weltkrieges

einem Zukunftsoptimismus huldigte, der freilich durch die Tatsache, daß es seither über 155 militärische Auseinandersetzungen in aller Welt gegeben hat, die viele Millionen Opfer forderten, einer starken Belastungsprobe ausgesetzt war.

Tatsache ist, daß die Verlagerung des Sterbens in die Krankenhäuser, das möglichst unauffällige, aus den Straßen der belebten Städte verdrängte Leichenbegräbnis und die fast unglaubliche Gleichgültigkeit, mit der man die Myriaden von Verkehrstoten als Tribut an die moderne Zivilisation anzusehen pflegt, von dieser Verdrängung des Todes Zeugnis ablegten.

Seit einigen Jahren jedoch beobachten wir ein interessantes und bisher in seiner Bedeutung noch nicht völlig aufgeklärtes Phänomen. Man besinnt sich wieder mehr und mehr auf das Endereignis unseres hiesigen Lebens. Eine Flut von Literatur zum Thema der Euthanasie, der Thanatologie und der, nennen wir es altmodisch, „Ars moriendi" hat auch ein erneutes Interesse an der künstlerischen Aussage zum Problem „Mensch und Tod" mit sich gebracht.

Gerade in dieser Phase konnte die Universität Düsseldorf durch Vermittlung unseres Pathologen Professor Dr. med. Dr. h. c. Hubert Meessen und des Düsseldorfer Kunstantiquariats Boerner eine, ja vielleicht darf man sagen, die bedeutendste Totentanzsammlung der Welt von ihrem Besitzer, Professor Dr. med. Werner Block, erwerben. Gemäß der Überzeugung unserer, wie ich meine, ausgesprochen öffentlichkeitsfreundlichen Alma Mater sind die 1182 Graphiken dieser Sammlung nicht im „Elfenbeinturm" verschwunden, um nur gelegentlich für den einen oder anderen Experten sichtbar zu werden, sondern sie wurden noch im Jahre ihrer Erwerbung in besonders ausgewählten Stücken sogleich in einer allerdings sehr kurz andauernden Ausstellung 1976 gezeigt. Das über alles Erwarten lebhafte Interesse der Öffentlichkeit und vielfältige Proteste, daß die Sammlung viel zu kurze Zeit zugänglich gewesen wäre, haben schon zwei Jahre später dazu geführt, daß die bedeutsamsten Teile dieser nunmehr im Besitz der Universität Düsseldorf befindlichen Totentanzsammlung „Mensch und Tod" weitere Male gezeigt werden konnten.

Die Vorgeschichte des Erwerbs ist im übrigen ein interessantes Stück aus dem recht diskordanten Konzert der Wissenschaftsförderung und zeigt, wie forschungsnahe Bürgerinitiative auch heute noch Erhebliches vermag. Aber sie beweist auch, daß die vielgescholtene Verwaltungsbürokratie dann, wenn eine Persönlichkeit von Rang ihr vorsteht, auch einmal über ihren „Schatten" zu springen in der Lage ist.

Die Sammlung war von einem Chirurgen zusammengetragen worden, der ja tagtäglich mit dem Tod konfrontiert wird, von ihm oft besiegt wird, aber in nicht wenigen Fällen glücklicherweise seine Patienten noch für eine weitere fruchtbare Lebensspanne vor ihm retten kann.

Professor Block, der leider im Jahre 1976 verstorben ist, hatte sich sogleich nach seinem Staatsexamen für diese Thematik interessiert und vor allem in den beiden Nachkriegszeiten Gelegenheit gehabt, aus Privatbeständen hervorragend erhaltene und z. T. äußerst kostbare Graphiken von Dürer bis Dali zu erwerben. Er wünschte nicht, daß seine fast 1000 Exponate, die er nach thematischen und nicht nach kunsthistorischen Gesichtspunkten ausgewählt hatte, in einem Kupferstichkabinett eines Museums verschwinden sollten. Er war vielmehr der Überzeugung, daß diese geschlossene Sammlung der wissenschaftlichen Nutzung einer Universität zugeführt werden müßte. So ist die Düsseldorfer Universität in den Besitz einer der kostbarsten Spezialsammlungen der Welt gekommen.

In den ersten Dezennien des 15. Jahrhunderts tauchte in der bildenden Kunst eine neue Art der Darstellung des uralten Phänomens des Todes auf, die bald darauf mit dem globalen Namen „Totentanz" bezeichnet wurde (Abb. 1). Dieser Terminus technicus hat sich bis zum heutigen Tage bei Künstlern und in der Öffentlichkeit gehalten, obwohl schon vom 16. Jahrhundert an bei den zahlreichen Abbildungen, die sich mit dem Thema „Mensch und Tod" auseinandersetzten, von einem eigentlichen „Tanz" nicht mehr die Rede sein konnte. Die weitgehend als

Abb. 1 Totentanzreigen der Frauen mit individuellen Totentänzen der Männer in Medaillons.
Kupferstich eines unbekannten deutschen Meisters aus dem 17. Jahrhundert.

Fresken in Klöstern und auf Kirchhofsmauern geschaffenen Abbildungen von regelrechten Totenreigen oder Totenkettentänzen sind nämlich bald in einzelne Gruppen aufgelöst worden, wo jeweils nur ein sterblicher Mensch vom Tode im Tanzschritt aus dieser irdischen Welt begleitet wird.

Als älteste Totentanzdarstellung wird heute ein Fresko in der Abteikirche La Chaise-Dieu in der Auvergne angesehen, das nach neuesten Forschungen zwischen 1390 und 1410 entstanden ist. Wenige Jahrzehnte später wurde eine im französischen Sprachraum nunmehr als „danse macabre" bezeichnete ähnliche Totentanzdarstellung an der Kirchhofmauer des Klosters Aux Innocents in Paris angebracht, so daß man nicht fehlgeht, die Ursprünge der Totentanzdarstellung in Frankreich zu suchen. Voraussetzung für diese merkwürdige künstlerische Darstellung war sicherlich der viel ältere Volksglaube, daß zur mitternächtlichen Stunde die Toten sich aus ihren Gräbern erheben und einen makabren Tanz aufführen würden, indem sie jeden Lebenden, der sich um diese Zeit dem Friedhof zu nähern wagte, ebenso einbezögen wie die erst kürzlich, plötzlich Verstorbenen, d. h. noch nicht im Stande der Gnade befindlichen Personen (Abb. 2).

Eine weitere Wurzel dürften die Totentänze in den bis zur Antike zurückzuverfolgenden Bestattungszeremonien gehabt haben, die sich dann zu sakralen Schauspielen entwickelten und die sich etwa im „Jedermann-Spiel", erstmals als „Elckerlijk" 1495 im holländischen und als „Everyman" 1509 im englischen Schrifttum nachweisen lassen und die schließlich auch die Passionsspiele, wie die in Oberammergau, stark beeinflußt haben.

Als direkte oder indirekte Vorläufer dürfte jedoch einmal die Legende von den drei Lebenden und den drei Toten angesehen werden, wie sie erstmalig in großartiger künstlerischer Intensität auf dem Fresko des Camposanto in Pisa erschienen. Der Legende nach waren es drei Könige oder auf der Jagd befindliche Ritter, die plötzlich vor den offenen Gräbern dreier verstorbener Vorgänger sich befanden, die in verschiedenen Verwesungsstadien, als Muskelmann, als z. T. verwester Kadaver und

Abb. 2   Der Tanz der Gerippe.
Holzschnitt von Michael Wolgemut (1434–1519) aus der lateinischen Ausgabe der „Weltchronik" von Hartmann Schedel
(1440–1514), Nürnberg 1493. Man sieht Verstorbene in verschiedenen Verwesungszuständen.

als Skelett, ein grausiges Memento mori darstellten und ihren erschrockenen und sich, wie in Pisa, vor dem Gestank der Verwesung die Nase zuhaltenden, noch lebendigen Standesgenossen ein berühmtes, bereits seit dem 11. Jahrhundert bekanntes Motto zuriefen:

> „Quod fuimus, estis, quod sumus, eritis"
> („Was Ihr seid, das waren wir, was wir sind, das werdet Ihr sein").

Das berühmte Fresko in Pisa erhielt bald den Titel „Triumph des Todes", und damit bezogen sich die Zeitgenossen vielleicht auf das zu ebenjener Zeit entstandene berühmte Werk von Petrarca mit dem gleichen Titel, in dem z. B. die Todessymbolik eines alten Weibes mit Sense und schwarzen Flügeln erscheint.

Ein weiterer Vorläufer der Totentanzdarstellung dürften sicher die sog. Vergänglichkeitsgedichte sein, die stets mit dem Aufruf

> „vado mori" („sterben muß auch ich")

beginnen und in denen bereits die dann auch in den Totentanzdarstellungen vorgestellten Vertreter der verschiedenen geistlichen und weltlichen Stände erscheinen. Hier sei ein in der Literatur immer wiederkehrendes Distichon zitiert, das sich auf den in den meisten Totentanzdarstellungen erscheinenden Arzt bezieht.

> „Vado mori, medicus, medicamine non redimendus.
> Quidquid agat medici potio?
> Vado mori"
> („Sterben muß auch ich, der Arzt,
> der durch Kräuter vom Tod sich nicht loskauft.
> Was nutzt des Arztes Trank?
> Sterben muß auch ich").

Ein drittes Pendant zu den Totentänzen dürfte im übrigen die sog. „Conflictus-Literatur", Streitgespräche zwischen Mensch und Tod, gewesen sein, wie sie etwa im Jedermann-Dialog erschienen oder auch in den zahlreichen Spielen vom Weltgericht und in dem Streitgespräch zwischen dem Ackermann und dem Tod, das erstmals um 1400 auftaucht, zu finden sind.

Freilich, während in den Totentänzen verzweifelte Versuche unternommen werden, der Hölle zu entgehen, um wenigstens ins Fegefeuer und evtl. in einer späteren Phase der Ewigkeit ins Himmelreich zu gelangen, beziehen sich die Streitgespräche mit dem personifizierten Tod meist nur auf einen Aufschub der Sterbestunde, der aber in der Regel nicht gewährt wird. An dieser Stelle muß nun darauf hingewiesen werden, daß die Totentanzdarstellungen nur verständlich werden, wenn man die etwa ab 1000 n. Chr. einsetzende Änderung im Verhältnis zum Tod im christlichen Kulturraum berücksichtigt. Man darf nicht vergessen, daß das junge Christentum nicht das Kreuz, sondern das Christusmonogramm oder den Fisch und den Anker der Treue als Symbol der jungen Religion bevorzugte und daß Christus meist als der gute Hirte betrachtet wurde, der die ihm anvertrauten Schäflein zur wahren Herde Christi zurückträgt. Hier war sicherlich noch die antike Vorstellung von Hermes lebendig, dem Begleiter der abgeschiedenen Seelen bis zum Styx oder Acharon, wo der struppige Fährmann Charon die letzte Überfahrt in den Hades bewerkstelligte. Im Frühchristentum fehlt der Skelettmann, und wenn da und dort Knochen, etwa unter dem Kreuz Christi, dargestellt werden, bedeuten sie die Reliquien von Adam und Eva und nicht den personifizierten Tod des Hochmittelalters. So wirkte zumindest eine antike Vorstellung vom Phänomen des Todes weiter. Stets wurde in der Antike Thanatos, der Todesgott, als jugendlicher geflügelter Bruder des Schlafes, Hypnos, dargestellt. Nicht selten waren beide bei der Bergung von Verstorbenen tätig. Aber der eine zeichnete sich mit einer nach unten gesenkten ausgelöschten Fackel aus, der andere hielt die Fackel nach oben. Beide Fackelträger, die Dadophoren, arbeiteten sozusagen Hand in Hand, und das Christentum hat sich sicherlich auf antike Auffassungen gestützt, wie sie etwa Cicero wiedergegeben hatte:

> „Ich stimme nämlich den Philosophen nicht bei, die unlängst die Ansicht zu entwickeln anfingen, mit dem Körper gehe zugleich die Seele unter und alles werde durch den Tod vernichtet … Die Seelen der Menschen seien göttlichen Ursprungs und ihnen stehe, wenn sie aus dem Körper hinausgegangen seien, die Rückkehr in den Himmel offen und diese sei für die Besten und Gerechtesten am unbehindertsten."

Diese von vielen Philosophen vertretene Ansicht von der stufenweisen Auflösung des Menschen nach dem Tode ist im übrigen in einer lateinischen Grabschrift lapidar folgendermaßen
umschrieben:

> „Terra tenet corpus, nomen lapis, adque animam ad aer"
> („Der Körper kehrt zur Erde zurück, der Name gehört dem
> Grabstein, und die Seele steigt in den Äther").

Hier war also die Lehre vom Transitus, dem Übergang in ein
anderes Reich, ausgebildet, und der Tod wurde nicht als sinnlo-
ses Erlöschen der Lebensfunktion, sondern als Exagoge oder
Exitus angesehen, wie es die Christen mit dem Jüngsten Gericht und dem endgültigen Verbleib in Himmel oder Hölle mit
dem Übergangsreich des Fegefeuers annahmen. Die katholische Theologie hält nach wie vor an der These fest, daß der
Tod der Erbsünde Sold sei. Der protestantische Theologe
Søren Kierkegaard (1813–1855) bezeichnete ihn als das unausweichliche Ergebnis der Krankheit zum Tode, während andererseits der nicht mehr kirchlich gebundene Philosoph Karl Jas-
pers (1883–1969) den Tod als die Grenzsituation des Lebens
schlechthin bezeichnete und damit den Blick nicht ins Jenseits,
sondern ins Diesseits zurücklenkte.

Die Ablösung des Totenreigens durch die individuellen Totentanzdarstellungen hatte aber noch eine andere wesentliche
Bedeutung. Waren es ursprünglich sozusagen zufällig oder aus
Neugier auf den Friedhof kommende Lebende, die sich in den
Totentanzreigen einordnen mußten, und durften die Skelette
im Sinne der antiken Larven als Emblemata der aus den Gräbern entstiegenen Toten angesehen werden, so wurde mit der
individuellen Darstellung der Tod nunmehr personifiziert und
erhielt seine bis zum heutigen Tage nachwirkende Schreckens-
gestalt als Kadaver, Mumie oder Knochenmann, mit den zahlreichen Attributen, die durchaus auch heute noch verständlich
sind – die Sense, die aus Knochen bestehenden greulichen Mu-
sikinstrumente, die den Totentanz begleiten, die Sanduhr, die
als Hinweis auf das bekannte Motto

> „Mors certa, hora incerta"
> („Der Tod ist gewiß, die Stunde ungewiß")

gelten darf, aber auch für die heimtückische Exekution Pfeil und
Bogen, Armbrust und das Netz, mit dem der Tod die Opfer ein-
fängt. Es tritt bei den zahlreichen Arztdarstellungen wohl auch
noch das umgekippte oder zerbrechende Harnglas hinzu
(Abb. 3 u. 4).

Abb. 3

Denn mit dem Aufkommen der individuellen Totentänze, die sicherlich z. T. durch die Einführung der Buchdruckerkunst bedingt waren, so daß nicht mehr auf großem Raum ganze Totentanzreigen – Darstellungen als Fresken, wie in den Kirchen und auf den Friedhöfen –, geschaffen werden konnten, tritt die Einzeldarstellung oder die Folge von hierarchisch geordneten Totentänzen an die Stelle der älteren Kollektivabbildungen. Sie finden sich aber nun nicht nur in den zahllosen Druckwerken des 16. und 17. Jahrhunderts, sondern auch auf den in dieser Zeit geschaffenen Fresken.

Es sei in diesem Zusammenhang nur an die noch heute existierenden Totentänze auf der Luzerner Mühlenbrücke von Caspar Meglinger (1595–1670) zwischen 1626 und 1635 und in der Füssener Friedhofskapelle aus der ersten Hälfte des 18. Jahrhunderts erinnert.

Für den Medizinhistoriker scheint jedoch die Tatsache von großer Bedeutung, daß die zahlreichen literarischen Quellen über den Triumph des Todes als auch die Totentanzdarstellungen erst nach Ausbruch der Pest in Europa beginnen. Es ist durchaus wahrscheinlich, daß das erschütternde Erlebnis des plötzlichen Todes vieler Freunde und Anverwandter ein ganz neues Verhältnis zum „Würger Tod" hervorgebracht hat. In diesen Epidemiezeiten konnte man kaum noch vom „Freund Hein" sprechen, wie dies später in deutscher, ironischer Über-

---

◁   Tod und Cupido mit altem Mann und Mädchen.
Kupferstich von Boetius Adams Bolswert (1580–1633) nach einer Komposition von David Vinckboons (1576–1629).
Cupido und Tod haben nebeneinander im Walde geschlafen (tief im Hintergrund sind die zwei schlafenden Gestalten sichtbar) und beim Aufstehen die Pfeile irrtümlich vertauscht, so daß der links musizierende, vom Pfeil Cupidos getroffene Jüngling jetzt tot daliegt, während der alte Mann, auf den der Tod gezielt hatte, ein schönes Mädchen liebkost. Einen Fuß hat der Alte schon im Grabe, und sein Sarg steht vor ihm, eine brennende Kerze darauf; ein Affe öffnet seine Geldtasche.

Abb. 4 Der Tod fängt ein Liebespaar mit einem Netz ein.
Kupferstich von Johann Rudolf Schellenberg (1740–1806), aus
der Totentanzfolge „Freund Heins Erscheinungen in Holbein-
manier", Winterthur 1785.

tragung geschah. Der Tod erschien vielmehr als der plötzlich auftretende, rücksichtslos Große und Kleine, Gerechte und Ungerechte, Reiche und Arme, Alte und Junge dahinraffende Dämon, dem in solchen Zeiten auch der kundige Arzt keinen nennenswerten Widerstand entgegensetzen konnte, ja der selbst oft genug vom Tode ergriffen wurde, denn, so sagt ein alter Spruch aus dem Salernitanischen Lehrgedicht:

> „Contra vim mortis, nulla herba in hortis"
> („Gegen den Tod ist kein Kraut gewachsen").

Dieser Topos taucht im übrigen in vielfältigen Variationen in den Legenden zu den Arzt-Tod-Darstellungen fast regelmäßig auf. Aus dieser Perspektive ist es auch verständlich, daß der Arzt außerordentlich häufig und oft an hervorragender Stelle, z. T. sogar noch innerhalb der Geistlichkeit, in den zahlreichen Totentanzdarstellungen bis in unsere Tage hinein erscheint.

Bedeutendstes und jahrhundertelang kopiertes Beispiel für die Konfrontation des Todes mit dem Arzt ist der Holzschnitt, den Hans Holbein der Jüngere (1497–1543) für die 1538 in Lyon zum ersten Mal herausgekommenen „Imagines mortis" geschaffen hat (Abb. 5). In Abwendung von dem mittelalterlichen Prinzip, nur den Arzt und Tod in direkter Konfrontation darzustellen, wobei der erstere stets durch das akademische Gewand, den Doktorhut und nicht zuletzt das für jene Zeit typische ärztliche Instrument, die Macula, das Harnglas, ausgezeichnet war, führte Holbein zum ersten Mal in einer dramatischen Kleingrafik den Tod zusammen mit einem alten, sicherlich schwerkranken Patienten in die Offizin des Arztes hinein. Auch hier befindet das Harnglas und nicht, wie dies gelegentlich zu lesen ist, ein Arzneigefäß sich im Mittelpunkt des Geschehens. Der Tod, der den alten Mann in das Studierzimmer des Arztes führt, weist dieses wichtigste diagnostische Gerät dem erstaunt blickenden, aber dennoch eine einladende Gebärde vollziehenden, beim Studium eines Folianten unterbrochenen Doktor vor. Neben der subtilen Darstellung des Interieurs mit weiteren wertvollen Büchern und Arzneigefäßen auf einem Wandbord ist die vor dem Arzt auf dem Studiertisch stehende Sanduhr ein Symbol für die ablaufende Zeit. Doch der Betrachter weiß

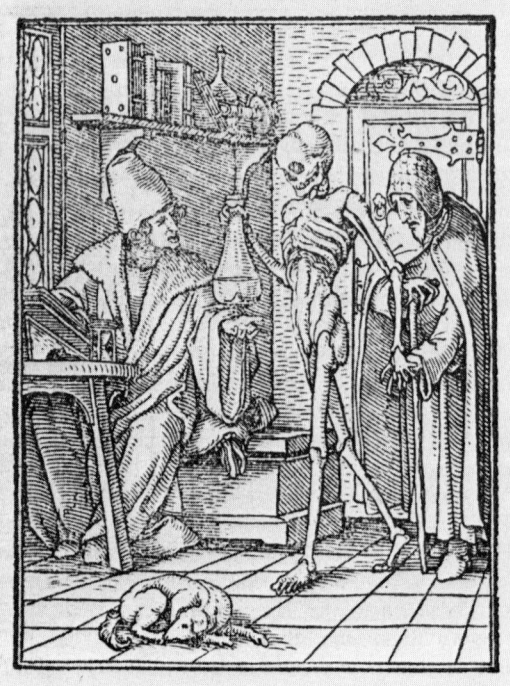

Medice, cura te ipfum.

LVCAE   IIII.

Abb. 5 Arzt.
Holzschnitt aus den „Icones mortis" von Hans Holbein d. J.
(1497/98–1543), Basel 1554. Erstausgabe der Holzschnitte von
Hans Lützelburger (gest. 1526), Lyon 1538.

nicht, ob in dieser dramatischen Situation der Tod auf die infauste Prognose des greisen Mannes, den er hereinführt, oder gar des Arztes selbst hinweisen will. Holbein selbst hat diesem hervorragenden Stich, der vielfach kopiert, aber niemals in seiner künstlerischen Brillanz erreicht wurde, das Lukaswort

> „Medice, cura te ipse"
> („Arzt, heile Dich selbst")

beigegeben, das beide Deutungen offenläßt.

Auf einem Holzschnitt von Konrad Meyer von 1650 schlägt das Vorbild von Holbein deutlich durch. Hinter dem Tod tritt eine Frau herein, in der Hand den Urinalschutzbehälter, wie er auf vielen zeitgenössischen Abbildungen zu sehen ist. Das Studierzimmer des Arztes ist reichhaltiger ausgestattet als bei Holbein. An der Wand sieht man einen Wasserbehälter, ein Aderlaßbecken und den breiten Doktorhut. Auch dieser Kollege war gerade dabei zu studieren. Der Tod hält ihm jedoch einen Schädel vor und zitiert den nun schon bekannten Spruch

> „Herr Doktor, Dein berühmte Kunst, dem Tod zu wehren, ist umsunst. Kein Kraut noch Wurz diesselb verdirbt, erhalt das Leben, das nicht stirbt".

In ein Apothekeninterieur führt uns ein Kupferstich von Johann Rudolf Schellenberg (1740–1806) aus dem Jahre 1785. Es handelt sich hier nicht um einen Arzt, sondern um einen Apotheker, der von draußen hereinströmende Klienten zu versorgen sucht, aber dabei durch das Dazwischentreten des Todes unterbrochen wird. Auch hier ist die Dramatik unverkennbar. Die z. T. schwer gezeichneten Kranken blicken vertrauensvoll auf den Apotheker. Im Hintergrund bemüht sich sein Adlatus, Pillen abzufüllen, die offensichtlich für diese Patienten gedacht sind. Da tritt der unerbittliche Tod dazwischen und deutet dem überaus erschrockenen wohlsituierten Apotheker sein Ende an. Der noch auf dem vorigen Bild zu sehende Urinalbehälter zur Durchführung der Uroskopie ist in der Apotheke verständlicherweise verschwunden. Statt dessen deuten zahlreiche Arzneigefäße im Hintergrund und ein ausgestopftes junges Kroko-

dil als exotisches Firmenzeichen auf die Profession des Pharma-
zeuten hin.

Auch noch zu der Gruppe des „Mors triumphans" gehören die
Kupferstiche von Daniel Chodowiecki (1726–1801) aus der in
Kleinformat ausgeführten Totentanzfolge aus dem Jahre 1791.
Wiederum tritt hier der Tod zwischen Arzt und Patient, und er
scheint den schon seine Augen schließenden, nach hinten fal-
lenden Medicus während des Pulsfühlens seines schwerkranken Patienten getroffen zu haben. Dafür sprechen auch die vom
Tisch gekippten ärztlichen Utensilien. Wieder einmal zeigte
sich der Tod als „Mors triumphans".

Auch die Karikatur des 19. Jahrhunderts nahm sich des belieb-
ten medizinischen Themas an. Thomas Rowlandson (1756–
1827) war ein außerordentlich kritischer Künstler, der vor
allem die Exzesse seiner Zeit geißelte. Er hat nicht nur die Ärzte
in der Regel als fette, arrogante Sprüchemacher karikiert, sondern auch die Patienten, die infolge ihrer Prasserei frühzeitig
vom Tode, vor allem dem Schlagfluß, ereilt wurden, wie dies
eine Abbildung aus dem Jahre 1814 bezeugt.

Doch ist es bezeichnend, daß die negative Einstellung der
Künstler zu den Ärzten, die sie bei der Auseinandersetzung mit
dem Tod stets als Unterlegene darzustellen sich bemühten, in
der Mitte des 19. Jahrhunderts einen Wandel erfuhr. Von nun an
wurde der Arzt als Bundesgenosse des bedrohten Patienten
stärker herausgestellt, und es kam sogar allmählich zu z. T. sen-
timental überzogenen Abbildungen, in denen nicht der Tod,
sondern der entschlossen für seinen Patienten kämpfende Arzt
den – wenn auch temporären – Sieg davonzutragen schien
(Abb. 6). Das Thema Arzt und Tod jedoch blieb interessanterweise nach wie vor in alter Symbolik bis in unsere Tage Anregung und Vorwurf für die Künstler, die schon längst nicht mehr
nur die üblichen Totentanzserien gestalteten, sondern sich häufig auf ganz bestimmte Sujets verlegten, in denen Grenzsituationen des menschlichen Lebens in ihrer Konfrontation mit
dem Tode behandelt wurden. Daß dazu die Erlebnisse des Ersten und Zweiten Weltkrieges genügend Anlässe boten, sei nur
am Rande erwähnt.

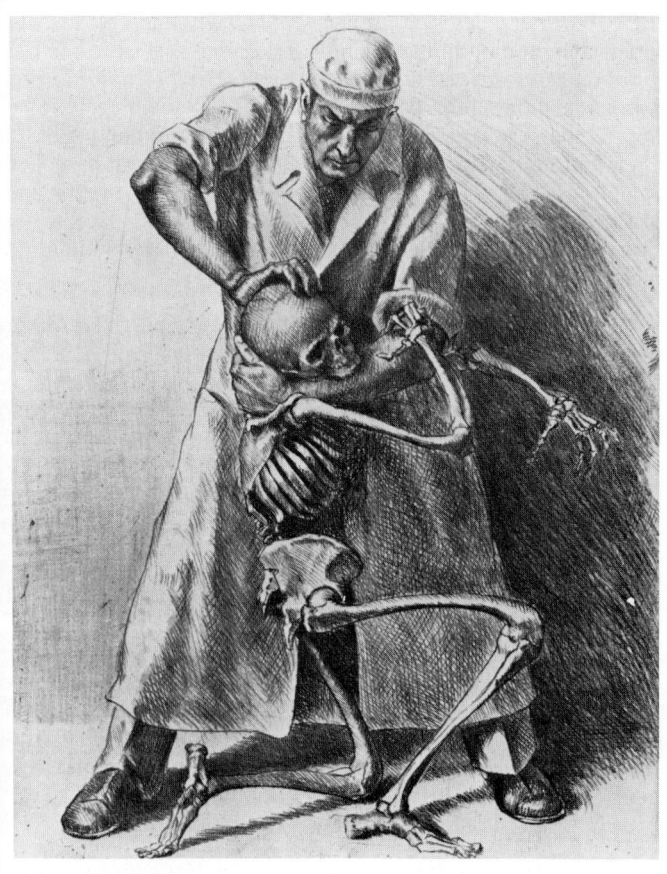

Abb. 6   Der Chirurg.
         Farbradierung von Ivo Saliger (geb. 1894), um 1921.

Emil Noldes (1867–1956) bekannte Zeichnung „Kranker, Arzt, Tod und Teufel" und A. Paul Webers (1893–1980) faszinierende Darstellung „Der Krebs" zeugen in objektiver Einschätzung der Möglichkeiten des Arztes von der schwierigen Situation des Mediziners, der sich immer wieder zwischen unkritischer Überschätzung und unverdienter Kritik der Diskussion in der Öffentlichkeit ausgesetzt sah und sieht. Konnte noch in den zwanziger Jahren der Wiener Künstler Ivo Saliger (geb. 1894) den Krebs sozusagen mit Röntgenstrahlen von der jugendlichen Patientin wegschießen oder den Chirurgen mit dem Tod ringen lassen, so war Weber schon sehr viel skeptischer und differenzierte vom eigentlichen Tod die Schimäre Krebs, der bisher auch mit den modernsten synthetischen Heilmitteln nicht voll beizukommen ist.

Sehr viel eindrucksvoller als die heute fast maniert wirkenden Darstellungen von Saliger ist zweifelsohne die Totentanzfolge von Käthe Kollwitz (1867–1945) (Abb. 7). Die Künstlerin hat den Anruf des Todes nur durch eine symbolisierte Skeletthand, die aus dem Nichts in das Selbstbildnis hineingreift, großartig vereinfacht und verstärkt. In anderen Darstellungen freilich wird der dramatische Kampf um Mutter und Kind zur erregenden Auseinandersetzung des Lebens mit dem Tod auf einer Radierung aus dem Jahr 1910.

Daß im übrigen auch der Düsseldorfer Maler Alfred Rethel (1816–1859), der in geistiger Umnachtung starb, einen, durch die Revolutionswirren von 1848 auf der einen Seite und die Choleraseuchenzüge auf der anderen Seite animiert, eindrucksvollen Zyklus „Auch ein Totentanz" im Jahre 1849 geschaffen hat, dürfte allgemein bekannt sein, weniger jedoch die Tatsache, daß der friedvolle Holzschnitt „Der Tod als Freund" aus dem Jahre 1851 unmittelbar seiner Verlobung folgte.

Von den jüngsten Totentanzfolgen seien hier die Werke von Gertrude Degenhardt (geb. 1940) (Abb. 8), Hans Fronius (geb. 1903), James Ensor (1860–1949) und Alfred Kubin (1877–1959) sowie Oskar Kokoschka (1886–1980) genannt. Zu Beginn der neuen Totentanzwelle hat dann HAP Grieshaber (1909–1981) eine aus Farbholzschnitten bestehende Folge „Der Totentanz von Basel" geschaffen, in der auch ein Chirurg im Operationssaal sich mit dem Tod auseinandersetzt. Max Klinger (1857–1920) hat im übrigen ein Thema anklingen lassen, das

Abb. 7 Der Ruf des Todes.
Lithographie von Käthe Kollwitz (1867–1945), Blatt 8 der
Folge „Tod" 1934/35.

von dem jungen Neusser Künstler Boris Fröhlich (geb. 1947)
1980 wiederaufgenommen wurde, der Tod als Hebamme, der
an die Sterblichkeit aller irdischen Wesen mahnt.

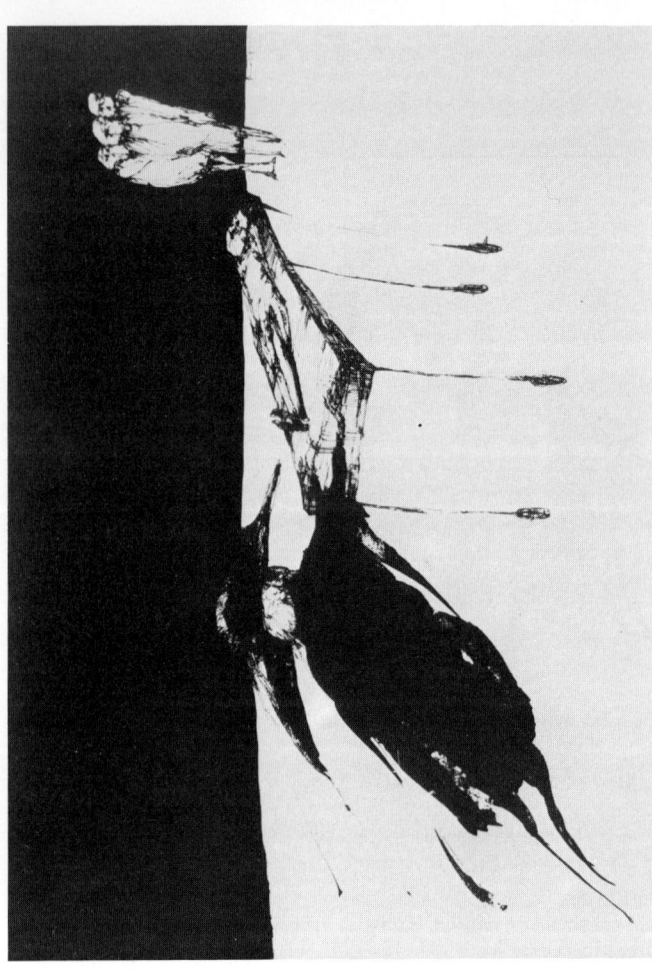

Abb. 8 Der Tod schiebt eine Krankenbahre.
Offsetlithographie aus der Folge „Dem Tod ein Schnippchen schlagen" von Gertrude
Degenhardt (geb. 1940), Mainz 1968.

Schließlich möchte ich noch auf den Berliner Künstler Klaus Rosanowski (geb. 1934) aufmerksam machen, der auch eine Totentanzfolge geschaffen hat. Neben vielen spektakulären neuen Totentanzszenen, so die des Schiedsrichters Tod, der dem Spieler die schwarze letzte Karte zeigt, hat er auch einen Kassenarzt dargestellt (Abb. 9), dem der kleine Tod sozusagen ein Schnippchen schlägt, indem er den angesehenen Äskulapstab durchbohrt und damit wiederum das alte Wort des Horaz (65–8 v. Chr.) zu bestätigen scheint:

> „Mors ultima linea rerum."

Wichtiger als die detaillierten Studien zur Anatomie, zur Soziologie, zur Ikonographie des Arztes als solchem dürften die allgemein menschlichen Aussagen sein, die man auch heute noch aus der Betrachtung derartiger Totentänze gewinnen kann. Sie waren und bleiben in erster Linie ein „Memento mori", die auch uns erkennen lassen sollen, daß trotz aller Fortschritte der Technik, trotz einer unerhörten Entwicklung der medizinischen Wissenschaft, wodurch die allgemeine Lebensdauer ganz erheblich verlängert werden konnte, Unsterblichkeit auch der moderne Arzt nicht verleihen kann. Für ihn sind die Pforten des Todes eine unüberschreitbare Barriere. Der Arzt muß sich, ebenso wie der Seelsorger, mit diesen Problemen täglich auseinandersetzen, und er, die Krankenschwester und der Priester sind meist die einzigen, die den Moribunden auf seinem letzten Wege begleiten. Dabei treffen sie heute wie gestern auf den Tod. Wie sie diese Konfrontation bestehen, kann nicht im medizinischen Staatsexamen abgefragt werden. Mors triumphans, mors devicta? Diese Frage können die Totentanzdarstellungen aus fünf Jahrhunderten nicht beantworten. Diese Frage muß jeder selbst entscheiden.

So dürften über das fachliche Interesse hinaus wohl jeden, der sich mit dieser Sammlung beschäftigt, in besonderem Maße das allgemein menschliche Problem der Mahnung an den unerbittlichen Tod und der Hinweis auf die rechtzeitige Vorbereitung beschäftigen, sei es für den gläubigen Menschen im Sinne der mittelalterlichen Ars moriendi, der Kunst zum Sterben, sei es für den sich der Diesseitigkeit verantwortlich Fühlenden, im

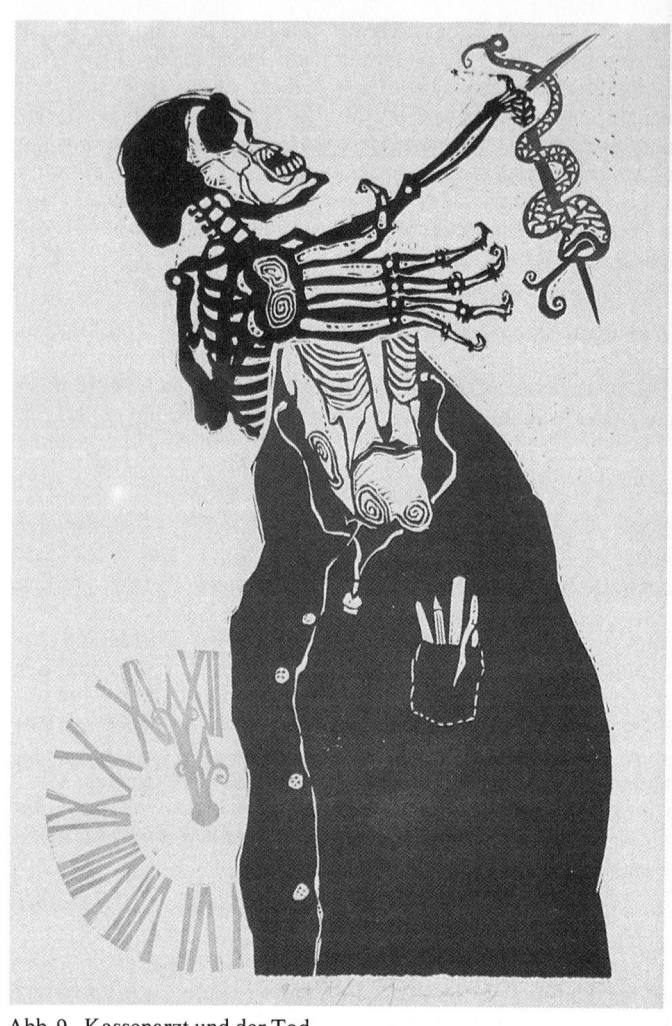

Abb. 9   Kassenarzt und der Tod.
Farblinolschnitt von Klaus Rosanowski (geb. 1934), 1974.
Blatt 3 aus „Auch ein Totentanz" 1973/74.

Sinne des Aufrufs zur Lebensbewältigung, solange noch Zeit ist. Ständig kehren drei Hauptgesichtspunkte in den Kunstwerken aus fünf Jahrhunderten wieder. Es sind dies die Vorstellung von der „Incertitudo mortis", der Unsicherheit des Todeszeitpunktes, der Aufruf des „Memento mori", des Überdenkens der uns zugedachten irdischen Zeitspanne, und die Vanitas-Idee, die nur unzulänglich mit dem deutschen Begriff „Eitelkeit" übersetzt werden kann und wohl eher als Metapher von der Vergänglichkeit von Schönheit, Jugend, Reichtum und Macht verstanden werden muß, gemessen an der Grenzsituation des Todes. Dieser letzte Aufruf, und daher ist diese Sammlung auch und gerade für eine medizinische Fakultät von so besonderer Bedeutung, gilt gerade für die Heilkunde unserer Tage, die in vielem die Pforten des Todes hat weiter zurückstecken können, ohne daß es ihr je gelingen wird, dem sterblichen Menschen Unsterblichkeit zu verschaffen. Neben die Abwehr von lebensgefährlichen Seuchen und die erfolgreiche Bekämpfung von anderen schweren, das Leben bedrohenden Krankheiten ist gleichberechtigt die Fürsorge für die Gesundheit des Menschen und ein sinnvolles Leben bis zur Abberufung aus dieser Welt getreten. Aber die Kunstwerke des Totentanzes warnen uns vor Hochmut und erinnern uns an die Grenzen unserer Kunst.

Sie mahnen alle an den humanen Auftrag dieser Welt, und so verstanden sind diese Darstellungen zum Thema „Mensch und Tod" nicht ein Gruselkabinett zum Abschrecken, nicht Ausdruck sadistischer Empfindungen, sondern die in künstlerische Symbolik umgesetzten Mahnungen an alle, dieses Leben als ein wertvolles Gut, als ein im Sinne des Neuen Testaments zu verantwortendes Lehen anzusehen.

Schließlich wird noch ein weiteres deutlich. Das Thema „Tod" bleibt nach wie vor ein individuelles Problem, es ist der Einzelne, der sich mit dem Ende seines Lebens konfrontiert sieht und der Sterben und Tod auf seine individuelle Weise bestehen muß. Dies wird besonders deutlich in der 1899 geschaffenen Lithographie von Edvard Munch (1863–1944) „Der Todeskuß" und der Zeichnung des 36jährigen Joseph Beuys (geb. 1921)

„Tod und Mädchen" von 1957. Hier zeigt sich wohl das Erstaunen des jungen, vom Tode überraschten Menschen, der mit seinem so frühzeitigen Abruf noch nicht gerechnet hat, aber, wie wir alle, damit hätte rechnen müssen. Wie schon Cicero meinte, sei das Leben nur eine Herberge, ein „Hospitium", aber kein Zuhause, kein „Diversorium", ein Gedanke, der auch in der Totenmesse im „Missale Romanum" aufgegriffen wird:

> „Tuis enim fidelibus, Domine, vita mutatur non tollitur et dissoluta perestis huius incolatus Domus aeterna in caelis habitatio comparatur."

> („Denn deinen Gläubigen, Herr, wird das Leben gewandelt, nicht genommen, und wenn die Herberge dieser irdischen Wanderschaft zerfällt, wird ihnen im Himmel eine ewige Wohnung bereitet.")

Literatur

Maria Aschof: Die Darstellung des Todes in der Kunst und ihre Beziehung zur anatomischen Wissenschaft, Med. Diss. Münster 1950.

Werner Block: Der Arzt und der Tod in Bildern aus sechs Jahrhunderten, Stuttgart 1966.

Dietrich Briesemeister: Bilder des Todes, Unterschneidheim 1970.

Jacqueline Brossolet: L'influence de la peste du moyen-âge sur le thème de la danse macabre, in: Atti XXI Congr. intern. storia med. Siena, Bd. 1, Siena 1968, S. 265–272.

Jacqueline Brossolet: Les danses macabres en temps de peste, in: Jaarb. kon. museum schone kunsten, Antwerpen 1971, S. 29–72.

James M. Clark: The dance of death in middle ages and the Renaissance, Glasgow 1950.

Stephan Cosacchi: Makabertanz. Der Totentanz in Kunst, Poesie und Brauchtum des Mittelalters, Meisenheim 1965.

A. Dolenc: Medizinische Fragen und Aspekte des mittelalterlichen Totentanzes, Beitr. ger. Med. Wien 38 (1980), S. 347–352.

Walther Fischer: Tod und Arzt in der Darstellung der Kunst, besonders in den Totentänzen, Wiss. Z. Friedrich-Schiller-Univ. Jena 5 (1955/56), S. 491–498.

J. A. Häfliger: Der Apotheker im Bildertotentanz. Vorträge Hauptvers. Ges. Gesch. Pharm. Stuttgart 1936.

Reinhold Hammerstein: Tanz und Musik des Todes. Die mittelalterlichen Totentänze und ihr Nachleben, Bern und München 1980.

Hans Helmut Jansen (Hrsg.): Der Tod in Dichtung, Philosophie und Kunst, Sonderausg. Z. Geront. 11 (1978), Darmstadt 1978.

Gert Kaiser (Hrsg.): Der tanzende Tod. Mittelalterliche Totentänze, Frankfurt/M. 1982.

P. Stephan Kozaky: Geschichte der Totentänze. Bd. 1–3, Budapest 1936–1945.

Maurice L. A. Louis: Les danses macabres en France et en Italie, Hist. méd. 9, Nr. 7–8 (1959), S. 5–64.

H. F. Massmann: Literatur der Totentänze, Leipzig 1840, Faksimile Hildesheim 1963.

Helmuth Nathan u. Nesrin Bingol: Der Tod und der Arzt in der Kunst, Med. Welt N.F. 19 (1968), S. 2845–2852.

Paul Richter: Arzt und Totentanz, Med. Klin. 38 (1922), S. 1238–1239.

Hellmut Rosenfeld: Der mittelalterliche Totentanz. Entstehung – Entwicklung – Bedeutung, Münster – Köln 1954, 2. Aufl. Graz 1968, 3. Aufl. Graz 1974.

Hans Schadewaldt: Mensch und Tod (Ausstellungskatalog), Düsseldorf – Wuppertal – Osnabrück – Mühlheim/Ruhr – Hamm 1978/79.

Hans Schadewaldt: Totentänze. Medizinhistorische Meditationen. Z. Geront. 11 (1978), S. 532–546.

Wolfgang Stammler: Der Totentanz. Entstehung und Deutung, München 1948.

Alfred Scott Warthin: The physician of the dance of death, Ann. med. hist. N.D. 2 (1930), S. 351–371, 453–469, 697–710 und New York 1931.

Friedrich v. Zglinicki: Urinal und Totentanz, in: Die Uroskopie in der bildenden Kunst, Darmstadt 1982, S. 77–96.

Alle Abbildungen aus der Sammlung „Mensch und Tod" im Besitz der Universität Düsseldorf.

Michael Theunissen
Die Gegenwart des Todes im Leben

Aus dem Gesamtthema ‚Tod und Sterben' grenze ich einen bestimmten Aspekt aus. Ich spreche über ein zweifach einge-
schränktes Thema. Eingeschränkt ist mein Thema erstens, sofern ich vom Tod philosophisch spreche. Zwar hat Philosophie
zum Tod ein besonders enges Verhältnis. Ein Tod, der Tod des
Sokrates, stand an ihrem geschichtlichen Anfang; und vieles
spricht dafür, daß dieser Anfang in gewisser Hinsicht auch ihr
sachlicher Ursprung ist, nämlich der Beweggrund, aus dem
überhaupt philosophiert wird. Aber Philosophie hat zum Tod
einen eigentümlichen Zugang, dem gegenüber es alternative
Zugänge gibt. Zur Beschränktheit des philosophischen Zu-
gangs als solchem kommt eine andere, schlimmere hinzu: Das
Philosophieren über den Tod war seit je zwiespältig. Es sollte
die Menschen an ihre Sterblichkeit erinnern und wollte sie doch
zugleich lehren, ihren Tod zu verachten. Eine Philosophie,
deren Botschaft lautet, daß der Tod eigentlich keiner sei, hat
nicht nur einen beschränkten Zugang zum Tod; sie hat gar keinen.

Eingeschränkt wird mein Thema zweitens dadurch, daß ich aus
der Philosophie des Todes wiederum bloß ein Stück heraus-
greife. Der Titel meines Vortrags heißt: „Die Gegenwart des
Todes im Leben." Damit ist nur ein Ausschnitt aus der Sache
bezeichnet, als die der Tod sich den Philosophen darstellt.
Etwas überspitzt könnte man auch hier sagen: Wer so vom
Tode spricht, spricht nicht von ihm selbst; er spricht vom Leben.
Auf jeden Fall visiert ein so betitelter Vortrag unser Thema aus
dem Blickwinkel des lebendigen Individuums an. Aus diesem
Blickwinkel läßt sich die geschichtliche und damit auch die gesellschaftliche Dimension der Sache nicht voll erfassen. Ich
ziehe daraus die methodische Konsequenz, daß ich das Problem

der Geschichtlichkeit des Todes in diesem Vortrag ausdrücklich einklammere.[1]

In der *modernen* Philosophie des Todes ist nun allerdings dessen Gegenwart im Leben *das* Thema. Unter „Moderne" verstehe ich die ungefähr 1830 sich formierende Kultur, die man
auch Modernismus nennt, um sie gegen eine weiter gefaßte
Moderne abzuheben. Bei der Philosophie des Todes handelt es
sich, genaugenommen, um die moderne deutsche oder an
Deutschland ausgerichtete Philosophie.

Seit dem Ende der Goethezeit drängt sich der Tod überhaupt
philosophischem Denken noch mehr auf als, abgesehen von der
römischen Stoa, je vorher. Die philosophieimmanente Ursache
hierfür ist das sogenannte ‚Ende der Metaphysik'.[2] Aus der Perspektive unseres Themas gesehen, denkt metaphysisch, wer
den Menschen in Leib und Seele aufteilt. Hinter dieser Aufteilung stand der Glaube an Unsterblichkeit. Frei von metaphysischen Vorurteilen, besann Philosophie sich auf die Ganzheit
des Menschen und damit auf einen Tod, der den Menschen als
Ganzen trifft. Dies gilt für Antichristen wie Feuerbach und
Christen wie Kierkegaard gleichermaßen. Was uns nicht zu
wundern braucht. Denn nur Heiden glauben an ihre Unsterblichkeit; Christen glauben an die Auferstehung und damit an
den Tod.

Im ‚Ende der Metaphysik' ist ebenso begründet, daß über den
Tod philosophieren seit 1830 heißt: über seine Gegenwart im
Leben philosophieren. Metaphysik hatte sich inhaltliche Deutungen des Todes zugetraut. Maßgeblich blieb bis einschließlich
Hegel Platons Deutung des Todes als Scheidung der Seele vom
Leib. Indem das Vertrauen in die Möglichkeit solcher inhaltli-
chen Deutungen schwand, mußte sich Philosophie zurückziehen auf gewisserweise formale Aussagen über das Verhältnis
des Todes zum Leben. Das war ein Thema des Denkens, noch
bevor dieses metaphysisch wurde, schon des vorsokratischen
Denkens, namentlich Heraklits. Die *nach*metaphysische Behandlung des Themas aber tritt in ihrer Eigentümlichkeit erst
hervor, wenn wir uns vor Augen halten, was die moderne

deutsche Philosophie bei ihrer Besinnung auf die Gegenwart des Todes im Leben letztlich tut: Sie löst den Tod ins Leben auf. Ihre Tendenz zur Auflösung des Todes ins Leben belege ich hier nur mit zwei Zitaten, die für unzählige andere einstehen. Feuerbach schreibt in seinen „Todesgedanken" (1830): „Nur vor dem Tode, aber nicht im Tode ist der Tod Tod und schmerzlich; *der Tod ist so ein gespenstisches Wesen, daß er nur ist, wenn er nicht ist, und nicht ist, wenn er ist.*"[3] Und Heidegger in „Sein und Zeit" (1927): „Daseinsmäßig", d. h. der spezifischen Seinsverfassung des Menschen gemäß, *„ist* der Tod nur in einem existenziellen *Sein zum Tode.* ... Das mit dem Tod gemeinte Enden bedeutet kein Zu-Ende-sein des Daseins, sondern ein *Sein zum Ende* dieses Seienden. Der Tod ist eine Weise zu sein, die das Dasein übernimmt, sobald es ist".[4]

Eine derart paradoxe Auffassung wird allein vom ‚Ende der Metaphysik' her verständlich. Das ‚Ende der Metaphysik' setzte einen Subjektivismus frei, der über die frühneuzeitliche Philosophie der Subjektivität weit hinausging. Die in seinem Gefolge einsetzende Auflösung des Todes ins Leben ist nur *eine* von insgesamt vier Reduktionen. Sie geht einher mit der Reduktion des Todes auf den menschlichen, mit der Reduktion des menschlichen Todes auf den individuellen, je eigenen, und schließlich mit der Reduktion des je eigenen Todes auf das an ihm, was je ich handelnd übernehmen kann. Alle diese Reduktionen bezeugen ein und dieselbe Subjektivierung, die ihrerseits auf den nachmetaphysischen Standort einer solchen Todesphilosophie verweist.

Ich habe die historische Orientierung an den Anfang meiner Ausführungen gestellt, weil sie mir erlaubt, deren Ende und Zweck vorweg anzugeben. Im Gesagten liegt: Die Gedanken, die ich zur Diskussion stellen möchte, haben eine gespannte Beziehung zur Moderne, eine affirmative und zugleich kritische. Ich setze mich in ein affirmatives Verhältnis zur Moderne, indem ich mich dem Tode von dessen Gegenwart im Leben her zu nähern versuche; und ich verhalte mich zugleich kritisch zu ihr, indem ich von Reduktionen spreche. Im Gegenzug gegen ein reduktionistisches Todesverständnis ist mein Ziel, einen

vollen Begriff des Todes wiederzugewinnen. Ich lasse mich von
der Überzeugung leiten: Der Tod ist im Leben gegenwärtig,
aber darin nicht auflösbar; er ist für uns ein genuin menschlicher
und doch auch Los alles Lebendigen; ich erfahre in meinem
eigenen den der anderen mit und in dem der anderen meinen
eigenen; ich kann etwas von ihm handelnd übernehmen, aber er
bleibt nichtsdestoweniger etwas, das mir geschieht, ein Natur-
ereignis, das mir meine Zugehörigkeit zur Natur offenbart.

In Angriff nehmen will ich hier von alledem, wie gesagt, nur die
Frage, ob und gegebenenfalls in welchem Sinne man von einer
Gegenwart des Todes im Leben sprechen darf. Aber die Kritik
der nachmetaphysischen Todesauffassung geht nicht in der
Abgrenzung von Theorien auf, welche die „Lebensimmanenz"
des Todes in einem Sinne behaupten, in dem man von ihr nicht
sprechen darf. Sie dient auch und vor allem der Verständigung
über eine bestimmte Todesgegenwart, für die das Auge der modernen Autoren fast ausnahmslos blind ist.[5] Auf sie führen die
Überlegungen zu meinem speziellen Thema hinaus. Kritik der
nachmetaphysischen Todesauffassung bedeutet in Beziehung
auf die anvisierte Art von Todesgegenwart, daß ich das Wahrheitsmoment der metaphysischen Todesauffassung gegen die
nachmetaphysische geltend mache. Obwohl ich sonst nichts
weiter vorwegnehmen sollte, scheint mir doch angebracht,
schon jetzt die Grenzen dieses Rückgriffs auf Metaphysik zu
markieren. Ich erneuere keine inhaltliche Deutung. Eine solche
Deutung würde, als Sinndeutung, der anerkannten Naturhaftig-
keit des Todes widerstreiten. Vielmehr versuche ich dessen
Kontingenz zu respektieren. Aber dem Tod standhalten heißt
nicht nur: ihn als Faktum anerkennen. Das heißt auch: das einzigartige Faktum, das er darstellt, in seiner Unausdenkbarkeit
stehenlassen. Den Tod verleugnen nicht nur die, die sich ihrer
Unsterblichkeit versichert wähnen. Auch die schleichen sich
von ihm weg, die sich und uns einreden, er sei ein Faktum wie
jedes andere.

I. Die Frage nach der Gegenwart des Todes im Leben

Eine Antwort auf die Frage, ob wir von einer Gegenwart des Todes im Leben sprechen dürfen, wird uns nur möglich sein, wenn wir zuvor überlegen, wie wir überhaupt vom Tode sprechen. Damit meine ich dreierlei: erstens, wie wir von ihm sprechen *können*, zweitens, wie wir von ihm sprechen *sollen*, drittens, wie wir *tatsächlich* von ihm sprechen. Mit der Vorfrage, wie wir vom Tode sprechen können, ist das erkenntnistheoretische Problem seiner Zugänglichkeit bezeichnet. Es läuft auf das Problem hinaus, wie wir in bezug auf Tod Erfahrung zu verstehen haben. Wenn jemand sagt, er könne nur seinen eigenen Tod erfahren, so hat er ein bestimmtes Vorverständnis nicht nur von „Tod", sondern auch von „erfahren"; und wenn einer dagegenhält, er könne nur den Tod seiner Mitmenschen erfahren, so versteht er beides, „Tod" und „erfahren", anders. Wer den vollen Begriff des Todes wiedergewinnen will, müßte einen entsprechend vollen, unreduzierten Begriff von Erfahrung ausarbeiten. Von dieser Aufgabe muß ich mich hier aber, wie von so vielen anderen, entlasten.

Doch nicht nur die Frage, wie wir vom Tode sprechen *können*, zeigt Schwierigkeiten an. Die andere Frage, wie wir von ihm sprechen *sollen*, drängt sich auf, weil es da Schwierigkeiten eigener Art gibt. Das Abstraktum ‚der Tod' erzeugt den Schein, als sei etwas unabhängig von uns Existierendes gemeint. Für uns erwächst daraus die Versuchung, über den Tod in objektivistischer Indifferenz zu verhandeln. Die Frage, wie wir von ihm sprechen sollen, formuliert den Anspruch, dieser Schwierigkeit Herr zu werden. Dem Anspruch würde nur gerecht, wer im ungeschmälerten Bewußtsein, selber ein sterbliches Subjekt zu sein, statt daß er bloß *über* etwas redete, *zu* sterblichen Subjekten spräche. Daß wir sterblich sind, heißt: Wir wissen, daß wir sterben müssen, und wissen nicht, wann. Der Schein, als könnten wir den Tod vor uns hinstellen und dahingestellt sein lassen, wäre erst dann verschwunden, wenn wir von ihm in der Gewißheit der Ungewißheit darüber sprächen, ob wir heute noch sterben müssen.

Immerhin können wir uns in dieser Gewißheit zusammenfinden. Der Schein, als sei der Tod eine Sache, über die einer zum andern wie über etwas Drittes sprechen könnte, kehrt aber in verwandelter Gestalt wieder: in der Gestalt des Scheins, als sei der Tod eine Sache, die der eine genauso vor sich habe wie der andere. In Wirklichkeit ist die Erfahrung des Todes intersubjektiv nicht hinreichend zu vermitteln. Sowenig der Tod im je eigenen aufgeht, so richtig bleibt doch: Ich verhalte mich nur wirklich zum Tode, wenn ich mich zugleich zu mir selbst verhalte. Vom Tod sprechen bedeutet also immer auch: von sich selbst sprechen.

Damit führe ich gegen die scheinhafte Objektivierung des Todes nur Einsichten moderner Todesphilosophie, namentlich Kierkegaards, ins Feld. Diese Philosophie unterschätzt freilich das Problem, weil sie nicht wahrhaben will, daß die Vorstellung, der Tod sei etwas unabhängig von uns Existierendes, durchaus einen gewissen Rückhalt in der Realität hat. Die der Rede von ,dem Tod' zugrunde liegende Vorstellung ist, konkreter gefaßt, die von einer fremden Macht. Der Jüngling mit der gesenkten Fackel und der „Knochenmann" repräsentieren sicherlich gegensätzliche Todesauffassungen.[6] Sie personifizieren gleichwohl beide diese Macht. Schon als Personifizierungen kommen sie in der Hypostasierung des Todes überein, in dessen scheinhafter Verselbständigung. Daß die Verselbständigung des Todes zu einer fremden Macht in sich scheinhaft ist, schließt jedoch keineswegs ihren Ursprung aus authentischer Erfahrung aus.

Natürlich müssen wir auf die Frage, wie wir vom Tod sprechen sollen, noch eine ganz andere Antwort geben. Natürlich sollen wir von ihm, wie von allem, verständlich sprechen. Eine notwendige Bedingung dafür, daß jemand verständlich spricht, ist, daß er die Ausdrücke, die er verwendet, so verwendet, wie seine Hörer sie verstehen. Wir müssen uns daher also darüber klarwerden, wie wir alle – in der Klammer, in die ich die Geschichtlichkeit gesetzt habe, ist hinzuzufügen: hier und jetzt – tatsächlich vom Tode sprechen. Philosophie muß über den alltäglichen Sprachgebrauch hinausgehen, aber sie darf sich nicht darüber hinwegsetzen. Begriffsanalyse ist allerdings eine ziemlich abstrakte Angelegenheit. Damit stehen wir vor der Hauptschwierigkeit eines angemessenen Sprechens vom Tode. Unsere Rede muß unsere Betroffenheit erkennen lassen. Der Tod ist ein existentielles Phänomen, das in existentiellem Ernst zur Sprache kommen muß. Vor solchem Ernst erscheint alle Abstraktion wie ein Spiel, ein Gedankenspiel. Die Hauptschwierigkeit ist der Konflikt zwischen der Forderung nach Ernst und dem Mangel an Ernst, der aller Abstraktion anhaftet. Aber eine Begriffsanalyse ist ein genauso wichtiges Erfordernis.

Für eine Untersuchung über die Gegenwart des Todes im Leben ist sie besonders dringlich. Denn alle diese Ausdrücke sind mehrdeutig: „Tod", „Leben", „Gegenwart", „Gegenwart des Todes *im* Leben". Es ist jetzt insbesondere darzulegen, wie wir gewöhnlich von Tod und Sterben sprechen. Eine dem Sprachgebrauch nachgehende Analyse von „Leben" und „Gegenwart" würde den Rahmen meines Vortrags sprengen. Ich muß mich da mit terminologischen Festsetzungen begnügen. Überhaupt beschränke ich mich auf das Sprachmaterial, mit dem wir nachher umzugehen haben.

Unter „Tod" verstehen wir gewöhnlich zweierlei: zum einen den Zustand nach dem Leben, das Totsein, zum andern den Übergang vom Leben zum Nicht-mehr-Leben, den Todesfall. Wir sagen, daß wir im Tode nichts mehr spüren, und meinen damit das Totsein; und wir sagen auch, daß jemanden der Tod ereilt habe, und meinen damit einen Todesfall, das Ableben von jemandem. Die letztere Bedeutung besitzt offenbar einen gewissen Vorrang. Unsere Sprache registriert, daß Tod zusammengehört mit Geburt. Er ist ihr zufolge vornehmlich ein Ereignis. Ist die Geburt das Ereignis, mit dem unser Leben in dieser Welt anfängt, so der Tod vor allem das Ereignis, mit dem es endet. Unser Leben spannt sich aus zwischen Geburt und Tod.

Unter „sterben" verstehen wir gewöhnlich ebenfalls zweierlei: zum einen auch jenen Übergang, zum andern eine Schlußphase des Lebens. Daß jemand stirbt, ist nach der ersten Art und Weise, den Ausdruck zu verwenden, gleichbedeutend damit, daß jemanden der Tod ereilt. Eine solche Verwendungsweise ist nur möglich, weil der Todesfall in Wirklichkeit ein Prozeß ist, der Prozeß des Übergangs. Prozessual verstehen wir „sterben" auch, wenn wir damit eine Schlußphase des Lebensprozesses bezeichnen. Allerdings scheint es gar nicht so leicht zu sein, diese Phase einzugrenzen. Elisabeth Kübler-Ross führt in ihren „Interviews mit Sterbenden" Gespräche mit Patienten, für die unser aller Ungewißheit über das Wann des Todes zu einer fürchterlichen Gewißheit geworden ist – aufgrund von Krankheitsdiagnosen, die ihnen ihren nahe bevorstehenden Tod ankündigen.[7] Einen noch engeren Sinn hat das Wort „sterben", wenn es soviel besagt wie „im Sterben liegen".

Schließlich gebrauchen wir auch den Lebensbegriff in zwei verschiedenen Bedeutungen: zum einen in der biologischen Bedeutung, nach welcher unser Leben teilhat an dem alles Lebendigen, zum andern in der sozusagen biographischen Bedeutung des spezifisch menschlichen Lebens. Die erste nimmt beispielsweise die Feststellung in Anspruch, daß das Leben auf dieser Erde bedroht sei; mit der zweiten gehen wir um, wenn wir uns fragen, was für eine Art von Leben wir führen wollen, oder wenn wir etwas aus unserem Leben erzählen. Das spezifisch menschliche Leben müßte noch weiter zergliedert werden. Für das Folgende genügt der Hinweis, daß eine seiner Dimensionen das Leben des Geistes ist. Wenn man überhaupt am Geistbegriff festhalten will, dann muß man ihn vom Leben her definieren. Geist ist Leben. Die Rede vom geistigen Leben, etwa einer Stadt oder eines Landes, braucht nicht gedankenlos zu sein.

Nach alledem sind die Ausdrücke „Tod", „Sterben", „Leben" samt und sonders zweideutig. Diese Zweideutigkeit setzt sich sogar in das Verständnis von „Gegenwart" hinein fort; und sie findet sich desgleichen in dem kleinen Wörtchen „im" wieder. So ist der gesamte Titel „Die Gegenwart des Todes im Leben" zweideutig. Zunächst nur kurz zu der Bedeutung, in der ich „im" verstanden wissen will. Wenn man sagt, etwas sei *in* etwas anderem, so unterscheidet man es als Teil von einem Ganzen. Die

Ganzheit des Lebens kann man entweder zeitlich oder ontisch, dem Sein nach, auffassen. Wer von einer Gegenwart des Todes *im* Leben spricht, kann im äußersten Falle eine Gegenwart in der zeitlichen Ganzheit des Lebens, in der gesamten Lebensspanne eines Individuums, meinen. Unverträglich hingegen wäre der Ausdruck, den er gewählt hat, mit der Meinung, der Tod falle mit dem Leben seinsmäßig zusammen. Wenn der Tod bloß *im* Leben gegenwärtig ist, so kann er nicht das Ganze des Lebens im ontischen Sinne sein. Ich schließe also schon durch die Wahl des Titels die Identität von Tod und Leben aus, die das vormetaphysische Denken Heraklits behauptet. Interessiert bin ich aber an der Frage, ob man die Gegenwart des Todes im Leben letztlich als eine in dessen zeitlicher Ganzheit aufzufassen hat.

Mit diesen Erläuterungen ist freilich noch nicht gesagt, was „Gegenwart" bedeuten soll. Hier steckt die tiefste Zweideutigkeit. „Gegenwart" kann in unserem Zusammenhang eine schwache oder eine starke Bedeutung haben. In der schwachen Bedeutung meint die Gegenwart des Todes im Leben dessen Vorherbestimmtheit durch den Tod. Unter „Vorherbestimmtheit" verstehe ich eine durchaus reale, die sich aber noch steigert, sobald Gegenwart auch den Sinn von Bewußtsein annimmt. Indessen bleibt sie auch in ihrer extremsten Form Vorherbestimmtheit durch einen Tod, der selber nicht ins Leben fällt, sondern vor allem dessen Ende bildet. In der starken Bedeutung meint die Gegenwart des Todes im Leben, daß der Tod selbst im Leben anwesend ist. Diese Anwesenheit darf natürlich erst recht nicht *bloß* Bewußtsein sein. Gesucht ist eine gleichermaßen reale, sich durch Bewußtsein nur noch potenzierende Anwesenheit des Todes selbst im Leben. Auch ihr wäre allerdings, wenn es sie überhaupt gibt, im vorhinein eine Grenze vorgezeichnet. Der Tod bleibt auch in bezug auf sie Ableben und Totsein. Die Frage kann nur sein, ob er gleichwohl im Leben real anwesend ist. Jenseits dieser Grenze liegt die von der nachmetaphysischen deutschen Philosophie betriebene Auflösung des Todes ins Leben, die unsere Sprache Lügen straft.

II. Formen der Gegenwart des Todes im Leben

Ich möchte nun einen Weg gehen, auf dem uns sechs auch qualitativ verschiedene Formen der Gegenwart des Todes im Leben begegnen werden.[8] Der Weg führt von der in jeder Hinsicht schwächsten zu der in jeder Hinsicht stärksten Gegenwart. Er beginnt mit der Beschreibung elementarster Sachverhalte, die uns allen geläufig sind und über die dementsprechend auch die „Alten" nachgedacht haben. Der Weg bringt uns dann in die Gegend der nachmetaphysischen Todesphilosophie. Sein Ziel ist aber *die* Form von Gegenwart, zu der die nachmetaphysische Todesphilosophie durchstoßen müßte, wenn sie sich von ihren Schranken befreien will.

Im mittleren Stück nehme ich aus der Moderne auf, was ich richtig finde. Ich verweile aber nicht bei Interpretationen und flechte auch Kritik nur da ein, wo sie der Profilierung meines eigenen Standpunkts dient. Die drei wichtigsten Quellen, aus denen ich schöpfe, sind außer den „Todesgedanken" Feuerbachs und Heideggers „Sein und Zeit" Kierkegaards Rede „An einem Grabe" (1845),[9] Max Schelers posthum veröffentlichte Abhandlung „Tod und Fortleben" (1911–14)[10] und vor allem die ebenfalls nachgelassene Schrift eines Philosophen, der einmal im geistigen Leben Berlins eine herausragende Rolle spielte: Georg Simmels „Lebensanschauung" (1918).[11] Es ist, im Vorbeigehen gesagt, nicht ganz zufällig, daß alle diese Arbeiten zwischen den Veröffentlichungsjahren der Bücher von Feuerbach und Heidegger erschienen sind, also zwischen 1830 und 1927. Ich neige zu der Auffassung, daß die Entwicklung dieses Typs von moderner Philosophie, wie auch die der modernen Kunst, hundert Jahre nach ihrem Anfang, um 1930, im wesentlichen erschöpft war.

In seinem Essay „Philosophieren heißt sterben lernen", in dem zweitausend Jahre Todesreflexion aufbewahrt sind, schreibt Montaigne: „Alle Tage gehen zum Tode, der letzte langt an."[12] Der große Moralist denkt an das In-der-Zeit-Sein, das wir mit den Dingen dieser Welt teilen: an unser Sein in der objektiven Zeit, die sich an der Uhr ablesen läßt, an der Abfolge der Stun-

den und Tage. In der Dimension dieser Zeit ist unser Leben von
Anfang an durch den Tod bestimmt. Mit den Dingen haben wir
gemein, daß wir vergehen, und das Vergehen ist ein Zugehen
auf den Tod. Im Lichte unseres Vergehens sehen wir die Vergänglichkeit der Dinge, und in der Vergänglichkeit der Dinge
erleben wir unsere eigene mit. Das ist die elementarste Form
der Gegenwart des Todes im Leben.

Mit der Einsicht in das Vergehen als Zugehen auf den Tod verschmilzt bei Montaigne ein Gedanke, der genauso alt ist, so alt
wie die griechische Tragödie. Es ist der Gedanke, unser Leben
sei ein lebenslanges Sterben oder das Sterben nicht bloß die
Schlußphase des Lebens, sondern das Leben in seiner zeitlichen Ganzheit. Hineingesprochen in die konkrete Lage derer,
denen die letzte Stunde schlägt, wirkt der Gedanke abstrakt; er
verblaßt vor dem Ernst des Im-Sterben-Liegens. Gleichwohl
trifft er eine Realität, nämlich das Leben im biologischen Sinne.
Soweit unser Leben das alles Lebendigen ist, verfällt es nicht
bloß dadurch dem Tode, daß es in die Zeit fällt. Etwas in ihm selber arbeitet auf den Tod hin. Es steht mir nicht zu, zwischen den
Seneszenztheorien zu entscheiden, die in der heutigen Biologie
miteinander streiten. Aber die Vorstellung, das Leben sei ein
einziges Sterben, ließe sich wohl auch mit Hilfe der am meisten
favorisierten Mutationstheorie ausdrücken. Sicherlich wäre
wissenschaftlich korrekter zu sagen, der Verfallsprozeß des Lebens setze nicht schon mit der Geburt, sondern irgendwann
nach der Geburt ein. Gemessen am empirischen Befund macht
sich der Gedanke, der ihn vorweggenommen hat, einer Übertreibung schuldig. Aber ich meine, der Unterschied zwischen
einem lebenslangen und einem bald einsetzenden Sterben
kann vernachlässigt werden. Philosophisch ausschlaggebend
ist, daß gleichsam unter oder hinter der auf der Oberfläche erscheinenden Lebenskurve, die zunächst ansteigt und erst zu
einem relativ späten Zeitpunkt abfällt, ein kontinuierlicher
Prozeß auf den Tod hin stattfindet.[13]

Das zuerst betrachtete Vergehen greift weiter aus als das ins
Organische eingebaute Sterben, sofern ihm nicht nur das Organische ausgeliefert ist; die jetzt betrachtete Todverfallenheit

sitzt ihm gegenüber tiefer, sofern sie aus dem Inneren des Lebens kommt. Verwandt aber sind die beiden Formen der Gegenwart des Todes im Leben darin, daß die von ihnen geprägte Realität auch als bewußtlose wäre, was sie ist. Nicht eigentlich *wir* sind es, die Schritte auf den Tod zu machen, sondern wir werden zum Tode hin fortgerissen; und wir sterben ständig, ob wir daran denken oder nicht.

Hingegen ist Altern ein leibhaftig realer Vorgang, der zugleich eine Bewußtseinsdimension hat. Es erscheint mir nicht richtig, daß Biologen ihn mit dem Sterben vermischen. Jedenfalls ist das Altern von uns Menschen etwas anderes. Mit ihm geht eine Veränderung des Zeitbewußtseins einher. Sie ist dadurch bedingt, daß der Umfang unserer Vergangenheit zunimmt und gleichzeitig der Umfang unserer Zukunft abnimmt. Infolgedessen unterscheidet sich das Zeitbewußtsein des jungen Menschen wesentlich von dem des gealterten. Der Junge blickt normalerweise in eine unendlich scheinende Weite von Möglichkeiten hinaus; der Alte erstickt unter der Last seiner versteinerten Geschichte. Auch die Zeit, derer sie sich bewußt werden, ist eine andere als die Uhrzeit, unter deren Diktat sie auf den Tod zugehen und sterben. Sie legt sich nicht in ein ‚früher‘ und ‚später‘ auseinander, sondern eben in Vergangenheit, Zukunft und Gegenwart.[14] Gleichwohl ist auch das Altern, das sich in ihr vollzieht, ein lebenslanger Prozeß. Der qualitative Sprung vom Zeitbewußtsein des Jungen zu dem des Alten geschieht auf dem Boden einer tiefer gelagerten Kontinuität. Denn Leben bedeutet ja in jedem Augenblick, daß Vergangenheit zunimmt und Zukunft abnimmt. Scheler, der dies am genauesten analysiert, zieht hieraus den Schluß, daß in jedem Augenblick der Tod selbst sich ereigne. Der Schluß ist fragwürdig. Aber fraglos ist das Altern eine Gegenwart des Todes im Leben, die dritte in unserer Reihe.

Das so verstandene Altern ist zwar ein biologisch bedingter Prozeß, aber sofern zu ihm der Widerschein dieses Prozesses im Bewußtsein gehört, spielt es bereits in das spezifisch menschliche Leben hinein. Das spezifisch menschliche Leben, das Leben, das wir führen, hat eine Form, die mit der vierten

Form der Todesgegenwart zusammenfällt. Es entfaltet sich aus einem eigenen Zeitbezug. Die von Kierkegaard erarbeitete und von Heidegger ausgearbeitete Philosophie nennt seine Form „Zeitlichkeit". Was die Zeitlichkeit vom Leben in der Uhrzeit und auch vom Erleben der aus der Vergangenheit in die Zukunft vorrückenden Zeit unterscheidet, folgt aus der besonderen Art von Realität, die das spezifisch menschliche Leben darstellt. Diese bestimmte Realität, die Existenz im Sinne jener Philosophie, der Existenzphilosophie, ist ein Vollzug, unser Leben als Lebensvollzug oder als Existieren. Wir existieren aber so, daß wir die Zeitrichtung umkehren: Als Lebewesen auf unseren Tod hin lebend, leben wir als die, die ihr Leben führen, von unserem Tod her. Das ist nur möglich, weil unserem realen Lebensvollzug eine ebenso eigentümliche Vorwegnahme des Todes im Bewußtsein vorausgeht und zugrunde liegt: Wir können nur vom Tode her leben, wenn wir zunächst einmal zu ihm, wie Heidegger sich ausdrückt, „vorlaufen". Ob das Dasein dadurch wirklich, wie Heidegger meint, „ganz" wird, bezweifle ich. Aber wenn wir Glück haben, bekommen wir durch den Vorgriff auf den Tod unser Leben in den Griff. Indem wir uns bewußt machen, was wir bestenfalls noch tun und was wir keinesfalls mehr tun können, gewinnen wir aus der Vergegenwärtigung unseres Todes Kraft zum Handeln. Wir verwandeln die Ohnmacht des Auf-den-Tod-hin-Lebens, durch dessen Umkehrung zu einem Vom-Tod-her-Leben, in Macht. Ermöglicht wird auch dies dadurch, daß das Leben, das wir führen, keine vorgegebene Realität ist, die im Bewußtsein bloß widerscheint, sondern eine vom Bewußtsein angeleitete. Soweit wir unsere eigene Realität bewußt gestalten, können wir, falls die Umstände es zulassen, kraft des Todes Herr über unser Leben und damit gewissermaßen unserer selbst mächtig sein. Nur dürfen wir hier, die wir darüber nachdenken, nicht vergessen, daß diese Macht aus Ohnmacht kommt. Wir trotzen sie dem Sturm ab, der uns auf den Tod zutreibt, indem wir uns mit dem Rücken dagegenstellen. Nur insofern ist unser Leben ein Heldenleben. Der leere Heroismus des im Vorlaufen zum Ende eigentlich werdenden Daseins entsteht aus dem Subjektivismus, von dem die Auflösung des Todes ins Leben ein Aspekt ist. Demselben Subjekti-

vismus ist zuzuschreiben, daß man die Zeitlichkeit des spezifisch menschlichen Lebens verabsolutiert und geleugnet hat,
daß wir Menschen auch in der objektiven Zeit leben. Damit
ging die Pointe verloren: der Ursprung des Lebens vom Tode
her aus dem Leben zum Tode hin und infolgedessen auch die
Fundierung der Macht in Ohnmacht. Die Abstraktion vom
In-der-Zeit-Sein hindert uns sogar zu verstehen, wie der Tod
uns mit Energie zum Handeln versorgt. Denn dies tut er gerade
dadurch, daß wir uns klugerweise nur vornehmen, was wir in
der uns Menschen durchschnittlich vergönnten Lebensspanne,
also in einem Abschnitt der objektiven Zeit, schaffen können.

Auch das Vom-Tode-her-Leben ist, genauso wie das Auf-den-
Tod-hin-Leben, das lebenslange Sterben und das Altern, eine
Form der Vorherbestimmtheit des Lebens durch einen Tod, der
selber nichts als dessen Ende und der Zustand danach ist. Findet
der Tod darüber hinaus schon im Leben statt? Wird unser
Leben vom Tode nur *be*herrscht oder wird es von ihm auch
*durch*herrscht?

Die Feststellung, daß unser Leben im voraus durch den Tod
‚bestimmt' sei, bedient sich eines recht formalen Ausdrucks.
Konkret meint sie: Wir leben im Schatten des Todes. Verhält es
sich so, dann scheint man auch sagen zu müssen: Der Tod wirft
seinen Schatten voraus. Das ist nun zwar konkret, aber metaphorisch. Eine metaphorische Ausdrucksweise verrät keineswegs als solche schon, daß ihr der Realitätsbezug fehlt. Aber
wir müssen sie daraufhin prüfen, ob ihr etwas Reales entspricht
oder nicht, d. h. ob sie eine *bloße* Metapher ist. Eine solche Untersuchung kann ich hier nicht anstellen. Ich lasse die Frage
deshalb offen. Es geht mir nur darum, an einer Form der Todesgegenwart, die vielleicht noch ganz der Reihe der bisher be-
trachteten Formen angehört, die *Möglichkeit* aufzuzeigen, daß
in unserem Leben etwas vorfällt, hinter dem sich ein wörtlich
zu verstehender Vorfall des Todesfalls verbirgt. Dadurch be-
reite ich das letzte Wegstück vor, auf das es mir eigentlich ankommt.

Nach gewöhnlicher Einschätzung ist der Tod etwas Negatives.
Die Rede von Negativem zielt auf zweierlei. Die Philosophen

meinen damit vor allem das, was etwas nicht ist, also das Andere. Im vorphilosophischen Sprachgebrauch meinen wir mit
dem Negativen vornehmlich das Negativwertige, etwas,
wovon wir nicht wollen, daß es ist, und wovon wir dies letztlich
darum nicht wollen, weil wir darunter leiden. Nach gewöhnlicher Einschätzung ist der Tod etwas Negatives in beiden
Bedeutungen des Wortes. Er ist negativ als das Andere des Lebens und als etwas, das wir nicht wollen. Nun lassen sich Schlaf
und Nacht als realer Vorschein des Negativen im ersten Sinne
deuten, Krankheit als realer Vorschein des Negativen im zweiten Sinne. Statt „Vor*schein*" könnte man auch sagen: Vor*spiel.*
Auch wenn die Deutung tatsächlich Realität treffen sollte,
wäre diese doch nicht die volle Realität des Todes, sondern nur
eine, in welcher der Tod sich ankündigt. Vielleicht kündigt sich
in Schlaf und Nacht der Tod an, sofern das Leben im Schlaf das
Andere des wachen Lebens ist und das Nachtleben das Andere
des Taglebens. Das Leben im' Wachen und am Tage ist das
eigentlich lebendige Leben, dem gegenüber das im Schlafen
und in der Nacht wie Nichtleben erscheint. Auf ähnliche Weise
mag der Tod sich in der Krankheit ankündigen. Der nicht durch
äußere Gewalt verursachte, auch der Alterstod, besiegelt ja gewöhnlich eine Krankheit. Ein zureichender Begriff des Todes
setzt einen zureichenden Begriff von Krankheit voraus. Wie
immer Krankheit des näheren zu begreifen ist, auf jeden Fall ist
sie ein in seiner Lebendigkeit beeinträchtigtes und insofern ein
in sich ersterbendes Leben. Daß jemand „todkrank" sei, ist womöglich für bare Münze zu nehmen. Es gibt nicht nur tödliche
Krankheiten, d. h. solche, die unausweichlich zum Tode führen.
Bevor wir, im umgangssprachlich verbürgten Sinne, sterben,
scheint in jeder Krankheit etwas in uns abzusterben, und dies
noch auf andere Weise als im lebenslangen Sterben des Gesunden.

Wir sind jetzt an dem Punkt angelangt, über den wir nur hinausgehen können, indem wir auf die metaphysische Todesauffassung zurückgehen. Zur metaphysischen, im Ursprung platonischen Auffassung gehört außer der anfangs angeführten
Definition des Todes als Scheidung der Seele vom Leib auch die

Bestimmung der Philosophie als Einübung ins Sterben.[15] Die Einübung besteht in einer unvollständigen Vorwegnahme der mit dem Tod vollständig eintretenden Scheidung. Diese Antizipation des Todes geschieht natürlich, wie jede Antizipation, im Bewußtsein. Aber zugleich ist sie eine reale Tätigkeit: die Erkenntnistätigkeit als Schau der Ideen, für welche die Seele nach Platon nur in der Abkehr vom Leibe, seinen Sinnen und seinen Sinnenfreuden, empfänglich wird. Die schon im Leben zu vollbringende Scheidung der Seele vom Leib hat, platonisch gedacht, vor der, die der Tod selbst vollbringt, ungeachtet ihrer Unvollständigkeit in theoretisch-methodischer Hinsicht einen zweifachen Vorrang. Erstens richtet sich auf sie das Interesse, das die Beschäftigung mit dem Tod anleitet; und zweitens gibt sie die Erfahrungsbasis ab, auf der Platon den Tod als Scheidung der Seele vom Leib definiert. Dabei gilt die im Leben vorwegzunehmende Scheidung keineswegs bloß als Analogie zum Tod. Wir können es uns kaum noch vorstellen, aber es ist tatsächlich so: Die gesamte metaphysische – und desgleichen die christliche – Tradition versteht die *mors mystica,* das innerliche Absterben, nicht-metaphorisch, genauso wie die *mors animae,* den durch Sünde erwirkten und als Strafe für sie verhängten Seelentod.

Um Mißverständnissen vorzubeugen, sage ich nochmals und etwas genauer als am Anfang, was ich an der metaphysischen Todesauffassung aufzunehmen gedenke und was nicht: Ich sage nicht ja erstens zur Voraussetzung der Unsterblichkeit, zweitens zum Anspruch auf eine inhaltliche Definition des Todes. Aber ich sage ja erstens zu der Meinung, daß der Tod eingeübt oder gelernt werden müsse, zweitens zu der These, zu lernen sei da eine gewisse Scheidung. Die Scheidung, die ich aufgrund des Verzichts auf eine inhaltliche Definition auch nicht mehr inhaltlich als Abscheidung der Seele vom Leib bestimme, nenne ich *Abschied.* Ich möchte zunächst umreißen, was wir gewöhnlich mit „Abschied" meinen, sodann fragen, inwiefern und inwieweit man den Tod als Abschied verstehen kann, und schließlich prüfen, ob und gegebenenfalls in welchem

Sinne wir von einer Einübung ins Sterben als Vorwegnahme dieses Abschieds sprechen dürfen.

Im gewöhnlichen Verständnis von „Abschied" liegt, daß er ein Abschied von anderen und/oder anderem ist, von unserer Mitwelt und/oder Umwelt. Von anderen und anderem nimmt jemand dann Abschied, wenn er einen Ort verläßt. Im gewöhnlichen Verständnis des Wortes ist also vorausgesetzt, daß das sich verabschiedende Subjekt nicht vergeht, sondern nur weggeht, anderswohin geht. Wird aber das Weggehen in dem, was wir bei dem Wort denken, notwendig mitgedacht, dann bedeutet die erwähnte Tatsache, daß der Abschied einer von anderen und/oder anderem ist: Er ist nur als solcher möglich, einen Abschied von sich selbst kann es nicht geben. Unmöglich ist ein Abschied von sich selbst nach den Regeln der Sprache, die unsere Alltagswelt strukturiert, jedenfalls in strengem Sinne. In einem übertragenen Sinne sprechen wir davon durchaus. Wir nehmen zum Beispiel Abschied von Überzeugungen. Soweit solche Überzeugungen zu uns selbst gehörten, nehmen wir dann gewissermaßen auch Abschied von uns selbst. Dann bricht nicht nur eine Welt zusammen; dann verlieren wir selber den Boden unter den Füßen.

Immerhin müssen wir dem gewöhnlichen Verständnis von „Abschied" entnehmen: Den Tod selbst können wir nicht als Abschied definieren, jedenfalls dann nicht, wenn wir uns, wie ich hier, einer Deutung enthalten wollen, die auf der Annahme persönlicher Unsterblichkeit beruht. Gleichwohl darf man ihn unter dem Aspekt des Abschieds betrachten. Der Tod *ist* nicht Abschied; doch Abschied ist die Handlung, in der er zwar nicht aufgeht, die aber in ihn eingeht. Das einzige, das wir noch tun können, wenn unsere Zeit abgelaufen ist, wird dies sein, Abschied zu nehmen von der Welt und in einem ausgezeichneten, ganz und gar einzigartigen Sinne auch von uns selbst. Wenn wir überhaupt, nach einem Wort Heideggers, den Tod „vermögen", dann so. Was im Leben nicht möglich ist, im Tode wird es möglich. Denn der Augenblick des Todes ist der, in dem wir nur noch Vergangenheit sind und in keiner Weise mehr Zukunft. In ihm müssen wir von uns selbst Abschied nehmen, weil wir selbst dann nichts als das Vergangene sind. Man selbst sein heißt aber gerade: Zukunft haben und sich in sie hinein entwerfen. Infolgedessen müssen wir im Tode auch insofern Abschied von uns selbst nehmen, als das Vergangene, zu dem wir geworden sind, kein Selbst mehr ist.

Mit welchem Recht ließe sich nun die Einübung ins Sterben, gesetzt, sie sei uns überhaupt aufgegeben, als Vorwegnahme dieses Abschieds begreifen? Bei der Klärung dieser Frage gehen wir am besten von konkreten Erfahrungen aus, beispielsweise vom Gefühl der Einsamkeit. In jeder wirklichen Einsamkeit, die mehr und anderes ist als Alleinsein – wir können ja mitten unter Menschen einsam sein –, fühlen wir so etwas wie unseren Tod voraus. Gethsemane, der Garten der Einsamkeit Jesu, steht im Schatten von Golgatha, der Stätte seines Todes.

Aber als Vorwegnahme des letzten Abschieds dürfen wir diese Erfahrung nicht beanspruchen. Daß wir uns einsam fühlen, besagt ja: Wir fühlen uns zurückgeworfen auf uns selbst. Wohl bedeutet totale Einsamkeit Abgeschiedenheit von allen anderen. Aber es gibt da, sofern wir uns eben auf uns zurückziehen, keinen Abschied von uns selbst. Zudem ist Einsamkeit nichts Einzuübendes, keine ,Leistung' des Subjekts. Sie überfällt uns ja im Gegenteil, ohne und gegen unseren Willen. Schließlich stellt sie auch nur eine je besondere Situation dar, gewiß eine Grenzsituation, in der mit der Grenze auch das Ganze unseres Lebens aufscheint, aber nichts, was uns durchs Leben begleiten könnte. Das Interesse der Untersuchung geht aber letztlich auf die Gegenwart des Todes in der zeitlichen Erstreckung unseres Lebens.

Immerhin eröffnet uns die Erfahrung der Einsamkeit, meine ich, einen Zugang zu dem gesuchten Phänomen. Abgeschiedenheit hat mit Distanz zu tun. Das Phänomen der Distanz erfüllt alle drei Bedingungen, denen die Vorwegnahme des letzten Abschieds genügen müßte: Distanz ist erstens auch eine zu sich selbst, nicht nur zu anderen und anderem, zweitens lernbar, und zwar, drittens, als Dauerhaltung. Allerdings wird man zugestehen müssen, daß Distanz als solche, für sich und als bestimmtes

Phänomen genommen, uns keineswegs berechtigt, sie in irgendeinen Zusammenhang mit dem Tod zu bringen. Wie aber, wenn
sie gar kein Einzelphänomen wäre, nicht bloß etwas, das es in
unserem Leben gibt, sondern unser Leben selber? Wäre dann
nicht das Leben selber für uns Menschen eine einzige Vorwegnahme des Todes?

Auf diese schwindelerregenden Fragen kann ich an Ort und
Stelle nur noch in Form einer These antworten: Menschlich
leben wir dann und nur dann, wenn wir abschiedlich leben, und
das heißt: wenn wir uns ständig von der Welt und von uns selbst
abscheiden. So zu leben ist nicht willkürlicher Entscheidung an-
heimgegeben. Denn unser Leben *ist* abschiedlich.

Indem ich dies sage, schlage ich die nachmetaphysische Todesphilosophie mit ihren eigenen Waffen. Die nachmetaphysische
Todesphilosophie ist eine Philosophie des Lebens. Auch die
moderne Philosophie der Existenz hat ihren Ursprung und ihre
bleibende Grundlage in der Lebensphilosophie, so wie die moderne Kunst auf die zeitgeschichtliche Komplementärerschei-
nung der Lebensphilosophie zurückgeht, den Jugendstil, der im
genauen Sinne des Wortes eine Lebenskunst ist. Nun verdan-
ken wir der Lebensphilosophie zwei große Einsichten. Sie hat
uns zum einen gelehrt: Leben überhaupt ist ein sich selbst über-
steigendes, eine Bewegung der Selbsttranszendenz. Und zum
andern: Das bloß vitale Leben und das Leben des Geistes transzendieren sich auf verschiedene, ja entgegengesetzte Weise.
Das bloß vitale Leben ist, so Georg Simmel, ein Mehr-Leben,
das Leben des Geistes ein Mehr-*als*-Leben.[16] Damit ist gemeint: Das bloß vitale Leben übersteigt sich insofern, als es sich
über seinen jeweiligen Stand in Richtung auf einen höheren
Grad an Lebendigkeit hinaus bewegt; das Leben des Geistes
hingegen übersteigt sich selbst in dem strengen Sinne, daß es
sich über sich als Leben auf das Andere des Lebens hin bewegt.
Der präfaschistische Flügel der deutschen Lebensphilosophie,
angeführt von Nietzsche, hat die Selbsttranszendenz des Lebens auf die vitale Bewegung reduziert, auf den Willen zur
Macht, der Wille nach mehr und immer mehr Macht ist. Demgegenüber kennzeichnet es den linken Flügel der in den Existen-

tialismus übergehenden Lebensphilosophie, daß er an der anderen Bewegung, der eines Lebens, das zugleich Mehr-als-Leben ist, festhält und ihre Analyse wesentlich vorantreibt. Er kam zu der Erkenntnis, daß die radikale Selbsttranszendenz, als Transzendieren des Lebens selbst, die Bewegung des genuin menschlichen Lebens schlechthin ist und nicht auf das Leben des Geistes eingeschränkt zu werden braucht. Das genuin menschliche Leben ist eines, das wir führen. In Anbetracht dessen ist hinsichtlich seiner das Subjekt der Selbsttranszendenz neu zu bestimmen. Die Rolle des Subjekts spielt nach allem Gesagten das Leben; das Leben ist es, das sich transzendiert. Dabei bleibt es auch in unserem Falle. Aber sofern und soweit wir unser Leben führen, sind zugleich wir selbst dieses Subjekt. Unser Leben übersteigt sich, indem wir uns ständig von der Welt und uns selbst abscheiden. Oder in der Sprache Sartres: Die menschliche Realität ist nichts als die unaufhörliche Bewegung des Sich-Losreißens von der Welt und von sich selbst. Obwohl sie objektiv darin besteht, mögen wir es nun wollen oder nicht, müssen wir sie je aufs neue herstellen. Denn das genuin menschliche Leben finden wir nicht vor. Menschlich leben muß gelernt sein. Und wir lernen es nur so, daß wir den Abschied einüben. Das ist sicherlich nicht die Meinung Montaignes, aber es liegt in seiner Behauptung: Sterben lernen heißt leben lernen.

Ich bin mir bewußt, daß die These, das im emphatischen Sinne des Wortes menschliche Leben sei als solches und im ganzen abschiedlich, einer ausführlichen Begründung bedürfte. Wenn ich auch die hier nicht geben kann, so will ich doch wenigstens die Probe aufs Exempel machen, indem ich die metaphysische und die nachmetaphysische Todesauffassung abschließend noch einmal vergleiche. Je für sich betrachtet, stehen diese Auffassungen zueinander im Gegensatz. Ihnen ist zwar gemeinsam, daß sie beide von einer Ermöglichung des Lebens durch den Tod ausgehen. Aber metaphysische Philosophie lehrt die Ermöglichung des theoretischen, nachmetaphysische die Ermöglichung des praktischen Lebens durch den Tod. Insofern herrscht zwischen ihnen eine Spannung, die Spannung von

Theorie und Praxis. Macht man indessen das Wahrheitsmoment der metaphysischen Todesauffassung gegen die nachmetaphysische geltend, in der Weise, daß man zugleich deren eigene Wahrheit anerkennt, dann gelangt man zu einer Auffassung, die von der metaphysischen her die nachmetaphysische übergreift. Im Geiste Platons sagt Simmel, meines Wissens als einziger in der Moderne, daß wir nur dank der Gegenwart des Todes in der Lage seien, geistige Inhalte wie Ideen und Begriffe, Zahlen und geometrische Figuren, die in ihrer (von Simmel vorausgesetzten) Zeitlosigkeit das Andere des in der Zeit dahinfließenden Lebensprozesses sind, von diesem abzuscheiden und damit überhaupt erst zu erschließen.[17] Tatsächlich müssen wir abschiedlich leben, um in der vollen Bedeutung, in der die Griechen diesen Ausdruck verstanden, Theorie treiben zu können. Aber näher besehen bereitet die Vorwegnahme des letzten Abschieds auch den Boden, auf dem allein ein verantwortliches praktisches Leben gedeiht. Die nachmetaphysische Todesphilosophie setzt sie in Wirklichkeit selbst voraus. So ermöglicht das Vorlaufen zum Ende in der Sicht Heideggers eigentliches Dasein dadurch, daß ich mich angesichts des Todes aus der Welt, an die ich zunächst und zumeist verfalle, zurückhole und meine eigenen Möglichkeiten von fremden absondere.[18] Es wäre leicht zu zeigen, daß ein solcher Abschied von anderen und anderem seinerseits nur durch einen gleichzeitigen Abschied von sich selbst möglich ist. Verhält es sich aber so, dann ist im Wahrheitsmoment der metaphysischen Todesauffassung auch die Wahrheit der nachmetaphysischen geborgen. Und dann bestätigt sich mindestens in dem Felde, in dem die Probe aufs Exempel zu machen war, daß menschliches Leben als solches und im ganzen abschiedlich ist. Die These bewährt sich an dem Ganzen, zu dem *bios theoretikos* und *bios praktikos, vita contemplativa* und *vita activa* zusammentreten.

Anmerkungen

1 Ich hoffe, demnächst eine Studie vorlegen zu können, die über eine detailliertere Fassung der beiden Abschnitte meines Vortrags hinaus zwei weitere Abschnitte enthält, einen über Konsequenzen

für die Einschätzung des Todes und die Einstellung zu ihm, einen anderen über Geschichtlichkeit des Todes und „Sterben heute" (Adorno). Auch jene Konsequenzen ziehe ich in den hier mitgeteilten Ausführungen noch nicht.

2 Zum Zusammenhang von heutiger Todesauffassung und Metaphysikverlust vgl. Walter Schulz: Zum Problem des Todes, in: Alexander Schwan (Hrsg.): Denken im Schatten des Nihilismus (Festschrift für Wilhelm Weischedel), Darmstadt 1975, S. 313-333. Ich knüpfe in wesentlichen Punkten an Überlegungen von Schulz an.

3 Ludwig Feuerbach: Sämtliche Werke, hrsg. v. W. Bolin und F. Jodl, Bd. I: Gedanken über Tod und Unsterblichkeit, S. 84.

4 Martin Heidegger: Sein und Zeit, 7. Aufl., Tübingen 1953, S. 234, 245.

5 Die, wenn ich recht sehe, einzige Ausnahme ist Georg Simmel, von dem noch die Rede sein wird.

6 Vgl. Lessing: Wie die Alten den Tod gebildet, in: Sämtliche Schriften, hrsg. v. K. Lachmann, Bd. VIII, S. 197-248; Herder: Wie die Alten den Tod gebildet?, in: Sämtliche Werke, hrsg. v. B. Suphan, 1. Aufl.: Bd. V, S. 656-675, 2. Aufl.: Bd. XV, S. 429-485.

7 Elisabeth Kübler-Ross: Interviews mit Sterbenden, dt., 14. Aufl., Stuttgart 1982, S. 31.

8 Dabei erhebe ich keinen Anspruch auf Vollständigkeit. Es gibt sicherlich noch andere Formen der Todesgegenwart. Ganz ununtersucht lasse ich beispielsweise, und zwar wegen ihrer Komplexität, die zweifellos enge Beziehung von Tod und Liebe.

9 Søren Kierkegaard: Samlede Værker, hrsg. v. A. B. Drachmann u. a., 2. Aufl., Bd. V, S. 261-293. Vgl. Michael Theunissen: Der Begriff Ernst bei Søren Kierkegaard, 3. Aufl., Freiburg – München 1982, S. 140-147.

10 Max Scheler: Gesammelte Werke, hrsg. v. M. Scheler, Bd. X, S. 9-64.

11 Georg Simmel: Lebensanschauung. Vier metaphysische Kapitel, München – Leipzig 1918. Dem Thema „Tod und Unsterblichkeit" ist das dritte Kapitel der Schrift gewidmet.

12 Michel de Montaigne, Essais, dt. Zürich 1953, S. 141.

13 Simmel, der unter den Modernen dem lebenslangen Sterben im biologischen Sinne die größte Aufmerksamkeit schenkt, arbeitet mit der Theorie, derzufolge schon bald nach der Geburt eines Lebewesens dessen Assimilationskraft nachläßt, bis zu dem Punkt, an

dem die Dissimilation das Übergewicht über die Assimilation bekommt.

14 Zu diesem Unterschied: J. E. McTaggart: The Nature of Existence, Cambridge 1927. Vgl. Peter Bieri: Zeit und Zeiterfahrung, Frankfurt/M. 1972.

15 Vgl. Platon, Phaidon, 61c, 63e–64a, 64e–65a, 67d–e. Die Definition des Todes als Scheidung der Seele vom Leib findet sich schon im Gorgias (523e).

16 Vgl. in Simmels „Lebensanschauung" vor allem das erste Kapitel, das die „Transzendenz des Lebens" zum Thema hat.

17 Simmel: Lebensanschauung (Anm. 11), S. 108–112.

18 Vgl. Michael Theunissen: Der Andere, 2. Aufl., Berlin 1977, S. 176–182.

Bruno Schlegelberger
Das Leben nach dem Tode

I

Der Philosoph hat über die Gegenwart des Todes im Leben gesprochen und dabei die These vom Tod als Lehrmeister des Abschieds vorgetragen. Davon angeregt, möchte ich zunächst versuchen aufzuzeigen, wie der Haltung der Abschiedlichkeit, die nach Wilhelm Weischedel eine Grundhaltung des Skeptikers[1] ist, in der Sicht des Theologen die Tugend der Hoffnung entspricht, eine Grundhaltung des Glaubenden, die nach Thomas von Aquin die rechte Mitte zwischen Hochmut und Resignation zu wahren sucht. Der Philosoph geht – nach Weischedel – von der Grunderfahrung der Fraglichkeit der Welt aus und läßt sich das Fragen nicht nehmen, weil er erkennt, daß die Auswege, die sich angesichts radikaler Fraglichkeit anbieten – die Flucht in Blindheit, der Entschluß, nichts mehr ernst zu nehmen, oder auch der Selbstmord –, der verzweifelten Situation nicht gerecht werden. So sucht der Philosoph nach dem Grunde von allem, „nach dem, worin die Welt als Ganze in ihrer Fraglichkeit gründet".[2]

Im Unterschied zu so bedachter Fraglichkeit wird im Vulgärverständnis vom glaubenden Christen, eben aufgrund seines Glaubens, Fraglosigkeit erwartet. Solche Fraglosigkeit wäre aber gerade mit unserer allgemeinen menschlichen Grunderfahrung der Fraglichkeit, der der Philosoph standzuhalten sucht, nicht vereinbar. Sie wäre eine raffinierte – weil scheinbar göttlich legitimierte – Form der Flucht in Blindheit, oder sie käme dem Entschluß gleich, nichts mehr ernst zu nehmen. Würde das Christentum solch vulgärer Erwartung entsprechen, träfe es zu Recht der Vorwurf, Ausdruck von Wunschprojektionen zu sein oder durch falschen Trost die Menschen vom Einsatz ihrer Kräfte in dieser Welt abzuhalten. Auf den Vorwurf der Wunschprojektion wird später noch einzugehen sein. Hier sei erst einmal vermerkt: Die Tatsache, daß Christen wie andere Menschen sich immer wieder streckenweise auf solche Fluchtwege begeben, bedeutet, für sich genommen, noch keinen Einwand gegen den christlichen Glauben überhaupt. Im Gegenteil, solche Flucht deutet darauf hin, daß Glaube sich angesichts der Fraglichkeit der Wirklichkeit ereignet. Daß christlicher Glaube als solcher nicht Fraglosigkeit bedeutet, erweist sich darin, daß ihm die Tugend der Hoffnung zugeordnet ist. Hoffnung ist die Haltung des Glaubenden in der Krise, d. h. in der Grunderfahrung der Fraglichkeit. Die Krise überkommt uns im Erleben bitterer Erfahrungen, die unseren durch positive Erfahrungen geweckten Erwartungen widerstreiten. Glaube und Hoffnung gehen notwendig miteinander, denn Glaube ereignet sich immer in Geschichte und kann daher nicht fraglos bestehen. Als Menschen, die in der Geschichte leben, überschauen wir niemals das Ganze. Wir sehen immer nur Teile des Ganzen. Und selbst unsere Erkenntnis dieser Teile ist nicht endgültig, da möglicherweise neue Erkenntnisse das Erkannte in neuem Licht erscheinen lassen. Würde Glaube Fraglosigkeit bedeuten, ließe sich Glaube mit der Offenheit geschichtlichen Denkens nicht vereinbaren.

Um dem drohenden Mißverständnis von Glauben als Fraglosigkeit zu begegnen, müssen wir uns auf den geschichtlichen Charakter der Offenbarung Gottes besinnen. Nach biblischem Verständnis teilt sich Gott den Menschen in ihrer Geschichte mit. Gott spricht den Menschen an. Aber das Sprechen Gottes erkennen wir nicht direkt in sich selbst, sondern nur in seiner Wirkung, die darin besteht, daß die jüdische und später christliche Gemeinde ihre vieldeutigen und zwiespältigen Erfahrungen in solcher Einheit zu schauen vermag, daß sie als Weg zu Gott verstehbar werden.[3]

Die gesamte Heilige Schrift – nicht zuletzt in ihrer Überlieferungsgeschichte mit ihren im Fortgang der Geschichte je neuen Deutungen ursprünglicher Erfahrungen – läßt sich auch als Bewältigung der Geschichte in ihrer Fraglichkeit lesen. Der Schöpfungsbericht z. B. bedeutet nicht naive Sicherheit, sondern Erinnerung an die Erfahrung der Macht des Guten ange-

sichts mächtig drohenden Chaos. In der Erinnerung an Sinner-
fahrungen halten die gläubigen Israeliten der im Widersinn auf-
brechenden Fraglichkeit stand. Die Patriarchengeschichte ist
eine sagen- und märchendurchwobene, oft humorvolle Erzählung über das Verhalten des Glaubenden angesichts der Fraglichkeit der Verheißung. So ist am Ende auch das Motiv der Jo-
sephsgeschichte „Ihr dachtet Böses gegen mich, Gott aber
dachte es zum Guten..." (Gen 50, 20) kein zur Fraglosigkeit füh-
rendes Harmoniemodell, sondern Ausdruck der in der Erzählung gewonnenen Gelassenheit inmitten aller Fraglichkeit.
Ausdrücklich thematisiert wird die durch einander widerstreitende Erfahrungen hervorgerufene Spannung im Buch Ex-
odus, unter anderem in der Parallelerzählung vom Bitterwas-
ser: Das in der Wüste unter Wassermangel leidende Volk stellt
Gott auf die Probe und wird von Gott auf die Probe gestellt (Ex
15,25; 17,7). Das Neue Testament ist seiner Entstehung nach ein
vielschichtiger Versuch, die Geschichte Israels vom Leben Jesu
her zu deuten. Daher bleibt auch für das Neue Testament die
Spannung der Geschichte bestehen. Die Fraglichkeit wird
nicht aufgehoben. Dieser Sachverhalt wird nicht etwa nur in
der Ablehnung Jesu durch einen Teil seiner Hörer deutlich.
Auch der harte Kern der Jünger und Jesus selbst wurden von
der Grunderfahrung der Fraglichkeit bedrängt. Für Jesus
selbst deuten die Versuchungsgeschichten der Synoptiker an,
wie spannungsreich ihm seine Sendung erschien. Ebenfalls bei
den Synoptikern findet sich die Erzählung von Jesu Gebet im
Garten Getsemani: „Da ergriffen ihn Furcht und Angst", kom-
mentiert Markus (14,33). Alle vier Evangelien berichten, daß
Petrus Jesus verleugnet. Und alle vier Evangelien bringen auf
ihre Weise zum Ausdruck, daß auch nach der Auferstehung
Jesu für die Christen nicht alles fraglos geworden ist. Matthäus
vermerkt: „Einige aber hatten Zweifel" (28,17). Das Markusevangelium schloß ursprünglich mit dem Hinweis auf die beim
Besuch am Grabe erschrockenen Frauen: „Da verließen sie das
Grab und flohen; denn Schrecken und Entsetzen hatte sie gepackt. Und sie sagten niemand etwas davon; denn sie fürchte-
ten sich" (16,8). Lukas bringt die Erzählung von den beiden Jüngern, die im Begriff sind, sich nach Emmaus abzusetzen. Trau-

rig erklären sie: „Wir aber hatten gehofft, daß er der sei, der Israel erlösen werde" (24,21). Das Johannesevangelium schließlich vermittelt uns die Erfahrung der Fraglichkeit in der Gestalt des Thomas, der Schwierigkeiten hatte, sich dem Glauben der anderen Jünger anzuschließen. Auch wer sieht, muß glauben. Denn darauf läuft die Feststellung hinaus: „Weil du mich gesehen hast, glaubst du. Selig sind, die nicht sehen und doch glauben."(20,29)

Unsere durch positive Erfahrungen hervorgerufenen Erwartungen geraten im Widerstreit mit bitteren Erfahrungen in die Krise der Fraglichkeit. Die Antwort des Christen auf die Fraglichkeit ist weder Flucht noch Resignation, sondern Hoffnung wider alle Hoffnung (Röm 4,18). In Hoffnung nimmt der glaubende Christ die Geschichte gerade in ihrer Offenheit und Vorläufigkeit ernst. Das Beispiel des Lebens Jesu und seine Weisung: „Tut Gutes denen, die euch hassen" (Lk 6,27) sind Maßstab unserer Hoffnung. Wer hofft, daß unsere Geschichte letztendlich vom schlechthin Guten, von Gott, bestimmt wird, beginnt, entsprechend Gutes zu tun. Gute Taten machen von neuem das Wort Gottes vernehmbar. D.h. sie geben Anlaß, widerstreitende Erfahrungen in solcher Einheit zu schauen, daß sie als Weg zu Gott verstehbar werden.

Ich habe versucht zu zeigen, daß jüdisch-christlicher Glaube nicht in Fraglosigkeit gründet, sondern sich angesichts einander widerstreitender Erfahrungen in Hoffnung bewährt. Dabei erwies sich die Grundhaltung der Hoffnung gegenüber der Offenheit unserer Geschichte als angemessen.

II

Aber – so ist nun zu fragen – schließt solche Hoffnung auch den Glauben an ein Leben nach dem Tode ein? Ein Blick in die jüdischen und christlichen Schriften zeigt, daß die Hoffnung der Glaubenden nicht von jeher das Leben nach dem Tode einschloß. Das Alte Testament ist von leidenschaftlicher Gottesliebe und zugleich faszinierender Diesseitigkeit geprägt.

Gottes Segen gilt den Lebenden. Die Toten sind fern von Gott, sie führen ein Schattendasein. So bittet der Mensch Gott in seiner Not, er möge ihm helfen, solange er noch lebe: „Mein Auge wird trübe vor Elend. Jeden Tag, Herr, ruf ich zu dir; ich strecke nach dir meine Hände aus. Wirst du an den Toten Wunder tun, werden Schatten aufstehen, um dich zu preisen? Erzählt man im Grab von deiner Huld, von deiner Treue im Totenreich?" (Ps 88,10–12). So dankt König Hiskija für seine Genesung aus schwerer Krankheit: „Du hast mich aus meiner bitteren Not gerettet, du hast mich vor dem tödlichen Abgrund bewahrt; denn all meine Sünden warfst du hinter deinen Rücken. Ja, in der Unterwelt dankt man dir nicht, die Toten loben dich nicht; wer ins Grab gesunken ist, kann nichts mehr von deiner Güte erhoffen. Nur die Lebenden danken dir, wie ich am heutigen Tag. Von deiner Treue erzählt der Vater den Kindern. Der Herr war bereit, mir zu helfen; wir wollen singen und spielen im Haus des Herrn, solange wir leben." (Jes 38,17–20)

Ein Kranker klagt, erfüllt von Leid, dem Tode nah: „Schon zähle ich zu denen, die hinabsinken ins Grab, bin wie ein Mann, dem alle Kraft genommen ist. Ich bin zu den Toten hinweggerafft, wie Erschlagene, die im Grab ruhen; an sie denkst du nicht mehr, denn sie sind deiner Hand entzogen." (Ps 88,5–6)

Die Toten sind vergessen. Es zählt das irdische Leben. Auf Erden erweist sich der Segen Gottes, auf Erden erfährt Gott Verehrung: „Seid gesegnet vom Herrn, der Himmel und Erde gemacht hat. Der Himmel ist der Himmel des Herrn, die Erde aber gab er den Menschen. Tote können den Herrn nicht mehr loben, keiner, der ins Schweigen hinabfuhr. Wir aber preisen den Herrn von nun an bis in Ewigkeit. Halleluja." (Ps 115,15–18)

Gottesverehrung und Lebenslust gehören zusammen im Alten Testament. Der Tod setzt dem Leben ein Ende. Gott ist in diesem Leben zu suchen. Christen späterer Zeit bereitete die altjüdische Diesseitigkeit Schwierigkeiten. Daher deuteten sie z. B. die aus der Skepsis des Buches Kohelet folgende Freude am Leben um in einen Aufruf zu frommer Weltflucht: „Windhauch, Windhauch, das ist alles Windhauch." (Koh 1,2)

In einer der populärsten Anleitungen zum geistlichen Leben, den Vier Büchern der Nachfolge Christi aus dem 14. Jahrhundert, liest sich das so: „,O Eitelkeit der Eitelkeiten! Alles ist eitel', außer Gott lieben und ihm allein dienen."[4] „Eitel ist: lieben, was verfliegt, und nicht dorthin flüchten, wo bleibende Freude wohnt."[5]

Ganz anders hatte dagegen der Verfasser des Buches Kohelet das Leben eingeschätzt: „Für jeden Lebenden gibt es noch Zuversicht. Denn: Ein lebender Hund ist besser als ein toter Löwe. Und: Die Lebenden erkennen, daß sie sterben werden, die Toten aber erkennen überhaupt nichts mehr. Sie erhalten auch keine Belohnung mehr, denn die Erinnerung an sie ist in Vergessenheit versunken. Liebe, Haß und Eifersucht gegen sie, all dies ist längst erloschen. Auf ewig haben sie keinen Anteil mehr an allem, was unter der Sonne getan wurde. Also: Iß freudig dein Brot und trink vergnügt deinen Wein, denn das, was du tust, hat Gott längst so festgelegt, wie es ihm gefiel. Trag jederzeit frische Kleider, und nie fehle duftendes Öl auf deinem Haupt. Mit einer Frau, die du liebst, genieß das Leben alle Tage deines Lebens voll Windhauch, die er dir unter der Sonne geschenkt hat, alle deine Tage voll Windhauch. Denn das ist dein Anteil am Leben und an dem Besitz, für den du dich unter der Sonne anstrengst. Alles, was deine Hand, solange du Kraft hast, zu tun vorfindet, das tu! Denn es gibt weder Tun, noch Rechnen, noch Können, noch Wissen in der Unterwelt, zu der du unterwegs bist."(Koh 9,4–10)

Unüberschaubar und hinfällig ist menschliches Leben. Aber gerade darum ist es kostbar. Das wenige Gute solle man dankbar annehmen. Man solle die Feste feiern, wie sie fallen. Von Weltflucht keine Spur. Gott ist zu suchen und zu finden nicht jenseits dieses Lebens, sondern in diesem Leben. Darin liegt auch die einzigartige Spannung und Größe der Ijob-Dichtung, daß sie Ijob nicht aus dem Leid seines irdischen Lebens in ein Leben nach dem Tode ausweichen läßt, sondern ihn in seinem Elend mit Gott streiten läßt, bis Gott sich offenbart und Ijob sagen kann: „Vom Hörensagen nur hatte ich von dir vernommen; jetzt aber hat mein Auge dich geschaut." (Ijob 42,5)

Erst in später nachexilischer Zeit, etwa im 2. Jahrhundert v. Chr., entwickelte sich vor allem im geistigen Raum der Apokalyptik die Hoffnung auf eine Auferweckung der Toten. Angesichts der Religionsverfolgung durch Antiochos IV. Epiphanes kündet der Verfasser des Buches Daniel seinem Volk Rettung an. Der Engelfürst Michael wird für Israel in der Notzeit eintreten. Die Toten werden auferstehen zu ewigem Leben. „In jener Zeit tritt Michael auf, der große Engelfürst, der für die Söhne seines Volkes eintritt. Dann kommt eine Zeit der Not, wie noch keine da war, seit es Völker gibt, bis zu jener Zeit. Doch sein Volk wird in jener Zeit gerettet, jeder, der im Buch verzeichnet ist. Von denen, die im Land des Staubes schlafen, werden viele erwachen, die einen zum ewigen Leben, die anderen zur Schmach, zu ewigem Abscheu. Die Verständigen werden strahlen, wie der Himmel strahlt; und die Männer, die viele zum rechten Tun geführt haben, werden immer und ewig wie die Sterne leuchten. Du Daniel, halte diese Worte geheim, und versiegele das Buch bis zur Zeit des Endes!" (Dan 12,1–4)

Von derselben Verfolgung berichtet das zweite Buch der Makkabäer, das zu den deuterokanonischen Schriften gehört. Es bezeugt die Auferstehung der Märtyrer des jüdischen Glaubens und der im Kampf gegen die Fremdherrschaft Gefallenen. So sterben sieben Brüder für den jüdischen Glauben, ermutigt durch ihre Mutter, die als letzte zu Tode gefoltert wird. Ihren jüngsten, zuletzt überlebenden Sohn ermutigt sie: „Ich bitte dich, mein Kind, schau dir den Himmel und die Erde an; sieh alles, was es da gibt, und erkenne: Gott hat das aus dem Nichts erschaffen, und so entstehen auch die Menschen. Hab keine Angst vor diesem Henker, sei deiner Brüder würdig, und nimm den Tod an! Dann werde ich dich zur Zeit der Gnade mit deinen Brüdern wiederbekommen." (2 Makk 7,28–29)

Mit Ausnahme der Apokalypse des Johannes und weniger Andeutungen ist die reiche apokalyptische Literatur jedoch nicht in den Kanon der Schrift aufgenommen worden. Ihre Aufnahme hätte möglicherweise zu einer völligen Verlagerung der Heilserwartung in das Jenseits und damit zu einem Bruch im jüdisch-christlichen Glaubensverständnis geführt. In ihrer Ab-

kehr und Verurteilung der Welt bekundet die Apokalyptik das
Weltgefühl der Unterdrückten, die an der Kultur nur als Zaun-
gäste oder negativ durch ihre Sklavenarbeit teilhaben. Letztlich
erscheint daher alles zerstörenswert. Das Heil liegt jenseits des
Untergangs dieser Welt. Wo wir heute Tendenzen apokalyptischen Denkens begegnen, sollten sie uns Warnzeichen sein für
äußerste soziale Spannungen, die mächtige Ohnmachtsgefühle
hervorrufen. In der Zeit der Unterwerfung unter heidnische
Fremdherrschaft führten der Glaube an Gottes Weltregierung
und Gerechtigkeit und der Gedanke der Vergeltung zu der
Vorstellung, daß den Menschen in einem neuen Leben nach
dem Tode Gerechtigkeit widerfahren würde. Dennoch war im
Judentum zur Zeit Jesu der Glaube an die Auferstehung zu
neuem Leben nach dem Tode noch umstritten, wie unter anderem die Auseinandersetzung Jesu mit den Sadduzäern zeigt. Es
ist also zu bedenken, was die ursprünglich im jüdischen Glauben vorherrschende Diesseitigkeit für unsere christliche Erwartung des Lebens nach dem Tode bedeutet. Denn die ursprüngliche Sicht wird nicht einfachhin durch die neue aufgehoben. So
wie das Neue Testament sich als Erfüllung, d. h. als Interpretation des Alten Testaments versteht, so ist das Neue Testament
vom Alten Testament her zu lesen. Kohelet lehrt, den Tod und
darum das Leben ernst zu nehmen. Mit dem Tod endet die Zeit
mit ihren immer neuen Möglichkeiten. Das Leben nach dem
Tode, das Christen bei Gott zu finden hoffen, ist Frucht des irdischen, von Gott geschenkten Lebens.

Jesus lebte und wirkte in jener von der Apokalyptik geprägten
Zeit, aber sein Denken und Tun — soweit es uns durch das
Zeugnis seiner Anhänger überliefert ist – läßt sich nicht einfachhin auf die Apokalyptik zurückführen. Weite Schichten der
Bevölkerung erwarteten damals, daß Gott sich bald durch die
Ereignisse der Zeit als Richter und als König seines Volkes erweisen würde. Der bösen Zeit, in der sie lebten, sollte die Zeit
der Gottesherrschaft folgen. In den Evangelien wird Jesus tatsächlich auch mit apokalyptischen Motiven in Verbindung gebracht, so zum Beispiel durch die Kritik am Tempel, die Kritik
an der Korruption der Priesterdynastien, die Kritik an den Rei-

chen und an der Ungerechtigkeit. Jesu Botschaft schließt an die Verkündigung des Täufers an. Wie der Täufer, so verkündet auch Jesus die unmittelbare Nähe des Gottesreiches (Mk 1). Andererseits wird Jesu Vorahnung des Todes nicht nach Art apokalyptischer Ankündigung endzeitlicher Bedrängnis geschildert. In der Apokalyptik spielen Zeitberechnungen eine große Rolle. Jesus hingegen lehnt nach Darstellung des Lukasevangeliums solche Berechnungen ausdrücklich ab: „Als Jesus von den Pharisäern gefragt wurde, wann das Reich Gottes komme, antwortete er: Das Reich Gottes kommt nicht so, daß man es an äußeren Zeichen erkennen könnte. Man kann auch nicht sagen: Seht, hier ist es! Oder: Dort ist es! Denn: Das Reich Gottes ist mitten unter euch." (Lk 17,20–21) Jesus weigert sich auch, sich auf Spekulationen nach Art apokalyptischer Literatur einzulassen. Versuche, das Jenseits auszumalen, weist er ausdrücklich zurück. Dies zeigt seine Antwort auf den Einwand der Sadduzäer, die das Leben nach dem Tode ad absurdum führen wollten, indem sie auf pikante Konsequenzen hinwiesen, die sich nach ihrer Vorstellung aus einer Fortsetzung des Lebens nach dem Tode ergeben würden. Denn welcher z. B. von sieben Brüdern, die im irdischen Leben durch Leviratsehe nacheinander ein und derselben Frau verbunden waren, sollte mit ihr im Leben nach dem Tode verheiratet sein? „Wessen Frau wird sie nun bei der Auferstehung sein? Alle sieben haben sie doch zur Frau gehabt. Jesus sagte zu ihnen: Ihr irrt euch. Ihr kennt weder die Schrift noch die Macht Gottes. Wenn nämlich die Menschen von den Toten auferstehen, werden sie nicht mehr heiraten, sondern sie werden sein wie die Engel im Himmel. Daß aber die Toten auferstehen, habt ihr das nicht im Buch des Mose gelesen in der Geschichte vom Dornbusch, in der Gott zu Mose spricht: Ich bin der Gott Abrahams, der Gott Isaaks und der Gott Jakobs? Er ist doch nicht ein Gott von Toten, sondern Lebenden. Ihr irrt euch sehr." (Mk 12,23–27)

Mit seiner Reich-Gottes-Verkündigung ist Jesus nicht einfach einzureihen unter die Apokalyptiker seiner Zeit, deren Erwartungen ins Jenseits führten. Seine Verkündigung zielt zunächst nicht auf ein Leben nach dem Tode, sondern auf das irdische in

seiner Bezogenheit auf Gott. Die neue Gemeinschaft mit Gott
wird in den Evangelien charakterisiert als Annahme der Vergebung Gottes und als Heilung von Blindheit, Taubheit, Stumm-
heit, Lähmung, Aussatz und Besessenheit. Annahme der Vergebung führt zur Solidarität der Schuldner: Aus Rechthabern werden vergebende, einander aufbauende Menschen. Aus neidi-
schen und hassenden werden anderer Leistung anerkennende
Menschen. Dies wird in Gleichnissen nahegelegt und zusammengefaßt in der Feststellung: „Mit dem Maß, mit dem ihr
meßt, wird euch zugemessen werden" (Mt 7,2) oder in der Vater-
unserbitte „Vergib uns unsere Schuld, wie auch wir vergeben
unsern Schuldigern". Die in den Evangelien berichteten Heilun-
gen von Blinden, Tauben, Stummen, Lahmen, Aussätzigen und
Besessenen bedeuten Überwindung aller Beziehungslosigkeit
wie sie sich ausdrückt in fehlender Wahrnehmung, Sprachlosigkeit, Armut an Initiative, Außenseitertum, Sucht und Hörigkeit.

In der Geschichte der Christenheit hat man die Heilungsbe-
richte verschieden gedeutet. Während sie von den einen als
Zeichen der Glaubwürdigkeit oder gar des Machtanspruchs
verstanden wurden, erschienen sie Gegnern als Hinweis auf die
Unglaubwürdigkeit der biblischen Botschaft. Während vom
Feuer des Rationalismus gebrannte Gläubige zufrieden sind
wenn sich heute unter uns nichts Außergewöhnliches ereignet
suchen andere nach Wundern auch in unseren Tagen. Diesen
unterschiedlichen Reaktionen ist eines gemein: Sie deuten
darauf hin, wie schwer es ist, sich vom Vertrauen Jesu bestimmen zu lassen, der seine Jünger wissen ließ, daß er leiden und
sterben müsse, bevor er von Gott auferweckt würde. Trotz aller
Umsicht – man denke an das Gleichnis vom Turmbau oder vom
heranziehenden Feind – beschwor die Entschiedenheit seines
Auftretens Feindschaft und Gefahren herauf. Verlassen von
seinen Anhängern und verhöhnt von seinen Gegnern, wird
Jesus hingerichtet. Er stürzt in den Abgrund der Fraglichkeit
menschlichen Lebens vor Gott: „Gott, mein Gott, warum hast
du mich verlassen?" (Mt 27,46) Und: „Vater, in deine Hände be-
fehle ich meinen Geist." (Lk 23,46) Beide Worte aus der Gebets-
tradition der Psalmen legen die Evangelisten dem Sterbenden

n den Mund. Beide Worte stehen auch über dem Leben derer,
die sich auf seinen Weg begeben. Die Erfahrung der Gottverlas-
senheit vermitteln uns die Jünger durch ihre Flucht vor der Verhaftung und dem Prozeß Jesu. Die Erfahrung der Nähe Gottes
bezeugen sie uns durch ihren Glauben, daß derjenige, dem sie
gefolgt waren, da sie in seinem Reden und Tun ihren Glauben
glaubwürdig ausgelegt fanden, von Gott angenommen, d. h.
auferweckt wurde.

Vielfach bezeugt das Neue Testament die Auferstehung Jesu.
Diese vielfältigen Zeugnisse lassen sich nicht zu einem einheitli-
chen Gesamtbericht harmonisieren. Denn die Verfasser der
Evangelien bedienen sich im Rahmen ihrer eigenen Theolo-
gien unterschiedlicher stilistischer Mittel, um die ihnen gemeinsame Glaubensüberzeugung zum Ausdruck zu bringen. Das älteste Zeugnis dieser Überzeugung, das kleine Credo, überliefert uns Paulus im ersten Korintherbrief (15,3–5). Es lautet:
„Christus ist für unsere Sünden gestorben, gemäß der Schrift,
und ist begraben worden. Er ist am dritten Tag auferweckt worden, gemäß der Schrift, und erschien dem Kephas, dann den
Zwölf." Hier wird zu Tod und Begräbnis als neuer Tatbestand
ein Handeln Gottes hinzugefügt, ohne daß dieses Handeln Gottes an Jesus näher beschrieben würde. Die Auferstehung erweist sich in den Erscheinungen. Über die Art des Sehens in diesen Erscheinungen wird nichts gesagt. Sprachlich schließt sich
die Glaubensformel an alttestamentliche Theophaniemodelle
an. Nach dem Verständnis dieser Tradition können Menschen
solche Erscheinungen nicht erzwingen, sie widerfahren ihnen.
In den Erscheinungen offenbart sich der gekreuzigte Jesus den
Jüngern als lebend. An dem Gekreuzigten erfahren sie: „Gott
ist nicht ein Gott von Toten, sondern von Lebenden."

Das Markusevangelium gestaltet dieses Zeugnis stilistisch zur
Erzählung von der Botschaft des Engels im leeren Grab. Engel
und Grab dienen der Veranschaulichung. Der Auftritt des Engels, d. h. eines Boten Gottes, soll sagen: Die Botschaft ist keine
menschliche Erfindung. Das leere Grab versinnbildet die Aussage: Sucht ihn nicht unter den Toten, denn er lebt. Matthäus
überarbeitet die Markusvorlage und fügt im wesentlichen die

Erzählung von den Grabeswächtern, eine Erscheinung vor den Frauen und die Sendung der Jünger hinzu. Er setzt sich auf diese Weise mit Kontroversen um die Botschaft auseinander. Gleichzeitig stellt er die Sendung der Urkirche heraus. Auch Lukas geht über den Rahmen des Markusevangeliums hinaus. In seiner Darstellung erscheint Jesus zwei seiner Jünger auf dem Weg nach Emmaus und schließlich den Elf in Jerusalem. In der Erzählung von der Erscheinung inmitten der Elf betont Lukas die Erfüllung der Schrift im Schicksal Jesu und die Sendung der Jünger. Die Begegnung mit den Jüngern auf dem Weg nach Emmaus erinnert an urchristliche Zusammenkünfte zur Herrenmahlfeier und Schriftlesung. „Als er mit ihnen bei Tisch war, nahm er das Brot, sprach den Lobpreis, brach das Brot und gab es ihnen. Da gingen ihnen die Augen auf, und sie erkannten ihn; dann sahen sie ihn nicht mehr. Und sie sagten zueinander: Brannte uns nicht das Herz in der Brust, als er unterwegs mit uns redete und uns den Sinn der Schrift erschloß?" (Lk 24,30–32)

Wiederum eigene Überlieferungen enthält das Johannesevangelium: Neben Petrus erscheinen der ungenannte „andere Jünger" und Maria von Magdala als Zeugin. Im Rahmen dieser Ausführungen ist es nicht möglich, die johanneische Komposition im einzelnen zu interpretieren. Hier sei nur auf einen Vorzug des Johannesevangeliums gegenüber Lukas hingewiesen. Lukas betont in seiner Erzählung der Erscheinung in Jerusalem in einer für uns eher Verständnisschwierigkeiten bereitenden Weise stark das Materielle, um zu bekunden, daß die Erfahrung des Auferstandenen der Wirklichkeit entspricht. „Faßt mich doch an, und begreift: Kein Geist hat Fleisch und Knochen, wie ihr es bei mir seht. Bei diesen Worten zeigte er ihnen seine Hände und Füße. Sie staunten, konnten es aber vor Freude immer noch nicht glauben. Da sagte er zu ihnen: Habt ihr etwas zu essen hier? Sie gaben ihm ein Stück gebratenen Fisch; er nahm es und aß es vor ihren Augen." (Lk 24,39–43)

Dem Verfasser des Johannesevangeliums hingegen gelingt es eher, das zur Betonung der Realität gebrauchte stilistische Mittel der Verdinglichung durch paradoxe Darstellung auszuglei-

chen: „… Als die Jünger aus Furcht vor den Juden die Türen ver-
schlossen hatten, kam Jesus, trat in ihre Mitte und sagte zu ihnen: Friede sei mit euch! Nach diesen Worten zeigte er ihnen
seine Hände und seine Seite. Da freuten sich die Jünger, daß sie
den Herrn sahen." (Joh 20,19-20) Die paradoxe Erzählung ist
ein Versuch, Unvorstellbares so zur Sprache zu bringen, daß es
konkret wird und doch nicht in falscher Weise verfügbar erscheint.

Die Hoffnung der Glaubenden – haben wir gesehen – hat nicht
von jeher das Leben nach dem Tode eingeschlossen. Zur Zeit
Jesu war die Hoffnung auf eine allgemeine Auferstehung der
Toten unter den Anhängern des jüdischen Glaubens umstritten,
so daß Paulus nach Darstellung der Apostelgeschichte vor dem
Hohen Rat in Jerusalem die Pharisäer gegen die Sadduzäer auf
seine Seite zu bringen suchte, indem er erklärte: „Brüder, ich bin
Pharisäer und ein Sohn von Pharisäern; wegen der Hoffnung
und wegen der Auferstehung der Toten stehe ich vor Gericht."
(Apg 23,6)

Die Erfahrung der Auferstehung Jesu wird nun von den Christen als Grund dafür genommen, zu glauben, daß Gott mit ihm
auch uns in seiner ewigen Liebe bewahrt. So tröstet Paulus die
Gemeinde in Thessalonike: „Brüder, wir wollen euch über die
Verstorbenen nicht in Unkenntnis lassen, damit ihr nicht trauert
wie die anderen, die keine Hoffnung haben. Wenn Jesus – und
das ist unser Glaube – gestorben und auferstanden ist, dann
wird Gott durch Jesus auch die Verstorbenen zusammen mit
ihm zur Herrlichkeit führen." (1 Thess 4,13-14)

Die Auferstehung Jesu ist der Anfang der Totenerweckung.
Von ihr her argumentiert Paulus auch gegenüber den Korin-
thern: „Wenn aber verkündigt wird, daß Christus von den Toten
auferweckt worden ist, wie können dann einige von euch sagen:
Eine Auferstehung der Toten gibt es nicht?… Wenn es keine
Auferstehung der Toten gibt, ist auch Christus nicht auferweckt
worden. Ist aber Christus nicht auferweckt worden, dann ist unsere Verkündigung leer und euer Glaube sinnlos. Wir werden
dann als falsche Zeugen Gottes entlarvt…" (1 Kor 15,12-15).

III

In der Erfahrung der Auferweckung Jesu kommen die Jünger zum vollen Glauben. Sie erkennen in Jesu Leben und Sterben – wie es im Titusbrief (3,4) heißt – daß in seiner Gestalt unter uns „die Güte und Menschenliebe Gottes" erschienen ist. Christen glauben, daß Gott uns Menschen in seinem Sohn in einer Weise liebt, die an nichts Geschaffenem ihr Maß hat. „Die Liebe Gottes wurde unter uns dadurch offenbart, daß Gott seinen einzigen Sohn in die Welt gesandt hat, damit wir durch ihn leben. Nicht darin besteht die Liebe, daß wir Gott geliebt haben, sondern daß er uns geliebt und seinen Sohn als Sühne für unsere Sünden gesandt hat." (1 Joh 4,9–10)

Im Glauben an die Selbstmitteilung Gottes in Christus bleibt die Unbegreiflichkeit Gottes gewahrt. Wir können Gott nicht ausdenken. „Wir können nämlich" – so Thomas von Aquin – „von Gott nicht erfassen, was er ist, sondern nur, was er nicht ist und wie anderes sich zu ihm verhält". (c.G. I,30) Streng genommen können wir von der Welt nicht auf Gott, sondern nur auf die Geschöpflichkeit der Welt schließen, in dem wir – wie Peter Knauer formuliert[6] – die Existenz der Welt als „restloses Bezogensein auf.../in restloser Verschiedenheit von..." erkennen.

Von Gott können wir daher immer nur analog, d. h. hinweisend sprechen. Dies gilt auch für unser Sprechen über die Liebe Gottes zu uns Menschen und die in ihr geschenkte Gemeinschaft der Glaubenden mit Gott. Diese Selbstmitteilung Gottes an uns Menschen ist uns in ihrer Endgültigkeit, die Leben nach dem Tode bedeutet, unbegreiflich. Wenn wir – hinweisend – darüber sprechen, gehen wir aus von positiven Erfahrungen unserer Welt, die wir im glaubenden Wissen, von Gott unendlich geliebt zu sein, als Bilder für eine Wirklichkeit verstehen, die unser Begriffsvermögen übersteigt.

Für Christen verdichten sich die positiven Erfahrungen der Welt in der Gestalt Jesu. In seinem Leben und Sterben sehen sie Versöhnung mit allen Menschen und mit Gott. Die Begegnung mit ihm wird zum Bild für die endgültige Gemeinschaft mit Gott. „Wohin ich gehe – den Weg dorthin kennt ihr", läßt das

Johannesevangelium Jesus sprechen und Thomas darauf erwidern: „Herr, wir wissen nicht, wohin du gehst. Wie sollen wir dann den Weg kennen? Jesus sagte zu ihm: Ich bin der Weg und die Wahrheit und das Leben; niemand kommt zum Vater außer durch mich. Wenn ihr mich erkannt habt, werdet ihr auch meinen Vater erkennen. Schon jetzt kennt ihr ihn und habt ihn gesehen. Philippus sagte zu ihm: Herr, zeig uns den Vater; das genügt uns. Jesus antwortete ihm: Schon so lange bin ich bei euch, und du hast mich nicht erkannt, Philippus? Wer mich gesehen hat, hat den Vater gesehen." (Joh 14,4–9). Ähnlich wie die Begegnung mit Jesus Christus kann auch die Begegnung mit Menschen, die aus seinem Geist leben, zum Bild für die endgültige Gemeinschaft mit Gott werden. So heißt es im ersten Johannesbrief (4,11–14): „Wenn Gott uns so geliebt hat, müssen auch wir einander lieben. Niemand hat Gott je geschaut; wenn wir einander lieben, bleibt Gott in uns, und seine Liebe ist in uns vollendet. Daran erkennen wir, daß wir in ihm bleiben und er in uns bleibt: Er hat uns von seinem Geist gegeben. Wir haben gesehen und bezeugen, daß der Vater den Sohn gesandt hat als den Retter der Welt."

Jedes Sprechen von endgültiger Gemeinschaft mit Gott, vom Leben nach dem Tode, geht notwendig aus von (konkreten) Erfahrungen sterblichen Lebens. Unserer Erfahrung endlichen Lebens entnehmen wir die Bilder für das ewige Leben: die befriedete, lichte Stadt, das himmlische Jerusalem, das Gastmahl, die Hochzeit, den Frieden, das Fest, die Freude, die Erfüllung, das Erbe, das Daheimsein beim Vater, den Gesang, den Jubel. Diese und andere Erfahrungen des Guten dienen als Bilder für das Leben nach dem Tode. Im Hinweis auf das ewige Leben wird der Inhalt solcher Bilder positiv ausgesagt – via affirmativa –, zugleich aber auch negiert – via negativa. Die Negation soll an die Vergänglichkeit der Bilder endgültiger Seligkeit erinnern. Schließlich folgt den beiden ersten Aussageweisen, der Bejahung und der Verneinung, via affirmativa und via negativa, die via eminentiae, der Weg des Überstiegs, die überbietende Aussageweise, in der festgestellt wird, daß die befriedete Stadt, daß Gemeinschaft, Freude, Friede und andere Bilder zwar wirklich als Bilder für das Leben nach dem Tode, aber eben nur als Bilder zu verstehen sind. Reflektiert wurden diese drei Erkenntnisschritte oder Wege – via affirmativa, via negativa, via eminentiae – erst in der späteren Theologie. Bekannt sind vor allem die Erörterungen des Pseudo-Dionysius Areopagita, eines unbekannten Verfassers aus der Zeit des Übergangs vom 5. zum 6. Jahrhundert, dessen Schriften De divinis nominibus und De mystica theologia Thomas von Aquin im 13. Jahrhundert zitiert. Andeutungsweise vorgebildet finden sich diese Erkenntniswege jedoch schon in der Argumentation des hl. Paulus im ersten Korintherbrief. Der Affirmation „Wie in Adam alle sterben, so werden in Christus alle lebendig gemacht werden" (1 Kor 15,22) folgen Negation und Überbietung, wenn Paulus schreibt: „Nun könnte einer fragen: Wie werden die Toten auferweckt, was für einen Leib werden sie haben? Was für eine törichte Frage! Auch das, was du säst, wird nicht lebendig, wenn es nicht stirbt... so ist es auch mit der Auferstehung der Toten. Was gesät wird, ist verweslich, was auferweckt wird, unverweslich. Was gesät wird, ist armselig, was auferweckt wird, herrlich. Was gesät wird, ist schwach, was auferweckt wird, ist stark. Gesät wird ein irdischer Leib, auferweckt ein überirdischer Leib..." (1 Kor 15,35 ff). Theologisches Bemühen kann nur, wie Paulus es tut, die Grenze unseres Sprechens in Bildern feststellen und damit die Distanz zu Gott anerkennen. Ich zitiere noch einmal Peter Knauer: „Das Gleichnis der Gemeinschaft mit Gott ist weder mit dieser selbst zu verwechseln, noch hat die Gemeinschaft mit Gott an ihrem Gleichnis ihr Maß. Sie kann deshalb nicht an ihrem Gleichnis abgelesen werden. Sich von Gott mit der Liebe geliebt zu wissen, in der Gott Gott zugewandt ist, bedeutet also im Gegensatz zu Weltvergötterung oder Verzweiflung an der Welt, sich an allem Guten in der Welt freuen zu können, ohne sich um jeden Preis daran zu klammern, und umgekehrt, daß man auch im Leid standhalten kann."[7]

Genau diese Haltung der Freude an der Welt und gleichzeitiger Freiheit von der Welt empfiehlt Paulus im ersten Korintherbrief (7,29–31): „Die Zeit ist kurz. Daher soll, wer eine Frau hat, sich in Zukunft so verhalten, als habe er keine, wer weint, als weine er nicht, wer sich freut, als freue er sich nicht, wer kauft, als würde er nicht Eigentümer, wer sich die Welt zunutze macht, als nutze er sie nicht; denn die Gestalt dieser Welt vergeht."

Aber, so mag nun doch jemand denken, trifft da nicht die Kritik Feuerbachs zu? „Nur die Pfiffigen unter ihnen (den Christen) denken und sagen gar nichts Bestimmtes über den Himmel und das Jenseits überhaupt, weil es unbegreiflich sei und daher immer nur nach einem diesseitigen, nur für das Diesseits gültigen Maßstab gedacht werde." „Wer so spricht", meint Feuerbach, „hat sich das Jenseits schon aus dem Kopfe geschlagen; ... er verneint mit seinem Kopfe, was er mit seinem Herzen bejaht."[8]

Dagegen ist zurückzufragen, ob denn die jüdisch-christliche Glaubensgeschichte – entsprechend der Interpretation Feuerbachs – als eine einzige große Wunschprojektion angemessen beschrieben werden kann. Eine solche Beschreibung wird der in dieser Tradition unablässigen Auseinandersetzung mit Sinnwidrigkeit, auf die ich im ersten Teil meiner Ausführungen hingewiesen habe, nicht gerecht.

Wunschprojektionen und Schwärmertum gegenüber sollte jeder Glaubende wachsam sein. Im Blick auf das vom Glaubenden erhoffte Leben nach dem Tode bedeutet dies vor allem, das Gespür dafür zu bewahren oder neu zu entwickeln, daß Gemeinschaft mit dem ganz anderen, mit Gott, Läuterung voraussetzt. Dies meint – kurz gefaßt – die traditionelle Lehre vom Gericht: Im Gegenüber zu Christus wird mir restlos klar, was in mir ist. Das entspricht nicht meinen Wunschvorstellungen; aber von der Flucht vor mir selbst, so darf ich hoffen, werde ich befreit im Angesicht dessen, der mich in einer Weise liebt, die an unserer Welt kein Maß hat. Das Gericht besteht in der Erfahrung der unendlichen Liebe Gottes.

Solches Gericht erfüllt die am Anfang der Heiligen Schrift in der Sündenfallerzählung angedeutete Verheißung. Dort erkennt der Mensch im Angesicht Gottes, daß er mit seinesgleichen und der Welt in Disharmonie lebt. Im Unterschied zu altorientalischen Parallelen wird in der Genesis der Zerfall des Menschen mit sich selbst und seiner Welt nicht auf Zufall, sondern auf Schuld zurückgeführt. Fragt man sich, woher dem Verfasser und seinen jüdischen Glaubensbrüdern wohl die Kraft zu solcher Darstellung gekommen sein mag, dann wird man ahnen, daß solch ein Eingeständnis der Schuld Freiheit von Angst, d. h. die tiefe Überzeugung, von Gott geliebt zu sein, voraussetzt.

Wie nun aber im Gericht Gottes Menschen mit ihresgleichen und der Welt endgültig in Harmonie gebracht werden, überschreitet unser Vorstellungsvermögen. Es geschieht in Begegnung mit dem ganz anderen. Und zwar – nach christlicher Lehre – unter Wahrung der Freiheit des Menschen, was zumindest die Möglichkeit endgültigen Sichversagens einschließt. In einer bösen Weise pfiffig wird die Aussage, daß die aus der chaotischen Zerstrittenheit der Menschheit zu bildende endgültige Gemeinschaft mit Gott unser Vorstellungsvermögen übersteigt, immer dann, wenn der darin bekundete Glaube nicht wenigstens andeutungsweise in diesem sterblichen Leben zum Tragen kommt: „Wenn jemand sagt: Ich liebe Gott, aber seinen Bruder haßt, ist er ein Lügner. Denn wer seinen Bruder nicht liebt, den er sieht, kann Gott nicht lieben, den er nicht sieht." (1 Joh 4,20).

Glaube und Liebe, Glaube und Gerechtigkeit, dürfen nicht im Wege der Vertröstung für die im Existenzkampf Unterliegenden voneinander getrennt werden. Darum fordert Johannes Paul II. in seiner Ansprache in Guatemala City ganz im Sinne des zitierten ersten Johannesbriefs: Christlicher Glaube solle „in eindeutigen praktischen Haltungen zum Ausdruck kommen, vor allem den Ärmsten, Schwächsten und Geringsten der Brüder gegenüber". Es dürfe „keine Trennung zwischen Glaube und Leben mehr geben".[9]

Der Hinweis auf die mögliche und oft vollzogene Trennung von Glaube und gerechtem Leben führt zurück zum Ausgangspunkt meiner Überlegungen: Jüdisch-christlicher Glaube gründet nicht in Fraglosigkeit, sondern bewährt sich angesichts einan-

der widerstreitender Erfahrungen in Hoffnung. „Wir sind gerettet, doch in Hoffnung", schreibt Paulus an die Römer. „Hoffnung aber, die man schon erfüllt sieht, ist keine Hoffnung. Wie
kann man auf etwas hoffen, das man sieht? Hoffen wir aber auf
das, was wir nicht sehen, dann harren wir aus in Geduld." (Röm
8,24–25).

Anmerkungen

1 Wilhelm Weischedel: Skeptische Ethik, Frankfurt 1976.

2 Wilhelm Weischedel: Wirklichkeit und Wirklichkeiten, Berlin
  1960, S. 149.

3 Vgl. Erhard Kunz: Offenbarung Gottes in der Geschichte, in: Dia-
  konia 3 (1972) S. 75–87.
  Erhard Kunz: Christentum ohne Gott? Frankfurt 1971.

4 Die vier Bücher der Nachfolge Christi, übers. v. Paul Mons, Regensburg 1959, 1. Buch, 1. Hauptstück, Nr. 11, S. 2.

5 Nachfolge Christi (Anm. 4), Nr. 18, S. 3.

6 Peter Knauer: Der Glaube kommt vom Hören, Frankfurt, 2. Aufl.
  1982, S. 28.

7 Peter Knauer (Anm. 6), S. 96 f.

8 Ludwig Feuerbach: Das Wesen des Christentums, Frankfurt 1976,
  S. 206 f.

9 Predigten und Ansprachen von Papst Johannes Paul II. bei seiner
  apostolischen Reise nach Mittelamerika. 2.–10. März 1983. Hrsg. v.
  Sekretariat der Deutschen Bischofskonferenz, Bonn 1983, S. 73 f.

Weitere Literatur zum Thema in: Hans Küng, Ewiges Leben? München
1982.

Wilfried Barner

Der Tod als Bruder des Schlafs

Literarisches zu einem Bewältigungsmodell

Ein Gedicht Yaak Karsunkes aus dem Band ‚reden & ausreden‘
vom Jahre 1969 hat diesen Wortlaut:

> grab mal
>
> weiß nicht
> wie lange ein mann stirbt
> weiß nicht wie er umfällt
> nach kopf- oder bauchschuß
>
> kenne nur särge & urnen
> kino & literatur
> lese bei Lessing die alten
> hätten den tod
> als bruder des schlafes gebildet
>
> ‚hingeklatscht
> in jener Kleidersackstellung
> die immer dasselbe bedeutet‘
> schreibt Raymond Chandler.[1]

Das Wie des Sterbens ist nicht wißbar. Es gibt keine Kenntnis
von ihm, die eine über das je einzelne Sterben wäre. Das Wie
meint: wie die Erstreckung des Sterbens erfahren wird, was es
bedeutet, unversehens tödlich verletzt umzufallen. Es gibt, als
Überbleibendes, als außen Bleibendes, das Einhüllende, Abweisende der Särge und der Urnen, als etwas, das nichts oder nur
das Uniforme aussagt. Und es gibt: Kino und Literatur, in
denen Sterben und Tod dargestellt, vor-gestellt werden, als
imaginative Erfahrung zweiter Hand, als Bild- und Vorstel-
lungs-Angebot. Auf die Frage des Ich nach dem Wie des Sterbens und des Todes gibt es überlieferte Antwort-Angebote,
weitergegebene Bilder. Der Berliner Poet Karsunke, in den Gedichten der ausgehenden 60er Jahre immer wieder von der Brutalität des Verbrechens ebenso wie vom Töten in Vietnam,

aber auch vom Entsetzlichen des schleichenden Krebstodes
fasziniert-schockiert, und hiermit schockierend,[2] zitiert mit der
Vorstellung vom Tod als Bruder des Schlafs die vielleicht aus-
geprägteste, jedenfalls wirkungsmächtigste Todes-Chiffre der
modernen deutschen Literatur: von Herder über Goethe, Schiller, Novalis, Heine, C. F. Meyer, Keller, Hauptmann bis hin zu
Hofmannsthal, Rilke, Thomas Mann und – sporadischer wer-
dend – bis in die Gegenwart hinein.[3]

Übergangslos setzt der Autor des Gedichts den Namen Lessings hinter die Abbreviaturen des Verhüllenden und des Imaginativen als die Quellen des abgeleiteten Wissens. Aber auch
Lessing firmiert nur als Sprachrohr, als Gewährsmann für wiederum anderes, Fremdes: „die alten hätten den tod als bruder
des schlafes gebildet." Das Distanzierende des Konjunktivs
rückt den Gedanken in doppelte Ferne, seinen Ursprung weit
weg, in die Antike. Über den Tod und das Sterben sind nur
immer Sätze, Bilder, Chiffren im Umlauf. Jeder, der über den
Tod spricht, redet in Zitaten.

Das knappe Gedicht schließt, höchst konsequent, wiederum mit
einem Zitat, einem Gegenzitat, auch dies übergangslos, doch
graphematisch herausgehoben durch ein Anführungszeichen:
„‚hingeklatscht in jener Kleidersackstellung, die immer dasselbe bedeutet', schreibt Raymond Chandler."[4] Auf das Agno-
stische der ersten Hälfte des Gedichts, in der das Brutale und
das Uniforme dominieren, antwortet das Zitat des Schlusses
mit der gleichen Normperspektive. Die hingeklatschte Leiche
in Kleidersackstellung ist Emblem der Dehumanisierung des
Toten.[5] Das Bild „bedeutet" immer dasselbe, aber etwas, das
nicht ausgesagt wird. Der Bannkreis des Nichtwissens, des Von-
außen-Sehens wird nicht durchbrochen. Das kalkuliert Dop-
peldeutige des Gedichttitels ‚grab mal' bleibt als Appell zum
Nach-graben uneingelöst.

Literatur – oder auch Kino – als Möglichkeit des Vordringens
zum Wissen, oder doch des Vordringens über das bloß Abweisende hinaus? Ist vielleicht Fiktion, Umsetzung ins Bild durch
Sprache, eine dem Nichtwißbaren des Todes gerade sich öff-

nende Weise der Vergewisserung? Das im Gedicht zitierte
Exempel scheint dem nicht entgegenzukommen. Lessing wird
in dem knappen Erläuterungsteil des Gedichtbändchens etiket-
tiert (mit Geburts- und Sterbejahr) als „autor der deutschen aufklärung".[6] Das Beispiel scheint somit etwas doppelt Entmuti-
gendes zu haben. Nicht nur, daß es in seinem Deutungsangebot
ratlos läßt gegenüber der vorfindlichen Brutalität und Unifor-
mität. Ausgerechnet der Aufklärer erweist sich als der mit sanfter Metaphorik Verschleiernde. Derjenige, der doch mit schar-
fem Realitätsblick und unerbittlicher Treue zur Vernunft allem
Vorurteil, allem vorschnellen Sich-zufrieden-Geben auf den
Grund ging, erscheint hier als fatal geschichtsmächtiger Trö-
ster. Es fragt sich, warum gerade er zum Archegeten eines Bewältigungsmodells wurde, das bis in unsere Gegenwart hinein
die Phantasie – nicht nur – der Poeten beflügelt hat. Die Frage
erfordert für einen Moment die Anstrengung der historischen
Rekonstruktion.

Der Ursprung des Lessingschen Bildes vom Tod als dem Bruder
des Schlafs ist verblüffend marginal. Jene Schrift, von der
Goethe bezeugt, ihr Hauptgedanke habe beim Erscheinen die
jungen Leute „entzückt",[7] verdankt sich der Fußnote einer antiquarischen Abhandlung. Im 11. Kapitel des ‚Laokoon' (1766)
wo es um die allegorischen Attribute in Dichtung und Malerei
geht, weist Lessing die Kritik des französischen Kunsttheoreti-
kers Comte Caylus[8] an jener ‚Ilias'-Partie zurück, in der Apollon auf Zeus' Geheiß hin den Leichnam des Helden Sarpedon
auf dem Schlachtfeld vor Troia birgt, reinigt und in dessen Hei-
mat Lykien geleitet, zusammen mit den Zwillingsbrüdern Hypnos und Thanatos, Schlaf und Tod (16, 676 ff.). In einem weitaus-
greifenden Anmerkungs-Exkurs, der auf die Malbarkeit der
Partie abzielt, versucht Lessing, aus antiken Zeugnissen wie
aus neueren kunsthistorischen Deutungen nachzuweisen, daß
die Alten den Tod zusammen mit dem Schlaf als „Zwillingsbru-
der" dargestellt hätten, aber ohne weitere Identifikationsmerk-
male außer dem der brüderlichen „Aehnlichkeit".[9] Nie dagegen
erscheine der Tod, wie bei den „neuern Artisten", als „Skelet"
Und um auch der Spezifität der Künste, besonders dem „weite-

'en" Spielraum der Poesie gegenüber dem Häßlichen, gerecht
zu werden, setzt er – die Alten betreffend – ausdrücklich hinzu:
„Selbst ihre Dichter haben ihn unter diesem widerlichen Bilde
nie gedacht."[10]

Lessings auch emotionales Beteiligtsein wird spürbar, und doch
bleibt es wie versteckt hinter dem nicht ohne Stolz präsentier-
ten Gelehrt-Antiquarischen und Kunsttheoretisch-Prinzipiel-
en. In der Zurückdrängung des Häßlichen und des Schreckenden aus den bildenden Künsten verfolgt er auffallend ähnliche
Tendenzen wie Winckelmann, dessen ‚Gedancken über die
Nachahmung der Griechischen Wercke in der Mahlerei und
Bildhauer-Kunst' bereits ein Jahrzehnt zuvor erschienen (1755)
und dessen ‚Geschichte der Kunst des Alterthums' (1764) ihm
während der Ausarbeitung des 1. Teils des ‚Laokoon' bekannt
geworden war.[11] Die Etiketten ‚klassizistisch', ‚schönend', ‚har-
monisierend', die sich für Winckelmanns Bild der Antike, inson-
derheit der Griechen, schon während des 19. Jahrhunderts ein-
geschliffen haben, bieten sich für Lessings zitierte Todes-Vor-
stellung nachgerade an. Warum sollte nicht ein präzis beobach-
tender, ‚betroffener' Autor wie Yaak Karsunke den „autor der
deutschen aufklärung" enttäuscht so verstehen?

Winckelmann zunächst steht mit seiner Interpretation der antiken, namentlich der griechischen Todesdarstellungen, noch erkennbar in der Tradition jener communis opinio, die auch einzelne uns erhaltene antike Skelett-Abbildungen mit der Perso-
nifikation des Todesdämons oder Todesgenius kombiniert.[12]
Das wiederum scheint den Hallenser Großordinarius Christian
Adolf Klotz, Lessings Streitgegner im Anschluß an den ‚Laokoon', zusätzlich gereizt zu haben, auch die Lessingsche Interpretation der antiken Todes-Darstellung mit Verve zu attackie-
ren.[13] Ein Füllhorn von Belegen schüttet Klotz vor den Lesern
aus, um die Richtigkeit der herkömmlichen Skelett-Hypothese
zu stützen, wobei er mit unverkennbarer Genüßlichkeit gerade
auch Beispiele aus Winckelmanns Schriften ins Feld führt.[14]

Nicht zuletzt dies scheint für Lessing schließlich Signal gewesen zu sein, detaillierter und grundsätzlicher auszuholen: mit
seiner dann rasch berühmt gewordenen, illustrierten Abhand-

lung ‚Wie die Alten den Tod gebildet‘, 1769 in Berlin bei Voß erschienen.[15] In ostentativ schulmäßiger Gliederung, mit ‚Vorrede‘, ‚Veranlassung‘, ‚Untersuchung‘ (dem eigentlichen Hauptteil) und ‚Prüfung‘, verfolgt er zwei vorweg formulierte Thesen. Erstens: „daß die alten Artisten den Tod, die Gottheit des Todes, wirklich unter einem ganz andern Bilde vorstellten, als unter dem Bilde des Skelets“. Und zweitens: „daß die alten Artisten, wenn sie ein Skelet vorstellten, unter diesem Skelete etwas ganz anderes meinten, als den Tod, als die Gottheit des Todes“.[16] So vorsichtig, das eigene Beweisziel noch gar nicht qualitativ festlegend, lautet die Formulierung. Aus einem nicht gerade vom Stuhl reißenden – mit dem zeitgenössischen Ausdruck – ‚antiquarischen‘ Problem, versteckt zunächst in einer Fußnote, wird, nicht zum ersten Mal bei Lessing, ein exemplarischer ‚Fall‘. In jenem geschichtlichen Augenblick, als aus der Aufklärungsbewegung in Deutschland endlich der Ansatz zu einer befreienden, historischen *und* produktiven Kunsttheorie sich artikuliert – Lessing, Winckelmann und Herder sind ihre Wortführer –, wird das antike Bild des Todes zu einem Paradigma, das den ursprünglichen Problemrahmen rasch und weit überschreitet.

Doch wieso ist gerade dieses Beispiel, dessen Entlegenheit schon Hebbel in seinem Tagebuch von 1841 beklagt[17] und das noch einem Ernst Bloch unwillige Reaktionen entlockt,[18] für solches Epochemachende prädisponiert? Vier Momente sind zu bedenken. Zunächst das, was Lessing selbst – gerade im Zusammenhang dieser Abhandlung – den „Geist des Widerspruchs“ und der „Prüfung“ genannt hat, und sein charakteristisches Insistieren auf der stellvertretenden Wahrheit des Details. „Wer in dem allergeringsten Dinge“, so heißt es bei ihm, „für Wahrheit und Unwahrheit gleichgültig ist, wird mich nimmermehr überreden, daß er die Wahrheit blos der Wahrheit wegen liebet.“[19] Aber nicht gänzlich arbiträr sind hier Lessings Widersprechen und sein Einhaken bei einem „geringen Dinge“. Durch Klotzens ausgreifende Kritik ist schon Aufmerksamkeit der gebildeten Öffentlichkeit geweckt, nicht anders als nach der eingebildeten Replik des Horazübersetzers Lange, dem der junge Lessing prompt sein ‚Vade mecum' verpaßt, oder dann bei den unmißverständlichen Drohungen des Hamburger Hauptpastors Goeze.

Das zweite Moment ist untrennbar vom ersten: die symptomatische Aktualität des religiösen Todessymbols. In der Propagierung des Skeletts als des Knochen- oder Sensenmannes sieht Lessing die gleiche Tendenz des Schreckenden, Drohenden, Einschüchternden am Werk, wie er sie in den Erscheinungen der amtskirchlichen Orthodoxie überhaupt bekämpft: als widervernünftig, ja als widerchristlich. Mit dem Sensenmann[20] ist er selbst aufgewachsen, er hat ihn bezeichnenderweise früh schon mit ironisch-anakreontischer Attitüde in den Unernst, ja ins Komische zu ziehen versucht. In einem Gedicht aus der Zeit um 1750, als auch die ersten aufmüpfigen Epigramme und Lustspiele entstehen, exponiert er das sprechende Ich in Weinlaune, als der Tod zu ihm hereintritt:

> Drohend schwang er seine Hippe,
> Drohend sprach das Furchtgerippe:
> Fort, du theurer Bacchusknecht!
> Fort, du hast genug gezecht![21]

Der gewitzte Zecher, angehender Mediziner, verspricht dem Tod, wenn er ihn leben lasse, die Hälfte seiner künftigen Patienten. Ein Todespakt also kommt zustande, und der Bacchusjünger jubelt, das ehrwürdige Motiv der Neugeburt spielerisch fast ins Groteske wendend:

> Tod, du hast mich neu geboren.

Das Obskurantische des Bildes vom Knochenmann ist durch den poetisierten Sieg des aufgeklärten Studenten, in charakteristisch Lessingscher Manier, nur desto eindeutiger bestätigt. Klotzens traditionalistische Einwände gegen die historische Relativierung des Skelett-Bildes bringen für Lessing das aktuell Brisante dieses frömmigkeitlichen Syndroms schlagartig wieder vor Augen.

Seine Antwort – hier sehe ich das dritte Moment – ist die Fundierung des humanen Wertpostulats in der Todesvorstellung der Alten. So wie Lessing die Autorität des Aristoteles gegen

die ‚Irrwege' der neueren Tragödientheorie (und Tragödien-
praxis) ausspielt oder die Freiheit des Poeten Horaz gegen eng-
stirnige Mäkler der Gegenwart, so hier die Darstellungen der
„alten" Künstler und Dichter gegen die Schreckbilder der
„neuern". So sehr Lessing in der Querelle des Anciens et des
Modernes für die neueren Schriftsteller auf dem vernünftig-auf-
geklärten Eigenrecht besteht, auch die Eingegrenztheit des antiken Götter- und Heldenglaubens betont, so entschieden sind
ihm die kirchlich geprägten Todesvorstellungen der Neueren
Ausgeburten einer „mißverstandenen Religion".[22] Lessing
zieht die Entwicklung seit dem frühen Christentum bis zur Gegenwart, ohne etwa die mittelalterlichen Jahrhunderte gegenüber der Neuzeit zu differenzieren, in einem Bogen zusammen.

Demonstrationsziel ist – und von hierher bestimmt sich ein wesentlicher Impuls der ganzen Abhandlung – der Aufweis des
Natürlichen, des Menschlichen in der antiken „Bildung" des
Todes; die Nähe zu Winckelmann in dieser generellen Tendenz ist wieder offenkundig. Die Vorstellung vom „Bruder des
Schlafs" ist für Lessing „die einzig genuine und allgemeine Vorstellung des Todes".[23] In ihr manifestiert sich, gegenüber den
„deutschen Totentänzen" ebenso wie gegenüber dem „Galan-
ten", dem „Gotischen", dem „Französischen" von Todesbildern,
der „wahre Geist des Alterthums",[24] der der Geist des Humanen ist. Lessing läßt diese Deutungsebene, schon um des strikt
Antiquarisch-Schulmäßigen willen, im Lauf der Untersuchung
nur durchscheinen; es bedarf des Hinhörens auf solche Obertö-
ne. Erst in der Schlußpartie wendet er seine historische Diagnostik ins explizit Religionskritische und damit in einen aktuellen
Diskussionskontext, der Jahre später den Streit um die Fragmente des Reimarus bestimmen wird: „den Tod für eine Strafe
zu halten, das konnte, ohne Offenbarung, schlechterdings in kei-
nes Menschen Gedanken kommen, der nur seine Vernunft
brauchte".[25]

Für die orientierten Zeitgenossen wurde so lediglich auf den
antinomischen Begriff gebracht, was als Leitlinie des Ganzen
ohnehin evident war: die deformierte Religion, der wahre Geist

des Altertums, das Humane und das Vernünftige. Erst in der
Schlußpartie auch erscheint, nun unverhüllt thetisch gefaßt – es
ist das vierte Impulsmoment – jene Epochenvision, die als das
eigentlich Faszinierende auf die junge Generation und dann bis
in unser Jahrhundert vor allem auf die Poeten gewirkt hat. Es ist
die postulierte Einheit des Sittlich-Vernünftigen und des Ästhetischen: des Schönen. In seinem Bestreben, hinter die Verdre-
hungen der Tradition – gut reformatorisch – zurückzugreifen
auf das ursprüngliche, eigentliche Christentum, läßt er kein Argument von Gewicht aus. Die Schrift selbst rede von einem
„Engel des Todes". Auch die christliche Religion versichere
uns, „daß der Tod der Frommen nicht anders als sanft und er-
quickend seyn könne"[26] (man denke an Simeon aus Lukas
2,25 ff. als eine früh kanonisierte Präfiguration dieses gläubig-
erfüllten Sterbens). Und so sehe er nicht, fährt Lessing fort,
„was unsere Künstler abhalten sollte, das scheußliche Gerippe
wiederum aufzugeben, und sich wiederum in den Besitz jenes
bessern (!) Bildes zu setzen". Im Kontext der historischen Interpretation nimmt sich dieser Komparativ, das „bessere Bild",
nachgerade naiv aus. Die Simplizität der Vokabel gründet in
der utopischen Überzeugtheit vom ‚beweisbaren' inneren Zusammenhang von Sittlichkeit und Ästhetik. Der Schlußsatz der
Abhandlung, nun wie ein Programm in die Zukunft weisend,
lautet: „Nur die mißverstandene Religion kann uns von dem
Schönen entfernen: und es ist ein Beweis für die wahre, für die
richtig verstandene wahre Religion, wenn sie uns überall auf
das Schöne zurückbringt." Was als antiquarische Quellenkritik
sich einführt, findet sein Telos als ästhetisches Manifest.

Der Tod als Bruder des Schlafs: das geschichtliche Wirkungs-
potential dieses Konzepts wird verstehbar erst im epochenspe-
zifischen und epochentranszendierenden Ineinander von öf-
fentlichem Polemik-Interesse und frömmigkeitskritischer
Symptomatik, von rückwärtsgewandter Utopie und zukunfts-
bewußtem Schönheitsanspruch. Gewiß hat, bei den Zeitgenossen wie bei der Nachwelt, auch die Autorität des nach und nach
kanonisierten Nationalautors den erstaunlichen Resonanzer-
folg befördert (nicht erst Karsunkes Gedicht demonstriert frei-

lich auch die Möglichkeit des Umschlagens). ‚Wie die Alten den Tod gebildet' avancierte zu einem der Pionierdokumente der Aufklärung in Deutschland. Ernst Blochs Charakterisierung als „eine der wärmsten antikischen Kampfschriften gegen das Mittelalter"[27] folgt ganz dieser Tradition.

Wie früh und fast monopolisierend Lessings Schrift sich dem Bewußtsein einprägte, zeigt sich an der Abhandlung gleichen Titels, die Herder schon 1774 und dann in einer Neufassung 1786 veröffentlichte,[28] Lessing in wichtigen Punkten bestätigend, namentlich jedoch in den historischen Wertungen über ihn hinausgehend (etwa in der Interpretation der antiken Todesvorstellungen selbst). Insbesondere Goethe und einige der Romantiker stehen erkennbar unter dem Eindruck der Herderschen Weiterführung. Doch schon als 1788 die erste Fassung von Schillers Gedicht ‚Die Götter Griechenlandes' erscheint und wie ein Skandal in der Öffentlichkeit diskutiert wird[29], ist es die Zuspitzung der Antinomie von Antike und Christentum in der Lessingschen und nicht so sehr der Herderschen Linie, woran sich die Gemüter erregen.

Ich gebe hier keine Wirkungsgeschichte des Buchs – so reizvoll sie auch wäre[30] –, auch keine Motivgeschichte des Bildes vom Tod als Bruder des Schlafs. Sondern ich stelle, den Entstehungszusammenhang der Abhandlung und das Paradigmatische der Konzeption nunmehr voraussetzend, noch drei Problempunkte zur Diskussion, die sich, mit der literarischen Ausfaltung des Lessingschen Modells und im Horizont der sich wandelnden Todeserfahrung, als kritische Fragen aus dem Heute aufdrängen.

Die erste Frage ist die nach dem hier einschlägigen Antike-Bild, nach seiner werthaften Füllung und somit zugleich nach seiner Funktionalität. Die Vorstellung vom Tod als dem Bruder des Schlafs begegnet, mit der angeführten Passage der ‚Ilias', bereits in der ältesten Urkunde der europäischen Literatur überhaupt. Daß es Homer ist, der sie bezeugt, der Vater der griechischen Poesie, bedeutet für Lessing wie dann für Herder, Goethe, Schiller, die Romantiker bis hin zu Nietzsche eine einzigartige

Beglaubigung der Ursprünglichkeit und zugleich der Repräsentativität.[31] An den betreffenden Stellen der ‚Ilias' erhält – sieht man genauer hin – innerhalb des Brüderpaars nur der Schlaf das Epitheton ‚süß' (*glykys*; 16, 454), der Todesdämon bleibt prädikatslos.[32] Lessing geht darauf ebensowenig ein wie auf die zweitälteste, ehrwürdige Partie aus der ‚Theogonie' Hesiods (V. 756 ff.), wo beide, als Söhne der Nacht, gewaltig-furchtbar *(deinoi)* genannt werden und Thanatos, dem Tod, ein eisernes Herz und ein eherner Sinn zugesprochen werden; wen er gepackt habe, den habe er, und selbst den unsterblichen Göttern sei er verhaßt.[33]

Lessing führt zwar, das Bild differenzierend, etwa aus der attischen Tragödie (aus Aischylos, besonders aus der ‚Alkestis' und dem ‚Hippolytos' des Euripides) Beispiele für das Abweisende, das Isolierte, das Gemiedene des Todes und des Leichnams an. Auch aus der römischen Poesie, aus Horaz, Statius, Seneca, nennt er Darstellungen des Todes, die „nicht selten sehr schrecklich" sind.[34] Aber in der Funktionalisierung der Belege ist er völlig gebannt durch die Doppelheit seines Beweisziels: daß die „poetischen Gemählde", aufgrund ihrer besonderen sinnlichen Imaginativität, freier, ja „von unendlich weiterem Umfange" seien als die der bildenden Kunst;[35] und vor allem: daß auch der „schreckliche" Tod niemals als Gerippe dargestellt worden sei, sondern als Jüngling, der die Fackel senkt.

Die Konsequenz dieses bei Lessing selbst zunächst durchaus differenzierten Argumentationsgangs wird in ihrer harmonisierenden Modelung vollends erkennbar in Schillers ‚Die Götter Griechenlandes', mit der berühmten Strophe:

> Damals trat kein gräßliches Gerippe
> vor das Bett des Sterbenden. Ein Kuß
> nahm das lezte Leben von der Lippe,
> still und traurig senkt' ein Genius
> seine Fackel. Schöne, lichte Bilder
> scherzten auch um die Nothwendigkeit,
> und das ernste Schicksal blickte milder
> durch den Schleyer sanfter Menschlichkeit.[36]

Die polemische Konstruktion der Antithese von Antike und

Christentum, von griechischer Natürlichkeit und moderner Qual des Räsonnements ist offenkundig, analog zum Legitimationsmodell der Schrift ‚Über naive und sentimentalische Dichtung'. Und ganz unter dem Eindruck dieser Konzeption urteilte Hegel, die Griechen hätten noch „den Tod mit heiteren Bildern umgeben" dürfen, da sie der absoluten Subjektivität des romantischen Individuums noch nicht ausgesetzt gewesen seien.[37]

Als einer der Entschiedensten opponierte Novalis, zunächst von Schillers Gedicht fasziniert, gegen dieses Bild der antiken Todesauffassung, hinter dem immer zugleich Lessing als Archeget gedacht wurde. In der fünften der ‚Hymnen an die Nacht' (1799/1800) beschwor er ein „entsetzliches Traumbild,

> Das furchtbar zu den frohen Tischen trat
> Und das Gemüt in wilde Schrecken hüllte.
> Hier wußten selbst die Götter keinen Rat
> Der die beklommne Brust mit Trost erfüllte.
> Geheimnisvoll war dieses Unholds Pfad.
> Des Wut kein Flehn und keine Gabe stillte;
> Es war der Tod, der dieses Lustgelag
> Mit Angst und Schmerz und Tränen unterbrach".[38]

Es war nicht so sehr der Drang zur Rekonstruktion einer ‚wahren' Antike, sondern die polemische Zuspitzung eines fröhlichen, lustbetonten Heidentums gegen ein sinnenfeindliches Christentum, was Novalis aus der Reserve lockte.

Aber das bei Herder schon vorbereitete, dann unter den Romantikern sich verstärkende Interesse an den sogenannten ‚Nachtseiten' der antiken Welt erstreckte sich bald auch auf die Todesvorstellungen. Die einsetzende archäologische und kunsthistorische Forschung brachte detailliertere Kenntnisse,[39] bestätigte Lessings Zentralthese, daß die Alten den Tod nicht als Skelett dargestellt hätten, mußte freilich eine Reihe seiner Interpretationen korrigieren – was der weiteren kanonischen Rezeption seiner Schrift kaum abträglich war. Insbesondere Bachofens tiefdringende Beschäftigung mit antiker Gräbersymbolik und schließlich Nietzsches Deutung der griechischen Tragödie – mit ihren todgeweiht Leidenden – aus dem Geist des

Dionysischen veränderten den Deutungshorizont des Modells vom Tod als dem Bruder des Schlafs aufs neue.

Man ist versucht, von einer Spiralbewegung im Prozeß dieser Veränderung zu sprechen, mit mehrfach sich umkehrenden Fronten. War Lessings Konstruktion der antiken Todesvorstellungen gegen den schreckenden Knochenmann als gegen das Widervernünftige, Widermenschliche gewendet, so ist die mit den Namen Bachofen und Nietzsche – dann auch Freud und anderer – verbundene Gegenwendung, über ein Jahrhundert hinweg, eine Umwertung der widersprüchlichen Ganzheit antiker Todesauffassung, gegen ein klassizistisch-rationalistisch verdinglichtes, vereinseitigtes Lessing-Derivat. Lessings Pionierrolle bleibt als historisches Faktum unangetastet, auch die gängigen antiaufklärerischen Formeln wollen nicht recht greifen. Bezeichnend, wie mitten in der von irrationalistischen Bewegungen beherrschten Agonie der Weimarer Republik, im Lessingjahr 1929,[40] Thomas Mann sich zu ‚Wie die Alten den Tod gebildet' äußert: „Der Titel klingt, als sei er von Bachofen… Ich gebe zu, daß die Behandlungsweise anders ist; aber in der Stoffwahl liegt etwas, was sich auf Optimismus nicht reimen will, ein Geschmack am Religiösen, der nicht Rationalistenart ist."[41]

Ist er vielleicht Ästhetenart, mit ausgeprägten Mechanismen des Verdrängens? Hierauf richtet sich meine zweite Frage. Lessing, nicht anders als Herder, Goethe, Schiller, Novalis, Bachofen, Nietzsche, hat bei dem Bild vom Tod als Bruder des Schlafs immer schon historische Entwicklungsprozesse vor Augen. Nicht nur spricht er davon, daß ein mißverstandenes Christentum „das alte heitere Bild des Todes aus den Grenzen der Kunst verdrungen" habe[42] (immerhin mit der expliziten Unterstellung einer Tendenz). Er diagnostiziert auch schon im Bereich der antiken Todesvorstellung selbst, beim Problem der Benennungen, einen „Euphemismus der Alten": in der Vermeidung alles „Ominösen", in der Vermeidung bestimmter das Sterben betreffender Wörter, in der „Zärtlichkeit" (wie er es nennt), mit der einzelne Wendungen des Eklen, Traurigen, Gräßlichen ausgetauscht worden seien. Und eben deshalb habe man sich

als „symbolischen Ausdruck" des Todes das Bild des Schlafes
„so gern gefallen" lassen.[43] Also doch das Eingeständnis eines
geschönten, eines euphemistischen Todesbildes?

Herder hat hier präziser weitergefragt und, mit seinem cha-
rakteristischen Blick für historische und nationale Spezifität, in
der Neufassung seiner Abhandlung unmißdeutbar die These
vertreten, für die Griechen sei der „eigentliche Tod... eine
fürchterliche und mächtige Gottheit" gewesen.[44] Der Todesgenius aber sei ein „Euphemismus der Kunst", der den Tod nicht
unmittelbar darstellen, sondern „seine Idee verdrängen" sollte.[45] Nicht nur wegen des so modern anmutenden Ausdrucks
‚verdrängen', sondern mehr noch weil hier im Ansatz Beschreibung und Diagnostik der Genesis religiöser Vorstellungen geleistet werden, verlangen diese Sätze unsere Aufmerksamkeit.
Lessing und deutlicher noch Herder fixieren nicht lediglich das
Geglaubte, das Humane antiker Todesvorstellung, sondern
Tendenziöses, Gemachtes in der Weise einer religiösen Konstruktion.

Es ist nur noch ein radikalisierender Schritt, wenn Novalis im
Protest gegen den Schillerschen Paganismus jene Todesvorstellung nur noch als ohnmächtiges Produkt von Illusionen de-
nunziert:

> Mit kühnem Geist und hoher Sinnenglut
> Verschönte sich der Mensch die grause Larve,
> Ein sanfter Jüngling löscht das Licht und ruht –
> Sanft wird das Ende, wie ein Wehn der Harfe.
> Erinnerung schmilzt in kühler Schattenflut,
> So sang das Lied dem traurigen Bedarfe.
> Doch unenträtselt blieb die ewige Nacht
> Das ernste Zeichen einer fernen Macht.[46]

‚Verschönung', ‚trauriger Bedarf' (Bedürfnis): hier wird ein auf-
klärerisches Kritik-Konzept ostentativ – mit dem Gedanken an
den heilbringenden Christus – gegen ein Symbol gewendet, das
selbst Inbegriff aufklärerischen Welt- und Lebensverständnisses gewesen war, immer noch war. Die Fronten beginnen sich
ineinander zu schieben. Von hier ist es nicht weit zu Feuerbachs
Formel vom Grab der Menschen als der Geburtsstätte der

Götter und zu Nietzsches These, das Apollinische diene, als „Illusion des schönen Scheins", zur Entlastung vom Andrang des Dionysischen.

Gerade dies, das düster Untergrabene der schönen Vorstellung des Todes, hat um die Jahrhundertwende und bis weit in die 20er Jahre hinein die Schriftsteller immer von neuem gereizt, das Bild vom Tod als Bruder des Schlafs, vom schönen Jüngling, der die Fackel senkt, zu gestalten: Hofmannsthal besonders in ‚Der Thor und der Tod', Rilke im ‚Malte Laurids Brigge' und im ‚Stundenbuch', Thomas Mann im ‚Tod in Venedig' (wo der sanfte Bruder, der schöne Genius, mit dem Totengeleiter Hermes verschmilzt; die Linie führt über den ‚Zauberberg' bis zum ‚Doktor Faustus').[47]

Nicht um die Wirkungsgeschichte als solche mit ihren vielen reizvollen Varianten ist es hier zu tun, sondern um die ästhetische, ja ästhetizistische Hypothek, die dem griechischen wie dem modern-aufklärerischen Bewältigungsmodell nicht gänzlich von ungefähr im Lauf der Jahrhunderte zugewachsen ist. Es ist eine Hypothek, an der ein Lessing mit seinem emphatischen Postulat von der Einheit des Humanen, des Vernünftigen und des Schönen mitgewirkt hat – historisch in seiner Bedingtheit durchaus interpretierbar, aber doch auch bedenklich wirkungskräftig in seiner Programmatik. Das Skelett mit der Hippe behielt in der kirchlichen Frömmigkeit, und damit in derjenigen der Majorität, ohnehin die Oberhand. Früh gab es auch Verschmelzungsversuche, so bei Matthias Claudius, der sich im ‚Wandsbecker Bothen', unter dem Eindruck Lessings und Herders, entschließt, „doch lieber beim Knochenmann" zu bleiben: „So steht er in unserer Kirch', und so hab ich'n mir immer von klein an vorgestellt… Er ist auch so, dünkt mich, recht schön, und wenn man ihn lange ansieht, wird er zuletzt ganz freundlich aussehen."[48]

Dieser Zeitgenosse scheint sich zu verweigern und partizipiert doch zugleich an der Epochentendenz. Das Bedürfnis der Aufklärung, aller Aufklärung nach einer freundlichen Gestalt des Todes, oder doch einer, die Gelassenheit ermöglicht, scheint übermächtig, von Sokrates bis hin zu Lessing und Herder. Der Tod als die unverrückbarste Grenze der normativen Vernunft: dies sei als dritte Kardinalfrage an das Bild vom Tod als Bruder des Schlafs gestellt. Außer dem Tod, so heißt és bei Ernst Bloch, ist „kein Feind... zentraler, keiner so unausweichlich postiert; keine Gewißheit in dem durchaus ungewissen Leben und seinen Zweckbildungen ist mit der des Todes auch nur vergleichbar".[49]

Es gibt, als Antwort, die seinsgewiß exklusive Abwendung wie in der ‚Ethik‘ des von Lessing hochverehrten Spinoza: „Homo liber de nulla re minus quam de morte cogitat; et eius sapientia non mortis, sed vitae meditatio est."[50] Das ist nicht Leichtfertigkeit des carpe diem, sondern oppositive Setzung, auch gegen die Todesliteratur des 17. Jahrhunderts mit ihrem das Hiesige transzendental entwertenden memento mori. Und es gibt, als komplementäre Grundüberzeugung, unter deren bestimmendem Einfluß Lessing ebenso wie noch Goethe mit seiner Metamorphose-Konzeption steht, die Leibnizsche Idee von der involutio der Monade, von der Einfaltung des Ausgefalteten im Tode, vom bloßen Übergang aus klareren zu diffusen Vorstellungen; weshalb es auch nur Formenwandel gebe, „ny generation entière ny mort parfaite".[51]

Lessing hat diesen Gedanken, der in sich die verlockende Denk-Möglichkeit des stufenweisen Aufsteigens im geschichtlichen Progreß enthält, nur andeutend-hypothetisch gedacht, so vor allem spät in der ‚Erziehung des Menschengeschlechts‘. Der Tod als Bruder des Schlafs wird nirgends explizit mit dieser Perspektive versehen, Lessing hält gewissermaßen einen Schritt davor inne. Herder hat dann darauf hingewiesen, daß der Schlaf der Toten für den Christen füllbar ist mit der Erwartung des Gerichts;[52] die zahlreichen biblischen, vor allem neutestamentlichen Formeln für das Totsein als ‚Schlafen‘, bis hin zum Sterben als ‚Entschlafen‘, geben dazu ein breites Fundament in der christlichen Tradition.[53]

Der genuin aufklärerische Impuls der Todesbewältigung bleibt davon in allen seinen Ausprägungen getrennt. Nicht das Totsein, sondern das Sterben ist das erste Skandalon des auf seine

Vernunft sich gründenden Individuums. Bemerkenswert ist, wie entschieden Lessing auf der Unterscheidung von „natürlichem" und „gewaltsamem" Tod insistiert, und zwar ausdrücklich in Anlehnung an die von ihm analog gedeuteten homerischen Todesbegriffe *thanatos* und *ker* (die sich fortsetzen in „mors" und „letum").[54] Schrecklich nennt er nur den „frühzeitigen, gewaltsamen, schmähligen, ungelegenen Tod". Schrecklich, auch ästhetisch abstoßend in Poesie und Malerei, ist er, weil er widervernünftig ist. Der „natürliche Tod" aber, jener Zentralbegriff vor allem der späteren marxistischen Todesdiskussion (als der utopisch-kollektive Zielpunkt einer klassenlosen Gesellschaft), wird bei Lessing mit auffälliger Apodiktik zur normativen Todesvorstellung überhaupt. „Todt seyn", so heißt es jetzt in zweifelsferner Vernunftlogik, „hat nichts Scheckliches; und in so fern Sterben nichts als der Schritt zum Todtseyn ist, kann auch das Sterben nichts Schreckliches haben."[55] Und welches Bild entspricht diesem Tod, der nun, auf definitorischem Wege, zum Tod schlechthin geworden ist, besser als das Bild des Schlafs? Der von Humanität und Vernunft bestimmte „Geist des Alterthums" selbst verbürgt es.

Generationen vor allem von Poeten haben dieses vernunftästhetische Glaubensbekenntnis fasziniert nachgesprochen. Und immer wieder ist es die ureigene Erfahrung des einzelnen gewesen, die den Widerruf provoziert hat, ja die Umkehrung von Tod und Schlaf. Ich nenne nur ein einziges Beispiel, ein spätes Gedicht des schwerkranken Heinrich Heine:

Morphine

Groß ist die Ähnlichkeit der beiden schönen
Jünglingsgestalten, ob der eine gleich
Viel blässer, als der andre, auch viel strenger,
Fast möcht' ich sagen, viel vornehmer aussieht,
Als jener andre, welcher mich vertraulich
in seine Arme schloß – Wie lieblich sanft
War dann sein Lächeln und sein Blick wie selig!
Dann mocht' es wohl geschehn, daß seines Hauptes
Mohnblumenkranz auch meine Stirn berührte
Und seltsam duftend allen Schmerz verscheuchte
Aus meiner Seel' – Doch solche Linderung,

Sie dauert kurze Zeit; genesen gänzlich
Kann ich nur dann, wenn seine Fackel senkt
Der andre Bruder, der so ernst und bleich. –
Gut ist der Schlaf, der Tod ist besser – freilich
Das beste wäre, nie geboren sein.[56]

Heinrich Heine, noch in einer Epoche aufgewachsen, als das
Bild vom Tod als Bruder des Schlafs die Phantasie wie den
Widerspruchsgeist vieler Autoren fesselte, vermag noch in
todgeweihter Ironie das Modell umzuinstrumentieren, ihm
Aussagekraft abzugewinnen. Für einen Autor wie Yaak Karsunke ist es nur noch skeptisch zitierte oder als bare Ideologie
denunzierte Bildungsreminiszenz. Die Literatur der letzten
Jahre, nicht nur in Deutschland, hat im Zeichen der neuen Subjektivität oder auch Sensibilität die banale, die fressende Anwesenheit des eigenen oder eines nah erlebten Todes neu entdeckt: Günter Steffens etwa, um in der autobiographischen
Darstellung eines langsamen Krebstodes seine Identität zu behaupten;[57] oder Nicolaus Born mit seiner minutiös-betroffenen
Dokumentation eines schäbig-alltäglichen Todesweges von
Spritze zu Spritze.[58] Selbst die Zeit ist vorbei, als der Tod, in der
Mobilisierung alter Volkstraditionen, als komische und somit
beherrschbare Figur auf die Bühne geholt wurde, wie in der ,Al-
kestis' des Aufklärers Euripides oder in der Bearbeitung durch
Thornton Wilder. Dürrenmatt gar bastelt aus dem archaisch-
unerbittlichen Tod virtuose Scherzartikel zur Demonstration
der Unmöglichkeit von Tragik in der heutigen Welt.[59]

Ein Tod als Bruder des Schlafs oder auch ein schöner Jüngling
mit der Fackel wird nirgend mehr benötigt. Der originär aufklärerische Impuls, der die Schaffung des neuzeitlichen Modells
trug, ist nur noch mit bewußter Anstrengung rekonstruierbar,
als Gegenwendung gegen den (ursprünglich selbst wohl egali-
tär gedachten) schreckenden, widervernünftigen Knochenmann.[60] „Nur ein heulender Sünder konnte den Tod ein Gerippe
schelten", sagt Luise Millerin in ,Kabale und Liebe'.[61] Schiller
war hellsichtig und selbstkritisch genug, um auch die Gefahr,
die in der rasch um sich greifenden Ästhetisierung steckte, zu
benennen:

> Lieblich sieht er zwar aus mit seiner erloschenen Fackel,
> Aber, Ihr Herren, der Tod ist so aesthetisch doch nicht.[62]

Für Lessing als den eigentlichen Urheber mag man, um seine Tendenz nicht allzu isoliert aus der Todes-Schrift zu interpretieren, daran erinnern, daß er zeitlebens alles andere als etwa ein Schönerer des heldischen Todes gewesen ist. Sein ‚Philotas‘, im Siebenjährigen Krieg entstanden und genaues Komplement zur ‚Minna von Barnhelm‘, ist ein einziges theatralisches Manifest gegen die ‚Süße‘ des Todes fürs Vaterland (freilich auch ein früh mißverstandenes).[63]

Ich habe hier von Literatur gesprochen und doch wohl zugleich auch von mehr als nur Literatur. Die Religionswissenschaft hat uns immer neue Sinnrelationen zwischen Schlaf und Tod verstehen gelehrt: den Schlaf bei Initiationsriten als Vorbedingung eines neuen Zustands, den Heilschlaf zur Gewinnung neuen Lebens, den Schlaf der Toten als transitorische Herausnahme aus der Zeitlichkeit.[64]

Die besondere Nähe der Poesie (auch der bildenden Künste) zur Vorstellung einer inneren Verwandtschaft von Tod und Schlaf bleibt auffällig. Daß sie bereits in der ältesten Urkunde der europäischen Literatur, bei Homer, als geprägtes Modell begegnet, ist nur eine herausgehobene Bestätigung. Den Tod können wir alle nur imaginieren. Daß wir ihn nicht wissen – darin ist Yaak Karsunkes Gedicht unwiderlegbar. Tod und Schlaf sind, nicht nur für den ‚Ilias‘-Dichter, Zwillingsbrüder. Aber der Schlaf ist gewissermaßen der ältere von beiden. Im Bild der Brüder artikuliert sich die Annäherung an das Unbekannte vom Bekannten her, an den Tod vom Schlaf her. Und damit steht das Modell immer schon unter einem Doppelbezug. Der Schlaf, als Reproduktion von Leben, ist immer zugleich Vorgriff auf den Tod, so wie jeder Abschied Antizipation des Todes ist. Das Bedürfnis, den Tod, der selbst die äußerste, skandalöse Grenze der Vernunft ist, vom Leben her vorstellbar zu machen – da er denn nicht wißbar ist –, dieses Bedürfnis hat nicht nur immer wieder die Einbildungskraft der Poeten beflügelt; aber sie vor allem. Das Bild vom Tod als Bruder des

Schlafs ist ein verführerisches, ein mißbrauchbares Bild. Auch für den Tag nach dem Tod.

Anmerkungen

1 Yaak Karsunke: ‚reden & ausreden'. Gedichte, Berlin 1969, S. 45 (das Gedicht ist Rainer Hachfeld gewidmet).

2 Vgl. insbesondere den Abschnitt ‚historisches kabinett', in: Karsunke (Anm. 1), S. 37 ff.

3 Nützliche, jeweils ergänzungsbedürftige Überblicke bei Henry Hatfield: Aesthetic Paganism in German Literature. From Winckelmann to the Death of Goethe, Cambridge/Mass. 1964, S. 24 ff., Ludwig Uhlig: Der Todesgenius in der deutschen Literatur von Winckelmann bis Thomas Mann, Tübingen 1975 (hier auch umfangreiche weitere Literaturangaben). Immer noch anregend Walther Rehm: Der Todesgedanke in der deutschen Dichtung vom Mittelalter bis zur Romantik, Halle/Saale 1928.

4 Zur Interpretation der Partie vgl. die analoge Zitierung S. Dashiell Hammetts in dem Gedicht ‚detective story', in: ‚reden & ausreden' (Anm. 1), S. 43 ff.

5 „Emblem" hier in Anlehnung an Walter Benjamins Deutung der „Leiche als Emblem" in: Walter Benjamin: Ursprung des deutschen Trauerspiels, Frankfurt a. M. 1963, S. 243 ff.

6 ‚reden & ausreden' (Anm. 1), S. 57.

7 Goethe: ‚Dichtung und Wahrheit', 8. Buch, Hamburger Ausgabe. Hrsg. v. Erich Trunz, Bd. 9, Hamburg 1967, S. 316 f. (Goethe faßt an jener Stelle Eindrücke sowohl des ‚Laokoon' als der Schrift ‚Wie die Alten den Tod gebildet' zusammen).

8 Anne-Claude-Philippe Comte de Caylus: ‚Tableux tirés de l'Iliade', Paris 1757; das Werk stellt bei seinen Interpretationen erklärtermaßen die Ergiebigkeit einzelner Szenen für die bildende Kunst in den Vordergrund (von großer Wirkung auf die Zeitgenossen des Comte Caylus, auch in Deutschland).

9 Lessing: ‚Laokoon', hier zitiert (wie im folgenden alle Lessing-Zitate) nach: Sämtliche Schriften. Hrsg. v. Karl Lachmann, 3. Aufl. v. Franz Muncker, 23 Bde. Stuttgart bzw. Stuttgart – Leipzig 1886–1924 (‚Lachmann-Muncker'); hier: Bd. 9, S. 76.

10 Lessing: Laokoon, Lachmann-Muncker, Bd. 9, S. 76.

11 Zu den näheren Umständen der Entstehung s. Wilfried Barner, Gunter Grimm, Helmuth Kiesel, Martin Kramer: Lessing. Epoche – Werk – Wirkung, 4. Aufl. München 1981, S. 227 ff.

12 Informative Erörterung der einschlägigen Winckelmann-Partien bei Uhlig (Anm. 3), S. 5 ff., bes. S. 7 f.

13 In seiner Schrift ,Ueber den Nutzen und Gebrauch der alten geschnittenen Steine und ihrer Abdrücke', Altenburg 1768.

14 Namentlich aus ,Versuch einer Allegorie, besonders für die Kunst', Dresden 1766.

15 Ausgabe Lachmann-Muncker, Bd. 11, S. 1–55. Eine umfassende Analyse dieser Schrift, insbesondere im Hinblick auf Lessingsche und zeitgenössische Todesvorstellungen, steht noch aus.

16 Lachmann-Muncker, Bd. 11, S. 7.

17 Hebbel: Tagebücher I (1835–1847). Hrsg. v. Karl Pörnbacher, München 1966, S. 280 (Eintragung unter dem 30. Dezember 1841).

18 Ernst Bloch: ,Immer noch in Prachteinband' (1929), in: Ernst Bloch: Literarische Aufsätze, Frankfurt a. M. 1965, S. 18–21, bes. S. 19 f.

19 Lachmann-Muncker, Bd. 11, S. 4.

20 Hierzu, im Zusammenhang der spätmittelalterlichen Totentänze, s. den Beitrag von Hans Schadewaldt im vorliegenden Band.

21 Lachmann-Muncker, Bd. 1, S. 90.

22 Lachmann-Muncker, Bd. 11, S. 55.

23 Lachmann-Muncker, Bd. 11, S. 9.

24 Lachmann-Muncker, Bd. 11, S. 50.

25 Lachmann-Muncker, Bd. 11, S. 55.

26 Lachmann-Muncker, Bd. 11, S. 55.

27 Ernst Bloch: Das Prinzip Hoffnung, Frankfurt a. M. 1959, S. 1345.

28 Herders Sämtliche Werke. Hrsg. v. Bernhard Suphan, Bd. 5, Berlin 1891, S. 656–675; Bd. 15, Berlin 1888, S. 429–485.

29 Zu den näheren Umständen s. Wolfgang Frühwald: Die Auseinandersetzung um Schillers Gedicht ,Die Götter Griechenlands', in: Jahrbuch der Deutschen Schillergesellschaft 13 (1969), S. 251–271.

30 Hierzu einstweilen die in Anm. 3 zitierten Arbeiten.

31 Dabei verbindet sich das Urbildhafte mit der verschiedentlich auch bereits ins Feld geführten normativen Wirkungskraft Homers.

32 An anderen Stellen der ‚Ilias' wird er mit Epitheta bedacht, die eher auf einen ‚Übeltäter' deuten. Zum breiten Spektrum der Todesvorstellungen im frühen Griechentum als hier einschlägigem Zusammenhang s. Gerhard J. Baudy: Exkommunikation und Reintegration. Zur Genese und Kulturfunktion frühgriechischer Einstellungen zum Tod, Frankfurt a. M. 1980. Zur religionswissenschaftlichen Problematik verdanke ich meinem Freund Burkhard Gladigow (Tübingen) wichtige Hinweise.

33 Herder, in der zweiten Fassung seiner Schrift (Suphan, Bd. 15, S. 449; s. Anm. 28), zieht die Stelle kurz heran, freilich ohne nähere Interpretation.

34 Lachmann-Muncker, Bd. 11, S. 38.

35 Lachmann-Muncker, Bd. 11, S. 39.

36 Schiller: Werke. Nationalausgabe, Bd. 1. Hrsg. v. Julius Petersen und Friedrich Beißner, Weimar 1943, S. 193.

37 Hegel: Ästhetik. Hrsg. v. Friedrich Bassenge, Bd. 1, 2. Aufl. Frankfurt a. M. o. J., S. 503 f.

38 Novalis: Schriften, Bd. 1. Hrsg. v. Paul Kluckhohn und Richard Samuel, 2. Aufl. Stuttgart 1960, S. 143.

39 Die umfangreiche Literatur ist gut zusammengefaßt bei Albin Lesky, Artikel ‚Thanatos', in: Paulys Realencyclopädie der classischen Altertumswissenschaft, Reihe 2, Halbbd. 9, Sp. 1245–1268. Besonders anregend im kunstgeschichtlichen Überblick: Erwin Panofsky: Tomb sculpture. Four lectures on its changing aspects from Ancient Egypt to Bernini. Ed. by H. W. Janson, New York 1964.

40 Zum Zusammenhang der eigentümlichen Äußerung Wilfried Barner: Lessing 1929. Momentaufnahme eines Klassikers vor dem Ende eine Republik, in: Literatur in der Demokratie. Für Walter Jens zum 60. Geburtstag, München 1983, S. 439–456.

41 Thomas Mann: Zu Lessings Gedächtnis (1929), in: Thomas Mann: Schriften und Reden zur Literatur, Kunst und Philosophie, Bd. 1, Frankfurt a. M. 1968, S. 350–355, hier: S. 353.

42 Lachmann-Muncker, Bd. 11, S. 55.

43 Lachmann-Muncker, Bd. 11, S. 43 f.

44 Suphan, Bd. 15, S. 449.

45 Suphan, Bd. 15, S. 451.

46 Novalis: Schriften, Bd. 1 (Anm. 38), S. 144.

47 Zum Todesgenius insbesondere in ‚Tod in Venedig' s. Uhlig (Anm. 3), S. 104 ff. (mit der ausgedehnten Interpretationsliteratur).

Zu Hofmannsthal hervorzuheben Hinrich C. Seeba: Kritik des ästhetischen Menschen. Hermeneutik und Moral in Hofmannsthals ‚Der Tor und der Tod‘, Bad Homburg v. d. H. – Berlin – Zürich 1970; zu Rilke immer noch von Bedeutung Walther Rehm: Orpheus. Der Dichter und die Toten, Düsseldorf 1950, S. 379 ff.

48 Matthias Claudius: Werke. Hrsg. v. Bruno Adler, Bd. 1, Weimar 1924, S. 5 f.

49 Ernst Bloch: Das Prinzip Hoffnung (Anm. 27), S. 1301.

50 Spinoza: Opera II. Hrsg. v. Carl Gebhardt, Heidelberg 1925, S. 261.

51 Leibniz: La Monadologie, publ. par Émile Boutroux, 13ᵉ éd., Paris 1930, S. 181. Zur Diskussion in der französischen Aufklärung glänzend Robert Favre: La mort dans la litérature et la pensée française au siècle des lumières, Lyon o. J. (1979).

52 Am deutlichsten in der Erstfassung des Aufsatzes, Suphan, Bd. 5, S. 674; vgl. dann Suphan, Bd. 15, S. 481.

53 Überblicke bei Jacques Choron: Der Tod im abendländischen Denken, Stuttgart 1967, S. 87 ff.; Peter Meinhold: Leben und Tod im Urteil des Christentums, in: Gunther Stephenson (Hrsg.): Leben und Tod in den Religionen, Darmstadt 1980, S. 144–164.

54 Lachmann-Muncker, Bd. 11, S. 40 f. (hier auch das nachfolgende Zitat).

55 Lachmann-Muncker, Bd. 11, S. 40.

56 Heine: Sämtliche Werke. Hrsg. v. Ernst Elster, Bd. 2, Leipzig o. J., S. 101 f.

57 Günter Steffens: Die Annäherung an das Glück. Roman, Köln 1976.

58 Nicolas Born: Sterben, in: Nicolas Born: Theaterskizzen. Erzählungen, Reinbek b. Hamburg 1983, S. 7–11. Zur Darstellbarkeit des Todes in der modernen Literatur seit Dostojewski, interpretierend, Frederick J. Hoffman: The Mortal No: Death and the Modern Imagination, Princeton, N. J. 1964.

59 Veronika Mayen: Das Problem des Todes im Werk Friedrich Dürrenmatts bis zu dem Drama ‚Herkules und der Stall des Augias‘, Diss. Hamburg 1966; Klaus Rohr: Der Tod in der Nachkriegsdramatik, Diss. Köln 1971 (komparatistisch angelegt).

60 Werner Fuchs: Todesbilder in der modernen Gesellschaft, Frankfurt 1969, S. 50 ff. (wo der spätmittelalterliche Knochenmann unter dem Gesichtspunkt der ‚Depotenzierung‘ des Todes gesehen wird);

hervorragende Einzelbeiträge hierzu jetzt auch in: Herman Brae and Werner Verbeke (ed.s): Death in the Middle Ages, Leuven 1983.

61 Schiller: Nationalausgabe, Bd. 5. Hrsg. v. Heinz Otto Burger und Walter Höllerer, S. 86.

62 Man denke an die patriotisierende Versfassung von Gleim; zur Decouvrierung des heroischen Todes in Lessings Einakter s. Wilfried Barner: Produktive Rezeption. Lessing und die Tragödien Senecas. München 1973, S. 53 ff.

63 Schiller: Nationalausgabe, Bd. 1 (wie Anm. 36), S. 286.

64 Knappe religionsvergleichende Überblicke im größeren Zusammenhang der Todes- und Jenseitsvorstellungen bei Stephenson (Anm. 53) und bei Hans-Joachim Klimkeit (Hrsg.): Tod und Jenseits im Glauben der Völker, Wiesbaden 1978.

Der erforschte Tod

Hans-Joachim Merker
Die Anatomie des Todes

„*De morte nil nisi bene.* Kann man wagen, über den Tod zu
sprechen? Wird, was ich sage, angesichts meines Todes standhalten? Hält es stand angesichts des uns allumgebenden Todes? ... Aber eben darum: kann man wagen, nicht vom Tod zu
sprechen? Können wir ein ernstzunehmendes Wort über das
Leben sagen, wenn wir dem Tod nicht ins Auge sehen?" (C. F.
von Weizsäcker: ‚Der Garten des Menschlichen' (1977).

Das Thema „Die Anatomie des Todes" kann unter zwei Aspekten betrachtet werden. Im eigentlichen Sinne des Wortes bedeutet es die Zergliederung, d. h. übertragen die naturwissenschaftliche Analyse des Todes. Darüber hinaus assoziieren wir
aber noch eine andere Bedeutung, die mit einer Abänderung
des Themas genauer gefaßt werden könnte: Die Anatomie und
der Tod. Dieser zweite Aspekt weist auf die Stellung der Anatomie im Rahmen der akademisch-beruflichen Beziehungen zum
Tode hin. Die Erweiterung des Themas in diesem Sinne scheint
berechtigt zu sein. In Anatomischen Instituten (zu denen auch
die Pathologien gehören) wird die Beschäftigung mit naturwissenschaftlichen Problemen des Todes, z. B. seinen Ursachen
und seinen Folgen, vorwiegend und notwendigerweise lokali-
siert sein. Hier verdichten sich alle jene Fragen, die im weitesten Sinne mit der Todesproblematik zusammenhängen und in
anderen Lebensbereichen nur verstreut und zeitlich versetzt
auftreten. In den Anatomien bzw. Pathologien werden aber
auch am konzentriertesten die Reaktionen des Menschen auf
die Begegnung mit dem Tode erfahren. Schließlich entsteht an
diesen Stellen die Notwendigkeit, sich mit der beruflichen Nutzung von Leichen im Rahmen der Ausbildung, der medizinischen Forschung und versicherungs- oder rechtsmedizinischer
Fragestellungen auseinanderzusetzen.

Vor einer Beschäftigung mit den beiden Aspekten unseres Themas *Die Anatomie des Todes* und *Die Anatomie und der Tod* sollten einige einschränkende und relativierende Überlegungen formuliert werden. So können nur Teilbereiche des Gesamtkomplexes berücksichtigt werden, d. h. die Behandlung muß exemplarisch und fragmentarisch sein: Die Auswahl der Fragmente wird aber notwendigerweise von der Person des Vortragenden bzw. des Schreibers geprägt, gehorcht also keinen allgemein-gültigen Regeln. Auf dieser sehr unsicheren Grundlage wird um so klarer erkennbar, wie gering unsere Kenntnisse über Tod und Leben und die Voraussetzungen zur Definition beider Begriffe sind. Solche Definitionen sind aber eine notwendige Basis zur sinnvollen Diskussion der uns hier interessierenden Fragen. Durch diese Unsicherheit wird auch die eigentümliche Situation deutlich, in der sich viele Menschen befinden: Zu keiner Zeit standen wir offenbar dem Tode und den damit zusammenhängenden Problemen so ratlos und so unsicher gegenüber wie heute. In früheren Zeiten waren klare Antworten auf Fragen z. B. nach Sinn und Bedeutung des Todes und des Lebens durch die Verankerung in der jeweiligen Mythologie, Religion oder Philosophie leichter und eindeutiger möglich. Ein wesentlicher und prägender Bestandteil unseres heutigen Bewußtseins ist aber die Naturwissenschaft. Sie kann jedoch solche grundlegenden Fragen nicht – oder noch nicht – befriedigend beantworten. Trotzdem hat sie bereits jetzt unsere Glaubensfähigkeit und Naivität tiefgreifend zerstört. In dieser Übergangssituation können wir uns auch noch nicht freimachen von den vorausgegangenen Versuchen einer Antwort, also von dem Erfahrungsschatz und Gedankengängen der Religionen und Philosophien. Jeder Zugang und jede Hypothesenbildung zum Problem des Todes wird deshalb nicht rein naturwissenschaftlich geprägt sein, sondern auch andere Einflüsse mitschwingen lassen.

Die Anatomie des Todes

Wenden wir uns zunächst den naturwissenschaftlichen Aspekten unseres Themas zu. Hier verlangen es zunächst die Regeln der Wissenschaft, die zu behandelnden Begriffe zu definieren.

Sofort sehen wir uns aber tiefgreifenden Schwierigkeiten gegenüber. Weder die Definition des Todes noch auch die dafür notwendige Voraussetzung, die Definition des Lebens, gelingt ohne Formulierung von Prämissen und Einschränkungen. Trotzdem wird schnell offenbar, daß es je nach Denkansatz verschiedene Definitionsmöglichkeiten gibt. Eine wichtige Voraussetzung für den Versuch einer Definition stellt die Kenntnis der verschiedenen Ebenen des Lebens oder des Todes und damit die Wahl einer dieser Ebenen als Basis des weiteren Vorgehens dar. Diese Schwierigkeiten werden z. B. bereits bei der naturwissenschaftlichen Abgrenzung der Lebensvorgänge von rein chemischen Reaktionen deutlich. Als Eigenschaften von Lebensvorgängen kehren einige Begriffe immer wieder:

- Fähigkeit zur Reproduktion
- Fähigkeit zur identischen Reduplikation
- Reizbarkeit
- Bildung und Verbrauch von Energie
- gerichtete, z. T. sinnvolle Ausnutzung von Funktionen
- Synthese von organischen Substanzen.

Tod wäre also das Erlöschen der hier aufgeführten Prozesse. Diese Relation ist sicher in einem abstrakten Sinn richtig, umfaßt jedoch aus mindestens zwei Gründen nicht die ganze Wahrheit. Einmal wird – nicht zuletzt durch die Versuche, die Entstehung des Lebens im Labor zu simulieren – immer deutlicher, daß einige dieser Funktionen des Lebens isoliert auch im Reagenzglas oder sogar in der unbelebten Natur ablaufen können. Unterstellen wir aber trotzdem die Existenz von Leben bei gleichzeitigem Vorliegen dieser verschiedenen Funktionen, so entstehen dennoch Schwierigkeiten der Abgrenzung. Für einige Zellorganellen, z. B. die Mitochondrien, sind die oben angeführten Fähigkeiten nachgewiesen worden. Selbst wenn man dieses noch nicht vollständig abgesicherte Gebiet nicht berücksichtigt und auf die nächst höhere biologische Einheit, die Zelle, übergeht, bleiben diese Schwierigkeiten bestehen. Ohne jeden Zweifel lebt eine Zelle und kann auch sterben. Nutzen uns aber diese Erkenntnisse bei der Definition des Todes- und Lebensbegriffes auf noch höherer Ebene, nämlich der von tieri-

schen oder menschlichen Individuen? Ist also dieses bioche-
misch definierbare Verhalten als „Leben" und sein Aufhören
als „Tod" zu bezeichnen, und kann uns dieses Wissen bei der
Diskussion der auf den Menschen bezogenen Probleme helfen? Oder gehören zu unserem Lebensbegriff nicht eher die
Funktionen des zentralen Nervensystems, besonders dessen
phylogenetisch jüngeren Teiles (Neocortex) und die anderen
integrierenden und reagierenden Systeme, wie das endokrine
und das Kreislaufsystem? Erst ein Individuum mit dieser Ausstattung wäre also als lebend zu bezeichnen und damit zum
Sterben fähig. Diese Vorstellung bzw. Definition schwingt implizit bei allen Diskussionen auf diesem Gebiet mit. Wenn wir
uns aber auf diesen Begriff bzw. auf diese Ebene beschränken,
ergibt sich ein weiteres Problem, das gerade für die moderne
Medizin eine große Bedeutung gewonnen hat, die Frage nach
den Unterschieden oder den Abgrenzungsmöglichkeiten zwischen menschlichem und tierischem Leben. Die Schwierigkeiten bei dieser Untersuchung ziehen sich wie ein roter Faden
durch die Geschichte der Zoologie, Anthropologie und Natur-
philosophie.

Wir behandeln hier jedoch nicht nur ein abstrakt akademisches
oder sogar nur ein Pseudoproblem. Die Beantwortung dieser
Fragen – Was ist Leben? Gibt es ein spezifisch menschliches
Leben? – ist die Grundlage zu wesentlichen Entscheidungen
und zu praktischen Handlungen eines Arztes, z. B. im Rahmen
der Intensivmedizin bei Behandlung des apallischen Patienten,
beim sog. dissoziierten Hirntod, bei extremen chirurgischen
Eingriffen (Amputation von Hirnteilen) und bei Transplantationen. Natürlich lassen sich einige Lebensäußerungen nennen,
die nach unseren heutigen Vorstellungen ohne jeden Zweifel
als spezifisch menschlich zu beschreiben sind, so die Fähigkeit
zum abstrakten und synthetischen Denken, die Sprache, die
Schrift, das Reflektieren des Bewußtseins, die Fähigkeit zu
nicht zweckgerichteten ethischen Handlungen und die Unterdrückung von Instinkten. Allerdings sind auch hier einige
Zweifel in unsere Brust gesenkt worden. Erinnert sei in diesem
Zusammenhang an die verschiedenen und teilweise hochkom-

plizierten Kommunikationsmöglichkeiten der Tiere, an die
Durchführung ethischer Handlungen in tierischen Gruppen, an
die Unterdrückung der Instinkte bei der Dressur etc. Die
Schwierigkeiten bei der Unterscheidung von Mensch und Tier
haben durchaus historische Vorläufer auf anatomischem Gebiet.
Abgesehen von quantitativen Abweichungen war mit Goethes
Entdeckung des Zwischenkiefers auch beim Menschen der
letzte sogenannte qualitative Unterschied für die Tier/
Mensch-Abgrenzung nicht mehr brauchbar. – Trotz der Ver-
schwommenheit der Begriffsbestimmungen muß der Arzt zu
den damit zusammenhängenden Fragen konkret Stellung nehmen. Wird ein spezifisch menschliches Leben postuliert, so ist
der Verlust der verschiedenen, nur dem Menschen eigenen Fähigkeiten, z. B. nach Schädigung des zentralen Nervensystems,
als besonders gravierend zu betrachten. Diese Vorstellung
muß zu anderen Entscheidungsgrundlagen z. B. im Rahmen
von Prognosebeurteilungen bei Fällen von Apparate-abhängi-
gem Leben führen als bei Berücksichtigung eines etwas erweiterten Begriffes vom Leben.

Die Definition des Begriffes „Leben" war versucht worden, da
der „Tod" oder das „Sterben" nur auf dieser Grundlage verstanden werden kann. Dabei wurden die Schwierigkeiten, die sich
bei diesem Versuch ergeben, deutlich. Aus Gründen der Erleichterung und Praktikabilität werden deshalb Ausführungen
auf das Leben bzw. den Tod allein auf das menschliche Einzelin-
dividuum bezogen. Wir sollten uns aber immer der Kompli-
ziertheit der Begriffsbestimmung bewußt sein und unsere
selbstgewählte Beschränkung auf den Einzelmenschen als willkürlich und vielleicht auch als oberflächlich erkennen.

Bisher sind wir stillschweigend davon ausgegangen, daß alles
„Leben" sterblich und vergänglich ist. Bei der Betrachtung aus
naturwissenschaftlicher Sicht muß diese Aussage als wichtige
Grundlage bei folgenden Diskussionen genauer überprüft wer-
den. Nach dem aktuellen Stand unseres Wissens scheint die
Aussage von der Vergänglichkeit alles biologischen Seins den
Tatsachen zu entsprechen. Die Astrophysiker z. B. sprechen
sogar von einem Lebenszyklus unserer Galaxie oder unseres

Sonnensystems. Klammert man aber diese sehr weite Sicht der Ewigkeit aus, so existieren Phänomene, die einer Diskussion in diesem Rahmen durchaus Wert zu sein scheinen. An dieser Stelle sei auf das Fehlen eines Zelltodes – unter normalen Lebensbedingungen – bei Einzellern hingewiesen. Diese Zellen weisen keinen Lebenszyklus auf, der mit dem Tode endet, sondern teilen sich und entwickeln so eine unendliche Reihe. Ähnliche Probleme klingen bei der Weitergabe genetischer Informationen über die Reduplikation von DNS, der Erbsubstanz, an. Nun sollte man eine chemische Substanz nicht mit dem Begriff „Leben" verknüpfen. Betrachtet man jedoch die Keimzellen von Tier und Mensch, über die DNS weitergegeben wird, so muß dieser Aspekt dennoch hier besprochen werden. Die Keimzellen bilden mit großer Wahrscheinlichkeit ebenfalls eine kontinuierliche und endlose Reihe, die nicht abreißt. Keimzellen stellen die Kontinuität zwischen den Generationen dar. Sie sind Voraussetzung zur Weitergabe des Prinzips „Leben" bei den meisten höheren Tieren. Diese „Persistenz" der Keimbahn beruht auf folgendem Verhalten: Nach Befruchtung der Eizelle teilt sich die entstehende Zygote in 2 Tochterzellen. Während eine dieser Tochterzellen den Embryo bzw. Föten durch ständige Zellteilungen aufbaut und damit zum Sterben verurteilt ist, entstehen aus der zweiten Zelle die Geschlechtszellen. Diese Zellen werden bei der nächsten Befruchtung wieder weitergegeben und sind damit unsterblich. Offenbar sind also Einzelzellen – z. B. Amöben und Keimzellen – in der Lage, durch Zellteilung eine Regeneration zu erreichen und damit dem Tode zu entgehen. Dieses Phänomen ist bei vielzelligen Organismen nicht mehr zu beobachten. Unsere anfängliche Frage muß also mit einer Bestätigung der Aussage über die Vergänglichkeit allen vielzelligen Lebens beantwortet werden. Diese Feststellung induziert die Frage nach den Ursachen des Todes. Auch hier wieder bewegen wir uns – trotz intensiver Bemühungen der Pathologen und Gerontologen – auf noch sehr unsicherem Gebiet. Zwei zentrale Probleme bzw. Fragen sind noch nicht geklärt:

1. Gibt es eine Hierarchie, also ein Führungsorgan, dessen Ausfall notwendigerweise den Tod des Individuums bedingt, oder

sterben auf ein noch unbekanntes Signal hin alle Zellen gleichzeitig?

2. Stirbt ein Individuum, weil es krank ist und die kompensatori-
schen Kräfte zu gering sind oder aber weil eine endogene Uhr
abgelaufen ist?

Sicher scheint zu sein, daß nicht alle Zellen gleichzeitig oder
synchron „sterben". So konnten noch 24 Stunden nach dem
Tode aus der Haut Bindegewebszellen weitergezüchtet werden. Von den Nervenzellen des zentralen Nervensystems ist
dagegen bekannt, daß sie z. B. bei Sauerstoffmangel nur Minuten überleben. Die Zellen anderer Organe liegen mit ihren
Werten dazwischen, jedoch eher in der Nähe der Werte von
Nervenzellen. Diese Befunde könnten auf eine Hierarchie des
Sterbens im Verband des Organismus hinweisen. Es wäre also
zu prüfen, ob es bei alten Patienten ohne Grundkrankheit einen
Zellort oder ein Organ gibt, dessen Ausfall den Tod des Gesamtorganismus bewirkt. Natürlich denkt der Laie, je nach
eigener Erfahrung, an den Herz-Kreislauf-Apparat, die Niere,
das Atmungs- und Nervensystem. Weniger häufig genannt,
aber doch in Betracht zu ziehen sind endokrine Organe, das
Blut und das Verdauungssystem. Es besteht kein Zweifel, daß
nach Ausfall eines dieser Organe oder Systeme früher oder
später der Tod eintritt. Kompensiert man aber diesen Ausfall,
z. B. durch die Herz-Lungen-Maschine, durch Hormon- oder
Blutzufuhr etc., so kann der Organismus durchaus weiterleben.
Diese Erfahrungen (Unterschiede in der Lebensdauer von Zellen und Kompensationsmöglichkeit ausgefallener Organe)
könnte für die „Führungsfunktion" einer der wichtigen Organe
beim Sterben sprechen.

Eng mit diesem Problem verknüpft ist die Beantwortung der
Frage, ob ein Individuum durch exogene Ursachen (z. B. Krankheit) oder endogene Ursachen (z. B. genetische Steuerungsme-
chanismen) stirbt. Es besteht natürlich kein Zweifel, daß durch
Krankheit und den dadurch bedingten Ausfall eines in der Le-
benshierarchie wichtigen Organes der Tod eintreten kann. In
diesem Zusammenhang ist aber die Analyse der Todesfälle
wichtig, die an sog. „Altersschwäche", also ohne erkennbare Be-

teilung von Krankheiten sterben. Die Pathologen, die auf diesem Gebiet die kompetenten Gesprächspartner darstellen, sind sich durchaus nicht einig. Es ist also noch keineswegs sicher, ob wir immer an einer Krankheit sterben oder durch das Stehenbleiben einer endogenen Uhr. Einige der Pathologen behaupten, daß sie bei genauem Suchen bei jedem Verstorbenen eine krankheitsbedingte Todesursache finden. Andere dagegen akzeptieren einen Tod ohne krankheitsbedingte Ursache und verweisen als Beweis auf die Befunde, die bei der Sektion besonders alter Patienten erhoben wurden.

In diesem Zusammenhang müssen Überlegungen und Untersuchungen erwähnt werden, die auf die Möglichkeit eines relativ hohen Alters hinweisen, das durch exogene Einflüsse, z. B. Krankheiten, meistens nicht erreicht wird. Für diese Vorstellung sprechen einmal die statistischen Werte der Lebenserwartung. Sie waren noch vor 100 Jahren relativ niedrig und haben sich seitdem fast verdoppelt. Die Veränderungen der Werte in Abhängigkeit von der Zeit sprechen natürlich für exogene Beeinflussungen des Todeszeitpunktes bzw. für die Möglichkeit einer Verhinderung solcher Einflüsse. Neben Krankheiten sind hier ernährungsbedingte Noxen, Körperpflege, körperliches Training etc. zu nennen. Im Bindegewebe z. B., das die mechanische Belastbarkeit des Körpers gewährleistet, kommen gebündelte Eiweißfäden vor, die sog. kollagenen Fibrillen. Ihre Dicke repräsentiert einen Wert der mechanischen Belastbarkeit. Dieser Wert nimmt bis zur Geburt zu, bleibt dann etwa gleich und nimmt ab dem 50. Lebensjahr wieder ab. Rechnet man diese Dickenabnahme hoch, so kommt man mit 120 Jahren auf Werte, die mit dem Leben nicht mehr vereinbar sind. Erst dann wäre also das Leben nicht mehr mechanisch möglich. Messungen anderer Funktionen und Parameter kommen interessanterweise auf ähnliche Werte. Folgt man dieser Forschungsrichtung, so schöpfen wir unsere zeitlichen Lebensmöglichkeiten durch den schädlichen Einfluß exogener Faktoren nicht vollständig aus. Das Lebensalter wird also sowohl durch exogene Faktoren als endgültig auch durch endogene Mechanismen geprägt. Diese Aussagen bedeuten aber gleichzeitig, daß der Zeitpunkt des Todes unter optimalen Bedingungen genetisch geprägt ist, wenn er auch unter weniger günstigen Bedingungen verfälscht wird.

Die Annahme einer genetisch bestimmten Lebensdauer ist durch die Ergebnisse verschiedener Untersuchungen gestützt worden. So sind Familien mit unterschiedlicher Lebenserwartung bekannt. Bei Mäusen und Ratten konnten Stämme herausgezüchtet werden, die sich ebenfalls in der durchschnittlichen Lebenslänge unterscheiden. Die Deutung dieser Untersuchungsergebnisse ist aber nicht immer einfach oder linear-kausal zu betrachten. So kann eine erniedrigte Lebenserwartung durchaus mit dem Auftreten einer bestimmten Krankheit verknüpft sein, die in bestimmten Familien gehäuft auftritt bzw. deren Frequenz bei Züchtungsexperimenten in Mäuse- und Rattenstämmen ansteigt. Diese Hinweise auf eine genetische Beeinflussung der Lebenslänge muß also nicht auf das Vorkommen eines Gens hinweisen, das direkt die Eigenschaft „Lebenslänge" kontrolliert. Die Entscheidung, ob der Todeszeitpunkt exogen, endogen oder durch beide Mechanismen festgelegt wird, bedarf also noch eingehender Untersuchungen.

Eine besondere Bemerkung sollte dem Gehirn im Rahmen unserer Überlegungen gewidmet werden. In der allgemeinen Vorstellung wird dem Gehirn die wichtigste lebenserhaltende und damit todesbestimmende Funktion zugemessen. Dieser Eindruck ist jedoch nur zu einem geringen Teil richtig. Das Gehirn besteht aus Schichten, die je eine bestimmte Funktion haben sowie untereinander ein ausgeprägtes Kommunikationssystem und eine ausgeprägte Beeinflussungshierarchie aufweisen. Die obere der äußeren Schichten, die Großhirnrinde, enthält u. a. die Schaltzentralen für sog. höhere Funktionen, für das Bewußtsein und für die willkürliche Motorik einschließlich der Sprach-, Schreib- und Hörzentren. Der Ausfall dieser Schicht verändert die Eigenschaften und die Fähigkeit eines Individuums natürlich tiefgreifend, muß jedoch keineswegs den Tod herbeiführen. Selbst wenn noch tiefere Schichten betroffen sind, die Atmungs- und Kreislaufzentren aber noch funktionieren, kann der Patient lange Zeit ohne Bewußtsein und ohne Apparateunterstützung leben. Selbst bei Ausfall aller Hirnfunktionen gelingt es unter Einsatz des Beatmungsgerätes und eines künstlichen Herzens noch, Lebensfunktionen aufrechtzuerhalten. Ein Ausfall des Gehirnes ist also nicht direkt mit dem Eintritt des Todes verknüpft. Das Problem, das in diesem Zusammenhang eher zu diskutieren ist, beruht, wie weiter oben bereits ausgeführt, auf Problemen, die eine Definition des Lebens betreffen. Vor dieser Frage stehen ständig Arzt, ärztliches Personal und Angehörige auf den Intensivstationen. Die Antwort hängt tatsächlich z. T. von dieser Definition ab. Gehört zur Beschreibung des menschlichen Lebens das Bewußtsein und die Möglichkeit zur selbständigen Entscheidung? Die Gefahr besteht, daß wir den Begriff „Leben" nach Qualitätsgraden gliedern, deren Bewertungsskala wir noch nicht kennen oder künstlich festlegen müssen.

Bei einer Zusammenfassung der bisher besprochenen Probleme wird deutlich, daß sowohl die Definition von „Leben", eine Voraussetzung für die Definition des „Todes" als auch die Erfassung der Todesursachen vom naturwissenschaftlichen Standpunkt aus noch keineswegs eindeutig und in genügender Präzision gelingen. Wir müssen Prämissen und Einschränkungen formulieren, z. B. die Berücksichtigung allein der menschlichen Lebewesen unter Vernachlässigung der Fülle aller anderen lebenden Organismen und Lebensphänomene, um den Begriff des Todes genauer fassen zu können. Selbst auf dieser Grundlage gelingt eine Beantwortung von aktuellen Fragen nicht sicher und voll befriedigend. Erinnert sei in diesem Zusammenhang an das Problem der Feststellung des Todes bei Entnahme von Gewebe bzw. Organen zu Transplantationszwekken. Auf der Basis ärztlicher Erfahrung, aber trotzdem willkürlich und artifiziell wird der Tod bei Erlöschen der elektrischen Aktivität des Gehirns festgelegt.

Da die naturwissenschaftliche Behandlung unseres Themas „Die Anatomie des Todes" auf gewisse Schwierigkeiten stößt, ist es, um neue Ansatzpunkte zu finden und die Wissensbasis zu verbreitern, legitim, nach einfacheren Modellen zu suchen. Das einfachste Modell, um das Sterben zu studieren, wäre die Einzelzelle. Auf dieser Ebene sind tatsächlich zahlreiche Experimente und Untersuchungen durchgeführt worden, die uns ein relativ befriedigendes Bild von den dabei ablaufenden Vorgängen vermitteln. – In einem vielzelligen Organismus sterben dauernd Einzelzellen. Besonders ausgeprägt läßt sich dieses Phänomen in einigen Geweben nachweisen, die einer ständigen Zellerneuerung unterworfen sind, z. B. das Blut und das Epithelgewebe auf den äußeren und inneren Oberflächen des Körpers. Dauernd werden hier bereits unter normalen Bedingungen Zellen aufgefressen oder nach außen abgestoßen. Erstaunlicherweise kommen auch in embryonalen Geweben Nekrosen in großer Zahl vor. Sie sind offenbar um so häufiger, je schneller das Gewebe wächst. Die Nekrosen können sowohl isoliert und diffus verteilt sein oder aber an umschriebenen Stellen gehäuft vorkommen. Andere Zellarten, z. B. aus dem Gehirn und der Leber erwachsener Individuen, sterben dagegen zwar in wechselnder Frequenz ab, ohne aber in nennenswerter Menge ersetzt zu werden. Besonders leicht läßt sich das Absterben von Einzelzellen unter pathologischen Bedingungen beobachten. Die Biochemie hat inzwischen so große Fortschritte gemacht, daß es gelingt, Funktionen der Zelle gezielt zu stören, um daraus ihre Bedeutung für die Vitalität der Zelle oder die Auslösung des Zelltodes (Nekrose) abzuleiten. Nicht zuletzt haben die Erfahrungen der Pathologie nach Infarkten, Durchblutungsstörungen, Intoxikationen, Infektionen etc. zum Verständnis der Mechanismen beigetragen, die den Tod einer Einzelzelle auslösen können. Faßt man alle diese Erfahrungen und Befunde zusammen, so lassen sich folgende Ursachen des Zelltodes und die dazu führenden Mechanismen auflisten:

1. Die energetische Insuffizienz. Die normale Zelle des erwachsenen Organismus gewinnt die Energie durch Abbau energiereicher Phosphate, meistens Adenosintriphosphat (ATP), das vorher aufgebaut werden muß. Wird die ATP-Bildung gestört, kann die Zelle zahlreiche energieabhängige Funktionen nicht mehr durchführen, und eine Zellschädigung und schließlich ein Zelltod resultiert. Für den Morphologen ist

diese Situation an einer Schwellung der Zelle und ihrer einzelnen Bestandteile erkennbar. Die Zelle ist nicht mehr in der Lage, Wasser auszutreiben, schwillt und platzt endlich. Da Sauerstoff für die ATP-Bildung notwendig ist, kommen solche Bilder bei Sauerstoffmangel, bei Infarkten, Durchblutungsstörungen etc. zur Beobachtung.

2.   Der enzymatische oder lytische Abbau. Alle Zellen bilden und speichern Enzyme, die zum Abbau des organischen Materials (Eiweiße, Fette, Zucker etc.) fähig sind. Da ihre Aktivität für die Zelle schädlich sein kann, werden sie durch eine begrenzende Membran und Bindung an eine Matrix an der Funktionsausübung gehindert. Bei vermehrter Bildung dieser lytischen Enzyme oder einer vorzeitigen Aktivierung durch Schädigung der begrenzenden Membran bzw. Lösung aus der Matrix kommt es zur Selbstverdauung der Zelle. Werden genügende Mengen solcher Enzyme auch im extrazellulären Raum frei, können sie auch benachbarte Zellen auflösen.

3.   Störung der Membranfunktion, meistens Störungen der Permeabilität. Die Zellmembran grenzt das Zytoplasma nach außen ab und reguliert so alle Stoffwechselvorgänge. Alle Substanzen, die aus der Zelle heraus oder in die Zellen hinein wollen, werden von der Zellmembran kontrolliert. Das gilt besonders für Calcium, das durch eigens dafür bestimmte Poren eingeschleust wird. Bricht die Kontrolle zusammen und die Poren öffnen sich, so strömt vermehrt Calcium in die Zelle. Dadurch werden Calcium-abhängige Enzyme, u. a. Proteasen, aktiviert, die lytisch wirksam sind und Zellteile andauen. Unkontrollierbare Membranporen entstehen z. B. durch Einbau ringförmiger Bakterientoxine in die Membran. Ähnliche Vorgänge sind auch bei Zellauflösungen durch „Killer"-Zellen zu vermuten.

4.   Die Kern-gesteuerte Nekrose-Auslösung. Dieser Mechanismus kann aus den Folgen einer Behandlung geschlossen werden, bei der die Neubildung von sog. Nucleinsäuren, die u. a. Bestandteil der Chromosomen sind, gestört wird.

Offenbar erfolgt also bei Störung der DNS- bzw. RNS-Synthese ein Signal aus dem Kern, das einen noch unbekannten

Mechanismus zur Auslösung des Zelltodes anschaltet. Über diesen Mechanismus wirken die meisten der als zytotoxisch bezeichneten Substanzen, z. B. auch viele der Krebsmittel.

5. Eine wahrscheinlich ebenfalls vom Kern ausgelöste Nekrose findet sich bei dem sog. physiologischen Zelltod während der embryonalen Entwicklung. Solche absterbenden Zellen finden sich entweder diffus verteilt in allen schnell wachsenden Geweben oder gehäuft in umschriebenen Bezirken an immer gleicher Stelle und zu immer gleichem Zeitpunkt. In den schnell wachsenden Geweben ist die Generationszeit sehr kurz (etwa 8 Std.), die Zellen taumeln also von der Chromosomenverdopplung in die Mitose. Die Irrtumswahrscheinlichkeit beim Ablesen der DNS-Schablone ist deshalb sehr hoch. Durch die Nekrosen werden aber die Zellen mit den Ablesefehlern ausgemerzt. Die Bedeutung und Auslösemechanismen der größeren Nekrosebezirke scheinen besonders interessant zu sein. Über diese Einschmelzung werden z. B. phylogenetische Relikte oder Organe mit zeitlich begrenzter Funktion eliminiert, z. B. der Dottersack, Schwimmhäute, Wolffscher und Müllerscher Gang sowie die epitheliale Scheitelleiste an der Extremitätenknospe. Diese Abhängigkeit vom Baumuster, ihre stets gleichbleibende Lokalisation und Erscheinungszeit machen eine Verankerung der Nekrose-Auslösung im Genom der Zelle sehr wahrscheinlich. Es wird in diesem Zusammenhang direkt von einem „code of death" gesprochen. – Hier stünde also möglicherweise ein Modell zur Verfügung, um die genetische Bedingtheit der Lebenslänge und der Todeszeit zu studieren.

Bei den Arbeiten auf diesem Gebiet konnten also ohne jeden Zweifel wesentliche Einblicke in die kausalen Mechanismen der Nekrose bzw. des Zelltodes bei Einzelzellen gewonnen werden. Diese sehr wichtigen und interessanten Erkenntnisse helfen uns aber andererseits nicht weiter bei der Definition des Begriffes „Tod" und bei der Aufklärung seiner Ursachen beim Menschen. Einzelzelle und vielzelliger Organismus bewegen sich in völlig unterschiedlichen Ebenen oder Kategorien. Ein vielzelliger Organismus ist mehr als die Summe seiner Zellen, nicht zuletzt durch die Existenz von Systemen, die der Kommunikation und Abgleichung dienen und die isoliert gestört oder aber stimuliert werden können. Es klafft also in unseren Kenntnissen noch eine große Lücke zwischen den Vorgängen in der Einzelzelle und denen im Gesamtorganismus. Der menschliche Tod entzieht sich deshalb noch der vollständigen naturwissenschaftlichen Analyse. Diese Situation erschwert natürlich eine Stellungnahme zu vielen aktuellen Problemen, die den Tod und das Sterben betreffen. Eine „menschliche" Medizin kann nur dann möglich sein, wenn unser Bild vom Menschen klar und unverschwommen ist. Dazu gehört sicher auch eine fundierte Vorstellung vom Tod, seinen Ursachen und seinem Sinn.

Die Frage nach dem Sinn ist immer wieder gestellt und diskutiert worden. Hier sollen nicht die religiösen Aspekte vertieft, sondern allein die naturwissenschaftliche Betrachtungsweise berücksichtigt werden. Wir stoßen einmal auf Überlegungen, die sehr zweckgerichtet sind und die Nützlichkeit betonen: Ihre Formulierung löst zunächst Schrecken aus. Solche Überlegungen betreffen z. B. die Nützlichkeit einer Elimination von Zellen und Geweben, die eine falsche oder – im phylogenetischen Sinne – veraltete genetische Ausstattung haben (siehe „physiologischer Zelltod" während der Entwicklung). Wenn hier überhaupt eine naturwissenschaftliche Deutung möglich sein kann, dann die, daß der Tod neue genetische Entwicklungsrichtungen erst möglich macht. Diese Vorstellung wird durch eine darwinistische Betrachtung über den Sinn des Todes gestützt. C. F. von Weizsäcker sagt über dieses Thema:

„Aber erst Individuen, die darauf eingerichtet sind, sich selbst zu erhalten, können eigentlich sterben. Für sie ist der Tod ein Ereignis, weil sie darauf angelegt sind, sich gegen ihn zu wehren. So erzeugt die Evolution den Tod."

„Der Tod ist ein Werk der Evolution, in noch schärferem Sinn, als ich es bisher ausgesprochen habe. Eine ‚Erfindung der Natur' sind evolutionsbeschleunigende Strukturen. Von zwei etwa gleich lebenstüchtigen Arten wird diejenige einen Vorteil haben, die sich schneller weiterentwickelt. Dazu gehört das ‚Ausprobieren' vieler Mutanten.

Der Tod des Individuums ist aber noch unmittelbarer evolutionsfördernd. Kurzlebigkeit der Individuen ist ein Selektionsvorteil für die Art, denn sie beschleunigt die experimentierende Generationsfolge. Das Altern der Individuen ist darum gewiß nicht zufällig ein zwangsläufiger Prozeß, eine genetisch fest eingeplante fortschreitende Krankheit. *Wir verschleiern uns dieses Faktum durch naive Vorstellungen, als sei das Altern ein, vielleicht gar vermeidlicher, Verschleiß des Materials.*"

Die Anatomie und der Tod

Der zweite Aspekt unserer Überlegungen – „Die Anatomie und der Tod" – umfaßt eine Fülle von Einzelproblemen aus sehr unterschiedlichen Kategorien und Gebieten. Sie können deshalb in diesem Rahmen weder systematisch und vollständig noch ihrer Bedeutung entsprechend eingehend erörtert werden. An dieser Stelle sollen nur einige Aspekte und Fragen erwähnt werden, die mit unserer Vorlesungsreihe im Zusammenhang stehen oder eine gewisse Aktualität besitzen. Das zentrale Problem stellt ohne Zweifel die Beantwortung der Frage nach der Notwendigkeit und Berechtigung einer Nutzung von Leichen für versicherungs- und strafrechtliche Fragestellungen sowie für Ausbildung und Forschung dar. Die juristische Seite scheint trotz gewisser Lücken, die besonders die Transplantationsproblematik betreffen, in praktikabler Form geklärt, obwohl die Berechtigung einer Leichenöffnung zu Lehr- und Studienzwecken seit jeher aus übergeordneten Gründen (religiös, philosophisch, rechtstheoretisch) umstritten ist. Die juristische Grundlage für den Umgang mit Leichen in Anatomischen Instituten wird zusätzlich abgesichert durch die Herkunft des Leichenmaterials. Die Beschaffung stieß anfangs, wie wir aus historischen Quellen wissen, auf Schwierigkeiten und induzierte z. T. abenteuerliche Aktionen. Bekannt ist, daß auch die Leichen der zum Tode Verurteilten schon seit Jahrhunderten den Anatomien zur Verfügung gestellt wurden. Bis in die 60er Jahre dieses Jahrhunderts wurde die Auswahl der Leichen wesentlich geprägt durch finanzielle und soziale Faktoren. Verstorbene, deren Bestattung der öffentlichen Hand zur Last fielen und von denen keine Angehörigen bekannt waren, wurden den Anatomien überstellt. Außerdem war es lange Zeit möglich, für eine Sektionsgenehmigung nach dem Tode schon zu Lebzeiten Geld zu erhalten. Dieses Vorgehen (Verkauf des Körpers) wurde später wieder verboten. Auch die Überstellung der Leichen armer und alleinstehender Bürger wurde immer kritischer beurteilt. Die juristische Grauzone, in der sich diese Vorgänge abspielten, bedingte auch zunehmend Probleme und Schwierigkeiten. Zu ihrer Lösung standen zwei Möglichkeiten zur Verfügung. Einmal die juristische Absicherung des bisher praktizierten Vorgehens, d. h. die Überstellung der Verstorbenen, die zur Bestattung einer Sozialhilfe bedurften, in die Anatomie. Dieses Vorgehen hat z. B. die DDR gewählt. Aktivitäten in dieser Richtung in der Bundesrepublik konnten sich bisher verständlicherweise nicht durchsetzen. Allerdings ist der genaue Inhalt eines neuen Gesetzes über Sektionen und Transplantationen, an dem seit längerer Zeit gearbeitet wird, noch nicht genau bekannt. Dieser wenig befriedigende und abgesicherte Zustand führte in der Bundesrepublik zu einem deutlichen Engpaß in der Leichenversorgung und – wie aus den Prüfungsergebnissen abzulesen ist – zu einer schlechteren Ausbildung der Medizinstudenten im Fach Anatomie. Inzwischen hat sich eine zweite Lösung eingespielt und durch die Unterstützung breiter Bevölkerungsschichten auch gut bewährt. Bei diesem Vorgehen vermachen sich interessierte Bürger zu Lebzeiten der Anatomie mit der Auflage, nach dem Tode für den Unterricht der jungen Ärzte verwendet zu werden. Diese Möglichkeit hat ein breites Echo in der Bevölkerung gefunden. So liegen z. B. im Anatomischen Institut der Freien Universität Berlin über 5000 Vermachungserklärungen vor. Aus dieser Gruppe gelingt es seit einigen Jahren, den notwendigen Bedarf für Unterricht und Forschung zu decken. Dieser Modus hat natürlich die soziale Herkunft der Leichen in den Anatomien wesentlich verändert. Der Vermachungsentschluß wird bewirkt durch eine Fülle sehr verschiedenartiger Überlegungen, die von mehr abstrakten Gedanken (Förderung der Medizinerausbildung, Nützlichkeit des Körpers für eine gute Sache) bis hin zu konkreten Gründen

(Schuldgefühle, Leiden an einer bestimmten Krankheit, die untersucht werden sollte) reichen und auch keinerlei religiösen Populationen zuzuordnen sind. Überlegungen aber, die zu einer Vermachung führen, setzen eine Beschäftigung mit diesen Problemen voraus und sind damit in gewisser Weise, wenn auch nicht linear, vom sozialen Status abhängig. In zunehmendem Maße finden wir deshalb unter unseren Vermachungen auch Bürger aus sog. sozial höheren Schichten.

Allein mit juristischen und formalen Argumenten jedoch ist die individuelle Frage der Anatomen und Medizinstudenten nach der Berechtigung einer Sektion zu Ausbildungs- und Forschungszwecken nicht zu beantworten. Konkret verdichtet sich diese Problematik zur Entscheidung, ob ein Präparierkurs sinnvoll, nützlich, effektiv und damit vertretbar ist. Die Antwort ist bei allen erfahrenen Lehrern der Anatomie, aber auch bei allen praktisch tätigen Medizinern ein eindeutiges „Ja". Die Notwendigkeit eines Präparierkurses resultiert aus einer Fülle von Argumenten unterschiedlicher Ebene und Wichtigkeit, die in ihrer Summe sowohl Nützlichkeit wie auch Berechtigung evident werden lassen. Solche Argumente gründen sich z. B. auf allgemeine psychologische Überlegungen. Zweifellos ruft die erste Konfrontation mit der Leiche beim Studenten Reaktionen hervor, die aber eine sehr gewünschte Reflexion über seinen Berufswunsch, über sein Menschenbild, über seine geistigen und auch handwerklichen Fähigkeiten induzieren. Die von Schneider (siehe Beitrag in diesem Buch) so eingehend beschriebenen negativen Wirkungen müssen nicht unbedingt schlecht bewertet werden. Sie sind darüber hinaus in dieser Intensität sicher nur in seltenen Fällen zu finden und stellen damit Ausnahmen dar. Positive Beurteilungen des Präparierkurses beruhen natürlich auch auf didaktischen Überlegungen. Der Präparierkurs stellt seit jeher ein klassisches Beispiel – lange bevor es beschrieben wurde – eines „forschenden Lernens" dar – das Idealbild eines Lernvorganges bei den modernen Pädagogen. Jeder Medizinstudent darf zudem nicht nur ein theoretisches Wissen anhäufen, sondern muß auch eine konkrete und auf den Einzelfall passende Vorstellung von anatomischen

Sachverhalten entwickeln. Ein Lehrbuch kristallisiert aber die wechselnden Fakten zu einem Idealbild. Nur im Präparierkurs kann der Student diesen Sachverhalt verstehen, die Realität am Buch messen und ein Gefühl für die Variabilität entwickeln – ein Aspekt, der zwar häufig verdrängt, dessen Wichtigkeit aber nicht deutlich genug betont werden kann. Schließlich ist in der heutigen Medizin die Anatomie die einzige Gelegenheit, den Menschen in seiner Ganzheit zu erkennen – nicht zuletzt durch das Kennenlernen und die Präparation von integrativen Systemen (z. B. Nerven und Gefäße). Diese Erfahrung ist aber die Grundlage für eine „Ganzheitsmedizin". Schließlich stellt die Anatomie ein Regulans für allzu mutige und nicht strukturbezogene Ideen im Rahmen der ärztlichen Tätigkeit dar. Die harte Realität der Morphologie verhindert viele Fehlentwicklungen und falsche Entscheidungen. Diese Rückkopplungsmöglichkeit unterscheidet uns vom Medizinmann, Schamanen oder Heilpraktiker, bzw. anders ausgedrückt, ein Arzt ohne Anatomiekenntnisse ist diesen Populationen zuzurechnen. Schließlich können zur Verteidigung des Präparierkurses noch die Ausbildung handwerklicher und optischer Fähigkeit, die Einübung des Gewebsgefühles und des dreidimensionalen Denkens herangezogen werden. Damit sind noch längst nicht alle Argumente erschöpft. Es sollte an dieser Stelle nur ein Eindruck von der Vielgestaltigkeit und Fülle der Argumente vermittelt werden, die die Durchführung eines Präparierkurses berechtigt erscheinen lassen.

Solche Gedanken über die Nützlichkeit des Präparierkurses und über die damit verknüpften Versuche, Schaden vom Patienten abzuwehren, die Diagnose und Therapie zu optimieren, berühren natürlich nicht Überlegungen auf religiöser und ethischer Ebene. Trotzdem aber erleichtern sie die Entscheidung bei einer prinzipiellen Abwägung. Selbstverständlich sollte eine Leiche der Träger fortlebender Persönlichkeitsrechte sein. Jedoch sind sich die Juristen darin einig, daß diese Betrachtungsweise allein auf Pietätsgründen basiert. Es gibt unseres Wissens nach keine Religion oder andere ernst zu nehmende Glaubensrichtung, in der nicht eine Trennung von Seele oder einer ähnlich definierten Wesenheit vom Körper, der der Vergänglichkeit oder dem Zufall anheim gegeben ist, postuliert wird. Diese Vorstellungen entsprechen zweifellos den täglichen Erfahrungen über das Vergehen aller organischen Substanz. Nach unseren Erfahrungen sind also solche Betrachtungsweisen wenig hilfreich für unsere angestrebte Entscheidung. Bei Abwägung aller dieser Argumente erscheint uns eine Entscheidung zugunsten des Präparierkurses nicht zweifelhaft zu sein.

Gisela Schneider
Über den Anblick des eröffneten Leichnams*

Eingeladen, hier über den Seziersaal zu sprechen, verspüre ich einen gewissen Unwillen, ein fast verstocktes Bedürfnis zu schweigen. Denn was ich zu sagen habe, ist wenig einladend, weder für mich noch – so möchte ich Ihnen unterstellen – für Sie. Anatomie- und Pathologie-Unterricht, diese Initiationsriten des Medizinstudiums, liegen für mich Jahre zurück. Irritationen, Trauer und Grauen, Ekel, Würgen und Brechreiz, all diese heftigen und den geraden Weg der Aufmerksamkeit störenden Reaktionen angesichts der Sektion eines menschlichen Leichnams sind verschwunden oder zu leisen begleitenden Affekten geworden, zu etwas, was zwar noch immer dabei, jedoch eigentlich nicht mehr der Rede wert ist. Was also sollte mich dazu bringen, den Leser, von dem ich nicht einmal weiß, inwieweit er je mit Medizinischem befaßt war oder ist, sozusagen an die medizinische Front der Schauerlichkeiten und Ekelhaftigkeiten zu führen und seine Aufmerksamkeit auch noch im Nachdenken darüber zu strapazieren, warum es selbst die ja bekanntlich robusten Medizinernaturen an dieser Front anfänglich mehr, später weniger graut, schaudert und ekelt.

Der objektivierende naturwissenschaftliche Zugriff unserer westlich abendländischen Medizin auf ihren Gegenstand erfordert eben nun einmal auch den sezierenden Griff nach dem menschlichen Leichnam. Er erfordert es sozusagen, das Innere nach außen zu kehren, um das Körperinnere des Menschen, den Sitz der Krankheiten, zu erforschen. Mediziner, die sich den Zumutungen dieser für die Medizin konstitutionellen Tätigkeiten nicht so gewachsen fühlen, daß sie in der Lage wären,

---

* Teile dieses Beitrages sind bereits in: „Ärztliches Handeln und Intimität" – Regine Lockot, Hans Peter Rosemeier (Hrsg.), Ferd. Enke, Stuttgart, 1983, erschienen.

den Mund zu halten und an die Arbeit zu gehen, sollen, so könnte man argumentieren, eben einen anderen Beruf wählen. Es würde mir keine Schwierigkeiten bereiten, in dieser argumentativen Selbstverhinderung des mir gestellten Themas fortzufahren. Der Seziersaal und das Sezieren sind ganz offenbar etwas, worüber man nicht spricht. Wer es dennoch tut, macht sich verdächtig. Als Mediziner macht er sich verdächtig, den Anforderungen von Studium und Beruf nicht gewachsen zu sein, er macht sich verdächtig, das Sezieren und damit die naturwissenschaftlich objektivierende Konstitution der Medizin in Frage stellen zu wollen oder aber morbides, voyeuristisches oder erzählend exhibitionistisches Interesse an nicht zu ändernden Unannehmlichkeiten zu haben. Er macht sich verdächtig, den Zuhörer in einen unangenehmen, aus dem Bewußtsein ausgegrenzten Bereich führen zu wollen, an einen Ort sinnlicher Gegenwärtigkeit des Todes, als der der Seziersaal ebenso gesellschaftlicher Tabuierung unterliegt wie das Beerdigungsinstitut, das Krematorium, die Leichenhalle oder die Krebsstation. Was nun ist am Sezieren und am Seziersaal, erlaubt man es sich, beides so zu sehen, wie es sich dem durch den medizinischen Blick ungeschützten Auge darbietet, dermaßen irritierend und schrecklich, daß einem im ersten Augenblick tatsächlich nur die Alternative zu bleiben scheint, geschüttelt von einem Ansturm sinnlicher Empörung, entweder die alltägliche Art sinnlicher Erfahrung zugunsten des neutralisierten, die Affekte abspaltenden medizinischen Blicks draußen vor der Tür zu lassen oder aber sich selbst.

Sehen wir uns an, welcher Art das Grauen eines Menschen war, der sich zu letzterem entschloß, nämlich wegzulaufen: „Der Anblick der menschlichen Fleischkammer, der abgetrennten Glieder, der fratzenhaften Köpfe, der blutigen Senkgrube, in der wir herumliefen, der empörende Geruch, der von all dem ausströmte, alles das erfüllte mich mit einem solchen Abscheu, daß ich die Flucht ergriff, durch das Fenster der Anatomie sprang und davonlief, bis ich keuchend zu Hause ankam, als ob der Tod mit seinem Gefolge mir auf den Fersen wäre. Ich verbrachte 24 Stunden unter der Wucht dieses Eindrucks, nicht gewillt, je wieder etwas von Anatomie zu hören und zu sehen, weder von Sektionen noch von Medizin überhaupt."[1]

Es ist sicher keine Übertreibung zu behaupten, daß aus diesen Zeilen, die von dem Komponisten Hector Berlioz stammen, das nackte Entsetzen über den Seziersaal spricht, ein Entsetzen, welches in gar keiner Weise mehr das schreckliche Chaos ordnend zu sich zu kommen vermag. Es hieße nun, sich der Konfrontation mit diesem unmittelbaren, verstörten Grauen zu entziehen, wollte man einwenden, daß Berlioz als sogenannte Künstlernatur die Dinge verzerrt und maßlos übertrieben sah. Er sah sie, eben weil es ihn tatsächlich ohnehin schon vorab von der Medizin wegtrieb, ungeschützt durch den medizinischen Blick. Doch auch Künstlern, die sich bewußt und selbst sezierend der Anatomie zuwandten, wie etwa Goethe oder Michelangelo, sträubten sich letztlich die Sinne. So wird von Michelangelo erzählt, daß er mit dem Anatomieren, das er sehr eifrig betrieben hatte, aufhörte, weil er anfing zu kränkeln und den Appetit verlor. Goethe, der sich mit der Entdeckung des „Zwischenkieferknochens" unter seinen Zeitgenossen als anatomischer Forscher Ansehen erwarb, empfand das Anatomieren als letztlich „unzivilisiert" und „kannibalistisch" und suchte bis ins hohe Alter nach einem Ausweg, den er in der Einführung von Wachsmodellen in den anatomischen Unterricht sah.

Tatsächlich scheint die Behauptung mancher Mediziner, daß ihnen Anblick und Präparieren von Leichen wenig oder gar nicht unter die Haut gegangen seien, meinen Erfahrungen nach häufiger, als ich es selbst zunächst dachte, eher eine selbstbeschwichtigende Formel als Ausdruck tatsächlichen, sich auch ihnen aufdrängenden Empfindens zu sein. Es wäre absurd, aus dieser Selbstbeschwichtigung den Vorwurf mangelnder Sensibilität ableiten zu wollen, denn offenbar ruft das, was das Sezieren neben dem Bemühen, Einblick in Aufbau und funktionellen Zusammenhang des menschlichen Körpers zu gewinnen, auch immer ist, Affekte hervor, die in ihrer unmittelbaren Intensität zu erleben das Sezieren unmöglich machen würden.

„Nur um den Preis geistiger Umnachtung wäre es möglich, während einer solchen Tätigkeit seelisch so auf diese Toten zu reagieren, wie man es ganz selbstverständlich von jedem Menschen erwarten würde, der so brüsk mit einem anonymen Tod konfrontiert wird."[2]

Was der französische Pathologe und Gerichtsmediziner Fesneau mit diesen Worten über das Sezieren von toten Menschen sagt, denen oft schon auf den ersten Blick tragische und dramatische Zusammenhänge, in die sie zu ihren Lebzeiten verwickelt waren, anzusehen sind, gilt mit Einschränkung auch für das Sezieren in der Anatomie und Pathologie. Wenn selbst ein gestandener Pathologe das Zusammenlaufen von Affekt und Tätigkeit beim Sezieren in die Nähe eines „sombrer dans quelques délires",[3] also der geistigen Umnachtung bringt, dann muß am Sezieren etwas sein, was in uns, so wie wir als Angehörige unserer Zeit und Kultur sozialisiert sind, tiefe Ängste hervorruft.

Von einigen dieser Ängste, die sich letztlich alle als eine Bedrohung unserer Identität darstellen, soll nun die Rede sein.[4]

Während meines Studiums erzählte mir ein Kommilitone, er habe während des Anatomiekurses folgenden Traum gehabt:

Er lag auf einer Liege in einem großen halbdunklen Raum, der langsam heller wurde. Es war, wie er meinte, der Präpariersaal. Plötzlich kamen mit schwankenden schweren Schritten und riesengroß die Leichen auf ihn zu.

Die abpräparierten Rückenmuskeln klafften auseinander und hingen zu beiden Seiten herab. Die Gestalten näherten sich ihm eigenartig bedrohlich, wie er sagte. Nach diesem Traum seien ihm die Leichen während des Kurses auf eine unheimliche Weise vertrauter, irgendwie lebendiger erschienen. Hatte ihn sozusagen die Rache der Toten im Traum heimgesucht? Doch wie sollte es zu einem solchen seelischen Erleben bei ihm, einem Studenten, kommen, der mit diesen Toten in seinem Leben noch nie etwas zu tun gehabt hatte und der also in keinerlei psychischer Beziehung zu ihnen stand. Er hatte doch nur, wie ein anderer Mediziner, mit dem ich darüber sprach, treffend bemerkte, an toten „Toten" hantiert, denen er eigentlich nichts mehr zuleide tun konnte.

Psychoanalyse und Ethnologie meinen, daß die Angst vor den
feindseligen Übergriffen der Toten auf die Lebenden in allen
primitiven Kulturen zu finden ist und daß die verschiedenen
Arten von Tabuvorschriften, Ritualen und Mythenbildungen,
die in Umgang mit den Totenregeln, hier sind an erster Stelle
die Bestattungsriten und Jenseitsvorstellungen zu nennen, eben
dieser Angst entspringen. Bei Freud heißt es dazu in „Totem und
Tabu": „Die Toten töten, das Skelett, als welcher der Tod *heute*
gebildet wird, stellt dar, daß der Tod selbst nur ein Toter ist.
Nicht eher fühlte sich der Lebendige vor den Nachstellungen
des Toten sicher, als bis er ein trennendes Wasser zwischen sich
und ihn gebracht hatte. Die Ausdrücke Diesseits und Jenseits
sind hiervon ausgegangen."[5]

Doch wie ist diese Furcht vor Vergeltung zu erklären, die auch
bei Primitiven nicht einfach durch das reale Unrecht, das den
Toten zu seinen Lebzeiten angetan wurde, bedingt sein konnte.
Freud kam der Lösung dieses Problems näher, als er eine bestimmte Art von Schuldgefühlen Hinterbliebener gegenüber
den Verstorbenen analysierte.

Es handelte sich bei diesen Schuldgefühlen um Zwangsvorwür-
fe, in denen die Hinterbliebenen sich jedem Hinweis auf ihre
reale Fürsorge und Pflege zum Trotz anklagten, durch zuwe-
nig Sorge und Liebe am Tod des Verstorbenen schuldig zu sein.
Was sich dem Augenschein als aufopfernde und selbstlose Haltung noch über den Tod hinaus darbot, erwies sich in der
Analyse als Ergebnis unbewußter Feindseligkeit. Der Vorwurf,
ich bin schuld an diesem Tod, da ich den Kranken vernachlässigt habe, heißt in der Sprache des Unbewußten sehr verkürzt:
Ich hätte ihn manchmal umbringen können vor Wut.

Doch was haben diese Ausführungen, die für Primitive und
Zwangsneurotiker gelten mögen, mit dem heutigen normalen
Studenten im Seziersaal zu tun? Zur Klärung dieser Frage muß
ich zunächst auf eine andere eingehen, nämlich auf die, was der
Primitive und der Zwangsneurotiker wohl miteinander gemein
haben, daß sie sich gegenüber den Toten in ähnlicher Weise
verhalten. Ihre Gemeinsamkeit besteht psychoanalytisch gesehen in der starken Ambivalenz ihres Seelenlebens und im

Glauben an die Allmacht der Gedanken. Je unvermittelter die zärtlichen Tendenzen eines Menschen den aggressiven gegenüberstehen, desto größer wird auch die Gefahr psychischer Desintegration im Sinne einer Triebentmischung. Sowohl der Zwangskranke als auch der Primitive müssen deshalb ihre Handlungen dort, wo eine Versuchung zum einseitigen Durchbruch vor allem aggressiver Regungen führen könnte, durch strenge Zeremonien absichern. Was nun für den Neurotiker und den Primitiven gilt, die sich ja nur ontogenetisch bzw. phylogenetisch auf einer früheren Stufe der Entwicklung befinden, die wir alle durchlaufen, trifft cum grano salis auch für den Normalen zu. So hat der eine mehr, der andere weniger mit der Ambivalenz seines Gefühlslebens und Überresten magischen Denkens zu kämpfen. Beides nun wird im Seziersaal einer Belastungsprobe unterzogen: „Der Tote ist wehrlos, das muß zur Befriedigung der feindseligen Gelüste an ihm reizen, und dieser Versuchung muß ein Verbot entgegengesetzt werden."[6]

Ermahnungen zur Pietät und das Verbot, Leichenteile zu stehlen, sind so gesehen die kaum noch sichtbare Spur des kulturgeschichtlichen Kampfes der Menschheit um ihr seelisches Gleichgewicht: „Wo früher der befriedigte Haß und die schmerzhafte Zärtlichkeit miteinander gerungen haben, da erhebt sich heute wie eine Narbenbildung die Pietät und fordert das: de mortuis nihil nisi bene."[7]

Das Sezieren erfordert also offenbar eine nicht unerhebliche seelische Arbeit. Ein Dokument solcher Arbeit ist der eben berichtete Traum meines Kommilitonen (das Gefühl der Unheimlichkeit, mit dem die Leichen in dem Traum plötzlich in der Wirklichkeit vertrauter wurden, deutet darauf hin, daß sich hier durchaus alte Bekannte aus der Ferne längst vergessener Kindheit durch den Seziersaal angelockt fühlten, mit anderen Worten, daß das Verdrängte den Weg zurück ins Bewußtsein suchte, um dort eine erneute Auseinandersetzung zu erzwingen, ein Vorgang also, der erhebliche psychische Energie verbrauchen kann. Doch wehrlos dem Mediziner gegenüber ist nicht nur der Tote, sondern in aller Regel auch der Kranke; die Erfahrungen im Anatomieunterricht sind so nur der Anfang dieser nicht endenden Kette von Belastungsproben unserer seelischen Ambivalenz.

Wenn die Milderung dieser Ambivalenz des Gefühlslebens sowohl in der phylogenetischen Geschichte als auch in der Geschichte des Individuums ein Stück Kulturleistung darstellt, dann wird diese Leistung während des Studiums und im Arztberuf bei Tätigkeiten, die außerhalb der ärztlichen Zielsetzung reinste Aggressionen wären, wie etwa Blut abnehmen, Spritzen, Narkotisieren oder Operieren, einer großen Belastungsprobe ausgesetzt. Wer an ihr scheitert, kann nicht nur in Handlungshemmungen geraten, die hin bis zu einem Studienabbruch gehen oder zur Unfähigkeit führen, als Arzt zu praktizieren. Er kann sich auch, wenn dies gesellschaftliche oder politische Bedingungen gestatten, in einen hemmungslos ausgelebten Sadismus flüchten, wie die Menschenversuche unter dem Nationalsozialismus mit einer Kraßheit gezeigt haben, die eine Lektüre der Dokumente des Buches „Medizin ohne Menschlichkeit" zu einer Zumutung für die wenigen hat werden lassen, die sich ihr unterziehen.

Unbewußte Schuldgefühle gegenüber den Toten stellen also einen Aspekt der diffusen Angst dar, die durch die Tätigkeit des Sezierens wachgerufen werden kann. Sehen wir uns nun einen anderen Aspekt jener Angst, nämlich den der durch das Sezieren provozierten kannibalistischen Phantasie an.

„Geht doch nichts übers Sezieren, um einen Appetit zu machen", sagte Mr. Bob Sawyer und ließ seinen Blick in die Runde schweifen. Mr. Pickwick schauderte ein wenig zusammen. „Übrigens Bob", sagte Mr. Allen, „bist Du schon mit dem Bein fertig?" „Fast", erwiderte Mr. Bob Sawyer und nahm sich ein halbes Huhn auf seinen Teller. „Für ein Kind ist das Bein unheimlich muskulös." „Ja?" fragte Mr. Allen nebenbei. „Ja", sagte Mr. Sywyer mit vollem Mund. „Ich habe mich für einen Arm vormerken lassen bei uns unten", sagte Mr. Allen, „wir steuern zu einem Kadaver zusammen und die Liste ist schon fast voll. Bloß, wir können keinen Kerl finden, der den Kopf nehmen will, könntest Du ihn nicht nehmen?" „Nein", erwiderte Mr. Bob Sawyer, „ich kann mir diesen kostspieligen Luxus nicht leisten." „Unsinn", sagte Mr. Allen. „Ich kann es mir wirklich nicht leisten." „Ich kann es mir wirklich nicht leisten", meinte Mr. Bob Sawyer. „Ich hätte nichts gegen ein Gehirn einzuwenden, aber ein ganzer Kopf ist mir zuviel." „Pst, seien Sie bitte jetzt still", sagte Mr. Pickwick, „ich höre nämlich die Damen kommen."[8]

Scheinbar unterhalten sich hier abgebrühte Medizinernaturen über Geschäftliches. Es geht ganz sachlich zu. Das Kinderbein ist muskulös, die Liste voll, der Kopf zu teuer. Der schaudernden Tischrunde jedoch vermitteln sie in diesem genial konzipierten Wechselspiel von Wort und Tat, worüber sie zugleich immer auch sprechen, aber dennoch nicht sprechen wollen: Ihren Schrecken darüber, daß der Mensch käuflich, zerlegbar und eßbar wie ein Hühnchen ist. Ein erwartungsvoller Blick wird in die Runde geworfen, um festzustellen, ob der Trick auch klappt, die eigene Angst in den Schrecken der anderen zu verwandeln.

Das schaudernde Verstummen der medizinischen Laien festigt die Bande der Medizinerwelt. Die Angst wird abgewehrt, indem man die anderen ausstößt, es schmeckt wieder. In dieser Form also, in der schweigend, aber wirksam zur Sprache kommt, was nicht gesagt werden darf, kann über den Seziersaal gesprochen werden.

Sie ist uns allen als der sogenannte typisch medizinische Zynismus bekannt. Wir kennen sie aus den Medizinerwitzen, den protzigen Berichten von geklauten Beinen, Schädeln und Gehirnen und dem spezifisch medizinischen Zynismus.

In dem obigen Dialog zweier Medizinstudenten aus Charles Dickens „Die Pickwickier" wird der Schrecken über den kannibalistischen Aspekt des Sezierens nicht ausgesprochen, sondern delegiert. Kannibalistische Assoziation und abgewehrte Impulse stellen meiner Beobachtung nach wohl die häufigste seelische Reaktion auf den Anblick dar, der sich im Anatomie- und Pathologieunterricht bietet. Wer würde auch nicht an das Essen und die Küche erinnert, wenn z. B. das Blut mit einem Schöpflöffel aus der Bauchhöhle geschöpft wird wie die Suppe aus dem Topf. Felix Platter, ein Schweizer Arzt des 16. Jahrhunderts, berichtet über die seelischen Auswirkungen einer privat, also zu Hause durchgeführten Anatomie auf seinen Vater folgendes: „Bei gemeldeter Anatomie sagte mein Vater, habe ihn zur Nacht geträumt, er habe Menschenfleisch gegessen, sei darüber erwacht und habe sich über die Maßen erbrochen."[9]

Kannibalistische Phantasien und Gelüste sind tatsächlich etwas Urmenschliches im wahrsten Doppelsinn des Wortes. Der wirkliche Kannibalismus unter Naturvölkern war weltweit verbreitet. Der psychische ist es als Produkt einer Entwicklungsphase noch heute. Wem dies unglaubwürdig erscheint, der beobachte einmal Kinder in ihren Spielen und Phantasien. Selbst wenn sie intellektuell nicht mehr an die reale Möglichkeit des Fressens und des Gefressenwerdens glauben, wird deutlich, daß sie dies emotional durchaus noch tun.

In einer meiner Kinderpsychotherapien mußte ich mich unzählige Male als Hexe braten und verspeisen lassen. Den anderen aufzufressen, und dies ist in kindlichen Phantasien wörtlich gemeint, stellt den archaischsten, aus der oralen Phase stammenden Modus der Identifizierung mit dem anderen dar. Da die orale Einverleibung des Objekts zugleich die Vernichtung seiner realen äußeren Existenz bedeutet, ist diese Form der Beziehung zu anderen immer auch aggressiv. Sprachwendungen wie „Jemanden zum Fressen gern haben", jemanden „appetitlich" oder „unappetitlich finden" verraten sowohl den kannibalistischen als auch den ambivalenten Charakter dieser frühesten Form des Beziehungsmodus. Je mehr ein Mensch diesem archaischen Modus verhaftet ist, je mehr er in seinen Beziehungen zu anderen dazu neigt, mit diesen zu verschmelzen, sie „mit Haut und Haaren aufzufressen", ,zu verschlingen', desto bedrohlicher muß für ihn die Wahrnehmung der Identität allen Fleisches, also der Eßbarkeit auch des menschlichen Fleisches sein. Denn die Tendenz, sich den anderen einzuverleiben oder von ihm einverleibt zu werden, ist ursprünglich wörtlich gemeint.

Ebenso archaisch wie die Bedrohung ist im allgemeinen auch ihre Abwehr, das Erbrechen. Die durch kannibalistische Einverleibungsphantasien bedrohte Trennung zwischen Innen und Außen, zwischen mir und dem als eßbar wahrgenommenen Menschenfleisch wird durch das Herauswürgen des in der unbewußten Phantasie Einverleibten wiederhergestellt.

Unmittelbar in Zusammenhang mit den kannibalistischen Phantasien, die durch das Sezieren geweckt werden, steht ein anderer Aspekt jener Identitätsängste, die im Seziersaal erregt werden können: die vor der „Zerstückelung" des menschlichen Körpers und, damit verbunden, vor der Veräußerlichung des Inneren.

Neben der sinnlichen Erfahrung der Fleischlichkeit des Menschen wirkt die Zerstörung des menschlichen Körpers durch Zergliederung wohl am schockierendsten auf den Medizinstudenten. Im Gegensatz zur Pathologie wird der Körper in der Anatomie ja regelrecht zerstückelt. So liegt zu Beginn eines Kurses noch der ganze Leichnam auf dem Seziertisch, später nur noch der Unterkörper, die Beine oder andere Gliedmaßen. Ich erinnere mich, daß ich diese Zerstückelung zwar als schockierend, jedoch auch als Erleichterung empfand, sozusagen als zunehmende Verkleinerung des unheimlichen Studiengegenstandes, welche die nicht unberechtigte Hoffnung auf dessen endgültiges Verschwinden weckte. Daß das, was ich mir eigentlich wegwünschte, der tote Mensch nämlich, als Studienobjekt schon längst verschwunden war und daß eben dies Verschwinden die Erleichterung bewirkte, wurde mir recht brutal in Erinnerung gerufen durch eine Beobachtung, bei der ich glaubte, meinen Augen nicht trauen zu können: Ein kleiner dicker Institutsgehilfe schob, eine Zigarre im Mund und mit unendlich gleichgültiger Miene, eine Bahre durch den Gang zwischen den Seziertischen. Auf ihr lagen, wie die Dachziegel gestapelt, menschliche Oberkörper. Arme, und ich weiß nicht was noch, denn ich mußte wegblicken. Dieser Blick hinter die Kulissen der Lehrveranstaltung löste in mir Entsetzen aus. Zugleich jedoch fühlte ich mich einer beschämenden Naivität überführt, denn was sich mir im ersten Entsetzen darbot wie die leibhaftige Unterwelt des Anatomieinstituts, eine mit scheinbar infernalischer Kälte und Beziehungslosigkeit verwaltete Werkstatt menschlichen Wahnsinns, war ja nichts anderes als die materielle Grundlage des Anatomiestudiums. Ich hatte mich zuvor weder gefragt, wer eigentlich die Zergliederung der Leichname zwischen den Kurstagen ausführte, noch, was mit den Leichenteilen und Präparaten geschieht, nachdem sie ihrer Zweck erfüllt haben. Vielmehr hatte ich es, wie wohl die meisten anderen Medizinstudenten, vorgezogen, dieses Stück der Realität der Anatomie aus meiner Vorstellung vom Medizinstudium auszublenden und darauf zu vertrauen, daß irgendwelche Leute „das alles" schon machen würden. Das Beschaffen und Konservieren der Leichen, das Hinlegen zum Unterricht und das anschließende Wegräumen, das Zerschneiden und schließlich das ‚Irgendwohin-Tun' der vielleicht doch noch verbleibenden, also nicht völlig in ein Präparat übergegangenen Leichenteile. Und ich machte dies auch weiterhin. Obwohl es mir, wie ich heute weiß, ein Bedürfnis war zu erfahren, wer, warum und wie man seinen Körper der Anatomie vermacht und was in der Anatomie mit diesem letztlich geschieht, fragte ich nicht. Mit meinem Schweigen hielt ich mich wie nach meiner Beobachtung die anderen auch ganz instinktiv an ein ungeschriebenes Gesetz, nämlich durch Fragen keine falschen Unterstellungen zu artikulieren. Denn genau gesehen enthält jedes Hinterfragen der Anatomie die Unterstellung, daß in ihr möglicherweise nicht alles mit rechten Dingen zugehe. Ein nicht unwesentlicher Moment des Schreckens angesichts solcher für unsere Wahrnehmungen kaum erträglichen Anblicke liegt ja, so möchte ich behaupten, gerade in seiner Unstrukturiertheit.

Das Szenenhafte, aus der realen Strukturierung durch Raum und Zeit gewissermaßen alptraumhaft Herausspringende solcher Eindrücke würde dadurch, daß wir etwas über den Handlungszusammenhang erfahren, aus dem sich ein solches für sich alleinstehend fast surreal wirkendes „Stück" Realität ergeben hat, ernüchternd und beruhigend zugleich in die Wirklichkeit zurückgeholt und damit seines quasitraumatischen Charakters beraubt werden. Doch neben dieser Unstrukturiertheit liegt auch hier der eigentliche Schrecken in einer massiven Identitätsbedrohung. Wir alle vollziehen tagtäglich Identifizierungen

mit den Menschen, mit denen wir zusammenkommen. Um
sicherzugehen, daß wir es mit unserem Gegenüber mit etwas
Vertrautem, mit Unseresgleichem zu tun haben, tasten wir es
auf seine Gleichheit mit uns selbst ab. Dieser unbemerkt verlau-
fende Prozeß wird uns bewußt, wenn wir es mit einem Menschen zu tun haben, der etwa durch eine körperliche Behinderung oder Entstellung, durch Hautfarbe oder Rasse etwas zunächst Fremdes zwischen sich und uns selbst stellt. Unbewußt
befürchten wir, daß uns Gleiches widerfahren könnte, und müssen uns deswegen zunächst deutlich abgrenzen, was sich z. B.
als Blickabwendung oder Weggehimpuls oder auch als aggressiv getönte Stimmung äußern kann. Sehen wir uns nun einem
menschlichen Leichnam gegenüber, zergliedert, aufgeschnit-
ten und z. B. in der Pathologie wie ausgeweidet, so brechen unsere Möglichkeiten, unser Identitätsgefühl durch Identifizierung und Abgrenzung aufrechtzuerhalten, zusammen. Ar-
chaische Auflösungsängste werden in uns lebendig, wir haben
das Empfinden, in ein Nichts zu fallen, was sich als Schwindel
oder gar als Ohnmacht äußern kann. Denn was diesem Menschen dort, also diesem Leichnam, widerfuhr, stellt die Realisierung einer Entgrenzung dar, wie sie Psychologen und Psychiater der Phantasien und Wahnbildungen beispielsweise von
Schizophrenen bekannt sind. Die Erfahrung unseres körperlichen Selbst als ganz und einheitlich ist uns nicht ursprünglich
gegeben, sondern wird im Laufe unserer psychischen Entwicklung über die Psychodynamik einer sich herstellenden Beziehung zum anderen erst erworben. Die Besonderheit dieser Entwicklung ist, wie Erich Wulff beschreibt, in unserem westeuro-
päischen und nordamerikanischen Kulturkreis, etwa im Gegensatz zu Vietnam, zu einem Ich-Ideal zu führen, das durch aneig-
nende Abgrenzungen Einzigartigkeit und strikte Trennung zwischen dem Selbst und dem Anderen sich auszeichnet.[10] Das
Organ dieser Abgrenzung ist die Haut, und so empfinden wir
hier in unserem Kulturkreis alles, was unter die Haut geht, als
höchst individuell und intim, als zu uns gehörig.

Angesichts eines eröffneten menschlichen Körpers nun erscheint uns diese Abgrenzung nicht mehr als einfache Gege-

benheit, sondern als eine psychische Leistung, die uns abgefordert wird, eben als Abwehr einer Identitätsbedrohung.

Ich hoffe, daß es etwas deutlich geworden ist, daß das Sezieren im Mediziner spezifische und teilweise sehr mächtige Ängste und Affekte hervorrufen kann. Diese Ängste und Affekte angesichts des Gegenstandes, der sie auslöst, zu neutralisieren und im hellen Bewußtsein forschender und tätiger Wachheit dennoch ständig weiter zu evozieren, stellt mit Sicherheit eine Belastungsprobe des Mediziners dar. Heutzutage muß er mit all dem allein fertig werden. Ja, er muß sich sogar fragen, ob es normal sei, solche Affekte zu haben.

Ein Blick auf die Geschichte der Medizin zeigt, daß dies nicht immer so gewesen ist. „In Greifswald wurden 1624 nach Beendigung einer Anatomie die restlichen Leichenteile unter Glokkengeläut, Gesang der Stadtschüler und in Begleitung der Professoren und Studenten begraben. Anschließend folgte auf das festliche Ereignis Leichentrunk und Leichenschmaus, es ging also so zu wie bei der Bestattung eines geschätzten Bürgers."[11] Mit dem Hinweis auf die „geschätzten Bürger" ist eine spezifische medizinhistorische Problematik der Anatomie angesprochen, nämlich die, daß tatsächlich über Jahrhunderte hauptsächlich Personen zur Sektion gekommen sind, die zum Tode verurteilt waren oder die aus sonst irgendeinem Grunde aus der Gesellschaft ausgestoßen waren. Die psychische Dimension unbewußter Schuldgefühle stand deshalb früher in einem zugleich prekäreren und deutlicheren Verhältnis zur realen Praxis der Anatomie, was diese sehr lange in dem Ruf der „Infamie" hat stehen lassen.

Solche christlichen Ritualisierungen von Sektionen, die meines Wissens über längere Zeit durchaus verbreitet waren, boten die Möglichkeit einer kollektiven Entlastung von Angst- und Schuldgefühlen, die der Student heute allein bewältigen muß.

Früher war das Anatomieren keineswegs in jene schweigende Indifferenz gehüllt, wie dies heute der Fall ist. Über Jahrhunderte stellte es vielmehr ein öffentliches Skandalon dar, rief Volksempörung und angesichts des Auftretens der sogenannten ‚Resurrektionisten‘, der ‚Wiederauferstehungsmänner‘, eines organisierten Verbrechertums zur Beschaffung von Anatomieleichen, heftige öffentliche Debatten über den Sinn und die ethische Problematik des Sezierens hervor, die vielfältigen literarischen Widerhall, wie z. B. bei Goethe, Stevenson und vielen anderen mehr, fanden.

Ich persönlich habe es staunend und erleichtert zur Kenntnis genommen, daß vieles von dem, was uns noch heute, auch wenn wir schweigen, am Sezieren irritiert und beunruhigt, die Geschichte der Anatomie in öffentlichen Debatten wie ihr Schatten begleitete.

Anmerkungen

1 H. Roessler: Hector Berlioz und seine medizinische Karriere, Med. Monatsspiegel 1 (1960), S. 2.

2 Louis Thomas: Anthropologie de la mort, Paris 1980, S. 253.

3 Louis Thomas (s. Anm. 2).

4 Hier folgende Ausführungen basieren im wesentlichen auf Auszügen aus Regine Lockot, Hans Peter Rosemeier (Hrsg.): Ärztliches Handeln und Intimität, Ferdinand Enke, Stuttgart 1983, S. 203–222.

5 Sigmund Freud: Gesammelte Werke (GW), IX (1973), S. 15.

6 Sigmund Freud: Gesammelte Werke (GW), IX (1973), S. 78.

7 Sigmund Freud: Gesammelte Werke (GW), IX (1973), S. 83.

8 Charles Dickens: Die Pickwickier, München 1971, S. 530.

9 Felix Platter: Tagebücher aus dem Jugendleben eines deutschen Arztes des 16. Jahrhunderts, in: H. Kohl (Hrsg.), Leipzig o. J., S. 42.

10 Vgl. hierzu: Erich Wulff: Grundfragen transkultureller Psychiatrie, in: Das Argument 50 (1969).

11 S. Bommer: Die medizinische Fakultät in den ersten vier Jahrhunderten, in: Festschrift zur 500-Jahr-Feier der Universität Greifswald, Band II, Magdeburg, Greifswald (1956), S. 276.

Rolf Winau

Untersuchungen zur Mortalität in Berlin im 18. Jahrhundert

Unser Wissen über die Mortalität in früheren Jahrhunderten ist äußerst mangelhaft. Zwar liegen über spektakuläre Todesursachen, die epidemischen und pandemischen Seuchen, z. B. die Pest, eine Reihe von zum Teil auch detaillierten Untersuchungen vor, über den gewöhnlichen, den alltäglichen Tod haben jedoch weder Zeitgenossen noch zumindest bis vor kurzer Zeit weder Historiker noch Medizinhistoriker stichhaltiges Material vorgelegt.

Erst die Methoden der historischen Demographie haben es in den letzten Jahrzehnten möglich gemacht, sich auch diesem Problem wissenschaftlich zu nähern. Die historische Demographie beschreibt Bevölkerungsveränderungen numerischer, wirtschaftlicher und sozialer Art und untersucht dazu zunächst örtliche und zeitliche Veränderungen der Anzahl der Geburten, der Heiraten und der Sterbefälle. Sie versucht, die Ursachen für diese Veränderungen herauszufinden und damit mehr über die Lebensumstände des damaligen Durchschnittsmenschen zu erfahren. In Europa konzentriert sie sich im wesentlichen auf die Zeit von 1650–1880. Im deutschen Sprachgebiet gab es zu dieser Zeit noch keine statistischen Ämter, der Forscher ist also auf anderes Material angewiesen. Wichtigstes Quellenmaterial für demographische Untersuchungen sind die Kirchenbücher, die für Berlin, beginnend in der Mitte des 17. Jahrhunderts, fast vollständig erhalten sind.[1]

In Berlin war es Artur Imhof, der als erster die aus Frankreich kommende Methode aufgegriffen hat, nachdem er schon in seiner Gießener Zeit Untersuchungen zu oberhessischen Gemeinden vorgelegt hatte.[2] Er war es auch, der immer wieder drängende Fragen an den Medizinhistoriker richtete, was denn welche Todesursache wohl für eine Krankheit gewesen sei, die dieser nicht beantworten konnte. Wie sollte er „Jammer" oder „Zähne" oder „Abzehrung" erklären und möglichst in moderne Terminologie übersetzen können, wenn diese Begriffe in seinen Lehr- und Handbüchern nicht einmal vorkamen.

So entstand der Plan, in der Auswertung der Kirchenbücher zweier Gemeinden, der Petri- und Sophiengemeinde, gerade diesem Problem besondere Aufmerksamkeit zu widmen. Folgende Fragen hoffen wir mit der Untersuchung beantworten zu können:

1. Wie verläuft die Sterblichkeit innerhalb des untersuchten Zeitraumes und innerhalb eines Jahres unter Berücksichtigung der Säuglings- und Kindersterblichkeit?
2. Gibt es einen Zusammenhang von einzelnen Krankheiten und dem durchschnittlichen Lebensalter, dem Geschlecht, der sozialen Schicht oder dem Beruf und lassen sich hier äußere Einflüsse wie Krieg und Mangelernährung nachweisen?
3. Welche Bedeutung haben einzelne Krankheiten für die Gesamtmortalität im Verlauf der Jahre und innerhalb eines Jahres, auch hier wieder differenziert in Säuglings-, Kinder- und Erwachsenensterblichkeit?
4. Ist es möglich, für bestimmte Krankheiten „Kennkurven" zu erstellen, mit deren Hilfe eine Identifizierung vorgenommen oder doch zumindestens die Zuordnung von verschiedenen Krankheitsnamen zu einem Komplex wahrscheinlich gemacht werden kann?

Ich berichte hier über einen ausgewählten Zeitraum, nämlich die Zeit von 1750–1775. Das hat einen sehr einfachen Grund: für diesen Zeitraum sind unsere Untersuchungen so weit gediehen, daß verläßliche Aussagen gemacht werden können, und es ist ein Zeitraum, für den aus den bei Herrn Imhof gemachten Untersuchungen und einer eigenen Pilotstudie der Gemeinde Rudow Vergleiche gezogen werden können.[3]

Der von Friedrich Wilhelm I. (1713–1740) aufgebaute und gut verwaltete Militär- und Beamtenstaat Preußen stand auch unter Friedrich dem Großen (1740–1786) unter aufgeklärter, streng absolutistischer Führung. Der Staatshaushalt wurde vor allem durch den Militäretat stark belastet. Dennoch ist im Berlin dieser Zeit eine starke Bautätigkeit zu beobachten. In der Berliner Wirtschaft hatte das Textilgewerbe eine Vorrangstellung. Das Manufakturwesen war gerade dabei, in den zünftigen Handwerksbetrieb einzubrechen.

Die europäische Medizin war trotz zunehmender Kenntnisse vom Bau des menschlichen Körpers geprägt von der Humoralpathologie, auf der auch die Therapie zum großen Teil beruhte mit ihren seit dem Mittelalter kaum veränderten Methoden des Purgierens, Schröpfens und Aderlassens und der medikamentösen Therapie. In der behandelten Zeit entwickelte sich zwar das Konzept einer medizinischen Polizei, einer allumfassenden öffentlichen Gesundheitspflege, jedoch blieb sie in weiten Stükken Theorie und war streng an merkantilistisch-kameralistischen Gesichtspunkten orientiert. Wie in allen anderen Bereichen bestand auch der Zweck der gesundheitlichen Maßnahmen darin, dem Herrscher und dem Staat einen Macht- und Reichtumszuwachs zu sichern. Dieser wurde vor allem in einer Steigerung der Bevölkerungszahl gesehen.

Die ärztliche Versorgung in Berlin war, betrachtet man die reinen Zahlen, relativ gut. 1765 gab es jeweils 35 Ärzte und Chirurgen bei einer Bevölkerungszahl von knapp 100 000. Jedoch darf diese Zahl nicht überbewertet werden. Das ärztliche Personal stand nur dem Hof, dem Militär und dem wohlhabenden Bürgertum zur Verfügung. Welche Rolle die Pastoralmedizin in Berlin gespielt hat, ist noch ungeklärt und wird demnächst von uns untersucht werden. Denn sie spielt für unsere Fragestellung eine erhebliche Rolle. Für eine Auswertung der Todesursachen ist es von erheblicher Bedeutung, wer diese festgestellt hat. War es ein Mediziner, der Pastor oder ein Laie?

Dabei kommt noch eine weitere Schwierigkeit hinzu. Das 18. Jahrhundert kannte nicht, wie wir heute, eine pathophysiologische, ätiologische Nomenklatur der Krankheiten, sondern ordnete diese nosologisch. Das Bezugssystem gründete auf den Krankheitssymptomen und auf der Säftelehre. Die damaligen

Termini lassen fast durchweg nur äußere Zeichen erkennen, sind also stark an der Symptomatik orientiert. Eine Übersetzung der historischen Diagnosen in moderne ist kaum möglich, da es zwischen dem nosologischen und dem ätiologischen Krankheitssystem keine gemeinsame logische Basis gibt.

Versuchen wir dennoch die eingangs gestellten Fragen zu beantworten.

Im Mittel sind jährlich in der Petrigemeinde 327 Personen gestorben mit einer Schwankungsbreite von 263 im Jahr 1774 und 387 im Jahr 1758. Dieses Jahr 1758 ist auch in anderen Gemeinden bemerkenswert. In der Sophiengemeinde ist in diesem Jahr zwar eine nicht extrem hohe Sterblichkeit, wohl aber ein Rückgang der Geburten bis auf das Niveau der Sterbefälle festzustellen. Eine ähnliche Beobachtung gilt für das Jahr 1772.

Artur Imhof hat für diese Jahre für Gesamtberlin ein starkes Überwiegen der Mortalität über die Natalität festgestellt.[4] Auffallend ist der Anteil der Kinder an den Verstorbenen. In der Petrigemeinde machte er 57,8 %, in der Sophiengemeinde 62,8 % aller Verstorbenen aus. Edgar Bielke aus der Arbeitsgruppe Imhof hat für die Gemeinde Friedrichswerder für diesen Zeitraum einen Kinderanteil von 50,13 errechnet.[5]

Das starke Überwiegen der Kinder unter allen Gestorbenen verdeutlicht die Abbildung 1.

Ein völlig anderes Bild hat die Altersverteilung der Gestorbenen in Berlin im Jahre 1975 (Abb. 2). Auf die Frage, wann sich diese Strukturen verändert haben und was die auslösenden Faktoren gewesen sind, kann man bislang nur unbefriedigende Antworten geben. Diese Veränderungen sind in der Zeit von 1900–1930 vonstatten gegangen; eindeutige Gründe, vor allem solche medizinischer Art, lassen sich nicht nachweisen. Wahrscheinlicher ist, daß hier tiefgreifende Veränderungen der Mentalität, der Einstellung zum Kind und eine damit einhergehende Familienplanung sichtbar werden. Untersucht man die saisonspezifische Sterblichkeit, also die Verteilung auf die einzelnen Monate, so fällt bei einer globalen Betrachtung nichts Wesentliches auf. Differenziert man jedoch nach Kinder- und

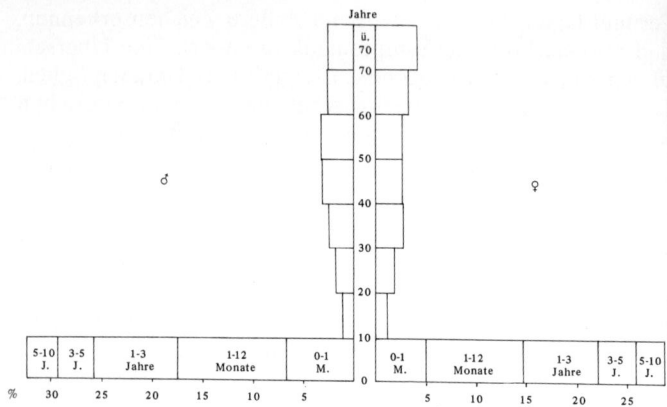

Abb. 1 Geschlechtsspezifische Altersverteilung der Todesfälle in der Sophiengemeinde 1750–1775.

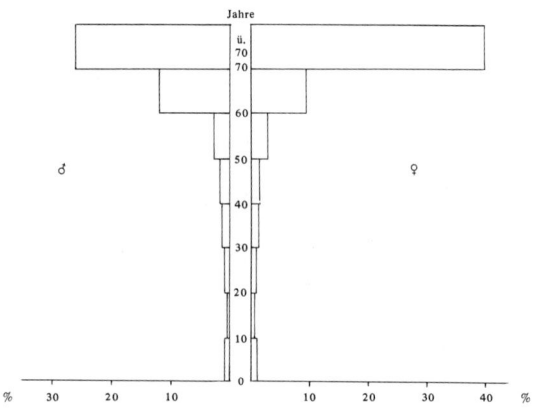

Abb. 2 Geschlechtsspezifische Altersverteilung der Todesfälle in Berlin (West) 1975 (Quelle: A. Imhof: Mortalität in Berlin (Anm. 2).

Erwachsenensterblichkeit, so lassen sich deutliche Unterschiede feststellen. Während der Sterblichkeitsgipfel bei den Erwachsenen im Frühjahr liegt, liegt er bei den Kindern in den Sommermonaten.

Über die Ursachen dieser Verteilung werden wir noch zu sprechen haben.

Die Auswertung des Sterbealters ergibt Unterschiede in der Sterblichkeit zwischen den Geschlechtern schon in den ersten Lebenstagen. Der Anteil der verstorbenen Knaben liegt in der Petrigemeinde bei 30,6 % gegenüber 26 % bei den Mädchen bezogen auf das 1. Lebensjahr. Für die Sophiengemeinde ergibt sich ein ähnliches Bild, ebenso für Rudow und Friedrichswerder, wobei hier auf die insgesamt geringere Kindersterblichkeit hingewiesen sei, ein Indiz für die insgesamt bessere soziale Situation dieser Gemeinde.

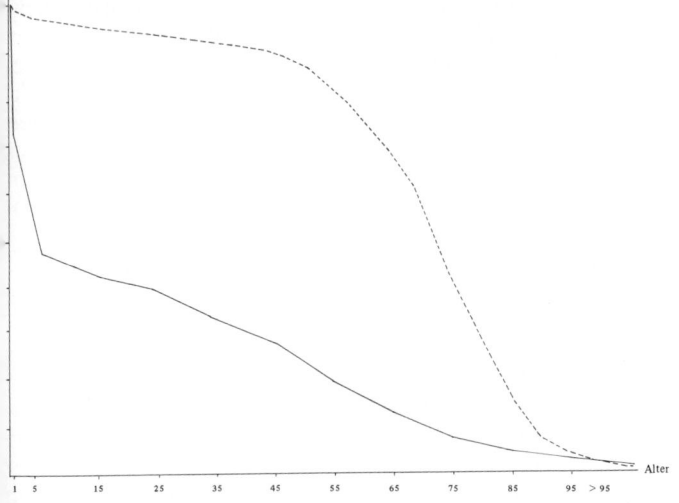

Abb. 3 Absterbeordnung in der Petrigemeinde 1750–1755 ———
und in Berlin (West) 1975 - - - -

Betrachtet man die Absterbeordnung, so zeigt sich folgendes: Bereits nach einem Jahr leben 30 % der Geborenen nicht mehr, nach fünf Jahren sind es bereits über 50 %, dann steigt die Zahl der Gestorbenen ziemlich regelmäßig an. Die moderne Absterbekurve hat einen genau entgegengesetzten Verlauf. Fast 90 % der Gestorbenen erreichen heute das 50. Lebensjahr, erst jenseits dieser Lebensgrenze beginnt eine Häufung des Sterbens (Abb. 3).

Die Chance, schon im ersten Lebensjahr zu sterben, betrug im 18. Jahrhundert etwa 30 %. Für die, die diesen Abschnitt überlebt hatten, betrug die Gefahr des Sterbens in den nächsten 4 Jahren fast 35 %. Danach reduzierte sich diese Gefahr ganz erheblich. Die größten Chancen, einen Lebensabschnitt von 10 Jahren zu überleben, hatten die zwischen 5 und 25 Jahre Alten.

Auf die Frage des Zusammenhanges von Geschlecht und Sterbealter wurde schon kurz hingewiesen. Die saisonal so unterschiedliche Verteilung der Kinder- und Erwachsenensterblichkeit legt den Schluß nahe, daß hier verschiedene Krankheiten die entscheidende Rolle spielen. Für die Häufung der Sterbefälle der Erwachsenen im Frühjahr sind vor allen Dingen Infektionen der Atemwege verantwortlich, die unter dem Sammelbegriff „Brustkrankheit" zusammengefaßt werden können, während für den Gipfel der Kindersterblichkeit in den Sommermonaten vor allen Dingen Erkrankungen des Magen-Darm-Traktes eine Rolle spielen.[6]

Den Zusammenhang von sozialer Lage und Sterbealter möchte ich an einigen wenigen ausgewählten Beispielen demonstrieren. Wir haben für unsere Untersuchung ein sehr vereinfachtes Dreischichtenmodell benutzt, in dem wir zur ersten Schicht Adel, Akademiker und die Inhaber hoher Ämter in Militär, Justiz und Verwaltung, zur zweiten Schicht das mittlere Bürgertum, also Handwerksmeister, Kaufleute, Inhaber mittlerer Ämter, und zur dritten Schicht Arbeiter, Handwerksgesellen und Lehrlinge, Dienstpersonal, Händler, Tagelöhner und Soldaten gerechnet haben. Für die Sophiengemeinde ergibt sich bei einer graphischen Darstellung der altersspezifischen Sterblichkeit ein durchaus aussagekräftiges Bild (Abb. 4).

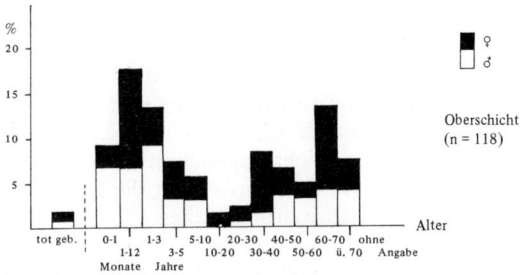

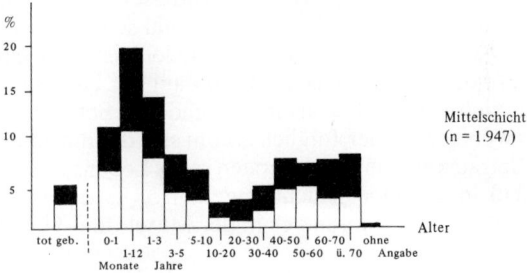

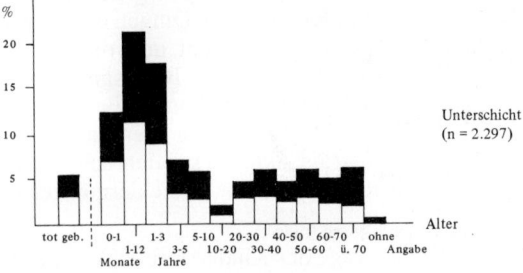

Abb. 4 Altersspezifische Sterblichkeit in der Sophiengemeinde 1750–1775, aufgegliedert nach Ober-, Mittel- und Unterschicht (Gesamtheit der Todesfälle einer Schicht entspricht jeweils 100 %).

Der Anteil der Kinder an den Verstorbenen beträgt in der ersten Schicht 55 %, in der zweiten Schicht 62,5 % und in der dritten Schicht 67,1 %. Ein ähnliches Bild ergibt sich bei der Betrachtung der Totgeburten. Hier liegt der Prozentsatz bei der Oberschicht bei 3,4, bei der Mittelschicht bei 4,7 und bei der Unterschicht bei 5,4. In allen Schichten sind die 1–12 Monate alten Säuglinge am stärksten betroffen, jedoch sind auch hier die Unterschiede augenscheinlich. 17,8 % stehen 20,1 % bzw. 21,5 % der Mittel- und Unterschicht gegenüber. Je besser der sozioökonomische Status ist, desto größer ist die Chance der Kinder, die ersten Lebensjahre zu überstehen.

In der Petrigemeinde beträgt das durchschnittliche Sterbealter in der Oberschicht 31,3 Jahre, in der Mittelschicht 20,8 Jahre und in der Unterschicht 23,1 Jahre. Diese Zahl scheint unseren bisherigen Angaben zu widersprechen, jedoch ist sie leicht zu erklären. In der dritten Schicht ist die Zahl der Unverheirateten um ein vielfaches höher als in den anderen Schichten, mithin gibt es weniger Kinder, folglich erhöht sich das mittlere Sterbealter. Betrachtet man nur die ersten sechs Lebensjahre, so zeigt sich, daß in der Oberschicht ungefähr 35 % der Geborenen nicht mehr leben, während es in der Mittel- und Unterschicht über 50 % sind.

Es hat sich bei unseren Untersuchungen gezeigt, daß das benutzte Dreischichtenmodell, vor allen Dingen im Grenzbereich zwischen der Mittel- und Unterschicht, unzureichend ist. Hier haben Untersuchungen zu einzelnen Berufsgruppen gezeigt, daß offensichtlich auch Meister bestimmter Berufe zur Unterschicht zählten. Während das mittlere Sterbealter bei hohen Beamten 31,1 Jahre beträgt, sinkt es bei den Schustermeistern am Ende der Skala auf 16,7, bei den Schneidermeistern auf 17,1 Jahre.

Auch hier spielt die Frage der Kindersterblichkeit für das mittlere Sterbealter eine entscheidende Rolle. Bei Schneidern und Schustern sind über 70 % der Gestorbenen Kinder, beim Dienstpersonal und bei den Soldaten weit weniger als 50 %. Daraus erklärt sich deren höheres durchschnittliches Sterbeal-

ter, während die 45 % Kinderanteile bei den hohen Beamten
die hohen Überlebenschancen von deren Kindern widerspie-
geln. Auch Bielke ist bei seiner Untersuchung auf dieses große
soziale Gefälle innerhalb der Handwerkerschaft gestoßen und
hat ebenfalls Schuster und Schneider als am unteren Ende der
Stufenleiter stehend ausgemacht, wobei ihm ein anderes Kriterium zur Qualifikation diente, nämlich die Frage, wieviel Prozent jedes Berufes „arm" beerdigt worden sind.[7]

Diese wenigen Zahlen machen die Ungleichheit vor dem Tod
deutlich. Daß die häufigste Todesursache in Ober- und Mittelschicht die Brustkrankheit, in der Unterschicht hingegen der
Jammer ist, zeigt, daß hier eine höhere Kindersterblichkeit
herrschte. Zu dem Jammer und der Brustkrankheit kommen in
der Sophiengemeinde mit abnehmender Häufigkeit die Pocken,
die Zähne, der Schlagfluß, die abzehrende Krankheit, der
Stickfluß, die Geschwulst, das hitzige Fieber und die Ritteln.

In der Petrigemeinde sieht diese Aufteilung so aus: auszehrende
hitzige Brustkrankheit, Pocken, Zähne, Brustkrankheit, Jammer, Schlagfluß, Steck- und Schlagfluß, auszehrende hitzige
Krankheit, Jammer/Schlagfluß, Zähne/Jammer. Schon ein
oberflächlicher Vergleich zeigt Ähnlichkeiten und Divergen-
zen.

Wir wollen deshalb einige der genannten Krankheiten näher
ansehen, und zwar problematische und weniger problematische. Zu den letzteren gehören die Pocken. Sie waren auch für
den Laien des 18. Jahrhunderts leicht zu diagnostizieren. Sie
zeigen in ihren Kennkurven ein charakteristisches Bild: im
zeitlichen Ablauf ein rhythmisches Wiederkehren, ein Häufung
bei den 1–5 Jahren alten Kindern und eine Bevorzugung der
Wintermonate in der saisonalen Verteilung (Abb. 5).

Betrachten wir nun die typische Erwachsenenkrankheit, die
zum Tode führte, die Brustkrankheit. Sie zeigt nicht die typischen Gipfel der epidemischen Pocken, aber charakteristische
Verteilungen in der saisonalen und altersspezifischen Aufteilung (Abb. 6).

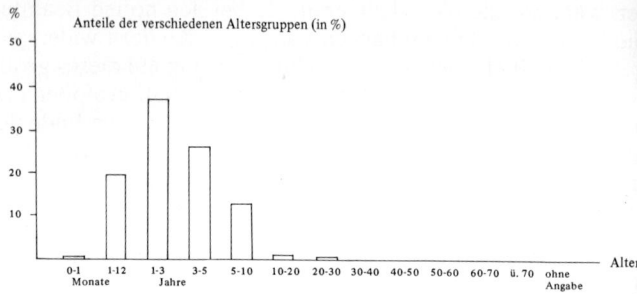

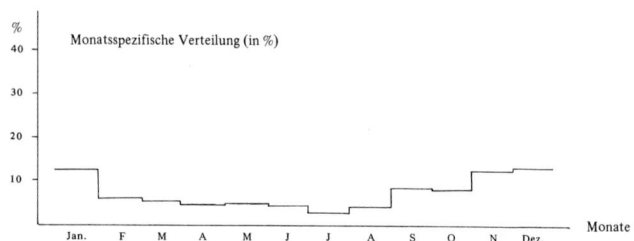

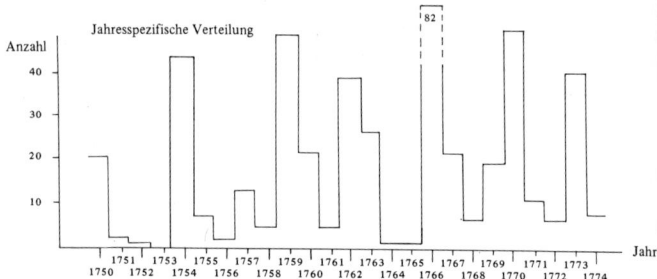

Abb. 5 Kennkurven der Todesursache „Pocken". Sophiengemeinde 1750–1775.

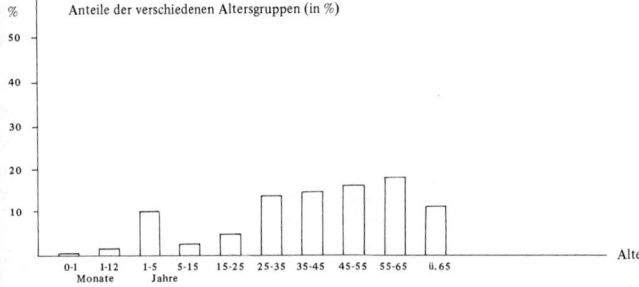

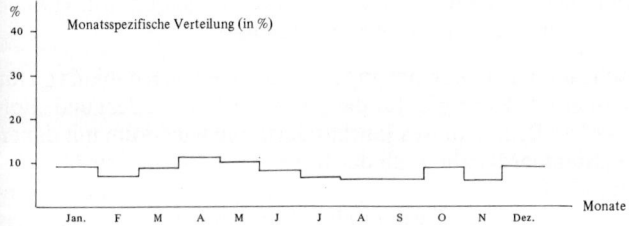

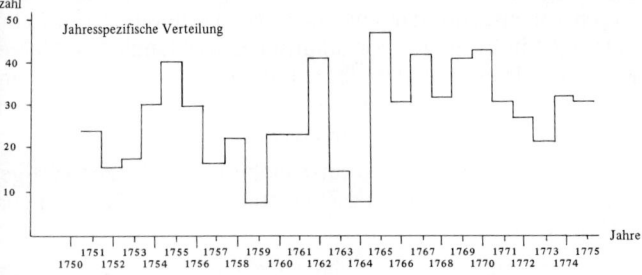

Abb. 6 Kennkurven der Todesursache „Brustkrankheit", Petrigemeinde 1750–1775.

Die Kennkurven für die auszehrende hitzige Brustkrankheit zeigen ein fast identisches Profil, und auch das „auszehrende hitzige Brustfieber" weicht nur geringfügig ab.

Auch die Kurven für die „Schwindsucht" zeigen ein ähnliches Profil. Bielke hat die Übereinstimmung zwischen Brustkrankheit und Schwindsucht für die Friedrichswerdergemeinde sehr glaubhaft gemacht. Bei all diesen zum Tode führenden Erkrankungen hat es sich mit hoher Wahrscheinlichkeit um Infektionen der Atemwege gehandelt, ohne daß wir heute über die Art dieser Infektionen Genaueres aussagen könnten.

Die meisten Todesursachen der Kinder verbergen sich hinter den Begriffen „Jammer" und „Zähne". Die Kennkurven sprechen in ihrer saisonalen Rhythmik und der Schichtenverteilung dafür, daß es sich hier bei der Grundkrankheit um Infektionen des Magen-Darm-Traktes gehandelt hat.

Noch laufende Untersuchungen zeigen gleiche Kennkurven für die Begriffe „Krämpfe" für das ganze 19. Jahrhundert und „Epilepsie" zu Beginn dieses Jahrhunderts, die wiederum mit denen der „Sommerdiarrhoe" ab der Mitte des Jahrhunderts übereinstimmen. Dies alles bestärkt uns in der Annahme, hinter all diesen nosologischen Termini eine durch mangelhafte oder verdorbene Nahrung bedingte Infektion des Magen-Darm-Traktes zu sehen.

Zwei Ergebnisse unserer Untersuchungen stehen im Widerspruch zur historischen, aber auch zur kontemporären Lehrmeinung. Ein Vergleich von städtischen und ländlichen Gebieten hat die These von der Übersterblichkeit der Städte zumindest für das 18. Jahrhundert nicht erhärten können. Es zeigen sich vielmehr keine gravierenden Unterschiede.

Die Meinung, daß der Tod im Kindbett ein allgegenwärtiger Tod gewesen sei, hat sich am Zahlenmaterial ebenfalls nicht erhärten lassen.

In der Sophiengemeinde stehen den 6245 Getauften des Untersuchungszeitraumes nur sechs in Kindsnöten und 43 in den Sechswochen gestorbene Frauen gegenüber, in der Petrigemeinde zeigte sich ein Anteil von 1 % aller Verstorbenen, in Rudow waren es 1,1 %, dort kamen in der Zeit von 1681–1929 bei 5133 Geburten nur 25 Frauen im Kindbett und im Wochenbett zu Tode.

Werfen wir zum Schluß noch einen Blick auf die prozentuale Verteilung der Todesursachen nach Ätiologie und Organbefall um die Mitte des 18. Jahrhunderts in Berlin, dann ergibt sich folgendes Bild:

68,9 % starben an Infektionskrankheiten, 4,7 % an Herz- und Kreislauferkrankungen, 3,2 % an Neubildungen, 3,4 % an anderen Krankheiten, 0,6 % durch Unfall oder Selbstmord, in 19,2 % der Fälle erlauben die Angaben keine Einordnung.

18,1 % starben an Krankheiten der Atmungsorgane, 30,4 % an Krankheiten des Verdauungssystems, 4,7 % an Herz- und Kreislauferkrankungen. Bei nur 0,9 % wurden Krankheiten der Nieren und der Harnwege erkannt, 15,5 % starben an exanthematischen Krankheiten, 30,3 % konnten wir nicht einordnen.

Wenigstens für die Ätiologie möchte ich der Aufstellung die modernen Zahlen gegenüberstellen, die sich auf Berlin (West) beziehen: von 100 Gestorbenen sind 1,3 an Infektionskrankheiten, 47,2 an Herz-Kreislauf-Erkrankungen, 17,3 an Neubildungen, 15,0 durch Unfall und Selbstmord, 7,7 durch Erkrankungen der Atemwege, 7,0 an Krankheiten der Verdauungsorgane gestorben.

Die hier in aller Kürze vorgelegten Teilergebnisse zeigen, daß die angewandte Methode in der Lage ist, auf die eingangs gestellten Fragen eine Antwort zu finden, und daß wir nach Abschluß unserer Untersuchungen in der Lage sein werden, über den alltäglichen Tod in Berlin – über den Tod des Durchschnittsmenschen – etwas mehr zu wissen.

Anmerkungen

1 Vgl. dazu Actes du Colloque International de Démographie Historique tenu à Liège en 1963: Mortalité, Paris – Liège 1965. François

Lebrun: Les hommes et la mort en Anjou aux 17e et 18e siècles, Paris 1971.

2 Arthur E. Imhof: Einführung in die historische Demographie, München 1971. Arthur E. Imhof und Øvind Larsen: Sozialgeschichte und Medizin. Probleme der quantifizierenden Quellenbearbeitung in der Sozial- und Medizingeschichte, Stuttgart 1976. Arthur E. Imhof und Bengt I. Lindskog: Les causes de mortalité en Suède et en Finlande entre 1749 et 1773, Annales ESC 29 (1974), S. 915–933. Arthur E. Imhof: Mortalität in Berlin vom 18. bis 20. Jahrhundert, Berliner Statistik 31 (1977), S. 138–145. Arthur E. Imhof: Mensch und Körper in der Geschichte der Neuzeit, Berichte zur Wissenschaftsgeschichte 5 (1982), S. 195–207.

3 Jutta Haase: Untersuchungen zur Mortalität der Berliner St. Petrigemeinde von 1751–1775, Diss. med. dent. FU Berlin 1982. Claudia Jauch: Mortalität und Todesursachen in der Berliner Sophiengemeinde von 1750 bis 1775, Diss. med. dent. FU Berlin 1983. Wolfgang Meyer: Untersuchungen über die Mortalität in der Evangelischen Kirchengemeinde Rudow von 1681 bis 1929, Diss. med. FU Berlin 1981. Edgar Bielke: Die Berliner Kirchengemeinde Friedrichwerder 1720–1799, Staatsexamensarbeit FU Berlin 1980. Christoph Conrad: Sterblichkeit im Alter 1715–1975 am Beispiel Berlin. Quantifizierung und Wandel medizinischer Konzepte, in: Helmut Konrad (Hrsg.): Der alte Mensch in der Geschichte, Wien 1982, S. 205–230.

4 Arthur E. Imhof: Mortalität in Berlin (Anm. 2), Titelblatt.

5 Edgar Bielke (Anm. 4), S. 46–51.

6 Für Einzelheiten verweise ich auf die in Anm. 3 genannten Dissertationen.

7 Edgar Bielke (Anm. 2), S. 29–37.

Hans Peter Rosemeier

Untersuchungen zur Psychologie der Todeskonzepte

Als Standardwerk der Thanato-Psychologie gilt: The Psychology of Death, von Robert Kastenbaum und Ruth Aisenberg. Die weiter unten eingearbeiteten Ergebnisse von empirisch-psychologischen Untersuchungen – soweit sie nicht aus dem eigenen Institut stammen – ließen sich dem Fundus des ebenfalls von Robert Kastenbaum herausgegebenen *Journal of Death and Dying* entnehmen, das auch unter dem Kurztitel Omega bekannt ist. Einen Überblick über die Ergebnisse der Thanato-Psychologie im deutschen Sprachraum hat 1978 Joachim Wittkowski gegeben. Die Todesangst-Problematik und die damit zusammenhängenden Abwehrmechanismen in der Reaktion auf Tod und Sterben hat er erschöpfend dargelegt. Seine Übersicht über die empirischen Beiträge berücksichtigen eine Vielzahl von Zusammenhängen zwischen fast allen Todesvariablen und vielen Lebensumständen sowie meßbaren Persönlichkeitsdaten.

Zur Psychologie des Todeszeitpunktes

Es entzieht sich unserer Vorstellung, daß neben objektiven, medizinisch begründbaren Todesursachen äußerst persönliche Variablen wie Aussagen und Vorhersagen über die Wahrscheinlichkeit des individuellen Todeszeitpunktes möglich sein sollten. Tatsächlich haben ernst zu nehmende empirische Psychologen festgestellt, daß Sterbedaten, z. B. bezogen auf den Geburtstag, nicht einfach zufallsverteilt sind. Margret Baltes zog 1977 die Geburts- und Sterbedaten von über 8600 Personen zweier Kalenderjahre aus zehn verschiedenen US-Staaten zu einer Untersuchung heran, mit der sie am Beispiel der Ereignisse ‚Geburtstag' und ‚Weihnachten' nachweisen konnte, daß die Sterbewahrscheinlichkeit zum Festtag hin fallende und von diesem fort steigende Tendenz zeigten. Eine im Entwurf vergleichbare Untersuchung von Albert Harrison und Michael Moore von 1982 hat den Grundtenor der Ergebnisse bestätigt.

Phillip Kunz und Jeffrey Summers (1980) haben in einer Untersuchung an 750 Personen, die sie nach Todesanzeigen ausgewählt hatten, das Jahr nach dem Geburtstagstermin beginnen lassen und in vier Quartale eingeteilt. Fast die Hälfte (46 Prozent) starben im ersten Quartal nach dem Geburtstagsdatum, nur 8 Prozent im 4. Quartal. Bei Betroffenen ohne Kinder und ohne Ehepartner tendieren diese Angaben noch zu höherer Prägnanz. Für Zwecke der Kontrolle kann man Geburts- und Sterbedaten von Kriegs- und Mordopfern heranziehen, die annähernd über vier Quartale gleich verteilte Todesrisiken aufweisen. Man kann also annehmen, daß persönliche Festtage, insbesondere das Geburtstagsdatum, für viele Menschen eine wichtige, lebenssteuernde Variable ist.

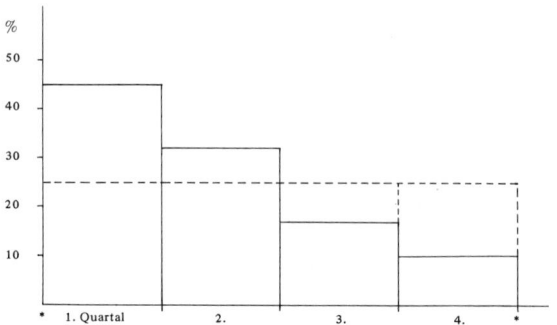

Abb. 1   Todesdatum und Geburtstagsdatum (nach Phillip Kunz und Jeffrey Summers, 1980). Vom Geburtstagsdatum (*) aus gerechnet sterben sehr viel mehr Personen im ersten als im letzten Quartal eines Jahres (———). Nahezu eine Gleichverteilung (– – – –) nehmen die entsprechenden Verläufe bei Mordopfern oder Kriegsopfern an.

Berliner Untersuchungen zur Todesvorstellung

Im Berliner Institut für Medizinische Psychologie wurden als Schwerpunkt der Todesbegriff, die Todeserfahrung an unterschiedlich betroffenen Gruppen untersucht. Eine Übersicht über die Anlage der Untersuchung findet sich bei Peter Potthoff, ‚Der Tod im Medizinischen Denken' (1980) an 560 Versuchspersonen aus medizinischen Berufen. Über drei Arbeitsschwerpunkte ist im Vergleich zu berichten. Die Untersuchung von Ute Langen bezog sich auf Ausschnitte der Berliner Bevölkerung (460 Personen), von 12 bis 93 Jahren, verschiedener Bildungsstufen und unterschiedlicher Konfession. U. Langen versucht, die Todeskonzepte von nicht-professionell mit Sterben und Tod Beschäftigten im Umgang mit Phänomenen, die den Tod betreffen, herauszuarbeiten. Dazu war es nützlich, die von P. Potthoff an medizinischem Personal, Medizinstudenten und Ärzten gewonnenen Kategorien zunächst zu überprüfen, und, als sich herausstellte, daß die dort gemachten Typologisierungen auch in der Normalbevölkerung tragfähig sind, diese unter dem Gesichtswinkel der Vergleichbarkeit zu übernehmen. Das gleiche Vorhaben an einer Gruppe von 150 stationären Patienten wurde von Norbert Munz 1983 durchgeführt.

Methodisches Vorgehen. In psychologischer Tradition wurde das Satzergänzungsverfahren von H. Hiltmann zum Ausgangspunkt der Untersuchungsmethodik herangezogen. Die Versuchsperson hat die Möglichkeit, einen begonnenen Satzanfang assoziierend und projizierend zu ergänzen. Auf Seite der Untersucher wird das so gewonnene Material einer Standardisierung und Interraterüberprüfung zugeführt; gültig sind nur solche Daten, die auch zu einer hohen Übereinstimmung bei der Beurteilung der Assoziation von Versuchspersonen durch Experten führen. Die verschiedenen Satzanfänge ließen in unterschiedlicher Weise eher gefühlsbetonte, eher kognitive, eher den Tod oder mehr das Sterben betreffende Reaktionen zu. Für die Auswertung wurde der Satzanfang in den Mittelpunkt gerückt: ‚Der Tod ist…‘ Die Versuchspersonen boten hier eine *Definition ihres Todeskonzeptes.* Einige Satzergänzungen bezogen sich auf das Leben *nach* dem Tode, andere wiesen auf Todesgefühle hin oder auf Todesbegriffe, die andere in unserer Erwartung haben mögen („Für die meisten Menschen bedeutet der Tod…‘). Durch Vernetzung der Ergebnisse der verschiedenen Satzergänzungen und Approximationsmethoden gelang es Peter Potthoff, Ute Langen und Norbert Munz in guter Übereinstimmung, vier typische Kategorien der Todesvorstellungen, im folgenden *Todestypen* genannt, empirisch zu formulieren.

Kategorien der Todesvorstellung

Todestyp ‚Lebensende‘. Lapidar festgestellt, ist der Tod tatsächlich das Ende des Lebens. Diese Kategorie der Todesvorstellung ist besonders knapp, trocken und unprätentiös. Der vitale Vorgang erreicht seinen Endpunkt. „Der Tod erscheint als Gegensatz des Lebens, als derjenige Moment oder Zustand, der sich durch dessen Negation definiert“ (P. Potthoff, S. 30). Eine Untergruppe definiert den Tod als den *natürlichen Abschluß* des Lebens, der biologische Prozeß wird mitgedacht. Der Tod ist auch „Zerfall des Körpers“. Der Funktionsverlust und die organismische Konzeption werden mitgedeutet.

Vielleicht reduziert der diese Todesvorstellung für sich Definierende den Menschen auch auf körperliche, physiologische und biochemische Sachverhalte. Eine eher am subjektiven Erleben orientierte Form der Lebensendereaktion betont das Auslöschen individueller Funktionen und Gefühle, ‚man ist nach dem Tod kein Mensch mehr‘. Der Tod verkörpert hier nicht so sehr den Zersetzungsprozeß des Körperlichen, sondern das Ende seelischen Erlebens überhaupt. Obwohl die Untersuchung sich allein auf den Begriff vom eigenen Tod konzentriert, gab es dennoch Reaktionen, die im Lebensende den *Verlust des anderen* betonen.

Todestyp ‚Der Tod als fremde Macht‘ (Schicksal). In resignativer Tönung gilt der Tod als unabwendbar. Er besitzt Macht über uns (durchaus personifiziert gedacht), er ist ein Wesen, das in die Welt gesandt wird, um den Menschen die prädisponierte Bestimmung zukommen zu lassen, das Individuum aus seiner

Existenz herauszulösen. Der magische Anteil dieser gefühlvollen Todesvorstellung wird auch deutlich in weiteren Deutungsvarianten: „Der Tod ist unheimlich", „Der Tod ist unvorstellbar", „Der Tod ist eine schwarze Wand", „er ist eine unüberwindliche Hürde". In dieser Todesvorstellung versucht der Mensch nicht so sehr, den Tod als Kategorie des Endes rational zu fassen, sondern betont eher die Unbeherrschbarkeit und die Fremdartigkeit der Gefühlstönung des Ausgeliefertseins. Der ohnmächtige Helfer, der in charakteristischer Weise tagtäglich sein Scheitern unausweichlich eingestehen muß, ist Sinnbild der hier kategorisierten magischen Todesvorstellung.

Todestyp ‚Erlösung'. In zwei prägnanten Sichtweisen befreit der Tod: von Schmerzen und vom Diesseitigen. Wird er als Übergang zu neuem Leben gesehen, im Jenseits neue Hoffnungen verkörpernd, befreit er das Körperliche, Diesseitige, oft durch Krankheit zum Jammertal gemachte Unglück von seiner materiellen Hülle und Einengung in der Erlösung. Für den, der Siechtum beobachtet hat, bedeutet Aufrechterhaltung des Lebens oft Qual. Die Erlösung von Schmerzen wird von etwa der Hälfte der Vertreter des Erlösungstyps angeführt.

Todestyp ‚Angst'. Tod als schreckliches Ereignis. Erinnert man sich an die Tatsache, daß die Literatur zu ‚Tod und Sterben' über Jahrzehnte sich auf den Todesangstbegriff konzentrierte oder beschränkte, so muß erwähnt werden, daß in unseren Berliner Untersuchungen nur jeder fünfte dem Todesangst-Typ zuzuordnen war. Patienten stellten einen höheren Anteil als Normalbevölkerung und die einen höheren als Ärzte. Ärzte dürfen sich die Todesangst weniger eingestehen, obwohl sie das mit den Jahren dennoch stärker tun, sie werden „dünnhäutiger". Typische Formulierungen der Satzergänzungen sind ‚Der Tod ist grausam'. ‚Der Tod ist schrecklich.' Zu den angstvoll ablehnenden Antworten sind auch diejenigen zu zählen, die den Tod tabuisieren und verleugnen.

Todestyp und Lebensalter. Eine „abgeklärte", hoffende Haltung dem Tode gegenüber setzt nachweisbar eine Summe bestimmter Lebenserfahrungen voraus. Das Prinzip der Vergänglichkeit und der Gelassenheit gegenüber dem eigenen Leben und Tod ist gängige Hypothese in der Thanato-Psychologie und wird auch durch uns bestätigt. Tatsächlich sind in der Berliner Untersuchung an 460 Personen aus der Normalbevölkerung im Erlösungstyp die Personen mit höherem Lebensalter überrepräsentiert, während die ängstliche Auffassung vom Tod und die nüchterne Lebensendeauffassung ein typisches niedriges Durchschnittsalter aufweist. Es ist noch zu prüfen, inwieweit Kriegserlebnisse in der älteren Generation das Todeskonzept beeinflußt haben, Überlebenswille und Rückgang von Suizidversuchen mögen ein Hinweis sein auf den Einfluß von Kriegsereignissen auf das Todeskonzept.

Geschlechtsunterschiede. Frauen neigen stärker zu Todesangst, Erlösung und der Betrachtung des Todes als einer fremden Macht, während Männer bevorzugt der trockenen Lebensende-Kategorie zuneigen. Hier verhält sich unsere Untersuchungsgruppe gemäß verbreiteter Rollenvorstellungen oder sozialer Erwünschtheit. Die bekannte Bereitschaft von Frauen, sich Gefühlssituationen einschließlich Belastungen eher auszusetzen, sie eher einzugestehen, ja auch Krankheit eher zu akzeptieren, könnte in der Todeskonzeption zwischen Männern und Frauen in ähnlicher Form differenzieren. Interessant ist also weniger die Tatsache, daß sie sich in dieser Form unterscheiden, sondern wichtig sind vielmehr Überlegungen zu der Frage, wieviel besser oder schlechter die beiden Strategien geeignet sind, dem eigenen Tod und Sterben zu begegnen. Nimmt man die Wirkung des geschlechtsunterschiedenen Krankheitsverhaltens von Mann und Frau als Vorbild und vergleicht die Lebenserwartungsdifferenzen mit diesen Angaben, so ist zu fragen, inwieweit der Krankheits- und Todeskonzeption, wie es Frauen bevorzugen, ein präventives Element innewohnt, eigene Emotionen frühzeitig zu erkennen, rechtzeitig zu verarbeiten und besser zu bestehen.

Hoher *Bildungsstand,* hier absolviertes Abitur, senkt die Todesangst, erhöht nüchterne Einstellungen gegenüber dem Tod und Lebensende. Neu an diesen Ergebnissen ist die Tatsache, daß nach gängiger Auffassung Bildung für Ängste empfängli-

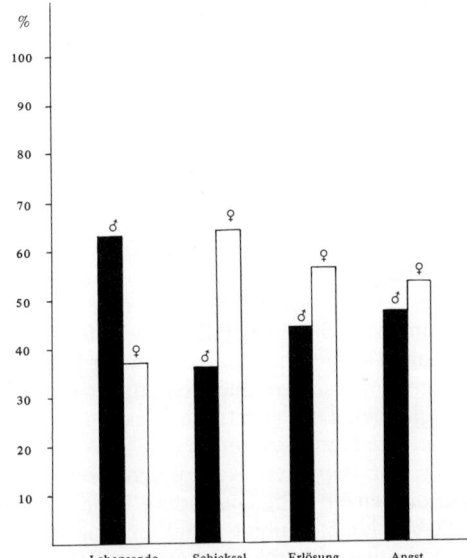

Abb. 2   Geschlechtsunterschiede bei der Todeskonzeption, Ute Langen 1984.

cher mache, was wir hier nicht bestätigen können. Die Versachlichungsstrategien scheinen tiefer zu gehen, als bisher angenommen wurde. Junge, männliche, intellektuell Geschulte neigen zu einem kühlen, eher wissenschaftlich verbrämten Todeskonzept.

Todestyp und Konfession. Wir gingen von der Annahme aus, daß insbesondere puritanische Anteile der protestantischen Wertewelt das Todeskonzept in charakteristischer Weise formen, z. B. könnten Angst und Gefühle der Fremdgesteuertheit (fremde Macht, Schicksal) erhöht vorgefunden werden. Tatsächlich zeigt im Gegensatz zur katholischen Kontrollgruppe die protestantische genau diese Tendenz. Dagegen zeigt die katholische Gruppe das Umkehrbild, hier auch besonders betont

die Hoffnung auf Erlösung. Bei der Interpretation muß berücksichtigt werden, daß Religionszugehörige, die in der Diaspora
leben, also z. B. Berliner Katholiken, eine andere Gläubigkeit
praktizieren als Mehrheitskonfessionen.

In Abhängigkeit von der *Gläubigkeit* oder *Religiosität* müßte
konfessionsunabhängig die Angst gesenkt und jene trockene,
skeptische Auffassung vom Lebensende seltener vertreten sein.
In der Tat zeichnet für die nüchterne Auffassung vom Tode
eher die nichtgläubige Gruppe verantwortlich. Die Gruppe, die
den Tod als schicksalhaft und als fremde Macht erlebt, entfernt
sich selten völlig von der Religion. Hier könnte eine Art Rück-
versicherungsphänomen für den Ernstfall, doch Hilfe im Glauben zu suchen, vorliegen. Angehörige verschiedener Religions-
gemeinschaften zeigen unterschiedliche Neigung, an ein *Leben
nach dem Tode* zu glauben. Dies ermittelte Dickson (1982) für
mehr als 10 verschiedene Konfessionen in den USA. Angehörige der Lutheraner, der Baptisten, Katholiken, Methodisten
und Presbyterianer hielten ein Leben nach dem Tode für wahrscheinlich (über 80 %). Nichtgläubige glaubten nur zu 50 %
und Angehörige jüdischer Glaubensrichtung sogar nur zu

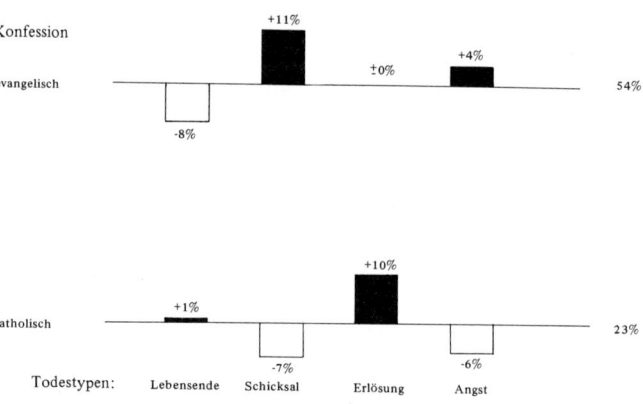

Abb. 3   Die Rolle der Konfessionszugehörigkeit bei der Todeskonzeption, Ute Langen 1984.

40 %, daß ein Leben nach dem Tode wahrscheinlich sei. Wie zu erwarten, korrelieren die Stärke subjektiver religiöser Gläubigkeit und die Häufigkeit des Kirchenbesuchs mit der entsprechenden Auffassung vom Leben nach dem Tode. Etwa 60 % der in Berlin befragten Medizinstudenten, Ärzte, Pflegekräfte gehen davon aus, daß nach dem Tode *nichts* folgt. An ein jenseitiges Leben glaubten fast 20 %.

Todeskonzepte und Todesnähe

Je näher Todeserfahrungen an uns real herantreten, desto mehr wird der durch den erfahrungsfreien gedanklichen Umgang mit dem Tod geprägte Angstanteil zurückgehen sowie Erlösungsgedanken zunehmen. Statistische Zusammenhänge wie diese gelten ebenso umgekehrt. Probanden, die der Todesangstgruppe angehören, haben auffällig selten Todesnähe und existentielle Todeserfahrungen durchgemacht. Diejenige Gruppe, die im Sinne des Erlösungskonzeptes reagiert, hat die Beerdigung naher Anverwandter oder die Pflege Nahestehender unlängst durchlebt. Folgende Überlegung ist nicht von der Hand zu weisen: Das vorhandene Todeskonzept könnte einen Einfluß darauf ausüben, wie sehr sich eine Einzelperson todesnahen Geschehnissen auszusetzen bereit ist. Vertreter sowohl des Lebensende- als des Angsttyps haben seltener Todesgedanken als andere. Vielleicht ist dies ein Hinweis auf Vermeidungsstrategien innerhalb dieser Gruppen (Ute Langen, 1984).

Todeskonzepte von Kranken. Patienten, die sich schon einmal in Lebensgefahr befunden haben, weisen eine veränderte Struktur der Todestypologie auf (Norbert Munz, 1984). Ein nüchternes Lebensendekonzept ist ihnen fremd, die Angst ist gesenkt, Erlösung dominiert. Auch eine hohe Zahl von Krankenhausaufenthalten der Patienten führt zu einer eher emotional getönten Todesbegriffsstruktur. Patienten unterscheiden sich außerdem in Abhängigkeit von der Vorphase ihrer ambulanten Behandlung: Hausarztpatienten sind stark schicksals- und erlösungsbetont, Facharztpatienten dagegen stärker an einer nüchternen Todesvorstellung orientiert. Eigene schwere Traumata ändern

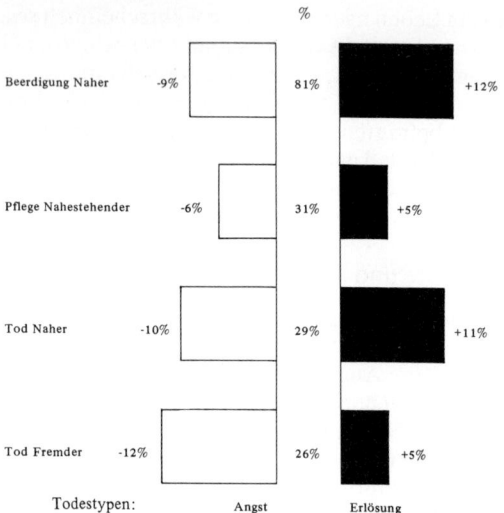

%

Beerdigung Naher	-9%	81%	+12%
Pflege Nahestehender	-6%	31%	+5%
Tod Naher	-10%	29%	+11%
Tod Fremder	-12%	26%	+5%

Todestypen: Angst   Erlösung

Abb. 4   Todestypen ‚Angst‘ und ‚Erlösung‘ in Abhängigkeit vom Grad der persönlichen Erfahrung im Umgang mit ‚todesnahen‘ Situationen, Ute Langen 1984.

den Todesbegriff in Richtung Erhöhung der Todesangst (Norbert Munz, 1984). Der Schweregrad von Erkrankungen erhöht generell den emotionalen Anteil an der Todesvorstellung.

In ihren Gefühlen gegenüber dem Sterben haben Nichtbetroffene die Einsamkeit in den Vordergrund gerückt. Wenn auch für Nichtkranke die Erlösung von Schmerzen wichtig erschien, so ist diese Komponente bei Kranken deutlich verstärkt. Während jüngere Gesunde häufig unter Freunden sterben wollten (36 %) und nur wenige in vertrauter Umgebung (2 %), so geht es den Kranken um die vertraute Umgebung (25 %) und erst in zweiter Linie um die Nähe von Freunden (Peter Potthoff, 1980, Norbert Munz, 1984). Ein wichtiger Wunsch bezog sich auf einen sorgenfreien Sterbevorgang, gemeint sind Probleme, Nöte, notwendige Regelungen, die aus dem Leben heraus unerledigt geblieben sind.

*Änderung des Todeskonzeptes nach lebensbedrohlichen Ereig-
nissen.* Russell Noyes hat 1982 über 215 Personen, von denen er
76 persönlich interviewen konnte, berichtet, die er nach einem
lebensbedrohlichen Schicksalsschlag untersucht hat. Es handelt
sich um Stürze, Überleben, nachdem man beinahe ertrunken
war, bedeutende Verkehrsunfälle und überstandene schwere
Erkrankungen. Die untersuchten Personen hatten ein Durchschnittsalter von nur 23 Jahren. Sie zeigten erstaunliche Ein-
stellungsänderungen gegenüber der Welt: Furcht vor Leben
und Tod waren reduziert, Gefühle relativer Unverletzlichkeit,
einer besonderen eigenen Bedeutung oder Bestimmung, der
Glaube, eine Geste des Schicksals habe ihnen geholfen, traten
auf. Typisch war ein verstärkter Glaube an die eigene Weiter-
existenz. Diese die Todesangst reduzierenden Erlebensreak-
tionen wurden von 40 % der Betroffenen spontan berichtet. Ein
leicht überhöhtes Selbstwertgefühl dokumentierten Selbstaus-
sagen, wie das der Unverletzlichkeit mit 21 %, einer Interpretation positiver Schicksalsfügung mit 17 %. Andere Autoren bestätigen eine Hebung des Lebensgefühls im Sinne einer „neuen
Qualität des Überlebens", mit zwar euphorisch verstimmter
Grundstimmung, aber mit neuer Ernsthaftigkeit des Beginns
und einer Verbreiterung der Erfahrungsbasis als Reifungs-
schritt. Diese Ergebnisse bedürfen noch weiterer Überprüfung,
aber sie lassen schon jetzt den Hinweis zu, daß im lebensbedrohlichen Schicksalsschlag eine mächtige Quelle der Ände-
rungsmotivation eigener Lebensstrategien vorliegt.

Todesemotionen. ‚Wenn ich an den Tod denke, fühle ich…‘;
22 % der Befragten fühlten ‚*nichts*‘, vielleicht mehr eine Indifferenz: ‚Wenn ich an den Tod denke, fühle ich *wenig*‘ oder:
‚Meine gefühlsmäßige Reaktion auf den Tod unterscheidet sich
nicht wesentlich von der auf andere Vorstellungen‘, oder: ‚Es
stellt sich bei mir keine ausgesprochene Gefühlsreaktion ein‘.
Die Angst-Kategorie steht aus psychoanalytischer Sicht im
Verdacht, möglicherweise in Wirklichkeit Todesverleugnung
oder Todesangst mit Verleugnung abzubilden. Aber interessanterweise gibt es in dieser Kategorie der gefühlsneutralen und in-
differenten Reaktionen die Formulierung: ‚Wenn ich an den

Tod denke, fühle ich *keine* Angst.' Hier verrät sich nur die Negationsform und die Betonung der Versuchsperson, indem sie eigentlich an den Tod denkt und normalerweise das Gefühl der Angst auftritt, bei ihr allerdings sich diese Angst nicht auswirke. Seit Jahren hat man mit zahlreichen amerikanischen Fragebögen („Anxiety Scales" und „Defense Mechanism Inventory") versucht, „Angstabwehr" zu erfassen. Die Anwendung eines Angstfragebogens dieser Art von Munz in deutscher Übersetzung hat allerdings erbracht, daß die so ermittelten Angstanteile gegenüber den Todestypen nicht differenzieren (Peter Potthoff, 1980).

Andere Todesgefühle lassen sich um die *Hilflosigkeit* gruppieren. Angesichts der Unausweichlichkeit des Todes, unserer Kleinheit, unserer Armseligkeit vor dem Ganzen sind wir festgenagelt gegenüber dem Unendlichen und dem fremdbestimmten Entscheidungsvorgang: Tod, der uns betrifft, kulminiert in der metaphysisch getönten Satzergänzung: ‚Wenn ich an den Tod denke, empfinde ich Ehrfurcht.' In der Hilflosigkeit

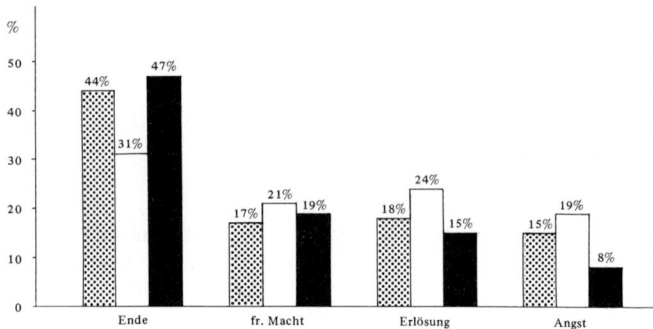

Abb. 5   Anteile verschiedener Typen der Bedeutung des Todes, untersucht an einem Ausschnitt der Bevölkerung (punktschraffiert, Ute Langen 1984, an 460 Personen), an Kranken (weiße Flächen, Norbert Munz 1984, an 150 Patienten) und an Ärzten, Medizinstudenten und Pflegekräften (schwarze Flächen, Peter Potthoff 1982, N = 545).

als Emotion gegenüber dem Tod herrscht jedoch sonst das resignative Element vor.

Eine weitere Gruppe fühlt *Trauer,* wenn sie an den Tod denkt, zum Teil, weil man sich selbst als noch zu jung zum Sterben empfindet. Auch in der Form der Ich-Entleerung oder des Ich-Verlustes treten Reaktionen auf wie: ‚Wenn ich an den Tod denke, fühle ich mich leer.' Es gibt ohne weiteres eine selbstbezogene narzißtische Trauer, eine Thematik des Lebensverlustes, die gerade beim Imaginieren des möglichen eigenen Todes das thematische Spektrum vom sentimentalen Selbstmitleid bis hin zur echten Trauer wahrnimmt.

Eine letzte wichtige Gruppe empfindet *Hoffnung.* Statt Trauer, Schrecken, Verlust und Angst klingen hier verhaltene Freude, Erlösung, Glück an. Für Ältere scheint ohnehin der Tod an Schrecken zu verlieren. Aber auch der ironisierende Jüngere stellt sich vor: ‚Wenn der Tod mich in ferner Zukunft einmal betreffen sollte, mag er eine Erlösung vom Diesseits oder eine Erlösung von Schmerzen beinhalten. Trotzdem fühle ich mich zur Zeit noch nicht freudig erregt und von Hoffnung überwältigt, wenn ich an den Tod im allgemeinen oder gar an meinen eigenen Tod denke.'

Potthoff gelang es, Angst*verdränger* von Nichtangstverdrängern zu trennen, indem er die Todesdefinitionen mit dem Todesgefühl der gleichen Personen verglich. Dieses empirische Vorgehen ermöglichte es, die tiefenpsychologische Hypothese zu überprüfen: „Wenn ein Befragter die Todesangst verdrängt, dann wird seine Reaktion auf den Satzanfang zu Todesgefühl Angst verleugnen. Gleichzeitig wird er allerdings von der Möglichkeit einer Projektion verdrängter Todesangst Gebrauch machen und mit großer Wahrscheinlichkeit den Satzanfang ‚Für die meisten Menschen bedeutet der Tod…' Angst oder ähnlichen Bedeutungsinhalten fortführen." Potthoff konnte auf diesem Wege die tiefenpsychologische Annahme in der gegebenen Form nicht erhärten.

Es ist behauptet worden, daß Religiosität zunächst die Empfindsamkeit bezüglich Angst und Todesfurcht fördert und im

weiteren Verlauf religiöser Entwicklung Teile derjenigen
Angst dämpft, die religiöse Einstellung selbst mitverursacht
hat. Diese Hypothese hat Leming 1980 überprüft. Bei leicht zunehmender Religiosität sind die Ängste gesteigert, und sie sin-
ken bei weiterer Zunahme der Gläubigkeit. Zunächst quält sich
der religiös Getröstete mit den Todesangstnöten, und im Fort-
schreiten seiner religiösen Fundierung findet der Gepeinigte
den Trost seines Glaubens.

Der Zusammenhang von Todesangst und den *Persönlichkeits-
faktoren* von Cattell wurde 1979 von Nelson an einer zufällig
gewonnenen männlichen Stichprobe der Bevölkerung aus dem
Staate Virginia (700 Probanden) untersucht. Die vier Todes-
angstdimensionen sind: Todvermeidung, Todesfurcht, Todesverleugnung und Abneigung, mit Sterbenden in Kontakt zu treten. Die 4 Faktoren hatten Nelson und Nelson 1975 in einer
eigenen Untersuchung gewonnen. Diese Todesangstdimensio-
nen konnten einigen Persönlichkeitseigenschaften zugewid-
met werden. Menschen mit hoher Risikobereitschaft, hoher
Selbstsicherheit und größerer Ich-Stärke neigten zu generell
geringer Reaktion auf allen vier Angstdimensionen. Auch Menschen mit raschem Auffassungsvermögen, mit guter Vorstel-
lungsgabe und hoher Intelligenz tendieren zu geringer Todesverleugnung. Auffällig und abweichend von anderen Persön-
lichkeitsstrukturen reagiert der gewissenhafte Über-Ich-Ge-
steuerte mit erhöhter Todesverleugnung und dennoch größerer Bereitschaft, sich Sterbenden angstfrei zuzuwenden. Hier
ist zu fragen, inwieweit er angstfrei sich Sterbenden zuwendet
oder mehr aus Gewissenhaftigkeit sich verpflichtet sieht, dies
zu tun. Personen mit Voreingenommenheiten haben erhöhte
Todesfurcht und Todesverleugnungstendenzen.

Verlustreaktionen. Von Greg Owen u. a. wurde 1982 in einem
städtischen Gebiet der USA eine Untersuchung an 558 Hinterbliebenen durchgeführt. Es handelte sich um die Ehepartner, Eltern und erwachsene Kinder der Verstorbenen. Der Typus der
Beziehung zwischen den Verstorbenen und ihren Anverwand-
ten stellt vielleicht die wichtigste Determinante für die Art der
Trauer bei den Hinterbliebenen dar. Für einige der *erwachse-*

nen Kinder ist der Tod eines Elternteils von durchaus begrenzter emotionaler Bedeutung. In Ausnahmefällen, so wird berichtet, besitzt z. B. der Tod des Vaters praktisch keine erhebliche Bedeutung im Sinne von Trauer. Hinter diesen Ergebnissen steht die Bedeutung des Altersabstandes zu den Eltern, eine Tendenz zu erstarrter Institutionalisierung der Elternschaft bei ansatzweisem Verlust der Funktion und Bedeutung des Elterlichen, unterstützt durch die ohnehin vorhandene entwicklungspsychologisch sinnvolle und notwendige substantielle Ablösung von Eltern im späteren Jugendalter. Bei der jungen Erwachsenengruppe, die auf Tod im familiären Umfeld reagierte, wurden weniger eigene Erkrankungen während der Trauerzeit als bei überlebenden Eltern und Ehepartnern festgestellt. Außerdem gerieten die eingeführten Verhaltensstrukturen weit weniger aus dem Lot als bei durch den Verlust destabilisierten Partnerschaften oder in der elterlichen Verlustreaktion. Ursachen sehen die Autoren in der Veränderung der Kernfamilie und ihrer Beziehung zu ihren Mitgliedern. Eine Chance sehen sie in der Institutionalisierung einer Sterbebegleitung und in der Überprüfung neuer kultureller Konzepte der Bedeutung von Leben und Tod.

Die Trauer von 86 Angehörigen unmittelbar nach dem Tode eines engen Familienmitgliedes und noch einmal 18 Monate später wurde mit dem Grief-Experience-Inventory (Trauererfahrungsinstrument) von Catherine Sanders untersucht (1982). In Abhängigkeit von drei typischen Sterbeverläufen (plötzlicher Tod, lang andauernde chronische Erkrankung, kurz dauernde Erkrankung mit Todesfolge) konnte Sanders finden, daß die Angehörigen von sehr plötzlich Verstorbenen häufig physische Belastungsreaktionen zeigten, die mit der Frustrations/Autoaggressionshypothese gut erklärbar sind. Der plötzliche Abriß von Lebensbezügen ohne triebverzehrende Endprodukte hat stark triebunterbrechende, d. h. frustrierende Wirkung, und als Folge entsteht charakteristischerweise Aggression oder Autoaggression, in diesem Fall körperliche Reaktion (Psychosomatisierung, auch Wut und Verzweiflung). Die Gruppe der Hinterbliebenen von langandauernd chronisch

Erkrankten klammert sich eher am Leiden fest. Hier sind Einsamkeits- und Verlustgefühle typischer. Physiologische Komponenten verlängerter Trauer wurden seltener festgestellt. Relativ unbeschadet übersteht die Gruppe der Hinterbliebenen von kurzzeitig chronisch erkrankten verstorbenen Familienmitgliedern die Trauerphase. Diese Reaktionen sind auf verschiedene antizipatorische Trauerreaktionen zurückzuführen, die für die Restabilisierung der Lebenswelt und Gefühlswelt der betroffenen Hinterbliebenen prognostische Valenzen besitzen.

Literatur

Baltes, Margret: On the Relationship Between Significant Yearly Events and Time of Death. Journal of Death and Dying. Omega 8 (1977).

Cattell, R. B. et al.: Handbook for the 16 PFQ, Champaign 1970.

Kinllaw, B. and R. Dixon: Believe in the Existence and Nature of Life after Death. Journal of Death and Dying. Omega 13 (1982), S. 287–292.

Harrison, Albert and Michael Moore: Birth Dates and Death Dates: A Closure Look. Journal of Death and Dying. Omega 13 (1982), S. 117–125.

Hiltmann, H.: Wortassoziation und verbale Ergänzungsverfahren, in: Thomae (Hrsg.): Psychologische Diagnostik, Handbuch der Psychologie, Band 6, Göttingen 1971.

Kastenbaum, Robert und Ruth Aisenberg: The Psychology of Death, New York 1972.

Kunz, Phillip und Jeffrey Summers: Time to Dy: A Study of the Relationship of Birthdays and Time of Death. Journal of Death and Dying. Omega 10 (1980), S. 281–289.

Langen, Ute: Das Todeskonzept in Abhängigkeit von der Erfahrung, die Personen im Umgang mit Phänomenen haben, die den Tod betreffen, in: Jürgen Howe und R. Ochsmann (Hrsg.): Tod – Sterben – Trauer. Bericht über die Tagung zur Thanato-Psychologie November 1982, Frankfurt 1984.

Leming, Michael: Religion and Death. Journal of Death and Dying, Omega 10 (1980), S. 347–364.

Munz, Norbert: Todeskonzepte bei Patienten, unveröffentlichtes Manuskript, 1984.

Nelson, L. D.: Structural Conducivenes. Personality Characteristics and Death Anxiety. Omega 10 (1979), S. 123–133.

Nelson, C. C. and L. D. Nelson: A Factor Analytic Inquiry into the Multidimensionality of Death Anxiety. Omega 6 (1975), S. 171–181.

Noyes, Russell: The Human Experience of Death or, What Can We Learn From Near-Death-Experiences? Journal of Death and Dying. Omega 13 (1982, S. 251–259.

Owen, Greg, Robert Fulton and Eric Markusen: Death at a Distance. A Study of Family Survivors. Omega 13 (1982), S. 191–225.

Potthoff, Peter: Der Tod im medizinischen Denken. Stuttgart 1980.

Sanders, Catherine: Effects of Sudden vs. Chronic Illness Death on Bereavement. Omega 13 (1982), S. 227–241.

Wittkowski, Joachim: Tod und Sterben. Ergebnisse der Thanatopsychologie. Heidelberg 1978.

Der alltägliche Tod

Margret M. Baltes

Altern und Tod in der psychologischen Forschung

Obwohl der Tod, wie die Geburt, zu den wenigen universellen, auf uns alle zutreffenden Ereignissen des Lebens gehört, scheint aus psychologischer Sicht der Tod zunächst doch ein höchst persönliches Phänomen zu sein. Die Bedeutung des Todes und die Einstellung zum Tod unterscheiden sich von Person zu Person, abhängig von gegenwärtigen und vergangenen Ereignissen und Situationen in der Biographie eines Menschen. Die Bedeutung des Todes und die Einstellung zum Tod sind außerdem nicht statisch fixiert, sondern können sich auch noch innerhalb eines Menschen von Situation zu Situation und über die Zeit hinweg verändern. Die Einstellung zum Tod entsteht so aus der dynamischen und sich verändernden Wechselwirkung zwischen Mensch und Umwelt. Dementsprechend wird unsere Einstellung zum Tod eine andere sein, wenn wir uns in einer schweren Krankheit befinden, wenn wir den Tod eines guten Freundes erleben oder wenn wir gerade einen besonderen Erfolg im Beruf verzeichnen können. Ein Arzt hat sehr wahrscheinlich eine andere Einstellung zum Tod als ein Rennfahrer, und ein japanischer Todesflieger eine andere als ein Eremit.

Drei konkrete Beispiele mögen die Unterschiedlichkeit in der Einstellung zum Tod und in dem, was Tod für den einzelnen bedeuten kann, illustrieren. Im Jahre 1802 schreibt Beethoven in seinem Heiligenstädter Testament:

> Mit Freuden eil ich dem Tod entgegen – kommt er früher als ich Gelegenheit gehabt habe, noch alle meine Kunstfähigkeiten zu entfalten, so wird er mir trotz meinem harten Schicksal doch noch zu frühe kommen, und ich würde ihn wohl später wünschen – doch auch dann bin ich zufrieden, befreit er mich nicht von einem endlosen leidenden Zustande?

Dagegen schreibt Schopenhauer (1851) in dem zweiten Band der Parerga und Paralipomena über den Tod:

> Je älter wir werden desto mehr ökonomisieren wir unsere Zeit. Denn im späten Alter erregt jeder verlebte Tag eine Empfindung, welche der verwandt ist, die bei jedem Schritt ein zum Hochgericht geführter Delinquent hat.

Cicero wiederum schreibt in „De Senectute" folgendes:

> Von frühester Kindheit an müssen wir uns bemühen, Licht auf den Tod fallen zu lassen. Der Mensch, der sich nicht nach dem Tode sehnt, kann nie den geistigen Frieden erlangen. Denn wir müssen alle sterben, und nach allem, was wir wissen, kann der Tod heute schon kommen. Jede Minute, jede Stunde schwebt der Tod über uns. Wenn wir in der Furcht des Todes leben, wie könnten wir dann einen gesunden Geist bewahren?

Eine außerordentliche Variabilität in der psychischen Verarbeitung des Todes ist wahrscheinlich aber nicht die allein ausreichende Beschreibung des Denkens über den Tod und der Einstellung zum Tod. Variabilität ist ein wichtiger Befund, aber auch in sich selbst erklärungsbedürftig. Einmal ist es langfristig möglich, auch aus Variabilität allgemeine Prinzipien psychologischen Geschehens abzuleiten (was ich am Ende dieses Beitrages versuchen werde), und zum zweiten sind die Einstellung zum Tod und die Bedeutung des Todes Produkte kollektiver Erfahrungen, Wertvorstellungen und Orientierungen. Es gibt also neben den idiosynkratischen, jeweils einzigartigen Erfahrungen auch gesellschaftlich und historisch verankerte Erfahrungen, die Gemeinsamkeiten im Erleben des Todes schaffen. So sind durchschnittliche Einstellungen zum Tod in der Eskimokultur andere als die von Europäern; Einstellungen zum Tod werden andere sein, je nachdem, ob sich die Gesellschaft in einem Krieg oder in Frieden und Wohlstand befindet; Einstellungen zum Tod im deutschen Mittelalter mit all seinen Epidemien und natürlichen Katastrophen waren wahrscheinlich andere als die heutigen, einer Zeit, in der der Tod des einzelnen im allgemeinen vorhersagbarer geworden zu sein scheint.

Ich möchte vor allem einen Fragenkomplex herausgreifen und diesen etwas ausführlicher diskutieren. Im Zusammenhang mit dem Thema „Alter und Tod" drängt sich die Frage auf: Ist das Alter eines Menschen, das sicherlich seine Stellung in unserer heutigen Sozialstruktur und im Lebensablauf in großem Maße mitbestimmt, ein Faktor, der die Bedeutung des Todes und die Einstellung zum Tod entscheidend beeinflußt? Oder anders formuliert: Ist die Einstellung zum Tod bei alten Menschen eine andere als die junger Menschen oder als die von Menschen in den mittleren Lebensjahren? Es liegt doch nahe anzunehmen, daß die Beschäftigung mit dem Tod und die Einstellung zum Tod anders aussehen, wenn man älter wird. Hier sollte es nicht nur Variabilität geben, sondern auch so etwas wie eine allgemeingültige Entwicklung, die auf die meisten Menschen zutrifft.

Dieser Frage wird zusätzliches Gewicht verliehen, wenn wir uns die große Vorhersagbarkeit des Todes im Alter vor Augen führen. Wir wissen aus Lebensstatistiken, daß die Wahrscheinlichkeit des Todes mit dem Lebensalter des einzelnen ansteigt und im Alter unvergleichlich hoch liegt. Die durchschnittliche Sterbewahrscheinlichkeit einer Bevölkerung wird immer mehr auf das Alter konzentriert. In einer amerikanischen Mortalitätsstatistik war zum Beispiel im Jahre 1970 die Prozentverteilung der Todeshäufigkeit für 16- bis 45jährige 8 %, die für 56- bis 65jährige 24 % und die für die über 66jährigen 63 %. Man weiß, daß sich diese Todeswahrscheinlichkeit seitdem noch stärker auf das Alter hin verschoben hat.

Kann man also vermuten, daß diese große Vorhersagbarkeit des Todes im Alter eine größere Bewußtheit des Todes beim älteren Menschen mit sich bringt? Es scheint, daß man im Alter kaum vermeiden kann, die Nähe des Todes wahrzunehmen und zu erkennen, daß die Zeit zum Leben sehr kurz geworden ist und der Großteil des Lebens gelebt ist (vgl. Munnichs, 1966). Alte Menschen, vor allem solche, die die durchschnittliche Lebenserwartung überschritten haben, sprechen häufig davon, auf „geborgte" Zeit zu leben. Es ist auch so, daß die meisten Menschen, beginnend etwa im 5. Lebensjahrzehnt, anfangen, zusätzlich zu der Distanz von der Geburt (Alter) auch die Distanz vom Tod in ihr Lebensbewußtsein einzuführen. Was bedeutet diese zunehmene Nähe zum Tod für die Einstellung zum Tod?

Gibt es vielleicht doch ein einheitliches Bild? Wenn es irgendwo Gemeinsamkeiten im psychischen Erleben des Todes gibt, ist es doch plausibel, diese im Zusammenhang mit der im Alter zunehmenden Häufigkeit des Todes zu finden?

Psychologie und Tod

Von wenigen sehr frühen Arbeiten abgesehen, wie z. B. Fechners Buch über das Leben nach dem Tod aus dem Jahre 1836 oder Freuds Monographien aus den Jahren 1915 und 1917 über die Einstellung zum Tod, zur Trauer und Melancholie, haben sich Psychologen lange Zeit nicht eingehend mit dem Tod und Sterben oder der Trauer beschäftigt. Vielleicht kann man dieses lange Schweigen partiell auch Freud zur Last legen, der behauptete, daß wir unsere eigene Sterblichkeit nie wahrhaft verstehen und akzeptieren können. Was wäre unter diesen Umständen der Sinn von empirischer Forschung? Seit etwa 30 Jahren hat sich dieses Bild sehr verändert, vor allem wenn man die internationale psychologische Forschung betrachtet.

Die erste empirische Arbeit über Kognitionen über den Tod und Einstellungen zum Tod bei Kindern wurde meines Wissens von Maria Nagy im Jahre 1948 veröffentlicht (vgl. Feifel, 1959). Seitdem ist das anfängliche Rinnsal von Studien zu einem wahren Strom angewachsen, vor allem in der englischsprachigen Literatur. Allerdings sind fast alle Studien mit Kindern und jungen Erwachsenen durchgeführt worden. Empirische Arbeiten mit älteren und alten Erwachsenen beschäftigen sich nur selten mit Kognitionen über den Tod, sondern fast ausschließlich mit Einstellungen zum Tod. Die wenigen kognitiv orientierten Studien mit alten Menschen haben z. B. versucht, die Beziehung zwischen dem Zeitbegriff und der Beschäftigung mit dem Tod zu beleuchten.

Zudem ist zu bemerken, daß die empirischen Arbeiten, die sich mit der Einstellung zum Tod beschäftigen, wesentlich auf die Erfassung der Angst vor dem Tod konzentriert sind. Andere emotionale Qualitäten wie Erwartung oder Wunsch nach dem

Tod werden dagegen stark vernachlässigt. Einige Autoren gehen so weit zu behaupten, daß Angst vor dem Tod allgemeingültig ist und universell auf alle Menschen zutrifft und daß Zeit für uns nur deshalb von Bedeutung ist, weil wir wissen, daß wir sterben müssen. In der Tat sind Todesthemen und Todesphantasien in der Psychopathologie häufige Vorkommnisse, was dazu geführt hat, daß zuweilen das Fehlen von Angst vor dem Tod automatisch als Verdrängung interpretiert wurde und wird. Mir scheint, daß eine solche forschungsleitende Grundannahme – der Tod ist inherent angstbesetzt – wenig produktiv ist.

Alterstheorien und Tod

Um eine allgemeinere und differentielle Sichtweise zu ermöglichen, möchte ich zunächst einige theoretische Überlegungen zum Altern vorstellen. Welche Hypothesen zur Einstellung zum Tod im Alter können wir aufgrund bekannter Alterstheorien formulieren? Ich beziehe mich dabei auf drei theoretische Konzeptionen: die Aktivitätstheorie, die Disengagementtheorie und die Lebensspannenperspektive. Im Zusammenhang mit den beiden letzten Modellen werde ich auch das Modell der Persönlichkeitsentwicklung von Erikson (1957) erwähnen. Eriksons Modell der Persönlichkeitsentwicklung enthält inhaltliche Spezifikationen, die den Tod als ein zentrales Thema des Alters und unterschiedliche Bewältigungsformen des Todes charakterisieren.

1. *Aktivitätstheorie.* Diese Theorie postuliert, daß „erfolgreiches" Altern durch kontinuierliche Aktivität gekennzeichnet ist. Nur der aktive, aktiv bleibende, produktive alte Mensch zeigt hohe Lebenszufriedenheit und Selbstachtung. Je größer der Rollenverlust, desto geringer die Lebenszufriedenheit (Maddox, 1970). Tod wird nicht als besondere Bewältigungs- oder Entwicklungsaufgabe des Alters behandelt. Im Gegenteil, der Tod hat in diesem Modell keinen explizit artikulierten Platz. Etwas überspitzt könnte man folgern, daß derjenige alte Mensch, der einen hohen Aktivitätsgrad beibehält, weder Zeit

noch Gelegenheit findet, über den Tod nachzudenken, sondern eher sich so verhält, als gäbe es keinen Alternsprozeß und keinen Tod. Die Aktivitätstheorie ist, so könnte man u. U. weiterfolgern, ein schönes Beispiel für ein Verdrängungsmodell des Todes.

Wollte man aus der Aktivitätstheorie eine Hypothese zur Einstellung zum Tod im Alter ableiten, so könnte man vielleicht voraussagen, daß die Einstellung älterer Menschen zum Tod eher der von Menschen in den mittleren Lebensjahren ähneln müßte. Diese Gruppe hat im Durchschnitt die relativ größte Angst vor dem Tod. Bei Erwachsenen in den mittleren Lebensjahren kommt der Tod als Überraschung und wird als verfrüht (off-time) erlebt.

2. *Disengagementtheorie.* Dieses Modell beschreibt erfolgreiches Altern als einen langsamen, sozialen und psychologischen Rückzug auf sich selbst; als einen Rückzug, der sowohl von der Gesellschaft verlangt wie vom Individuum gewollt ist. Glücklichsein und erfolgreiches Altern bedeutet hier, ein neues Gleichgewicht zu finden. Dieses ist gekennzeichnet durch größere psychologische Distanz und verringerte soziale Interaktionen und wird mitausgelöst durch die Bewußtheit oder das Bewußtwerden der Todesnähe (vgl. Cumming u. Henry, 1961). Der Versuch, ein neues Gleichgewicht zu finden, ausgelöst durch die Bewußtheit der Endlichkeit, wird als zentrale „Entwicklungsaufgabe" des alternden Menschen betrachtet. Zur Bewältigung dieser Entwicklungsaufgabe bedient sich der alte Mensch u. a. des Lebensrückblicks (life review), einem Suchen nach Lebensbilanz und Lebensinterpretation.

Die Ähnlichkeit zwischen der Disengagementtheorie und dem Eriksonschen Modell der Persönlichkeitsentwicklung ist unverkennbar. Erikson bietet der Disengagementtheorie eine richtungsweisende Finalität an, die für den einzelnen Menschen im konstruktiven Sinn bewältigbar erscheint. Erikson (1957) sieht für das Alter die achte und letzte Identitätskrise vor. Die achte Identitätskrise wird ausgelöst durch die Bewußtheit der eigenen Endlichkeit. Diese Situation verlangt vom alten Menschen,

Lebensbilanz zu ziehen. Das Schreiben der Autobiographie bedeutet nicht, eine Erfolgsstory zu schreiben, sondern vielmehr eine Story, die dem eigenen Leben, seinen Stärken *und* Schwächen, Sinn verleiht. Dieser sehr konfliktvolle und häufig schmerzliche Prozeß der Reminiszenz verschiebt das Involviertsein von der Umwelt weg hin zum eigenen Selbst und der Lebensbilanz. Dieser Rückzug auf das Selbst kann als Prozeß zeitlich begrenzt sein und bedeutet keineswegs, daß das gesamte Altsein aus Lebensbilanz und Ichbezogenheit besteht.

Die Lebensbilanzierung kann sowohl nach der Disengagementtheorie wie nach Erikson zu zwei „prototypischen" Ergebnissen führen: Ich-Integrität oder Verzweiflung. Ich-Integrität und Zufriedenheit beispielsweise, wenn man glaubt, daß man sein Leben im großen und ganzen nicht anders hätte leben wollen, und auch nicht anders leben würde, wenn man es noch einmal wiederholen könnte. Verzweiflung oder Verbitterung ist das Ergebnis der Lebensbilanz dann, wenn man zu der Schlußfolgerung kommt, daß man nicht getan hat, was man wollte, und gleichzeitig feststellen muß, daß weder die Zeit reicht, noch die Möglichkeiten vorhanden sind, neu anzufangen. Zwischen diesen beiden Extrempolen einer Lebensbilanzierung gibt es natürlich mannigfaltige Bilder und Hin- und Herbewegungen.

Beide Theorien, die Disengagementtheorie und Eriksons Modell, würden vorhersagen, daß ein alter Mensch mit einer letztendlich positiven Lebensbilanz und der Akzeptanz des eigenen Selbst als sterbendes Selbst, kurz ein alter Mensch, der das Stadium der Ich-Integrität erlangt, eine positive Einstellung zum Tod besitzen wird. Die Einstellung zum Tod sollte dagegen eine negative sein bei all den alten Menschen, deren Lebensbilanz negativ oder unabgeschlossen ist. Hierdurch werden „negative" Emotionen wie Verzweiflung und Verbitterung zum dominanten Erlebnismuster des einzelnen.

3. *Lebensspannenperspektive.* Diese Perspektive betont einerseits das bisher Gesagte und erlaubt es, die von der Disengagementtheorie und Erikson betonte Ichentwicklung im Alter in

einem breiteren, weniger durch innere Gesetzmäßigkeiten bestimmten Rahmen zu sehen. So betont die Lebensspannenperspektive das Zusammenspiel von anlage- und umweltbeding-
ten Faktoren in der Entwicklung des Menschen von der Geburt bis zum Tod (Baltes, 1980). Die Bedeutung des Todes und
die Einstellung zum Tod sind das Produkt kumulativer Erfahrungen, die ihre Bedeutung in der durchschnittlichen Struktur
des Lebensablaufes erhalten. Diese Einflußfaktoren werden in
dem Modell als altersgradierte Ereignisse bezeichnet. Die Lebensspannenperspektive bietet aber auch eine Systematisie-
rung weiterer Einflußfaktoren an, die die Variabilität der Entwicklung des einzelnen verständlich machen. Neben den altersgradierten Ereignissen werden zwei weitere Einflußsysteme
beschrieben. Epochen- oder geschichtsabhängige Ereignisse
sind solche, die in der Geschichte zunehmend (z. B. Verlängerung der Lebenserwartung) oder plötzlich (z. B. Krieg) auftreten. Nicht-normative Ereignisse sind idiosynkratische Erlebnisse des einzelnen wie z. B. der Tod des Ehepartners, Eheschei-
dung, ein Lottogewinn oder eine Reise um die Welt; Ereignisse
also, die zwar viele Menschen in unserer Kultur erleben, aber
zu sehr unterschiedlichen Zeitpunkten und Bedingungen in
ihrem Leben. So kann die Einstellung zum Tod im Alter sehr
stark mitgeprägt sein durch das Erlebnis des frühen Verlustes
der eigenen Mutter oder den plötzlichen Verlust von finanziellen Ressourcen. Das Zusammenspiel dieser drei Einflußsysteme, der altersgradierten Ereignisse, epochenabhängiger und
nicht-normativer Ereignisse, macht deutlich, warum die Einstellung zum Tod unterschiedlich aussehen und andererseits gemeinsame Züge haben kann.

Was wissen wir nun über diese Einflußsysteme für den heute
alten Menschen? Über die nicht-normativen Ereignisse lassen
sich aufgrund ihrer Definition natürlich keine allgemeingülti-
gen Beispiele bringen. Für die epochenabhängigen Ereignisse
dagegen findet sich gerade für die heutige Zeit ein Beispiel, das
die Einstellung zum Tod der heutigen Menschen gleich welchen
Alters beeinflußt: die Bedrohung durch einen nuklearen Krieg
und die damit verbundene Friedensbewegung. Als altersab-

hängige Ereignisse, also für das Alter normalerweise erwartete oder vorprogrammierte Ereignisse, werden drei Ereignisse als zentral beschrieben: (a) die Transition vom Arbeitsleben in den Ruhestand, (b) die Veränderung der Gesundheit und damit einhergehende Gebrechlichkeiten und Beschränkungen in den Aktivitäten und schließlich (c) die Bewußtheit der Todesnähe und der eigenen Endlichkeit. Diese drei altersbezogenen Ereignisse sind die „Entwicklungsaufgaben" (developmental tasks) des Alters und verlangen Verarbeitung und Bewältigung vom alten Menschen.

Zeitperspektive und Beschäftigung mit dem Tod

Eine nähere Betrachtung dieser dritten Entwicklungsaufgabe, der Wahrnehmung der eigenen Endlichkeit, scheint in dem vorliegenden Kontext besonders relevant. Welche empirischen Hinweise gibt es dafür, daß der alte Mensch die Bewußtheit der eigenen Endlichkeit als Entwicklungsaufgabe, als Konflikt, als Tatsache erlebt?

Zunächst gibt es die Ergebnisse der Arbeiten, die sich direkt mit der Frage beschäftigen: Denken alte Menschen häufig oder häufiger an den Tod als jüngere Menschen? Die meisten Arbeiten beruhen auf retrospektiven Fragestellungen sehr allgemeiner Natur; z. B. wie häufig haben Sie im letzten Monat oder in der letzten Zeit an den Tod gedacht? Die Ergebnisse dieser Arbeiten zeigen allgemein eine sehr geringe Beschäftigung mit dem Tod in allen Altersgruppen und nur geringe Altersunterschiede. Hingegen finden sich signifikante Altersunterschiede dann, wenn man die Leute im alltäglichen Leben anhält und fragt: Worüber haben Sie in den letzten 5 Minuten nachgedacht? Einige dieser Arbeiten ergeben ein sehr bedeutsames Zusatzergebnis, was die Beantwortung der Frage, welche Situationen Gedanken an den Tod hervorrufen, angeht. Hier zeigt sich, daß drei Situationen, nämlich „Krankheit, Tod einer nahestehenden Person und Unfall oder Beinahe-Unfall", bei allen Befragten Gedanken an den Tod wachrufen. Die Häufigkeit des Auftretens, vor allem was die Situationen Krankheit und

Tod einer nahestehenden Person betrifft, ist statistisch häufiger im Alter als in jüngeren Jahren, so daß sich der Tod häufiger in die Gedanken alter Menschen drängen kann als in die jüngerer Menschen. Insgesamt könnte man also schlußfolgern, daß alte Menschen nicht kontinuierlich und andauernd (sozusagen von innen gesteuert) von Todesgedanken erfüllt sind, sondern lediglich zu bestimmten Zeiten und Situationen häufiger an den Tod denken, nämlich dann, wenn sie von außen mit Todessituationen konfrontiert werden; dies scheint im Alter häufiger zu werden.

Eine zweite Gruppe von Arbeiten kreist um die Frage: Unterscheiden sich alte von jüngeren Menschen in der Planung für ihren bevorstehenden Tod? Hier findet sich, daß alte Menschen sehr viel häufiger z. B. ein Testament geschrieben, einen Friedhofsplatz gekauft oder Beerdigungsarrangements getroffen haben.

Eine dritte Gruppe von Arbeiten beschäftigt sich mit der Frage, wie lange alte Menschen zu leben erwarten. Benutzen sie die statistischen Lebenserwartungswerte? Auf der einen Seite wünschen sich alte Menschen über 65, im Durchschnitt bis etwa zum 80. Lebensjahr zu leben. Die Schätzung der eigenen noch verbleibenden Jahre machen sie andererseits von realen Erfahrungen abhängig: einmal vom Todesalter der Eltern und vor allem dem der eigenen Geschwister. Interessant ist, daß Männer trotz ihrer geringeren Lebenserwartung im Durchschnitt höhere Schätzwerte (längere Lebensdauer) geben, als Frauen dies tun. Alte Menschen, die die statistische Lebenserwartung überschritten haben, betonen häufig, auf geborgte Zeit zu leben.

Eine weitere Gruppe von Arbeiten zeigt, daß alte Menschen beginnen, den eigenen Tod vor sich selbst und der Umwelt zu legitimieren, indem sie bestimmte Bedingungen an das Leben knüpfen. Das Leben ist lediglich lebenswert, wenn bestimmte Bedingungen nicht eintreten, ansonsten ist der Tod dem Leben vorzuziehen. Bedingungen, die mit Vorliebe angeführt werden, beziehen sich auf die eigene Nützlichkeit und Selbständigkeit oder Autonomie in psychischer wie körperlicher Beziehung.

Weitere Arbeiten, die die Bewußtheit oder Bewußtwerdung der eigenen Endlichkeit und Todesnähe im alternden Menschen unterstreichen, beschäftigen sich einmal mit der Erforschung des Zeitbegriffes bei alten Menschen und mit der Reminiszenz. Was die Forschungsergebnisse über den Zeitbegriff angeht, so zeigt sich, daß mit fortschreitendem Alter die Zukunftsorientiertheit einer Gegenwarts- und Vergangenheitsorientiertheit Platz macht. Arbeiten über die Reminiszenz versuchen, sowohl das Vorhandensein derselben bei alten Menschen wie auch deren Nutzen für den alten Menschen festzustellen. Das bloße Vorhandensein der Reminiszenz, nicht in Form von Tagträumerei, sondern in der Tat als harte Bewältigungsarbeit, scheint belegt. Die therapeutische Nützlichkeit der Reminiszenz ist allerdings nur unzureichend nachgewiesen.

Zusammenfassen können wir die Ergebnisse dahingehend, daß die Bewußtheit des Todes im Alter im allgemeinen größer zu sein scheint als in jüngeren Jahren und daß alte Menschen die Bewältigung der eigenen Endlichkeit als Entwicklungsaufgabe auffassen (für eine gute Darstellung der oben aufgeführten Arbeiten verweise ich auf Marshall, 1980; Riley, 1983; Wittkowski, 1978). Ferner scheint es so zu sein, daß die Variabilität in der Einstellung zum Tod bei alten Menschen dadurch entsteht, daß epochenabhängige und nicht-normative Ereignisse, die in ihrer Gesamtheit auf den alten Menschen einwirken, die Richtung und Häufigkeit der Beschäftigung mit dem Tod und dessen Verarbeitung stark mitbestimmen. Unsicherheit besteht darin, wie man als Psychologe den Prozeß bestimmen will, der abläuft, wenn der einzelne mit todesbezogenen Ereignissen konfrontiert wird. Hypothesen bezüglich der Einstellung zum Tod verlangen aber gerade das Wissen um diese Prozesse.

Einstellung zum Tod

Bisher habe ich dargestellt, was die Empirie dazu sagt, ob, wie und unter welchen Bedingungen ältere Menschen über den Tod nachdenken oder sich mit ihm beschäftigen. Im folgenden will ich empirische Arbeiten zur Einstellung zum Tod im Alter beschreiben. Auch diese Arbeiten wurden wenig theoriegeleitet durchgeführt. Unsere oben skizzierten, aus Alterstheorien abgeleiteten Hypothesen wurden also bisher nicht überprüft. Selbst Lebenszufriedenheit als globales Maß einer vollzogenen Lebensbilanz wird nur ganz selten in Beziehung gebracht zur Angst vor dem Tod, und die vorhandenen Daten sind widersprüchlich. Die meisten Studien korrelieren Todesangst mit sozialem Status, ethnischer Herkunft, Geschlecht und ähnlichen demographischen Variablen. Entgegen den Hypothesen der meisten Forscher tragen diese demographischen Variablen sehr wenig zum Verständnis der Einstellung zum Tod im Alter bei. Chronologisches Alter ist in der Tat die einzige Variable, die in den meisten Studien überhaupt signifikant ist. Allerdings sind die Ergebnisse nicht einheitlich (vgl. Marshall, 1980, Wittkowski, 1978). Da die meisten dieser Studien mit sehr kleinen Stichproben aus selektiven Populationen arbeiten, ist es durchaus denkbar, daß wir es mit unterschiedlichen, aber jeweils homogenen Gruppen zu tun haben.

Die Studien kranken aber auch an methodischen Mängeln. So konnte ich lediglich eine Längsschnittstudie finden. Differenzen in der Angst vor dem Tod, wenn vorhanden, können also nicht als Altersveränderungen, sondern lediglich als Altersdifferenzen interpretiert werden. Nur längsschnittliche Daten erlauben es uns, Aussagen über den Entwicklungsverlauf des einzelnen zu machen. Querschnittliche Altersvergleiche vermischen Alters- mit Generationsunterschieden. So wissen wir also nicht, ob weniger oder mehr Angst vor dem Tod durch das Älterwerden oder z. B. durch Generationsunterschiede bestimmt sind.

Angst vor dem Tod wurde außerdem über lange Zeit als eindimensionaler Begriff gehandhabt und erfaßt. Wir wissen heute daß die emotionale Qualität „Angst" vor dem Tod für jeden von uns einen anderen Inhalt haben kann. Der eine fürchtet die Angst vor der Auflösung des Körpers, der andere hat Angst vor dem Erleben, daß wirklich alles zu Ende geht, der andere vor den Schmerzen des Sterbens oder dem Kontrollverlust, der Hilflosigkeit, vor dem Ungewissen, oder schließlich ein anderer hat Angst um die ihn Überlebenden. So scheint es sinnvoll

Angst vor dem Tod als ein vielschichtiges Konzept zu verstehen, das nur mit einem multidimensional angelegten Fragebogen oder Interview erfaßt werden kann. Außerdem wird immer deutlicher, daß die Erfassung der Angst zusätzlich auf unterschiedlichen Ebenen, z. B. bewußte – unbewußte, private – öffentliche, stattfinden müßte. Versuche, der Angst vor dem Tod beim alten Menschen auf einer anderen Ebene, z. B. unbewußten Ebene, nahezukommen oder mit anderen Mitteln als Befragung, z. B. mit hermeneutischen Methoden anzugehen, harren des interessierten Forschers.

Trotz dieser Mängel methodischer und theoretischer Natur scheint es einen generellen Trend in den Daten zu geben, der für viele von uns auf den ersten Blick kontraintuitiv ist. Die Ergebnisse entsprechen nicht unserer Erwartungshaltung. Aus den Befunden schält sich als genereller Trend heraus: Im hohen Alter finden wir wenig oder nur geringe Angst vor dem Tod (vgl. Marshall, 1980 und Wittkowski, 1978). Die Tatsache, daß der Tod mit zunehmendem Alter nicht nur vorhersagbar, sondern auch meist ein langsamer, häufig mit zunehmenden Gebrechlichkeiten und Unannehmlichkeiten verbundener Tod und selten ein plötzlicher Tod ist, erlaubt es offensichtlich, in hohem Maße den eigenen Tod zu verarbeiten, anzunehmen, und letztendlich zu kontrollieren. Es scheint, als ob das Lebensende, das hohe Alter und der Tod eine Konstellation darstellen, die für den älteren Menschen bewältigbar ist.

Zusammenfassung

Ich habe versucht, eine skizzenhafte Zusammenfassung der psychologischen Arbeiten zum Thema Tod und Alter zu geben. Vieles ist noch unklar. Dennoch gibt es einige Kernstücke.

Mich beeindruckt zunächst der Befund einer großen Unterschiedlichkeit in der Einstellung zum Tod, in der Bedeutung des Todes für den einzelnen Menschen und in den Bewältigungsformen. Variabilität und nicht Homogenität ist der zentrale Befund. In den empirischen Arbeiten zum Tod und Alter hat mich vor allem dreierlei überrascht. Erstens, der kontraintuitive Befund, daß ältere Menschen im Vergleich zu jüngeren nicht die negative und auch konfliktvolle Einstellung zum Tod haben, die man wohl meist erwartet. Der Forschungsschwerpunkt auf der emotionalen Qualität „Angst" ist daher sicherlich unzureichend. Zweitens scheint es so zu sein, daß der Altersprozeß Bedingungen schafft, die eine Bewältigung des Todes ermöglichen und erleichtern. Ich erinnere an die oben erwähnten Befunde zur Bewußtheit des Todes im Alter. Einerseits werden Bedingungen wie todesbezogene Ereignisse mit dem Alter häufiger. Andererseits scheint der dem Alter angemessene Prozeß des Lebensrückblicks, der Lebensbilanzierung eine wichtige Rolle zu spielen. Für eine Vielzahl der älteren Menschen ist die eigene Endlichkeit also eine machbare Sache. Drittens war ich davon beeindruckt, wie wenige der empirischen Arbeiten theoriegeleitet sind. Ich habe dies versucht dadurch deutlich zu machen, daß ich vier theoretische Modelle (Aktivitätstheorie, Disengagementtheorie, Eriksons Persönlichkeitstheorie und die Lebensspannenperspektive) dahingehend abfragte, ob sie spezifische Hypothesen über Beschäftigung und Einstellung zum Tod enthalten.

Es wäre schön gewesen, wenn ich als Abschluß eine theoretische Integration der Befunde anbieten könnte. Dies scheint mir gegenwärtig nicht möglich. Dennoch einige kurze Hinweise auf künftige Forschungsschwerpunkte, die mir interessant erscheinen. Ein erster Fragenkomplex ist der nach den Prozessen, den psychologischen Mechanismen, die bei der Bewältigung des Todes eingesetzt werden. Hierbei denke ich beipielsweise an psychologische Modellvorstellungen, die lebenslange Entwicklungsziele und Handlungssteuerung miteinander verbinden. Auch theoretische Versuche, kritische Lebensereignisse, ihr Auftreten und ihre Bewältigungsformen als zentrales Konzept für „Coping" zu artikulieren (Filipp, 1981), scheinen mir ein fruchtbarer Zugangsweg, um die Auseinandersetzung mit dem Tod besser als Prozeß zu verstehen.

Es scheint mir auch wichtig, den gegenwärtig vorherrschenden methodischen Zugangsweg der Fragebogen- und Interviewtechnik durch andere methodische Strategien zu ergänzen. Fast alles, was wir heute als empirisch-psychologische Erkenntnis über die Einstellung zum Tod zur Verfügung haben, kommt aus dem, was oft „soft psychology" genannt wird. Die Art der Daten, nach denen ich Ausschau halte, sind solche, die entweder auf direkter Verhaltensbeobachtung oder auf systematischen Denkprotokollen beruhen. Hier liegt ein weites Forschungsfeld.

Literatur

Baltes, P. B.: Life-span developmental psychology, Annual Review of Psychology 31 (1980), S. 65–110.

Cumming, E. & W. Henry: Growing old: The process of disengagement. New York 1961.

Erikson, E. H.: Kindheit und Gesellschaft, Zürich 1957.

Fechner, G. Th.: Das Büchlein nach dem Tod, Dresden 1836.

Feifel, H.: The meaning of death. New York 1959.

Filipp, S. H. (Hrsg.): Kritische Lebensereignisse. München 1981.

Freud, S.: Trauer und Melancholie, in: Gesammelte Werke, Bd. 10, London 1949.

Freud, S.: Vergänglichkeit, in: Gesammelte Werke, Bd. 10, London 1949.

Maddox, G.: Persistence of life style among the elderly, in: E. Palmore (Hrsg.): Normal aging, Durham, N.C. 1970.

Marshall, V. W.: Last chapters: A sociology of aging and dying, Monterey, Ca. 1980.

Munnichs, J. M. A.: Old age and finitude, Bonn 1966.

Riley, J. M. Jr.: Dying and the meanings of death: Sociological inquiries, Annual Review of Sociology, 9 (1983) S. 191–216.

Wittkowski, J.: Tod und Sterben – Ergebnisse der Thanatopsychologie, Heidelberg 1978.

Siegfried Kanowski

Altern und Tod – medizinische Überlegungen

Je älter wir werden, um so unausweichlicher wird der Tod, weil er zur Erhaltung des Lebens wichtig ist. Diese Aussage läßt sich aus naturwissenschaftlich-darwinistischer Sicht begründen.

Die Sicherung des Lebens gründet auf dem Prinzip der Propagation. Sie garantiert multiple Neukombinationen genetischen Materials und damit die Kreativität und Plastizität lebender Systeme. Daraus folgt als notwendige Konsequenz, daß unendliche Fortdauer in gar keinem Fall den Individuen, wahrscheinlich nicht einmal den Arten, sondern allenfalls – wenigstens dem Prinzip nach – dem Leben selbst möglich ist. Das Individuum muß sterben. Ihm ist Fortleben nach dem eigenen Tod, Re-Inkarnation nur in den Nachkommen gestattet. In ihnen schaffen wir uns – naturwissenschaftlich gesehen – Himmel und Hölle. Sie sind des Menschen Letztes Gericht, denn die letzte Generation wird das Urteil über alle fällen, die vor ihr gelebt haben.

So wird der Tod im Alter unausweichlich. Diese Feststellung ist an sich banal. Und dennoch ist das Faktum, daß der Tod für die meisten bis ins hohe Alter hinausgeschoben werden konnte, eine Errungenschaft der allerjüngsten Menschheitsgeschichte, der letzten 100 bis 150 Jahre und noch längst nicht überall in unserer Welt verwirklicht. Medizinisch gesehen ist dieser Fortschritt im wesentlichen auf die erfolgreiche Bekämpfung der Säuglings- und Kindersterblichkeit, der lebensgefährdenden Infektionskrankheiten – durch die Einführung allgemeiner Hygienemaßnahmen und der antibiotischen Behandlung – sowie auf die erfolgreiche Behandlung einer ganzen Reihe von das Leben früh gefährdenden Erkrankungen, wie z. B. der Zuckerkrankheit und der perniziösen Anämie, zurückzuführen.

Unter diesem Gesichtswinkel erscheint die seit einiger Zeit häufig zu hörende zivilisationspessimistische Sicht, daß unsere Umwelt krankheitsfördernd und lebensfeindlich sei, zumal in den Ballungszentren, schlechthin unverständlich und den Ergebnissen medizinisch-gerontologischer Forschung widersprechend. Die höchste Lebenserwartung findet sich gerade in den Großstädten. Dies gilt selbst für Entwicklungsländer wie Südamerika, obwohl dort die starken stadtzentrierten Migrationsbewegungen zu erheblichen sozialen Problemen und sehr ungünstigen Lebensbedingungen in ausufernden Slums geführt haben.

Kehren wir nun zum Ausgangspunkt unserer Überlegungen zurück und fragen, wie hängen Alter und Tod zusammen?

Die biologische Forschung gibt hierauf zwei Antworten: Eine der genetischen und eine der medizinischen Forschung. Zwischen beiden gibt es Verknüpfungspunkte.

Obwohl es bisher keine Hinweise für ein spezifisches Gen gibt, welches die Lebensspanne begrenzte, ist nicht daran zu zweifeln, daß genetische Faktoren sowohl die Lebensspanne als auch den vorzeitigen Tod beeinflussen. Es ist lange gesammelte und durch systematische Forschung bestätigte Erfahrung, daß es eine artspezifische durchschnittliche Lebenserwartung und auch maximale Lebensspanne gibt: Eine Maus lebt im Durchschnitt zwei, ein Hund ca. 12, ein Mensch 75 Jahre und die Eintagsfliege einen Tag. Für Menschen ließ sich außerdem zeigen, daß die individuelle Lebenserwartung mit der Zahl langlebiger Vorfahren – Eltern, Großeltern, Urgroßeltern – steigt. An einfachen Lebewesen ließ sich unter Laborbedingungen in optimierten Umweltbedingungen beobachten, daß die Sterbekurve einer Kohorte von Individuen fast ideal rechtwinklig verlief, d. h., alle zum gleichen Zeitpunkt entstandenen Individuen sterben auch zur gleichen Zeit. Anhand von in Schweden existierenden Statistiken wird deutlich, daß in Parallele zur Verlängerung der durchschnittlichen Lebenserwartung die Mortalitätskurven von Bevölkerungsstichproben sich während der letzten 80 Jahre deutlich dem rechtwinkligen Typ nähern.

Die Beeinflussung der Lebensspanne durch genetische Faktoren kann auf verschiedene Weise zustande kommen: durch direkte genetische Programmierung, quasi eine eingeborene Le-
bensuhr; durch lebenslange Kumulation von „Irrtümern" bei
der genetisch gesteuerten intrazellulären Genreproduktion
und Proteinsynthese; schließlich durch angeborene Erkrankungen oder Dispositionen zu solchen. Der erste Mechanismus
ist bisher nicht belegbar, der zweite aufgrund bisher erarbeite-
ter Ergebnisse wahrscheinlich, der dritte erwiesen (z. B. Pro-
gerie-Syndrom). (Übersichten s.: Zerbin-Ruedin 1975, Busse u.
Blazer 1980; Matsuyama u. Jarvik 1980.)

Damit kommen wir zur zweiten, zur medizinischen Antwort auf
die Frage des Zusammenhanges zwischen Alter und Tod. Sie
lautet: Krankheit. Und zwar nicht nur genetisch programmierte
Krankheit, sondern Krankheit schlechthin.

Krankheit ist im Vergleich zu anderen Lebensphasen ein domi-
nierender Faktor des Alterns. Die Erwartungswahrscheinlich-
keit, mit zunehmender Lebensdauer exogenen oder endogenen krankmachenden Noxen zu unterliegen, steigt, zumal
wenn man bedenkt, daß zahlreiche Noxen wie z. B. Nikotin, Alkohol, Infektionen vom Slow-virus-Typ jahrzehntelange Latenzzeiten haben, ehe es zur Manifestation von Krankheitszei-
chen, Symptomen kommt. Das zunehmende multiple Erkran-
kungsrisiko älterer Menschen ist unter den Schlagworten „Po-
lypathologie" und „Multimorbidität" bekannt. Den oben genannten Ausführungen entsprechend handelt es sich vorwiegend um chronische Krankheitsprozesse. Der Anteil der Älteren an den chronisch Kranken insgesamt lag 1978 bei 36 %
(Hinschützer u. Momber 1982). Noch deutlicher wird die Präva-
lenz chronischer Erkrankungen im Alter, wenn man berücksichtigt, daß ca. 86 % der jenseits des 65. Lebensjahres Erkrankten den chronisch Erkrankten zuzurechnen sind. Es dominieren Erkrankungen des Herz-Kreislauf-Systems, des Atmungs-
und Bewegungsapparates und bösartige Neubildungen (l.c.).
Aus gerontopsychiatrischer Perspektive bedeutsam ist der
hohe Anteil dementieller Prozesse. Bis zu 25 % der über 65jäh-
rigen leiden an einem solchen Prozeß. An erster Stelle steht

neben den sogenannten symptomatischen oder sekundären Demenzen, deren Prävalenzrate nicht klar ist, die Demenz vom Alzheimer-Typ, gefolgt von der Multi-Infarkt-Demenz.[1]

Die gesundheitspolitische Bedeutung dieser Prävalenzraten[2] kann uns hier nicht weiter beschäftigen, hier steht der Zusammenhang mit Mortalität und Todeserleben im Vordergrund.

78 % der 1980 Gestorbenen waren 65 Jahre alt oder älter. Als Ursachen stehen bei Älteren Erkrankungen des Hirngefäß-Systems an erster Stelle (60 % der Männer und 75 % der Frauen der an dieser Erkrankung Verstorbenen ist über 75 Jahre alt; l.c.). Es folgen Hochdruckkrankheiten, Diabetes mellitus und Bronchitis. Das Mortalitätsrisiko an Demenzen erkrankter Älterer liegt fünfmal so hoch wie das der altersvergleichbaren Durchschnittsbevölkerung. Allerdings ist der dementielle Prozeß selbst in der Regel nicht die Todesursache, sondern zusätzliche, komplizierende Erkrankungen (Kay 1962). Von Bedeutung als Todesursachen in der älteren Bevölkerung sind ebenfalls Unfälle im Straßenverkehr und Haushalt sowie Suizidalität. Das unterstreicht, daß auch der zufällige, plötzliche Tod seinen Tribut unter den älteren Menschen noch findet. Soviel mag an statistischen Betrachtungen des Themas genügen.

Chronische Erkrankung konfrontiert nicht grundsätzlich mit dem Tode. Chronisch-degenerative Prozesse des Bewegungsapparates z. B. nicht, obwohl bei einzelnen Formen durchaus todesrisikoerhöhende Faktoren im Spiel sind. Häufig übersieht der Laie aber diese Zusammenhänge gar nicht. Daraus mag folgen, daß die Ergebnisse von Untersuchungen über Todesfurcht bei älteren chronisch Kranken durchaus widersprüchlich sind. Hierfür spielt sicher auch eine Rolle, daß zwischen bewußt erlebten und daher äußerungsfähigen Todesbefürchtungen und unbewußten und deshalb schwer zugänglichen unterschieden werden muß. Chronische Erkrankung führt aber im Alter sehr häufig zu zunehmender und sehr oft gravierender Einengung der Fähigkeit, das eigene Leben unabhängig von anderen zu gestalten, zu wesentlichen Einschränkungen der Erlebens-, Handlungs- und Leistungsfähigkeit (vita reducta). Im schweren

Falle führt dieser Prozeß zur Pflegebedürftigkeit, unausweichlicher Institutionalisierung (Krankenhaus für chronisch Kranke, Pflegeheim). Unter heutigen Bedingungen ist damit bei den
meisten älteren Menschen auch der Verlust der im Laufe des
Lebens selbsterarbeiteten finanziellen Unabhängigkeit verbunden. Man wird zu einem Fall des Bundessozialhilfegesetzes.
Überspitzt formuliert ließe sich sagen: Chronische Erkrankung
führt im Alter zum sozialen und finanziellen Tod, ehe der biologische eintritt.

Es ist schwer vorstellbar, daß die Kombination von Endlich-
keitsaspekten im höheren Alter überhaupt, verknüpft mit gra-
vierendem Verlust von Erlebens- und Funktionsmöglichkeiten,
unter dem Signum chronischer Erkrankung nicht zur wenigstens unbewußten Aktivierung von Todesbefürchtungen,
-ängsten und vielleicht auch Todeswünschen führen sollte.
Diese Vermutung gewinnt an Wahrscheinlichkeit, wenn man
die häufige Verknüpfung von depressiven Syndromen im Zusammenhang mit chronisch-körperlichen Erkrankungen einerseits und mit dem alterstypischen Anstieg der Suizidhäufig-
keit andererseits mit in die Betrachtungen einbezieht. Solche
Zusammenhänge sind durch die Ergebnisse zahlreicher Untersuchungen gesichert.

Zunahme der Suizidalität als Ausdruck der im Alter häufiger
und zwingender werdenden Auseinandersetzung mit dem
eigenen Tod muß auf verschiedenem Hintergrund gesehen
werden. Am häufigsten entsteht Suizidalität im Alter auf dem
Boden psychischer Erkrankungen, nämlich depressiver Erkrankungen. Suizidalität ist hier als Symptom der primär psychischen Erkrankung anzusehen. Suizidgedanken können aber
auch am Beginn dementieller Erkrankungen entstehen, wenn
der Patient seinen Leistungsverlust noch registrieren und sich
sein zukünftiges Schicksal vergegenwärtigen kann. Chro-
nisch-progrediente oder mit erheblichen Schmerzen und son-
stiger Inkapazitierung verbundene Erkrankungen sind nächst
häufige Ursache im Alter sich manifestierender Suizidalität.
Der sogenannte „Bilanzsuizid", die Überzeugung, woher auch
immer gespeist, das eigene Leben sei erfüllt, abgeschlossen

oder, im Gegenteil, es sei gescheitert oder schließlich es lohne sich nicht, weiterhin in der wenig geschätzten Gegenwart unter den Auspizien der noch weniger geschätzten Zukunft zu leben, erscheint demgegenüber selten zu sein.

Von außen her unterstützt sicher die für bestimmbare alte Menschen so typische Situation der inneren Verlassenheit und Einsamkeit die suizidale Motivation. Hierin mag wohl ein verantwortlicher Faktor für die im Alter so eindeutig in Richtung Todeswunsch verschobene Ambivalenz zwischen Erwünschtheit und Unerwünschtheit des Todes, wie sie im Prinzip in jeder Suizidalität gegeben ist, liegen.

Für den chronisch leidenden, alten, zwiefach vom Tode bedrohten und deshalb mit seiner Endlichkeit konfrontierten Menschen – einmal nämlich durch die sich rasch verkürzende physiologisch noch zu erwartende Lebensspanne, zum anderen durch das krankheitsbedingte Todesrisiko – kann der selbstbestimmte Tod wohl Verlockung sein, der zu widerstehen es eines festen Konzeptes vom Inhalt, Sinn und Ziel des Lebens bedarf. Er kann so die Ungewißheit der Stunde bannen, indem er den Zeitpunkt bestimmt. Der Freitod erscheint ihm vielleicht als die letzte freie und selbstbestimmte Entscheidung, die ihm noch offensteht, sie gibt ihm auch die Bestimmung „über das Wie" des Sterbens, das sonst ebenfalls ungewiß erscheint, wieder in die Hand. Der selbstbestimmte Tod vermag ihn vom Leidenmüssen zu befreien und erscheint gerade dem älteren Menschen oft auch sozial – d.h. von seiner engeren Umwelt und von der Gesellschaft, wenn auch nicht offen eingestanden – erwünscht.

Hier nun ist ein, wie ich meine, für die Altersmedizin besonders sensibler Punkt berührt; denn hier berühren sich die in den letzten Jahren wieder hochaktuell gewordenen und zugleich hochproblematischen Felder von Euthanasie, Recht auf den selbstbestimmten Tod und der sozialen Tragfähigkeit aus Alter und Krankheit resultierender finanzieller Lasten.

Zubilligung des Rechts zum Selbstmord bedeutet Anerkennung des Rechts des Individuums, selbst zu bestimmen, von welchem

Ausmaß und von welcher Dauer an es Leidenmüssen nicht mehr akzeptieren, ertragen will. Etwas kaschiert wird auch vom Recht auf ein menschenwürdiges Leben und einen menschenwürdigen Tod gesprochen. Aber seit wann und nach welcher für wen gültigen Philosophie gilt Leidenmüssen als menschenunwürdig? Euthanasie heißt Einräumung des Rechtes, jemandem zum selbstbestimmten Tod aktiv oder passiv Hilfe zu gewähren. Ja, in der jüngsten deutschen Geschichte hieß Euthanasie sogar „Hilfe zur Tötung" kranker Menschen, die ihren Tod gar nicht selbst wollten, zweifelsohne eine Perversion, aber eine in gefährlicher Weise mögliche, denn wie ist es denn mit kranken, alten, pflegebedürftigen Menschen, die z. B. infolge eines dementiellen Prozesses gar nicht mehr selbst entscheiden können, ob sie unter den gegebenen Umständen weiterleben wollen? Ihr Tod mag wieder einmal unter dem Druck zunehmend begrenzter finanzieller Ressourcen in zunehmendem Maße sozial erwünscht erscheinen. In diesen Fällen wird schon der Entschluß zu passiver Sterbehilfe höchst verdächtig. Es darf nicht unterschlagen werden, daß in der Befürwortung der Euthanasie immer auch die uneingestandene Erfahrung oder Befürchtung der Gesunden steckt, das Leiden der Kranken nicht mehr „mitansehen" zu können, in ihrer Mitleidensfähigkeit überfordert zu werden. Dergleichen motivationale Verknüpfungen erscheinen mir aus geriatrischer Sicht so besonders gefährlich naheliegend und leicht unbewußt herstellbar, weil kranke und noch dazu schwerkranke ältere Menschen in vierfacher Weise durch negative soziale Stereotype gekennzeichnet werden können: alt, krank, unproduktiv und erhebliche Kosten verursachend. Die Aufgaben eines humanen Menschenbildes heißen für mich: Leiden soweit wie möglich verhindern, wenn sie unvermeidbar sind, so gut wie möglich lindern und soweit das nicht möglich ist, dem Leidenden so gut wie möglich helfen, sie zu tragen. In diesem Menschenbild findet Euthanasie als eigenständiges Handlungsfeld keinen Platz!

Zum Schluß möchte ich noch kurz auf die Bedingungen des Sterbens eingehen, ohne mich differenzierter auf Fragen der

Sterbebegleitung einzulassen, da diese noch Gegenstand weiterer Beiträge im Rahmen dieses Buches sind.

Wo und wie stirbt denn der kranke, alte Mensch in unserer Gesellschaft? Er stirbt in der Regel nicht zu Hause, so wie der Mensch auch nur selten noch zu Hause geboren wird. Allerdings gibt es Stimmen, die für beiderlei Ereignisse wieder die Zurückverlagerung von den Institutionen in den häuslichen Lebensbereich fordern, weil dies menschenwürdiger sei. Von medizinischer Seite muß allerdings darauf hingewiesen werden, daß die Einlösung dieser Forderung auch eine Kehrseite hat: z. B. Erhöhung der Geburtsrisiken und schlechtere Pflege oder Überforderung der Angehörigen oder sonstigen Beteiligten im Falle Todkranker.

Zudem ist zu bedenken, daß die Reduzierung der Kinderzahl in den Familien und die Mobilitätszunahme der Gesellschaft im ganzen dazu führen wird, daß für künftige Altengenerationen noch weniger potentielle Betreuer aus familiärem Bestand zur Verfügung stehen werden, als es heute der Fall ist. Kranke Alte werden schon in naher Zukunft wahrscheinlich noch häufiger in Institutionen gepflegt werden und auch dort sterben müssen.

Die Frage „wie" heute die Alten in den Institutionen sterben, ist vielfältig untersucht worden. Der Sterbende wird in der Regel allein gelassen, Ärzte, Pflegepersonal, Angehörige und auch manche Seelsorger ziehen sich zurück. Eine menschliche Begleitung des Sterbenden, Eingehen auf seine persönlichen Ängste, Nöte und Wünsche findet ebensowenig statt, wie die Reaktionen der Angehörigen beachtet und berücksichtigt werden.

Dieses Verhalten mag damit zusammenhängen, daß in Pflegeheimen und Krankenhäusern für chronisch Kranke – ebenso wie in psychiatrischen Landeskrankenhäusern – ein hoher Anteil des Personals (bis zu 40 %) ohne spezielle pflegerische Ausbildung arbeitet. Selbstverständlich haben sie nie etwas über den Umgang mit Sterbenden erfahren, und ihre Ängste vor dem Tod, die sie mit den Laien teilen, sind nie aufgearbeitet worden. Bis vor wenigen Jahren ist ja der Umgang mit Sterben-

den nicht einmal Inhalt der Ausbildung von Krankenschwestern und -pflegern gewesen. Wen wundert es da, wenn dieses
Problem berufs- und routinemäßiger Verdrängung anheimfällt
und unbewußte Abwehr und Aggression statt Zuwendung und
Teilnahme resultieren!

Auch der Umgang mit den Angehörigen von Sterbenden will
gelernt und erfahren sein. Vorbereitungen der Angehörigen auf
den nahenden Tod des Kranken und Vorbereitung auf die zu
leistende Trauerarbeit sind häufig und notwendig zu leistende
Hilfen. Auf dem Wege zum Tode und vor allem danach werden
viele offene und verdeckte, bewußte und unbewußte Probleme
in den Beziehungen zum Sterbenden wieder virulent, ohne daß
die Betroffenen dies zu erkennen vermögen. Die daraus resul-
tierenden Reaktionen bestimmen aber, mit welchen Hemmun-
gen und Schuldgefühlen, Erwartungen und Ansprüchen, ver-
drängten Aggressionen oder aber mit welcher Hinwendung
und Geduld Angehörige dem Sterbenden gegenübertreten, ob
sie bereit sind, Trost und Zuspruch zu spenden und „dabei zu
sein" oder Tendenzen zur Flucht, zum „aus-dem-Felde-gehen"
nachgeben. Auch die anschließende Trauerreaktion wird von
diesen Faktoren bestimmt. Bei pathologischen Trauerreaktionen von Angehörigen lassen sich immer biographieabhängige,
„neurotische" Elemente als bedingende Faktoren nachweisen.
Weil zudem das Erleben des Sterbens anderer immer auch das
eigene Sterben mitbeeinflußt, ist die Betreuung der Angehörigen Sterbender immer auch ein Ansatzpunkt für psychiatrische
Prävention und „Thanatohygiene".

Mit diesen Hinweisen schließe ich meine Überlegungen zum
Thema Altern und Tod ab. Ich bin mir des Fragmentarischen
meiner Überlegungen bewußt, vermochte im vorgegebenen
Rahmen aber nicht mehr zu leisten. Die Auswahl der Zugänge
zum Thema mußte so subjektiv bleiben. Vielleicht liegt aber gerade darin der Stimulus, den Leser zu eigenem Nachdenken zu
bewegen.

Anmerkungen

1 Demenz = durch krankheitsbedingten Untergang von Hirnzellen gekennzeichnetes Krankheitsbild.

2 Epidemiologisches Maß für Krankheitshäufigkeiten in der Bevölkerung.

Literatur

Busse, E. W., D. Blazer: The Theories and Processes of Aging, in: E. W. Busse, D. Blazer (Hrsg): Handbook of Geriatric Psychiatry, van Nostrand Reinhold Comp. 1980.

Hinschützer, U., H. Momber: Basisdaten über ältere Menschen in der Statistik der Bundesrepublik Deutschland. Deutsches Zentrum für Altersfragen e. V., Berlin 1982.

Kay, D. W. K. (1962): Outcome and cause of death in mental disorders of old age: a long-term follow-up of functional and organic psychoses, in: Acta Psychiat. Scand., 38, S. 249–276.

Matsuyama, St. S., L. F. Jarvik: Genetics and Mental Functioning in Senescence, in: J. E. Birren, R. B. Sloane (Hrsg.): Handbook of Mental Health and Aging, Englewood Cliffs 1980.

Zerbin-Ruedin, E.: Genetics, in: G. J. Howels (Hrsg.): Modern Perspectives in the Psychiatry of Old Age, Livingstone 1975.

Meinhard Adler

Tod als Notwendigkeit, Töten als Alltäglichkeit

Betrachten wir einmal das Bild von Breughel, das betitelt ist: „Der Triumph des Todes". Es ist ein Sterben und Morden in allen Variationen, in seiner Direktheit wirkt es wie eine Pornographie des Todes. In meiner Empfindung ist das Erschreckendste und Überwältigendste seine Vollständigkeit. An die Leichenberge adaptiert man sich zuerst. Das Gefühl wird immer bänglicher, wenn man sieht, wie der Tod jedes Schlupfloch zu finden scheint: nicht nur den Greis, auch das Kind, die Frau, die Schwangere, die Tiere. Das emotionale I-Tüpfelchen setzen dann, für sich genommen, Belanglosigkeiten, wie die zerstörte Landschaft, in der der Tod an einem verdorrten Baum das letzte grüne Blättchen abhackt. In diesem Detail wird der Triumph auf der einen Seite und die vollständige Niederlage des Lebens auf der anderen Seite bewußt. Es erinnert an eine kleine Szene, die Bloch beschreibt: Der König ist geschlagen, das Heer vernichtet, das Schloß zerstört, seine Frauen getötet, alles erträgt er in Fassung, doch als sein letzter Knecht an ihm vorbei in die Gefangenschaft geführt wird, bricht er zusammen und weint.

Ein solches Bild ist eine künstlerische Darstellung, eine Stilisierung, gleichwohl drückt es eine emotionale Erfahrung unseres Daseins aus. Konkret, in diesem Fall, mag es die Reaktion auf die Kriegsmordvorgänge in den Niederlanden durch die Spanier sein. Wenngleich dies wohl der Hauptanlaß war, so weist das Bild doch weit darüber hinaus, es verallgemeinert diese konkrete Erfahrung, und wir wissen, daß jede Generation in der bisherigen Geschichte der Menschheit derartige Erfahrungen des gewaltsamen Todes, des Tötens, gemacht hat. Jede Generation könnte in diesem Sinn in ihrem Gefühl einige ihrer Erfahrungsbereiche als „Triumph des Todes" bezeichnen. Und es ist von hier aus nur ein kleiner Schritt, auch das alltägliche Sterben, das Erlebnis des Sterbens, unter dem Begriff des „Triumphes des Todes" zu fassen, wird doch der Tod sehr häufig als übermächtig, als unbesiegbar, als nicht zu leugnendes Faktum erlebt, wenngleich er durch vielfältige psychologische Mechanismen nicht ständig in dieser bedrohlichen Form präsent ist.[1]

Wir sagten, Titel, Erlebnis und Darstellung eines solchen Bildes sind eine künstlerische Stilisierung. Spätestens an diesem Punkt müssen wir, als Wissenschaftler, methodische Überlegungen anstellen. Methodisch gesehen heißt Stilisierung eine Typisierung, d. h. *ein* Wirklichkeitszug wird überzeichnet, es entsteht eine idealtypische Gestalt, die aufgrund dieser Überzeichnung besonders einprägsam, eben typisch ist.

Eine zweite methodische Eigenart künstlerischer Stilisierung ist ihr Betrachtungsstandpunkt. Es liegt hier eine sogenannte teilnehmende, speziell gefühlsmäßig teilnehmende Darstellung vor, und ein solches Bild wendet sich auch an einen eben solchen Adressaten.

Diese zwei methodischen Hauptcharakteristika sind genau diejenigen, die eine derartige Darstellung von unserer sonst an der Universität gepflegten wissenschaftlichen Methode scheiden. Neben vielen anderen wissenschaftstheoretischen und hier nicht zu erörternden Charakteristiken zeichnet sich die wissenschaftliche Methode unter dem hier interessierenden Gesichtspunkt gerade dadurch aus, daß sie:
1. eine idealtypische Gestalt bestenfalls als methodischen Einstieg, als Heuristik, akzeptiert. Im übrigen aber ist das Ziel eine gewichtete, d. h. nach methodischen Kriterien abgewogene Erfassung von Wirklichkeit.
2. In aller Regel ist bei der wissenschaftlichen Methode nicht der emotional teilnehmende Beobachter gefordert, sondern ein, so könnte man es ausdrücken, Standpunkt des Beobachters außerhalb des jeweiligen Systems. Dieser distanzierte methodische Standpunkt macht das aus, was manchmal als die Kälte und Kühle wissenschaftlicher Methodik bezeichnet wird.[2]

Entkleiden wir also den „Triumph des Todes" dieses spezifisch künstlerisch-emotionalen Aspektes, reduzieren wir ihn zu-

Schema 1 *Todesthematik und ihre Methoden*

Kultur	thematischer Schwerpunkt	Methode	Voraussetzung
literarisch, philosophisch, religiös	Erleben, Verstehen, Deuten, Freiheit, Bindung, Recht	Bewußtseinsbefragung, menschliches Selbstverständnis	Sonderstellung des Menschen, Anthropozentrismus
medizinisch, psychologisch	Krankheitsbegriff, praktische Hilfe	Therapie, Unmittelbarkeit	
naturwissenschaftlich-biologisch	Evolution von Leben und Tod, materiale Aspekte	methodische Distanz („Fernrohr")	Mensch als Teil der Natur (größere ökologische Systeme)

nächst auf die dürre Struktur unseres gewohnten sogenannten wissenschaftlichen Denkens.

Übrig bleibt: Tod ist der Abschluß aller gegenwärtig bekannten Lebensformen. Tod ist ein gemeinsames Kennzeichen allen Lebendigen. Also kein im Erleben personifizierter, triumphierender Knochenmann, sondern ein Vorgang, der an die Struktur des Lebendigen gebunden ist. In diesem Sinn haben wir es also mit einer biologischen Frage zu tun, Biologie als die allgemeine Frage nach dem Leben, seinen Bedingungen und seinem Ende. Auch die Möglichkeiten, auf diesen organismischen Untergang zu reagieren, d. h. Vorstellungen, Bilder, Verhalten, Handhabungen von ihm zu machen, können so Teil einer Psychobiologie des Todes sein (s. Anm. 2).

Der allvorhandene, allgegenwärtige, alltägliche Tod soll dabei nicht in seiner materialen Struktur, etwa Denaturierung von Eiweißen oder ähnlichem bestimmt werden, sondern in einer, auch der naturwissenschaftlichen Betrachtung zugänglichen höheren, allgemeineren Sichtweise. Was ist hiernach Leben, was ist Tod?

Leben in diesem Sinne ist gekennzeichnet durch Systemeigenschaften. Elemente ergeben erst eine Funktion und „Sinn" durch ihr Aufeinanderbezogensein. Als System erst lassen sich die Einzeleigenschaften interpretieren, verstehen und deuten.

Das Material in diesem System ist an die komplexe und bis ins Unendliche gehende Variabilität des Kohlenstoffs mit seinen Stickstoffverbindungen gebunden.

Ein lebendiges System wird charakterisiert als offenes System, d. h. es ist nicht abgeschlossen gegenüber seiner Umgebung, sondern steht mit ihr in dreifacher Art in Verbindung. Im *Stoffwechsel* werden, wie der Name sagt, Stoffe mit der Umgebung ausgetauscht, im *Energiewechsel* geschieht ein energetischer Austausch mit der Umgebung, und im *Informationswechsel* erhalten materiale oder energetische Träger durch das lebendige System Bedeutung, sie erhalten Signalcharakter. Dies ist allgemeinster Ausdruck für das Psychische in all seinen Abstufungen.[3]

Schema 2

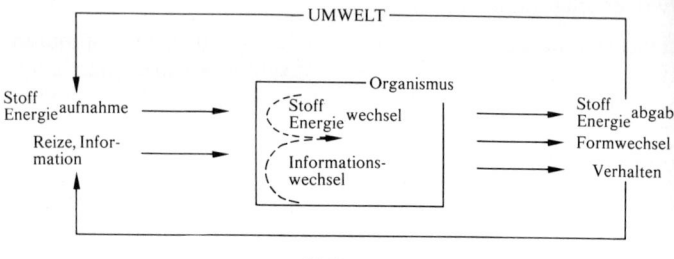

UMWELT

Zu intern-externen Verbesserungen und Differenzierungen zu höherer Komplexität gehört das, was man gemeinhin die Mannigfaltigkeit in der Stammesgeschichte nennt, die Differenzierung in Organismen, in Organe mit ihren Arbeitsteilungen.

Wir haben es also beim Vorgang des Lebens mit einem zeitlichen, historischen Prozeß zu tun, dessen Motoren, Richtungen, Differenzierungen innerhalb der Evolutionstheorie beschrieben werden. Innerhalb dieses zeitlichen Prozesses stellt nun auch das Phänomen unseres Themas, der Tod in der Form, wie wir ihn kennen, fürchten und ihn z. T. auch bekämpfen, eine Zu-

Schema 3

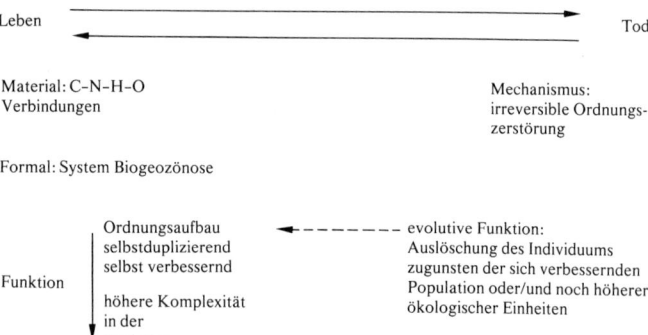

gehörigkeit zu diesem lebendigen Prozeß dar. Die einfachsten lebendigen Systeme konnten das Phänomen eines sogenannten „natürlichen Todes", von dem wir gemeinhin und manchmal leichtfertig sprechen, nicht zeigen: es waren simple, sich verbessernde chemische Strukturen und auch die schon hochkomplexen einfachen Zellen konnten sich teilen, aber keine „Leiche" hinterlassen.[3]

Die nächsten Schritte der verbesserten Anpassung und des Hineinwachsens in die ungeheure Mannigfaltigkeit des biologischen Systems brachten Differenzierung und Arbeitsteilung für das lebendige System mit sich, bei der irgendwann bei der Reproduktion Teile übrigblieben, die in der „weiterlebenden" Form nicht mehr verwendet wurden. Eine „Leiche" blieb übrig. Diese übrigbleibenden Teile müssen zunehmend die Reproduktion des Individuums innerhalb des Weiterlebens und der verbesserten Anpassung bestimmt haben. Sie konnten sich abnützen, sie alterten. Überspringen wir all die wesentlichen und interessanten genaueren materialen und strukturellen Vorgänge, die mit dieser Entwicklung verbunden sind, da sie unser Thema sprengen würden, und beschäftigen uns mit der heute geläufigen Erscheinungsweise des Todes, dem Tod als irreversible, spezifische Lebensordnungszerstörung, er löscht das Individuum aus, und zwar innerhalb einer Evolutionsfunktion, die zu verbesserter Anpassung überindividueller Lebenseinheiten führt (Art, Population), (s. Schema 3).[4]

Schema 4[18]

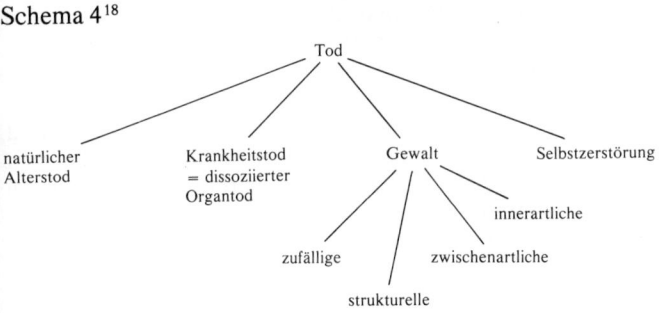

Wie begegnet uns das Phänomen Tod heute (s. Schema 4)? Besprechen wir zunächst die einzelnen Untergliederungen des Schemas.

Die Alterung: Wenn ein hochentwickelter Organismus wie der menschliche in all seinen Teilen sich gleichmäßig, ganzheitlich abnützen würde, bis zum Erlöschen aller Funktionen, so könnten wir von einem natürlichen Alterungstod sprechen. Wir wissen, daß derartiges außerordentlich selten ist und in der Regel ein sogenannter dissoziierter Alterungstod zu beobachten ist, d. h. einzelne Teile eines Organismus nutzen sich stärker ab als andere und führen durch ihr Versagen zum Zusammenbruch des Gesamten (z. B. sogenanntes Herzversagen).

Der Tod durch Krankheit ist ein dissoziierter Organtod. Einzelteile des Gesamtorganismus werden durch innere oder äußere Wirkursachen zerstört und führen zum Zusammenbruch des Ganzen.

Der Tod durch Gewalt: Gewalt erscheint in unserem ersten, emotionalen Nachdenken als etwas Akzidentelles, als etwas zu Vermeidendes. Befreien wir uns jedoch von der Emotion, die unsere Betroffenheit auslöst, so erkennen wir sehr rasch, daß Gewalt auf vielfältige Art und Weise in die natürliche Lebensgeschichte eingebaut ist.

Da ist zunächst die zufällige Gewalt, das Erdbeben, die Überschwemmung u. ä., die Lebendiges vernichten kann. Unser Vorsatz, den methodischen Bezugspunkt nicht zu vergessen, hilft uns jedoch bei der Deutung der Beobachtung eines solchen Ereignisses weiter. Betrachten wir nämlich nur *ein* derartiges Ereignis, so scheint es vermeidbar. Es muß nicht notwendig dieses Lebewesen gerade hier und jetzt vernichtet werden, sondern es ist, wie unsere Bestimmung sagt, von diesem Einzelfall aus gesehen, zufällig. Benutzen wir aber unseren menschlichen Verstand jetzt, um von der Unmittelbarkeit eines derartigen Ereignisses loszukommen. Sehen wir als Bezugspunkt einmal nicht ein einzelnes Individuum, sondern sehen ein dieses umfassendes ökologisches System in einem länger währenden Zeitraum, so werden die Fragen nach Zufall und Notwendigkeit ganz andere Antworten ergeben. Zufall und Notwendigkeit erscheinen dann als Funktionen des Betrachterstandpunktes. Ein bestimmtes ökologisches System ist scheinbar darauf angewiesen, daß z. B. eine Menge Individuen jährlich durch irgendwelche zufälligen Ereignisse vernichtet werden. Wir lernen in der Ökologie, daß z. B. zwischen Wetter, Vögeln, Insekten ein Gleichgewichtssystem herrscht, in dem derartige „zufällige" Gewaltmechanismen als Kontrollglieder eingebaut sind. Machen wir das Gedankenexperiment und stellen uns vor, wir verhinderten innerhalb eines bestimmten ökologischen Systems derartige zufällige Gewalteinwirkungen für eine Population. Wir wissen, was dann passiert: Über kurz oder lang entsteht eine Katastrophe. Ein derartiges Ökosystem, in dem der individuelle Zufall mit eingeht, können wir als natürliches System beschreiben, die Gewalt hierin ergibt sich als Systemgewalt, da dem realen System zugehörig.

In der menschlichen Gesellschaft sehen wir, daß die für das übrige Ökosystem beschriebene zufällige Gewalt ebenfalls vorhanden ist, wenngleich sie im Laufe der menschlichen Geschichte immer stärker überlagert wird durch eine formal ähnliche „zufällige" Gewalt, die jedoch jetzt, in unserem Selbstverständnis, anders benannt wird. In unserer Gesellschaft kann man eine derartig wirkende Gewalt als strukturelle Gewalt bezeichnen. Strukturell soll hier heißen, daß sie der Struktur der jeweiligen Gesellschaft wesensmäßig zugehörig erscheint.

Nehmen wir als Beispiel für diese strukturelle Gewalt den Straßenverkehr. Wir benutzen ein selbstgeschaffenes Fortbewegungssystem, innerhalb dessen jeder einzelne der jährlich Getöteten und Verletzten mehr oder weniger „zufällig" getötet oder verletzt wird (in der Bundesrepublik sind dies 12 000 Tote und 80 000 Verletzte). Dieser hätte an einem Dienstag morgen auch länger schlafen können, anstatt zur Arbeit zu fahren, jener hätte statt der Autobahn die Nebenstraße benutzen können, es war reiner Zufall für den Betreffenden. Und trotzdem lassen sich die Systemzahlen mit annähernder wissenschaftlicher Sicherheit voraussagen, sie schwanken in der Größenordnung von 12–16 000 Toten und um die 80 000 Verletzte. Die

Zahlen lassen sich nicht nur voraussagen, sie hängen auch auf notwendige Art und Weise mit unserem ökologischen System Straßenverkehr zusammen und ihre Notwendigkeit erhält noch eine makabre Begründung, wenn man an die Folgewirkungen denkt. So ist eine aufwendige Rettungsindustrie mit vielen Arbeitsplätzen, lukrativ Beschäftigten, nolens volens auf die Toten und Verletzten angewiesen. Sich vorzustellen, es gäbe von einem Tag zum anderen keine Toten und Verletzten mehr, bleibt eine recht blasse Vorstellung, bar jeder Verwirklichbarkeit, schön nur in ihrer unverbindlichen Absichtsethik. Für die Rettungsindustrie wäre es eine Katastrophe.

Dieses noch recht harmlose Beispiel einer strukturellen Gewalt in unserer Gesellschaft zeigt uns, wie wir die Fragen nach Notwendigkeit, nach Zufall, nach Realität und Absicht stellen müssen, wenn wir von einer Notwendigkeit oder vermeidbaren Notwendigkeit eines gewaltsamen, strukturellen Todes sprechen wollen.[5]

Der Tod durch zwischenartliche Vernichtung: In der Biologie bezeichnet man mit zwischenartlich das, was zwischen den verschiedenen Arten, sofern diese ökologisch etwas miteinander zu tun haben, passiert. In unserer Fragestellung ist das zwischenartliche gewaltsame Lebensende das ökologische System Beute – Jagdtier. Bis in die feinsten Verästelungen des Körperbaues, physiologischer und „psychischer" Anpassung hinein sind Jäger und Gejagte aufeinander bezogen. Für das Beutetier heißt das: gewaltsames Lebensende, das den einzelnen Organismus wiederum unter dem Gesichtspunkt zufälliger innerer und äußerer Gegebenheiten treffen kann. Die Betrachtung dieser beiden „Partner" läßt ihre systemhafte Beziehung z. B. auch in ihren jeweiligen Populationshäufigkeiten erkennen, die eine Tendenz zum Gleichgewicht zeigt. Die Vernichtung einer ganzen Art wird in einer derartigen Interaktion vermieden.

Wir sollten uns klar sein, daß die zahlenmäßige Höchstmenge einer zwischenartlichen Lebensvernichtung durch uns Menschen geschieht. Wir töten in geradezu exzessiver Weise andere nichtmenschliche Lebensarten, und zwar keineswegs nur aus Hunger, sondern, wie wir alle wissen, töten und verwerten wir in industrieller Art und Weise in einer Vollständigkeit und Perfektion, die man nur dadurch erklären kann, daß die Kontrolle den ursprünglich biologisch-anthropologischen Bedürfnissen nicht mehr unterliegt.[6]

Die sogenannte *innerartliche Gewalt,* d. h. die Gewalt, die innerhalb der Art eines Lebewesens auftritt, wird insbesondere unter den nichtbiologischen Perspektiven fälschlicherweise oft in Häufigkeit und Exzessivität überbetont. Die Verhaltensforscher beschreiben sie in erster Linie als Ordnungsfaktor innerhalb der jeweiligen sozialen Funktionszusammenhänge. Ihrer biologischen Bestimmung gemäß ist sie diejenige Form der Gewaltanwendung, die am seltensten zum Tode führt. Diese Gewalt hat meist nur den Wert der Drohung, der Dominanzanzeige und der hierdurch bedingten sozialen Regulation.[7]

Ihre falsche Überbetonung erhält sie im wesentlichen dadurch, daß es die mit der Kultur und Werkzeugentwicklung verbundene und vom biologischen Sinn losgelöste Form dieser Gewalt ist, die z. B. in Gestalt der modernen sogenannten Kriege über jedes Maß hinaus zerstörerisch wirkt.

Tod durch Selbstzerstörung: Diese Form ergibt sich einmal aus einer Umkehrung der Definition des Lebendigen und zum anderen durch eine Reihe von so zu deutenden Phänomenen. Wenn wir „Leben" als ein sich selbst organisierendes Ord-

Schema 5

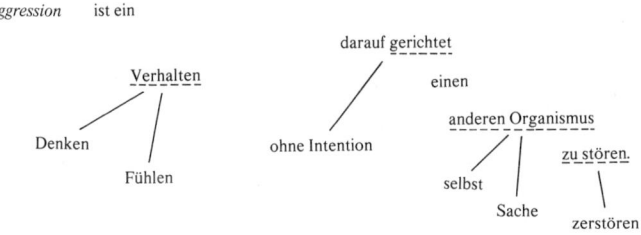

nungssystem definierten und wenn es möglich erscheint, den hierfür verantwortlichen Regelmechanismus zu isolieren, so kann man folgern, daß die Regulation auch so organisiert sein kann, daß sich das System selbst zerstört. Und in der Tat kennen wir innerhalb biologischer Regelmechanismen viele derartige Beispiele, in denen es durch z. B. positive Rückkopplung zu einer Aufschaukelung, zu einem sogenannten Circulus vitiosus kommt, der das System als Ganzes zerstört. Systeme können sich aus inneren und äußeren Ursachen heraus selbstzerstörerisch verhalten. Dieser Mechanismus ist nicht identisch mit „normaler Krankheit", bei der außer Kontrolle geratene Teilfunktionen das Gesamtsystem zerstören. Hier ist aber so etwas gemeint wie ein ganzheitlicher Steuerungsprozeß, der das „Gesamtsystem" vernichtet.

Phänomenologisch kennen wir Selbstzerstörung in der Psychiatrie, in neurotischen und psychotischen Verhaltensweisen die unmittelbar oder mittelbar sich ohne großen Zwang als Selbstzerstörung interpretieren lassen. Denken wir nur innerhalb der Psychosomatik an das Krankheitsbild der Anorexia nervosa, d. h. der Essensverweigerung bis zum Tode hin.

Ein Spezialfall derartiger Selbstzerstörung wäre der Selbstmord, bei dem die höchste Organisationsstufe eines Organismus, das menschliche Bewußtsein, angesprochen ist. Die Phänomenologie des Suizids zeigt uns jedoch, daß diese Bewußtseinsebene, sein Leben selbst „zu beenden", nur die Spitze der darunterliegenden Lebensverweigerung ist. Dieser nicht zu Tage liegende „Eisberg" ist die psycho-vegetative Depression zum Lebensende hin, die psychosomatischen, vegetativ-depressiven, langfristigen Lebensänderungen zum Tode sind das eigentliche Feld der Selbstmordpsychiatrie, und die kurzfristige und die Bewußtseinsebene angehende, äußerlich dargestellte Entscheidungsebene zeigt meist nur die vordergründigsten Rationalisierungen hierfür. Suizid also als Selbstzerstörung, als ein Spezialproblem des biologischen Todes. Die Frage, inwieweit dieser biologisch verstandene Suizid in das System von Notwendigkeit, Zufall und deren Bedingungsfaktoren gehört, soll hier nicht weiter verfolgt werden, es stellt eine eigene Thematik dar, die bearbeitet wird.[8]

Für all dieses zusammengenommen wählen wir den Oberbegriff Tod. Allen Vorgängen liegt ein irreversibler Halt von Lebensvorgängen zugrunde. Und nicht nur hier zeigt sich die polare Zuordnung zum Begriff des Lebens, sondern auch in dem evolutionären Zusammenhang zwischen Leben und Tod. Die Frage nach der Notwendigkeit innerhalb des evolutionären Systems verschiedener Todesformen stellen, heißt, daß wir damit die Funktion des Todes im Entwicklungsprozeß des Lebendigen selbst aufwerfen.

In vielen Bereichen des Lebens ist der Tod die einfachste „Strafe" der Natur zugunsten der verbesserten Anpassung des Lebendigen. Überleben der Tüchtigsten heißt anders herum ausgedrückt Tod für die Nichtangepaßten (s. Anm. 3/4).

Mit den Methoden und Inhalten, wie sie in natürlichen Systemen verwandt werden, können wir dabei den Formen des Todes im menschlichen Bereich sicher nicht beikommen. Die platte Übertragung des Begriffes „Überleben des Tüchtigsten", schlagwortartig gekennzeichnet mit dem Begriff „Biologismus", ist ohne Zweifel kein erfolgversprechender Weg. Andererseits gelten die grundlegenden biopsychologischen Mechanismen auch für uns, und daß wir in weiten Bereichen unserer Kulturentwicklung viele der oben erwähnten Begriffe erheblich soziokulturell überformt haben, ist z. B. im Aggressionsbereich – Thema Krieg – in erster Linie für uns gefährlich und keine „Befreiung" von unserer Biologie.

Fassen wir nun das bisher Gesagte unter unserem ersten Teilthema zusammen: Tod als Notwendigkeit? Es ist eine philosophische Frage in dem Sinn, als sie allgemeiner ist als die summierten Zuordnungen einzelwissenschaftlicher Fakten und Deutungen. Ist das Wirkliche notwendig und das Notwendige wirklich? Wir wissen heute, aus dem viel bewußteren methodischen Umgang mit den Wissenschaften, daß es hierfür keine allgemeine Antwort gibt. Wie wir aus dem bisher Dargelegten ableiten können, ergibt sich notwendig oder nicht aus dem jeweili-

gen Bezugssystem, in dem ich denke, von dem aus ich beobachte. Dies läßt sich verallgemeinert so ausdrücken, daß die Frage
der Notwendigkeit eine Frage der verwendeten Theorie ist. Es
sei an unsere obigen Beispiele erinnert, aus denen man unmittelbar, quasi per Anschauung, ableiten konnte, wann ich eine
Ereignisfolge als „zufällig" und unter welchen Umständen ich
sie als „notwendig" deklarieren kann (s. Anm. 5).

Bringen wir gar noch den Gesichtspunkt der ethischen Absicht
hinein, gerade im Zusammenhang mit der emotionalen Erschütterung um den Begriff Tod, so wird vollends klar, wie
schillernd und verwirrend und damit auch zum großen Teil unfruchtbar ein zu leichter Gebrauch der Notwendigkeit des
Todes wird, gar des gewaltsamen Todes. Meint der, der „notwendig" sagt, Rechtfertigung von Wirklichkeit? Hätte diese
Rechtfertigung einen Einfluß auf die Wirklichkeit? Ist es in ta-
bubesetzten Gebieten überhaupt besser, von vornherein die
Notwendigkeit zu leugnen?

Wenn wir diese Dinge unter dem jeweiligen Bezugpunkt und
ihren Voraussetzungen diskutieren, dann lassen sich auch zu-
friedenstellende Antworten finden.

Die Antwort der Naturwissenschaft im allgemeinen auf dieses
Problem wird zwar nicht, dem Wesen dieser Wissenschaft entsprechend, explizit verbal dargestellt, z. B. im Sinne einer naturwissenschaftlichen Ethik. Aber das Gesamtsystem der Naturwissenschaften innerhalb ihrer historischen Entwicklung gibt
uns, so glaube ich, schon eine indirekte Anschauung als Lösung.
Es ist der Umgang mit dem sogenannten Naturgesetz.[9] Denken wir uns ein illustriertes Beispiel: am Anfang stand einmal
ein reiner Tor, ein Prometheus, der aufbegehrte, aufbegehrte
z. B. gegen die Notwendigkeit der Schwerkraft, die ihn hinder-
te, sich zu erheben. Seine reine Aufbegehrensethik beflügelt
ihn, er wälzt sich in Wachs, er steckt sich Federn an und versucht, sich zu erheben. Das Wachs schmolz und er fiel zurück
auf die Erde.

Da ist der andere Mensch, der quasi scheinbar die Notwendigkeit der Schwerkraft besiegelt, indem er ihr auch noch Geset-

zeskraft verleiht. Modern ausgedrückt müßte man ihn einen funktionalen Verwalter von Herrschaftswissen nennen, scheinbar ohne Perspektive, ohne Utopie. Doch je weiter dieser in seinem „Akzeptieren" und seinem quasi „Unterwerfen" unter die Systeme der Naturgesetze geht, um so besser kann er, paradoxerweise, mit ihnen umgehen. Er baut den Ballon gegen die Schwerkraft, die Flugzeuge, die Raketen. Zwei Wege, nicht nur metaphorische, zweimal Umgang mit der Notwendigkeit (s. a. Anm. 2).

Der Umgang mit dieser „empirischen Notwendigkeit" des vorkommenden Todes, Sterbens und Tötens, kann unter vielerlei Gesichtspunkten ein alltäglicher sein.

Alltäglich ist der Tod für diejenigen, die berufsmäßig mit ihm umgehen müssen, beispielsweise in den Kliniken. Das gewaltsame Töten ist zunächst, was nichtmenschliche Lebewesen betrifft, alltäglich für all diejenigen Berufe, die mit der Fleischnahrungsversorgung zu tun haben. Das gewaltsame Töten ist aber auch für diejenigen Menschen alltäglich, die es innerhalb dieser oder jener sozialen Gruppe in Kriegen, Bürgerkriegen und Revolutionen erleiden, erleben oder mittun. Die meisten Menschen erleben nur Facetten des Todes, wenn es sie selbst oder ihre Angehörigen betrifft. Lebewesen zu töten, ist ganz an den Rand gedrängt und tritt zumindest in unserer Gesellschaft kaum noch ins Bewußtsein, und vieles in unserer Kulturentwicklung läßt sich so interpretieren, daß es darauf angelegt zu sein scheint, Tod, Töten und irgendwelche systematischen Zusammenhänge zwischen diesen beiden Bereichen und unserem Alltag herzustellen, zu verhindern (s. Anm. 1).

So können wir fragen, ob nicht in der Verhinderung des alltäglichen Umgangs mit dem Töten für die meisten wieder so etwas zum Vorschein kommt, auf das wir eingangs verwiesen: das emotionale Erlebnis eines „Triumphes des Todes" bzw. die Verhinderung eines solchen Triumphes?

Wir benutzen zur Illustration im folgenden den Vorgang des Tötens der Tiere. Ich stelle mich damit in eine ehrwürdige naturwissenschaftliche Tradition, die in einigen hundert Jahren ihre Effektivität auf den verschiedensten Gebieten bewiesen hat. Diese Tradition besteht darin, bei einem Problem sich das einfachste Modell zum Studium auszusuchen und erst in einem zweiten Schritt zu versuchen, die bei den einfacheren Verhältnissen gewonnenen Ergebnisse in die kompliziertere Ebene zu übertragen (Tier – Mensch), (s. Anm. 2). So wissen sicher die Naturwissenschaftler, daß wir nahezu die gesamte Erregungsphysiologie des Nervensystems am einfachen Modell des Riesenaxons eines Tintenfisches gewonnen haben und unsere Erkenntnisse auf dem Gebiet sind nicht schlecht. Sollten wir durch das Modell beim Töten der Tiere so viel Erkenntnis über das Töten der Menschen untereinander gewinnen, wie wir vergleichsweise Nervenerkenntnis des Menschen vom Tintenfisch gewonnen haben, so hätte ich um die Kontrolle unserer innermenschlichen Aggressivität keine Furcht.

Wie kann man also mit dem Tod, genauer mit dem Töten, in einer alltäglichen Form leben, ohne erdrückt zu werden, ohne depressiv zu werden, einen Sinn im Weiterleben finden?

Sehen wir uns in unserer Gesellschaft um, so erkennen wir, daß die gesamte Tötungsmaschinerie für die Lebewesen erst einmal räumlich aus unserem Sehfeld und Bewußtsein herausgedrängt wurde, auf die Schlachthöfe an die Ränder der Stadt. Der Vorgang des Tötens selbst, seine Beschreibung und das gesamte Umfeld der damit verbundenen Nahrungsbeschaffung hat eine tiefgreifende Richtungsänderung im Laufe überschaubarer Zeitabstände genommen.[10]

Der Arbeitsablauf des Tötens auf den Schlachthöfen ist zunächst einmal durch Arbeitsteilung charakterisiert: Anlieferer, Eintreiber, Sortierer, Elektrobetäuber, Fließbandaufhänger, Kehledurchschneider, Vom-Fließband-Abhänger, Auswaider und die reinen Fleischverwerter. Dieser sich herausgebildete Arbeitsablauf, wie er typisch für die industrielle Verwertung in unserer Gesellschaft ist, weist unter psychologischen Gesichtspunkten für unser Verständnis vom Umgang mit dem Töten wichtige Charakteristiken auf:

1. Unter arbeitsökonomischem, technologischem Gesichtspunkt ist diese Arbeitsteilung maximal effektiv, d. h. die Produktivität ist sehr gut.

2. Unter quasi psychohygienischem Gesichtspunkt besteht ebenfalls eine maximale Effektivität in dem Sinn, daß auf diesem durch technologischen Takt bestimmtem Arbeitsrhythmus, unser psychologischer Ausdrucks-Eindrucks-Mechanismus in der Regel nicht in Aktion treten kann. Durch die Arbeitsteilung wird unsere Eindrucksfähigkeit überspielt, indem der ganzheitliche Vorgang des Tötens in solche Schritte zerlegt ist, daß der für den Ausdruck nötige Ganzheitscharakter nicht mehr wirksam werden kann. Um dies zu verstehen, erinnern wir uns an eine Hausschlachtung. Wir müssen das Tier, das wir fütterten, das wir unter Umständen kennen, einfangen, überwältigen, töten, ausbluten lassen, zerlegen. Ein Vorgang, der emotionale Reserven aufbraucht, der einer Rechtfertigung bedarf und eine Haltung voraussetzt, hinter der die Notwendigkeit der Nahrungsbeschaffung steht. Aus einem derartigen Umgang mit dem Töten, so könnte man ableiten, folgt eine sehr sparsame und ökonomische Verwertung dieses Lebewesens. Wenn das Töten schon notwendig sein muß, dann aber so minimisiert, daß ich auch alles ausnütze. Noch in der bäuerlichen Gesellschaft, wie sie meine Generation aus der Kinderzeit kennt, konnte man diese Ethik des Verwertens erleben und sie jetzt mühelos auch aus dem quasi ganzheitlichen Akt des Tötens heraus ableiten.

Ganz anders der Vorgang in der modernen Großschlachterei. Der Vorgang wird als Ganzes nicht mehr erfaßt, den Arbeitstakt bestimmt nicht ein unmittelbares Bedürfnis, sondern eine dem „Täter" nicht bekannte, anonyme, technologische oder Marktgesetzmäßigkeit und die Produktion ist Massenproduktion, die auch noch in sich einen emotionalen Abnutzungs- bzw. Abstumpfungscharakter enthält.

3. Der psychologisch interessanteste Gesichtspunkt ist jedoch der, daß es eine solche Gesellschaft nicht bei diesen Dingen beläßt, sondern die Vernichtung des Ausdrucksgehaltes beim

Töten, so will ich es einmal nennen, nicht nur faktisch besiegelt, sondern dafür auch ihre spezielle Kultur einsetzt. Das Beispiel hierfür ist die Sprache. Der Sieg wird erst vollständig, wenn auch die Sprache so umgebraucht wird, daß sie die zugrunde liegenden Vorgänge nicht mehr erkennen läßt (Beispiele bei Orwell). Auf dem Schlachthof und in der Massentierhaltung sieht das so aus, daß nicht mehr von Tieren, schon gar nicht von aus der Großvaterzeit bekannten Namen der Tiere, und nicht mehr vom Töten gesprochen wird, sondern schlicht von einer „Verarbeitung von Produktionseinheiten Fleisch". Die Lebewesen selbst werden als „Großvieh"- bzw. „Kleinvieheinheiten" bezeichnet. Die Züchtung dieser Großvieh- und Produktionseinheit Fleisch geschieht, folgt man den entsprechenden Prospekten, in technischen Produktionsvokabeln, so daß der unbefangene Leser unter Umständen gar nicht merken würde, daß es sich hier um Tiere, d. h. Lebewesen, handelt. Nun ist der Schlachthof nur der Endpunkt dieses Umgangs mit dem Tod, er ist auch Umgang mit dem Leben. Denn davor steht die Massentierhaltung, in der das Lebewesen als Produktionsfaktor, Funktionsergebnis von Eiweißkonzentrat, Kohlenhydraten, Wachstumshormonen, Sexualhormonen, Schilddrüsenhemmern usw. ist.

4. Als weitere ergänzende psychologische Festigung dieses Mechanismus, über die unmittelbare Sprachregelung hinaus, drängen die Leitvokabeln wie Hygiene, Arbeitsplatzsicherung, Eiweißversorgung, tierschutzgerechtes Betäuben und dergleichen den Bereich vollends aus einem ausdrucksmäßig unruhig machenden Bezirk hinaus.

Fassen wir diese vier Punkte zusammen, so meine ich, können wir sie unter den Oberbegriff einer *Strategie der Versachlichung* im Umgang mit dem Töten fassen. Eine Versachlichungsstrategie, verbunden mit Arbeitsteilung, mit der Funktion, den emotionalen Anteil beim Töten auszuschalten. Dadurch wird einerseits Effektivität und andererseits Massentötung möglich.

Diesem Begriff Versachlichungsstrategie liegt das Postulat zugrunde, daß es in unserer Entwicklungsgeschichte so etwas gegeben haben muß, vermutlich im Zusammenhang mit dem Augenblick des Bewußtwerdens des Todgebens, das eine Art Schuldgefühl entstehen ließ. Die Vielzahl von magischen Riten beim Töten in einfachen Gesellschaften haben unter anderem auch die Funktion, sich von dem entstehenden Schuldvorwurf freizumachen und sich bei dem Tier, das man tötet, zu „entschuldigen". Ein Rest dieses Verhaltens ist selbst in unserer Gesellschaft noch enthalten, in den Jägerriten. Begriffe wie „waidgerechtes Verhalten", „Totenwache" beim erlegten Hirsch u. ä. belegen es.[11]

Einen anderen Umgang mit dem allgegenwärtigen Tod bzw. Töten möchte ich im Gegensatz zur Versachlichung als *Identifikationsstrategie* bezeichnen. Auch diese Methode ist eine menschliche Kulturstrategie, doch ist sie, wie wir alle wissen, bei weitem nicht so erfolgreich wie die Versachlichungsstrategie.

Gehen wir noch einmal auf unseren Anfang zurück, auf den „Triumph des Todes". Stellen wir uns vor, möglicherweise empfindet unser emotionales Ich, unser Tiefen-Ich oder das Interessenobjekt für die Psychiatrie diesen „Triumph" tatsächlich als solchen. Fragen wir dann von hier aus, welche Strategie könnten wir, außer der Versachlichung, noch entwerfen, um mit dieser Erkenntnis leben zu können? Leben können soll heißen, einen Sinn finden, der es gestattet, in Einklang mit dem „Triumph des Todes" zu leben, wobei wir Sinn rigoros vereinfachend als ein mehr oder minder differenziertes kognitives System verstehen wollen, das Widersprüche zu beseitigen versucht, um in ein emotionales Gleichgewicht zu kommen.

Mir scheint die älteste Form einer solchen *Sinngebung* des Todes und Tötens die einer Identifikation mit der einbettenden Natur zu sein. Fast alle Religionen und religionsähnlichen Weltanschauungen enthalten eine solche Sinngebung durch Identifikation. Sie basieren auf dem Mechanismus, daß ich mich mit dem Gesamtablauf identifiziere, ein System finde, in dem ich meine Einordnung akzeptieren kann, sei es ein persönlicher Gott oder ein Naturablauf, und mit dieser Identifikation den absolut sicheren Tod durch ein solches Darüberhinwegschreiten „besiege". Eine entsprechende Sozialisation bringt uns zur Einordnung und zur Identifikation mit einer „Schöpfung", die unsere Vernichtung mit einschließt und die wir zu bejahen lernen, indem wir im entsprechenden kognitiven System unsere Teilfunktion akzeptieren.[12] Eine Teilfunktion in dem Sinn akzeptieren heißt, daß die über uns stehenden größeren, man möchte modern sagen „ökologischen Einheiten" in irgendeiner Form personifiziert werden. Es ist dies eine Form der Sinngebung, die objektiv betrachtet, die Natur im wesentlichen so läßt, wie sie ist, und die die Einordnung einübt, die Gewalt und Tod durch Akzeptieren besiegt und genügend Hoffnung für das Weiterleben und die Lebensfreude produziert. Es ist eine Identifikationsideologie, die wir beispielsweise alle in trivialer Form aus der Indianerliteratur kennen, das Bild des stoischen, den Tod selbst am Marterpfahl ertragenden Indianers. Ein sichtbarer Kontrast zur weißen, europäischen Veränderungs- und Versachlichungskultur. Wir wissen aber auch, wer den Kampf gewann, welche Strategie siegte.[13]

Aber auch in modernen Gesellschaften, sei es nun spontan oder sei es ein wenig manipuliert, tritt derartiges noch auf. Erinnert sei in diesem Zusammenhang an die Kamikaze-Piloten Japans, wo in extremer Weise Identifikationsmechanismen eingesetzt und verwendet wurden.[14]

Abgesehen von „primitiven Gesellschaften" sind diese Identifikationsstrategien heute entweder hoffnungslos reaktionär oder ohne soziale Auswirkungen, obgleich sie als Strategiemechanismus sicher in abgeschwächter Form in sehr vielen Verhaltens- und Erlebnisweisen eine große Rolle spielen, wie man aus entwicklungspsychologischen Zusammenhängen über Identitätsbildung und aus fehlgeleiteten Identifikationen aus der Psychiatrie weiß (z. B. Identifikation mit der Gewalt).

Es gibt jedoch einige Gesellschaften, in denen sich zumindest sehr starke Reste dieser Art von Identifikationsstrategie auch im Umgang mit dem Töten erhalten haben. Es setzte weniger „Versachlichung" ein, die magischen Riten wurden durch kulturelle Leistungen verfeinert und vervollkommnet. Bezeichnenderweise sind dies in erster Linie Gesellschaften, die man in unserem Sprachgebrauch als „technologisch rückständig", auch als „undemokratisch" ansieht. Die genauere Analyse zeigt, daß die Reste dieser erhaltenen Identifikationsstrategie nicht unbedeutend für die genannten kulturellen Einschätzungen sind.

Ich spreche dabei vom Phänomen des spanischen Stierkampfes, als dieser besonderen Form des Umgangs mit dem Töten.

Stierkampf, nicht ein anachronistisches, isoliertes Symptom, sondern etwas, das unter unseren Gesichtspunkten über das Phänomen hinaus weit verzweigte kulturelle Wurzeln hat, das die aktuelle und vergangene Geschichte Spaniens mitbestimmte. In der Selbstdarstellung aus der spanischen Kultur heraus geschieht hier das Töten nicht unter arbeitsteiligen, des Ausdruckswertes beraubten Bedingungen unter Ausschluß der Öffentlichkeit. Stierkampf ist der öffentlich zelebrierte Tod. Stiere werden nach festem Ritual in volksfestartigen Veranstaltungen getötet. Die Riten haben jahrhundertelange Tradition, sie schließen Kleidung, Verhalten, die Rinderhaltung, sie schließen die Zuschauer und die Kennerschaft dieses Schauspiels ein. Also gemeinhin all die Dinge, die man Kulturalisation nennt. Der Schlüssel zum Verständnis hierfür liegt nicht in der falschen Übersetzung des Wortes „Kampf", sondern im Wort „Opferung". Denn die Beschäftigung mit diesem Phänomen zeigt, daß es eine Opferung darstellt, eine symbolische Erinnerung an Tod und Abhängigkeit und an die Notwendigkeit des Tötens. Die große, dunkle, mächtige Potenz Stier wird im Ritus in die Arena hineingejagt, sie läuft blind gegen die Kräfte, die der Zuschauer kennt. In dieser Symbolik liegt das Moment des Tragischen wie im Drama, denn wir wissen um den ungleichen Kampf, wir kennen die Verstrickungen der Agierenden, der Stier als dunkles Lebenssymbol kennt sie nicht. Der Zuschauer identifiziert sich wechselseitig: mit dem Stier als Opfer, mit dem Töter als Sieger, beides ist möglich. Dieses Symbolspiel hat in der spanischen Kultur eine große Leistung in der kulturellen Tradition erreicht, angefangen von der Durchsetzung der Sprache mit Ausdrücken aus dem Stierkampfbereich bis in die

Themenwahl aller Kunstgattungen, und nicht zuletzt sind die
Formen der sozialen und individuellen Lebenshaltung durch-
tränkt vom Gehalt der Corrida de Toros und ihrer für die west-
liche Kultur fremden Identifikationsstrategie. In dieser Kulturleistung kann man sehen, wie auch mit dem Tod, dem Töten
umgegangen werden kann. Symbolische Existenzdeutungen,
die eine Herausforderung auch für unsere Lebenshaltung sein
können. Ist doch der symbolische Wert der freien Lebenshaltung dieser Tiere mit dem schrecklichen, blutig-kämpferischen
Ende etwas, das wir in unserer Zivilisation nicht mehr erleben
dürfen, sollen. Diese mythische, orgiastische Empfindungswelt
würde sich nicht dazu eignen, zuverlässig 8 Stunden zu arbeiten, zu konsumieren und unser Risiko verwalten zu lassen.

Versachlichung und Identifikation, zwei Symbole vom Umgang
mit dem Töten, zwei Symptome für diese und jene sozialen
Ordnungen.[15]

Der Vollständigkeit halber möchte ich nun noch eine dritte
Strategie im Umgang mit Tod und Töten erwähnen, deren unmittelbare Anschaulichkeit ich selber nicht kenne, die aber als
quasi psychiatrische Kategorie ebenfalls von Interesse ist: die
strikte *Vermeidungsstrategie*.[16]

Das kulturelle Umfeld existiert in einigen Religionen in Indien.
Von allen Kulturleistungen ist sicher die Vermeidung jeglichen
Tötens die unpraktikabelste, die Identifikationsstrategie
scheint mir extrem ineffektiv für die industrielle Gesellschaft;
für die technologisch-demokratisch orientierte Gesellschafts-
form scheint die Versachlichungsstrategie die angemessene zu
sein. Es ist schwer entscheidbar, ob diese Versachlichungsstrategie mit ihrer Anpassung an unser technologisches Zeitalter
ihren Höhepunkt schon überschritten hat oder diesen erst noch
findet und ob es eine posttechnologische Strategie gibt. Auf alle
Fälle können Vermeidungs- wie Identifikationsstrategie heutzutage lediglich noch einen Nischenplatz ausfüllen, wenngleich
manchem von uns diese oder jene emotional zusagen mag. Dieses „Mögen" ist wohl damit begründet, daß die kulturellen Typi-
sierungen nicht von ungefähr kommen, auch als allgemeine

Strategieformen innerhalb des „naiven" Lebens angesehen werden. Wir kennen aus der Praxis der Psychiatrie psychische Mechanismen, die sich unter Begriffen der „Vermeidung", der „Versachlichung" oder der „Identifikation" beschreiben lassen. Dies sagt vorerst noch nichts über mögliche Krankhaftigkeit. Ob eine derartige Strategie Neurosewert hat, entscheidet stets die Monomanie bzw. Ausschließlichkeit einer solchen Methode, und dieses Kriterium erscheint mir für eine Deutung als kulturelle Strategie ebenfalls zu gelten.

Strategien sind auch *Sinnfindungen,* möglicherweise nicht immer im Geist des etwas Hochgegriffenen des Sinns, als etwas Positivem, „Hehrem", nein, viel elementarer als Anpassung, als Herstellen eines inneren Gleichgewichts. Wenn wir über derartige Gleichgewichte nachdenken, auch normativ denken, so akzeptieren wir nicht jedes Gleichgewicht als „Sinn" ethischer Art. Wir versuchen immer wieder, über ein solches beschreibendes Nachdenken hinaus Ziele zu setzen, Werte aufzustellen. Wir sind es gewohnt, uns in diesem Bereich, zumindest teilweise, als frei zu fühlen, obgleich wir wissen, daß selbstverständlich uns auch hier Bedingungsgrenzen gesetzt sind. Diese uns im ethischen Verhalten geläufige Richtungssetzung gewinnt aus dem Vorliegenden, gerade im Umgang mit Tod und Töten, einem tabu- und emotionsbesetzten Bereich, eine wichtige Dimension in bezug auf eine mögliche Ableitbarkeit oder naturgeschichtliche Begründung von ethischem Verhalten.

Im ersten Teil erfolgte die Darstellung der Spielarten des Todes und das Sichtbarmachen zwischen methodischem Zusammenhang und einer ableitbaren Notwendigkeit. Notwendigkeit und gedankliche Unterordnung unter sie erscheint hieraus also nicht als Kapitulation vor den Dingen, sondern als der *naturwissenschaftliche Umgang mit dem Gegebenen.* Demgegenüber kann das Beispiel der Auflehnung gegen die Notwendigkeit die folgenlose Gesinnungsdemonstration sein, eine innere Selbstbefriedigung, die nicht Freiheit und Änderung verheißt, sondern nur ein schönes Gefühl. Mit anderen Worten, wir können in der Darstellung der Notwendigkeit des Todes und an Strategiemöglichkeiten im Umgang mit dem Töten zeigen, was ethisches Verhalten in der Richtungssetzung bewirken kann, wenn es sich nicht vordergründig von der Gesinnung leiten läßt, sondern den Notwendigkeitszusammenhang eines Gesamtsystems berücksichtigt. Dem letzteren entspräche, was man gemeinhin als Verantwortungsethik bezeichnet. Diese von Max Weber aufgestellte berühmte Dichotomie, Verantwortungs- und Gesinnungsethik, erscheint mir gerade im Umgang mit dem Töten vor dem Hintergrund einer hier selbstverständlich zur Schau getragenen „edlen Gesinnung" eine neue Dimension zu erhalten. In der berühmten Abhandlung Max Webers „Politik als Beruf" (5. Aufl., S. 57) heißt es: „Wir müssen uns klarmachen, daß alles ethisch orientierte Handeln unter zwei voneinander grundverschiedenen, unaustragbar gegensätzlichen Maximen stehen kann: es kann gesinnungsethisch oder verantwortungsethisch orientiert sein. Nicht daß Gesinnungsethik mit Verantwortungslosigkeit und Verantwortungsethik mit Gesinnungslosigkeit identisch wäre. Davon ist natürlich keine Rede. Aber es ist ein abgrundtiefer Gegensatz, ob man unter der gesinnungsethischen Maxime handelt – religiös geredet: „Der Christ tut recht und stellt den Erfolg Gott anheim", oder unter der verantwortungsethischen: Daß man für die voraussehbaren Folgen seines Handelns auch aufzukommen hat. Sie mögen einem überzeugten gesinnungsethischen Syndikalisten noch so überzeugend darlegen, daß die Folgen seines Tuns die Steigerung der Chancen der Reaktion, gesteigerte Bedrückung seiner Klasse, Hemmung ihres Aufstiegs sein werden, und es wird auf ihn keinen Eindruck machen. Wenn die Folgen einer aus reiner Gesinnung fließenden Handlung übel sind, so gilt ihm nicht der Handelnde, sondern die Welt dafür verantwortlich, die Dummheit der anderen Menschen, oder der Wille des Gottes, der sie so schuf. Der Verantwortungsethiker dagegen rechnet mit eben jenen durchschnittlichen Defekten der Menschen, – er hat, wie Fichte richtig gesagt hat, gar kein Recht, ihre Güte und Vollkommenheit vorauszusetzen, er fühlt sich nicht in der Lage, die Folgen eigenen Tuns, soweit er sie voraussehen konnte, auf andere abzuwälzen. Er wird sagen: Diese Folgen werden meinem Tun zugerechnet..."

Für unser Thema, der Notwendigkeit des Todes und der Mechanismen im Umgang mit dem alltäglichen Töten, lese ich Max Weber so: Ein verantwortungsethisch bestimmtes Handeln im Umgang auf diesem Gebiet geht nicht von den gesinnungsethisch wünsch- und fühlbaren Zielen einer möglichst schönen Welt aus und versucht auch nicht primär, ich betone primär, diese als Handlungsmaxime zu bestimmen, schon aus dem Grund, weil direkt anvisierte Ziele häufig oder fast immer, wie Max Weber sagt, zu paradoxen Ergebnissen führen. Verantwortungsethisches Handeln kann also heißen, sich der scheinbar distanzierten, naturwissenschaftlichen Erkenntnis und Beobachtermethode zu bedienen, auch das tabu- und emotionsbeladene Gebiet des Todes und des Tötens so anzugehen, wie wir es bei weniger besetzten Gebieten tun. Der Grund hierfür ist, daß diese Methode die bisher einzige ist, die es gestattet, Sachverhalte zu kontrollieren.[17] Daß eine Kontrolle in den menschlich relevanten Gebieten, insbesondere im Umgang mit der Aggression und dem Töten, bisher so wenig gelang, liegt nicht, wie fälschlicherweise immer dargestellt wird, an der „Hybris der naturwissenschaftlichen Vernunft" und ihrer technologischen Bemächtigung der Welt, sondern im Gegenteil daran, daß diese naturwissenschaftliche Vernunft bisher fast ausschließlich auf psychosozial fernen Gebieten angewendet wurde und durch Gesinnungsbarrieren am Einsatz auf uns bedrohende psychosoziale Zusammenhänge gehindert wurde.

Anmerkungen

1 Siehe hierzu z. B. die Darstellung von W. Fuchs: Todesbilder in der modernen Gesellschaft, Frankfurt 1969.

2 Aus der Vielzahl wissenschaftstheoretischer Erörterungen seien herausgegriffen: L. Krüger (Hrsg.): Erkenntnisprobleme der Naturwissenschaften, Köln 1970, ferner eine auf die Thematik biologischer Psychologie bezogene Wissenschaftserörterung vom Autor: M. Adler: Plädoyer für eine biologische Psychiatrie. Stuttgart 1984.

3 Spezielle Literatur zur Entstehung des Lebens innerhalb des Evolutionsprozesses: W. Kaplan, Der Ursprung des Lebens. Stuttgart

1972. Das Umfeld dieses Themas und der Zusammenhang mit psychologischen Problemen wurde vom Autor in der Physiologischen Psychologie, biologische Grundlagen von Erleben und Verhalten, Band 1, Stuttgart 1979 dargestellt.

4 Eine sehr schöne biologische und das kulturelle Umfeld erreichende Arbeit zu diesem Feld ist von H. K. Erben: Leben heißt Sterben. Der Tod des einzelnen und das Aussterben der Arten, Köln 1981. Hier wird auch weiterführende Originalliteratur gegeben.

5 Siehe dazu die umfangreichen naturphilosophischen Erörterungen zu Zufall und Notwendigkeit bei J. Monod: Zufall und Notwendigkeit. Philosophische Fragen der modernen Biologie. München 1971. Ferner: M. Eigen, R. Winkler: Das Spiel. Naturgesetze steuern den Zufall. München 1975.

6 Das System Jagd – Beutetier kann auch als eine spezielle Form der Erfüllung der Definition von Aggression angesehen werden (s. Schema 5). Es ist eine Möglichkeit der begrifflichen Füllung von Aggression, eine spezielle Form der „Zerstörung" eines anderen Organismus. Der Aggressionsbegriff wird nicht von allen Forschern in dieser weiten Form als sinnvoll angesehen. Beispielsweise beschränken viele Verhaltensforscher den Begriff der Aggression lediglich auf das, was innerhalb einer Art von Lebewesen geschieht, und beziehen das Töten und Zerstören zum Nahrungserwerb nicht mit ein, so z. B. Konrad Lorenz in: Das sogenannte Böse, Wien 1963. Es gibt jedoch viele gute Gründe, die bis in die Kulturgeschichte des Menschen reichen (ich erinnere an einige Religionen, an das Phänomen des Vegetarismus u. a.), die es meines Erachtens sinnvoll erscheinen lassen, auch diese Form der gewaltsamen Lebensbeendigung mit unter die Aggression zu fassen, denn es werden sowohl formale als auch inhaltliche Kriterien der Definition erfüllt.

7 Zur Populationsbiologie: E. O. Wilson und W. H. Bossert: Einführung in die Populationsbiologie. Heidelberg 1973 (s. Anm. 6). Eine weitere moderne biologische Darstellung dieser Probleme erfolgt in: E. O. Wilson: Biologie als Schicksal, Berlin 1979.

8 Diese spezielle Problematik wird vom Autor umfassend bearbeitet in einer demnächst erscheinenden Studie: Zur Psychobiologie des Selbstmordes, nachdem begriffliche Grundlegungen in den zitierten Büchern erfolgten (s. Anm. 2 und 3).

9 Auf unserem Gebiet einer biologischen Psychologie hat insbesondere K. Lorenz in der *Rückseite des Spiegels* 1973 und im *Abbau des Menschlichen* 1983 die Zusammenhänge zwischen Erkenntnis von Naturgesetzen und unserer Ethik dargestellt.

10 Siehe dazu die umfassende Studie von H. Meyer: Tier und Mensch. München 1975. Material zur Tierhaltung und zu Schlachten ist ferner zu erhalten von den Tierschutzverbänden und dem *Verein gegen tierquälerische Massenhaltung.* Die Darstellungen dieser Vereine appellieren häufig an unser Gefühl. Man könnte derartige *Strategien* insgesamt eher einer *Vermeidungsstrategie* zurechnen, wenngleich eine Tötungsvermeidung nicht konsequent und begründet ausgesprochen wird.

11 Man kann diese Dinge in den Kompendien und Büchern zur Jägerprüfung nachlesen. Auch in den Jägerzeitungen, z. B. der *Pirsch,* begegnet uns dieses *ritterliche* und hochgradig ritualisierte *waidgerechte Verhalten,* das sich bisher gegen alle Technisierungs- und damit Effektivitätserhöhungstendenzen erstaunlich lebendig erhält.

12 Noch in der Religion meiner Kinderzeit war diese Transzendenz der wesentliche Anteil, insbesondere in der Einbeziehung des Todes. Da aber dieser Teil der Religion auch ihre faszinative Düsternis ausmacht und schlecht in die technische Welt des *Alles-Machbaren* paßt, wurde durch entsprechende Reformen gerade diese Seite der Religion *entschärft.* Heute bestreiten Theologen die Transzendenz der Religion und vieles des neuen Kirchenbildes läßt kaum einen Unterschied zu einer Sozialfürsorgeeinrichtung erkennen. Daß damit aber ein biologisch-anthropologisches Grundbedürfnis des Menschen verfehlt wird, zeigt die Tatsache, daß andere Ideologien in diese Lücke einspringen.

13 Im Zusammenhang mit dem in der westlichen Welt erwachten Umweltbewußtsein gab es eine Renaissance der Indianerkultur mit dem Schwerpunkt der hier dargestellten, sich selbst einfügenden Stellung des Menschen zu seiner Umwelt bzw. zur Natur.

14 Siehe hierzu die einfühlsame Darstellung von B. Millot: Kamikaze, Geist, Organisation und Einsatz der japanischen Todespiloten, 1971.

15 Hemingways *Tod am Nachmittag* und Montherlands *Tiermenschen* treffen in großer literarischer Schönheit Phänomenologie, Geschichte und Mythos des spanischen Stierkampfes. Der Bildband von G. Hensel (1979) über den Stierkampf kann dem deutschen Leser einen optischen Eindruck dieser Kultur vermitteln.

16 Die drei Strategien sind, psychiatrisch gesehen, per se normale Möglichkeiten des Menschen, die für unser Leben nötig sind. Dies sei noch einmal betont. Ohne Versachlichung gibt es keine Erkenntnis und keine Entwicklung.

17 *Verantwortung* in diesem Sinn soll also heißen, daß sie primär durch naturwissenschaftliche Erkenntnisse einschließlich ihrer methodischen Distanz bestimmt wird. Erst in einem zweiten Schritt soll aus der methodischen Distanz herausgetreten werden. Dies wäre eine echte Umwälzung unserer Kultur und unseres Handelns in zwei voneinander unabhängigen Kulturen. Unser Handeln wird primär aus dem Selbstverständnis geisteswissenschaftlicher Kultur bestimmt. Ihre *Gesinnungsethik* bringt uns bestenfalls zu *flammenden Protesten* gegen Sachzwänge und zu menschenverschlingenden Utopien. In diesem Sinn heißt Verantwortungsethik Integration der naturwissenschaftlichen Kultur.

18 Übernommen aus: Meinhard Adler, Der Tod und das gewaltsame Lebensende, in „Ärztliches Handeln und Intimität" (Hrsg. Regine Lockot, Hans Peter Rosemeier), Stuttgart 1983, S. 225.

Das begleitete Sterben

Hans Peter Rosemeier

Zur Psychologie der Begegnung des Kindes mit dem Tode

Die Maßstäbe, die wir an den Wert des Lebens anlegen, werden deutlich, wenn ein Mensch stirbt und seine Mitwelt bilanziert. Die Bedeutung seines Todes ist u. a. durch den Umfang an Erfüllung lebenswichtiger Ziele oder kulturschöpfender Leistungen, die weiterwirken, bestimmt. Je eher eine Person ihrem Handeln, ihrem Leben und ihrem Denken Sinn zu verleihen verstand, desto eher wird der Verlust für die Nachwelt spürbar. Diese Trauer bleibt im Grundsätzlichen und kann auch aus dem Abstand empfunden werden, geht aber weniger einher mit aufwühlenden Trauergefühlen. Im Bewußtsein der Bedeutung des Verlusts eines langen erfüllten Lebens bleibt die Trauer ernst, respektvoll, aber undramatisch. Im Tod eines Kindes erleidet seine Umgebung den Verlust viel mehr als schmerzliche Wunde. Ein Kind kann nach seinem noch überhaupt nicht erfüllten Leben kein Werk hinterlassen. Ein Kind kann von sich aus noch nicht so viel geben, sondern es hat von den Eltern empfangen und genommen. Der Abbruch seines kurzen Lebensweges wird im größeren Zusammenhang nicht unbedingt eine unüberbrückbare Lücke hinterlassen. Und dennoch sind wir uns gewiß, daß für die Umgebung der Tod eines Kindes dramatisch verläuft, alle Beteiligten bis zur äußersten Belastungsgrenze in Anspruch nimmt, nicht selten tragische Züge mit langer Aufarbeitungsphase durch die Eltern und Geschwister trägt, immer aufrüttelnder ist als der Weggang eines Menschen nach erfülltem Leben. Der Widerspruch bedarf einer Erklärung: In den Arbeiten von Rolf Winau[1] wird nicht nur auf den enormen Rückgang der Kindersterblichkeit in den Industrieländern hingewiesen, sondern auch auf die an Intensität und in ihrem Inhalt veränderten Zuwendungs- und Erziehungsformen gegenüber der sehr viel kleiner gewordenen Zahl an Kindern in den heutigen

Familien (meßbar an den heutigen Geburtenraten in den Industrieländern). Der verhältnismäßig hohe subjektive Wert eines
Kindes, der in seinem Verlust sichtbar wird, ist historisch in dieser Form eine neuere Entwicklung, die eng verbunden ist einerseits mit der als Folge neuer Familienplanungs-Strategien zu-
rückgedrängten Reproduktionsbereitschaft und andererseits
mit der Zunahme des subjektiv erlebten Verlusts in einer Fami-
lienstruktur, die zum Einzelkind tendiert. Weit mehr als die
Hälfte der Berliner Haushaltungen sind ohne ein Kind.

Wir beobachten heute ein enorm aufwendiges, äußerst aus-
differenziertes System von Bemühungen zur Verbesserung und
Emanzipation des Erziehungssystems, von dem sich moderne
Eltern in zunehmendem Maße leiten lassen und schon ins
Leben des Kindes viel vom eigenen Denken implantieren und
investieren. Seit Kinder nicht mehr innerhalb einer relativ
schwer zu beaufsichtigenden großen Kinderschar, in der sie
sich auch zum Teil ruhig selbst überlassen blieben, aufwachsen,
haben Gefühle zugenommen, die beim Verlust eines Kindes in
den Eltern mitsterben: ihr gesamtes fokussiertes Bemühen um
beste und neueste Erziehungsstrategien – erprobt am eigenen
Nachwuchs, oft bezogen auf die eigene Vergangenheit und
nicht selten auf die eigene durchlittene Kindheit. Das Mitschwingen solcher auf die Eltern selbst bezogenen Motive fügt
Eltern sterbender Kinder nachhaltig empfundene (psychoanalytisch gesprochen: narzißtische) Kränkung zu. Solche Reaktionen können kaum verwundern, solange das Sterberisiko von
Kindern bei uns so außerordentlich niedrig ist wie zur Zeit.

In der Kindheit (im Alter bis zu 15 Jahren) sind Unfälle und danach maligne Erkrankungen nach Gustel Matthias Schmitt
(1983)[2] die beiden häufigsten Todesursachen. Trotzdem muß,
statistisch gesehen, der Tod eines Kindes in der Gesamtbevöl-
kerung als äußerst seltenes, als unwahrscheinliches Ereignis bezeichnet werden. Gerade in der geringen Auftretenswahr-
scheinlichkeit liegt ein weiterer möglicher Erklärungsansatz:
Seltene Ereignisse erhalten, wenn sie dann doch auftreten, zusätzliche psychische Dynamik, weil Anteile magischen Denkens, das Hervorbrechen von Schuldgefühlen und andere Phä-

nomene, wie z. B. die psychische Ansteckung der Umgebung,
einen dramatischen Ablauf wahrscheinlich machen.

Hansjörg Riehm, der viele Jahre lang die hämatologische Abteilung der Kinderklinik, Kaiserin-Auguste-Viktoria-Haus, unserer Universität geleitet hat und dem ich durch eine Reihe
persönlicher Gespräche anschauliche Einblicke in die Problematik verdanke, teilt mit, daß inzwischen die akute lymphobla-
stische Leukämie (ALL), die eine der häufigsten Formen von
Leukämie bei Kindern ist, bei mehr als der Hälfte der kleinen
Patienten zu kontrollieren ist.[3] Eine Verbindung von Leukämie
und Sterben bei Kindern ist also keine notwendige. Für das
Kind, die Familie und professionelle Betreuer ist die verbes-
serte Prognose keinesfalls ein Anlaß zur „Entwarnung". Für diesen Zustand ungewisser massiver Bedrohung mit offenem Ausgang wurde der Begriff „Damokles-Syndrom" geprägt.

Entwicklungsperioden der Krankheitsverarbeitung des Kindes

In der Geschichte der Psychologie und Pädiatrie sind einander
ähnliche Stufen- oder Phasenmodelle entwickelt worden, die
Reifungsverläufe, typische biographische Aufgabenstellungen
in Abhängigkeit vom Lebensalter oder aufeinander aufbauende, sich entfaltende Leistungsfähigkeit in periodischen Ab-
schnitten gegliedert phänomenologisch beschreiben. Ohne
Zweifel ist es zweckmäßig, in der pädiatrischen sowie in der
psychologischen Anwendung, ebenso in der auf Schule und Erziehung, von einer wissenschaftlich einigermaßen gesicherten
Zuordnung vorgefundener Verhaltens-Repertoires und entsprechenden Perioden des Lebensalters auszugehen. Dies gilt
insbesondere für die psychologische Forschung auf dem
Gebiet der Krankheitsverarbeitung von Kindern und Jugendlichen.[4] Die Stufenfolge der psychischen Entwicklung ist von
einer Vielzahl von Autoren mit immer wieder ähnlichen Ergebnissen bestätigt und erweitert worden.[5] Heute wird das Konzept einer Entwicklungspsychologie der gesamten Lebensspanne bevorzugt.[6] Hier wird die thematisch auf Kindheit und

Jugend beschränkte Forschung durch Zielorientierung einer lebenslangen Lern- und Entwicklungsperspektive ersetzt. Als Folge solcher Innovation entstanden Modelle der Persönlichkeitsentfaltung, innerhalb derer Erziehungsaufgaben formuliert wurden, die man für eine bestimmte Entwicklungsperiode erwarten kann. Von solchen Fertigkeiten gehen wir im folgenden aus, wenn wir für die Perioden der Kindheit charakteristische Defizite von Aufgabenerfüllung formulieren, die aufgrund einer schweren Krankheit erwartet und beobachtet werden können.[7]

Frühe Kindheit. Der Säugling und Kinder im Alter bis zu zwei Jahren sind, ob gesund oder krank, ausgeliefert. Im Sinne einer verlängerten Brutpflege sind sie völlig abhängig von fremder Hilfe. Ein solches Kleinkind geht in den ersten Lebensmonaten eine symbiotische Beziehung mit einer „ersten Bezugsperson" ein, in der Regel der Mutter. Monat für Monat wird diese empfindlich labile Intimität Stück für Stück in kleinsten Dosierungen mit ersten Trennungserlebnissen belastet. Die Ergebnisse der Hospitalismusforschung sind weithin in die Erziehungsstrategien eingeflossen. In der zweiten Hälfte dieser frühen Kindheitsperiode leistet die Mehrheit der Kinder schon kleine vielbestaunte motorische Kunststücke, die, weil man sieht, daß es dem Kind noch schwerfällt, von der Umgebung mit starken Prompting-Reaktionen verbessert werden. Auch setzt die Sprachentwicklung ein, und erste schlichte Kausalität belebt den kindlichen Alltag.

Ist ein Kleinkind unter zwei Jahren schwer erkrankt, so wird die symbiotische Beziehung in der Regel durchtrennt, selbst bei Rooming-in-Verfahren. Bewegungseinschränkungen bremsen erste motorische Entwicklungen; die kognitive Entwicklung wird verzögert. Ein solches Kind bleibt ausgeliefert und wird mit Sicherheit überfordert.

Kindheit. Das Kleinkind hat sich jetzt motorisch eindrucksvoll verselbständigt und verfügt über eine gewisse Selbstkontrolle. Die Sprachentwicklung läßt eine immer noch altersabhängige, aber doch adäquate Verständigung heranreifen. Mit eindeutigem kleinen Willen ausgestattet, kann das Kind jetzt Einfluß auf seine Umgebung ausüben (z. B. im Trotz). Es ist dies eine Periode der Verfeinerung, und bis es vier Jahre alt ist, sind seine Aktivitäten, zumindest in unserer Kultur, auf phantasievolles Spielen (auch mit sich allein) konzentriert.

Gerät ein solches Kind unter den Einfluß einer schweren körperlichen Erkrankung, so ist die motorische Kontrolle gefährdet, die Feinentwicklung der Sprache erfährt eine Verlangsamung. Die Massivität des Ausgeliefertseins des frühen Kleinkindes wird hier wohl nicht angetroffen. Mit den ersten Fähigkeiten, sich, wenn auch nur trotzig, zur Wehr zu setzen, sogar gegen Erwachsene, oder mit den archaisch emotionalen Vorformen des Verstehens einer nicht genau begriffenen Gefahr (Märchen) und mit der Möglichkeit der Abfuhr von Unbehagen und Angst durch erste Projektionen (in Form von Kinderzeichnungen) wird das Erleben von Krankheit und Lebensbedrohung virulent, d. h. in seiner Verarbeitung erstmals sichtbar. Als Einschränkung sei angefügt, daß Hansjörg Riehm in seiner persönlichen Erfahrung im Umgang mit schwerkranken Kindern vor der Hineinverlegung erwachsener Erfahrung des Krankheitserlebens und Todesverständnisses warnt, er nennt dies ‚adulte Projektion'.

Vorschulalter. Dieses Kind ist offen für das Spiel in Gruppen. Es leistet gut durchkonstruierte Denkoperationen, zeigt eine deutliche Geschlechtsrollen-Differenzierung und verfügt über einfache moralische Regeln (z. B. es kann mit Geschwistern und Spielkameraden teilen und entwickelt ein Gefühl der Gerechtigkeit).

Kommt ein solches Vorschulkind durch ernste Krankheit in eine Krise, so wird es nicht einfach ausgeliefert, hilflos oder regredierend, sondern ansatzweise verarbeitend reagieren. Die Verarbeitungsmechanismen allerdings haben noch keine ausgereifte Funktion, sie sind noch mit ‚guten Fehlern' behaftet, d. h. durch Versuch und Irrtum werden beim Kind schon eine Reihe geeigneter Ansätze erprobt, wenngleich sie noch nicht immer unmittelbaren Erfolg bieten. Aufgrund seiner einfachen

Moral kennt das Kind eigene Schuldgefühle und fremde Schuld. Nach dem vereinfachenden Verursacherprinzip wird u. U. der Arzt oder die ‚böse Klinik' im Sinne einer vereinfachenden personalen Kausalität schuldig gesprochen. Ein Vorschulkind wird auch nach (quasi-)rationalen Erklärungsmustern suchen (z. B.: „Ich bin jetzt krank, weil ich mich nicht gewaschen habe"). Häufig beobachtet werden auch Ansätze der Krankheitsverarbeitung durch die geschlechtsrollentypischen Merkmale des Verhaltens dieser Altersgruppe. Erwachsene argumentieren: „Du bist doch ein verständiges Mädchen" oder: „Ein tapferer Junge kann das vielleicht aushalten". Eine unzweideutige Verbesserung der Situation des Kindes dieser Entwicklungsperiode gegenüber Schwerkrankheit ist die relativ uneingeschränkte Fähigkeit zu Kontakt zu den kleinen Mitpatienten. Das stellt einen Ansatzpunkt für emotionale Abfuhr, Imitationslernen dar, jedoch nur, wenn die körperliche Belastung das Kind nicht zu sehr schwächt.

Schulkind. Im Alter von sechs bis zwölf Jahren sind die meisten Kinder auf eine unverkrampfte Weise „vernünftig". Sie sind zu einer Kooperation in der Gruppe befähigt, sie zeigen Leistungsmotivation mit verschiedenen Tüchtigkeitsmaßstäben, Interesse, Neugier und Fleiß, sie verfügen über zivile und kulturelle Techniken und bilden ein erstes Selbstbewußtsein heraus.

In der Krankheit läßt sich die Mehrzahl dieser entwickelten Eigenschaften konstruktiv nutzen. Der Kontakt zum (Pflege-) Personal gelingt gut. Schulkinder sind oft bereit, sich bei der Mitarbeit in der Therapie anzustrengen und zu bewähren. Aber ansatzweise spüren sie auch, wo sie sich zurücknehmen müssen, z. B. in der Rücksichtnahme auf der Station, wenn ein anderes Kind in eine Krise gerät. Es kann sogar Hilflosigkeit von Erwachsenen wahrnehmen und antizipatorisch in eigenes Verhalten einbeziehen. Die Entfaltung des Selbstbewußtseins durch eine schwere Krankheit ist in diesem Alter stets gefährdet. Nur in der Kompensation könnte auf lange Sicht eine differenzierte Stärkung des Selbstbewußtseins im Sinne Alfred Adlers als Beitrag zur Individuation erlangt werden.[8]

Jugendliche. In dem nun folgenden Altersabschnitt stehen körperliche Reifung und das Anerkennen eigener physischer und psychischer Beschaffenheit (Selbstbild) im Mittelpunkt der Entwicklung. Kleidung, Frisuren, Geschmack (auch bei Musik und Kunst) treten als charakteristische Merkmale des Bedürfnisses nach individueller Unterscheidung von den anderen hervor. Gleichzeitig versucht der Jugendliche in dieser Zeit, ernsthafte freundschaftliche Verbindungen einzugehen. Andere Jugendliche verbleiben in ihrer Clique. Meist zeichnen sich solche jugendlichen Gruppen dadurch aus, daß sie in besonderer Abstufung sich von anderen jugendlichen Gruppen pointiert durch Äußerlichkeiten zu unterscheiden suchen. Hier gilt es, immer auf dem neuesten Stand zu sein, Mode und Trends zu ahnen, eine leicht ins Kommerzielle abgleitende Haltung. Dabei werden aber auch erstes Engagement für die Interessen anderer oder aller oder auch der Menschheit, also weltanschauliche Einstellungen erprobt. Gelingt diese Phase, so vermag sich der Jugendliche seine Werte zwischen Vorbild, Gruppe und Eigenbild selbst zu schaffen. Wenn er Glück hat, verliebt sich der Jugendliche und erprobt so seine sexuelle Identität und bereitet sich, langfristig gesehen, auf diese Art und Weise auf Verantwortlichkeit, Verläßlichkeit (auf ein erwachsenes Leben) vor.

Diese empfindsamen Selbstfindungsvorgänge werden in der lebensbedrohlichen Erkrankung einem Jugendlichen so sehr erschwert, daß z. B. viele pädiatrische Onkologen die Auseinandersetzung mit dem erkrankten Jugendlichen für fast immer außerordentlich belastend halten. Vielleicht liegt es auch hier an der adulten Projektion, insofern die meisten unerfüllten Träume von uns Erwachsenen aus dieser Jugendlichen-Phase stammen. Mitansehen zu müssen, wie der junge Mensch mit schon prägnanter Persönlichkeitsstruktur um seine Identität noch ringt und nun vielleicht keine Zukunft mehr haben soll, um dies alles zu verwirklichen, scheint für alle Beteiligten erschütternd zu sein.[9] Die Diagnose einer malignen Erkrankung bei einem Jugendlichen ist der Beginn einer Kette von Behinderungen des pubertären und adoleszenten Reifungsprozesses. Die maligne Erkrankung führt den jugendlichen Patienten in eine extreme Abhängigkeit; das Diktat der medizinischen Behandlung erlebt der sich um Autonomie bemühende Jugendliche als Entmündigung.[10] In der Literatur über das eingeschränkte Verhalten eines lebensbedrohlich an Krebs erkrankten Jugendlichen wird von einer Labilisierung in fast allen Reifungsbereichen gesprochen. Der Verzicht auf die Jugendlichenclique verweigert ihm Kontakt und Erprobungsverhalten mit Gleichaltrigen. Der Verlust an Selbständigkeit führt zum Auflehnen gegen den Arzt. Es kommt vor, daß Jugendliche um jeden Behandlungsschritt kämpfen. Die meisten Autoren schlagen eine möglichst große Mitsprache von Jugendlichen bei der Planung der Behandlung vor, so daß das Abhängigkeitsgefühl gesenkt werden kann. Ein großes Problem für die Jugendlichen besteht in der Veränderung der Physiognomie. Als Nebenwirkung der Behandlung gehen die Haare verloren, es kann zu Veränderungen des Gesichtsausdrucks kommen, und es kommt vor, daß Amputationen erforderlich sind. Bei der Empfindlichkeit von Jugendlichen gegenüber körperlichen Äußerlichkeiten führt dies in der Mehrzahl zum Abbruch von Beziehungen zu dem Jugendlichen in seinem Umfeld. Die körperlichen Veränderungen zwingen darüber hinaus, das mühsam erreichte körperliche und psychische Selbstbild erneut aufzuarbeiten. Sexuelle Kontaktstörungen sind typische Folgen der durch die Krankheit ausgelösten Selbstbeobachtung. Dies wird erschwert durch vorkommende Angst vor Sterilität als möglicher Nebenwirkung, etwa einer Strahlenbehandlung. Dies alles sind Probleme, die die psychologische unterstützende Betreuung eines jugendlichen Krebspatienten, ob er nun wird sterben müssen oder nicht, zu berücksichtigen hat.

Zur Entwicklung des kindlichen Todesbegriffes

Der Säugling reagiert deutlich auf Trennung und zeigt Verhalten, das als Trennungsangst interpretierbar ist. Die vorherrschenden Reaktionsformen sind Mißbehagen, Schreien, Weinen. Das Phänomen der Trennung ist hier von den Experten zur Beschreibung herangezogen worden als ein symbolisch dem

Weggehen beim Tode verwandtes Erlebnis. Je jünger ein Kind ist, desto schwieriger ist es, auswertbare Mitteilungen über sein Todesverständnis zu gewinnen. Im Grunde können wir keine verläßlichen Vorstellungen von der Bedeutung des Lebens, von der Zeit oder vom Tod für ein Kind dieses Alters erhalten. Wenn eine Person, an die der Säugling gewöhnt ist, seinen Gesichtskreis verläßt, sind alle Trennungserlebnisse, von der kurzen Abwesenheit bis zum dauerhaften Verlust, ununterscheidbar in der Situation enthalten.

Für Kinder unter fünf Jahren ist der Tod noch reversibel. Obwohl ein Totsein gedacht zu werden scheint, kann es ein Weiterleben unter neuen Bedingungen sein. Kinder reagieren jetzt zum Teil neugierig. Aversiv und ängstlich reagieren sie möglicherweise wegen der häufig mit dem Tod verwandten Konzeption von der Trennung, über die sie verfügen. Das Innen und Außen wird noch nicht eindeutig psychisch getrennt. Realität und eigene Wünsche sind noch vermischt. Das Dreijährige vermag den Tod als eine Art Schlaf zu betrachten. Maria Nagy[11] hat 1948 in ihrer klassischen Untersuchung 378 Kinder im Alter von 3 bis 10 Jahren untersucht. Ein beinahe vierjähriges Kind: „Die Toten schließen ihre Augen, weil ihnen sonst Sand hereinkommt." Ein fast fünfjähriges Kind beklagte: „Er kann sich nicht bewegen, weil er in dem Sarg ist..., er kann essen und trinken." Ein anderes Fünfjähriges: „Bei Beerdigungen darf man nicht singen, nur sprechen, weil sonst der Tote nicht in Frieden schlafen kann." In diesem Alter haben Kinder noch keinen präzisen Zeitbegriff. Unter „für immer" oder „endgültig" können sie sich noch nichts vorstellen. „Außerdem können in der kindlichen Phantasie Sarginsassen, wenn sie sich genügend Mühe geben, wieder ‚herauskriechen' ".

Die Vorstellung von einer Finalität setzt den Zeitbegriff voraus. Die genannten, noch vorläufigen, unfertigen Entwicklungsschritte führen zu einer nur scheinbar emotionalen Gleichgültigkeit der Kinder, wenn sie z. B. sagen: „Ich komme dann auch zu *Deiner* Beerdigung." Das 3- bis 4jährige ist schon gut in der Lage, Trauer über ein verstorbenes Tier im Hause zu empfinden, und beginnt, auch die Trennung beim Verlust naher Personen als ein Fehlen zu empfinden. Einen eigenen Tod kann es noch nicht reflektieren.[12] Das Kleinkind kann den Tod in seiner existentiellen Bedeutung nicht erfassen. Es kann davon sprechen, was mit Toten geschieht, und es weiß, daß es Menschen gibt, die uns verlassen; sie leben an einem anderen Ort auf andere Weise weiter. Die Kinder stellen sich vor, beerdigte Personen könnten sich noch im Sarg bewegen, sie könnten sogar noch wachsen, sie atmeten und ernährten sich, vielleicht wüßten die sogar, was auf der Erde geschieht. Aber das Kind beginnt zu merken, daß ein solches Weiterleben von Toten ein sehr begrenztes, nicht so vollständiges wie das unsrige ist.[13]

Das *Vorschulkind* hat bereits eine ausgeprägte, nicht selten personifizierte Vorstellung vom Tod: als Schnitter, Sensenmann oder Gerippe. Malte Neidhardt[14] ordnet die Fieberphantasien des Kindes in Goethes Erlkönig solchen Todesphantasien zu. Sartre erwähnt ihn in ‚Les mots‘: „Ich sah den Tod; als ich fünf Jahre alt war, lauerte er mir auf. Am Abend trieb er sich auf dem Balkon herum, preßte seine Schnauze ans Fenster. Ich sah ihn, wagte aber nichts zu sagen." – „Auf dem Quai Voltaire begegnete er mir einmal. Er war eine große, alte, schwarzgekleidete Dame. Sie murmelte, als ich vorüberging: „Dieses Kind stecke ich mir in die Tasche."[15]

Das *Schulkind* verfügt über Ansätze von moralischer Selbständigkeit. Mit Jean Piaget[16] kann man zwei Formen der Entwicklung ethischen Bewußtseins unterscheiden: Die eine sieht im Tod die Strafe für das Schlechte, das wir getan haben, die andere sieht im Tod lediglich etwas Natürliches, das Lebensende, einen Teil des Lebens und den Abschluß des Lebenszyklus. Dieter Bürgin[17] gibt einen Überblick experimenteller Arbeiten über das Todeskonzept in der Kindheit. Er weist auf die unterschiedlichen Erhebungsmethoden hin und unterscheidet Arbeiten, die das Todeskonzept unmittelbar an Kindern gewonnen haben, von solchen, die es retrospektiv an Erwachsenen ermittelten.

Maria Nagy zitiert einen Neunjährigen: „Der Tod ist sehr gefährlich. Man weiß nie, in welchem Augenblick er kommt und einen schon mit sich nimmt. Der Tod ist wie ein Skelett. Alle seine Teile sind aus Knochen gemacht. Aber wenn es hell wird, morgens, dann bleibt keine Spur von ihm. Er ist gefährlich, der Tod."[18] Neidhardt erwähnt ein siebenjähriges Mädchen mit einem bösartigen Knochentumor: „Ich habe so das Gefühl, als ob ich eine Spinne in meinem Rücken habe. Die sitzt da und ißt meine Schwellung auf. Die Schwellung ist so groß, daß die Spinne dicker und dicker wird, sie hat lange, haarige Beine. Wenn sie sich bewegt, beginnt es bei mir zu jucken." Das Mädchen hat einige seiner Symptome mit der Wirkung der Spinne zu erklären versucht. „Bald wird sie ihren Fuß in mein Herz setzen, und dann kann ich nicht mehr leben, dann werde ich zu den anderen Kindern gehen."[19]

Bei *Jugendlichen* wird der Begriff des Lebens zutreffenderweise korrekt Pflanze, Tier und Mensch zugeordnet. Der Jugendliche kann zwischen Formen des Lebendigen unterscheiden, zwischen seinem Ich, zwischen der übrigen Realität. Außerdem erkennt er die Endgültigkeit und weitreichende unausweichliche emotionale Bedeutung des Todes. Dem Jugendlichen sind alle wesentlichen Denkmuster, die auch den Erwachsenen bekannt sind, zugänglich. Jugendliche können sowohl in rauh formulierter Abwehr ihr eigenes Unbehagen am Tod verbergen als auch, eine ihnen häufig zugeschriebene Sicht, sich eher ein skeptisch-sachliches Bild von einem zu konstatierenden Lebensende machen. Gedanken an den eigenen Tod können in sehnsüchtiger Assoziation mit dem ausgewählten eigenen Suizid als Bestrafungsphantasie z. B. gegenüber den Eltern ausgekostet werden. Aber man kennt auch die jugendliche Aufopferung im Dienste eines Ideals. Im Grunde beruhen beide auf Unsterblichkeitsphantasien.

Das sterbende Kind im Krankenhaus

Kinder benötigen, wenn sie lebensbedrohlich erkrankt sind oder sterben müssen, das Gefühl der Sicherheit, einer nahestehenden Person fest vertrauen zu können, die ihnen beisteht, wenn sie sich hilflos fühlen. Für die *professionellen Helfer* bedeutet dies eine nicht immer verwirklichbare, extensiv auszule-

gende Verfügbarkeit. Auf Fragen des Kindes wird man so
glaubwürdig und ehrlich wie möglich antworten müssen, für
das Kind verständlich, ohne wenn und aber, mit dem klaren
Ziel, ihm zu zeigen, daß, gerade wenn man es die Wahrheit spüren läßt, es einem wichtig ist und man es liebt. Bei den Betreu-
ern selbst kommen Betroffenheit, Wechsel zwischen Hoffnungen und Resignation und nicht zuletzt Angst und eigene Schuldgefühle auf, die auch beim Helfer die innere Auseinandersetz-
zung mit dem eigenen Tod und Sterben anregen. Bleiben die
dabei am meisten betroffenen Pflegekräfte unbetreut und sich
selbst überlassen, so kommt es zu den auf onkologischen Stationen häufiger beobachteten, unvermeidlich hohen Fluktuations-
raten. Auf vielfältige Weise wird hier Abhilfe versucht. In medizinpsychologischen Instituten können Pflegekräfte von betroff-
fenen Abteilungen eine entsprechende Fortbildung erhalten
oder im Sinne der Selbsterfahrung oder des Erfahrungsaustau-
sches das Problem angehen. Richtungsweisend war hier das
Ausbildungsprogramm von Uwe Koch und Christoph Schmeling.[20]

Eröffnung einer infausten Diagnose. Gegner und Befürworter
einer umfassenden Aufklärung argumentieren von beiden Po-
sitionen aus mit ähnlichen Argumenten des Verantwortungs-
bewußtseins. In der neueren amerikanischen Literatur wird
eine offene Mitteilung bevorzugt, wo der völlige Verzicht auf
jegliche Aufklärung vorkommen sollte, so sicher auch, weil ein
Patient als nicht belastbar genug eingestuft wird, oder weil
Vorerfahrungen über einen erschwerten Ablauf der Therapie
vorliegen. Außerdem stellt ein umfangreich informierter Patient eine gewisse Gefahr für einen möglicherweise verunsi-
cherten oder noch unerfahrenen Arzt dar. Häufiger wird wohl
eine andere, vielleicht weniger bedrohliche Diagnose vorge-
täuscht. Patienten verfügen jedoch über genügend Laieninfor-
mation, um die Maßnahme zu durchschauen. Die Folge ist Ver-
trauensverlust gegenüber dem behandelnden Arzt.

Eine humane Methode ist der Verzicht auf die präzise Mitteilung von Unheilbarkeit, wenn der Arzt durch non-verbale oder
direkte Signale die Bedrohlichkeit und Ernsthaftigkeit spüren

oder erkennen läßt. Auch der Arzt kann nicht völlig sicher sein, daß die von ihm gestellte Diagnose mit Sicherheit (in einer womöglich noch vorherzusagenden Zeitspanne) zum Tode führt. Daher wird er ein Interesse daran haben, auf diesem Wege den Patienten mit einer angemessenen, das heißt geringen Hoffnung zu stabilisieren. Das gemeinsame Wissen auf einer Mittlerebene erzeugt Vertrauen. Weil der Patient weiß, wie ernst seine Krankheit ist, kann er unerledigte Dinge seines Alltagslebens regeln. Im Falle der Mitteilung einer wahren, infausten Diagnose (wie sicher ist diese Wahrheit?) sind sich Mitteiler wie Empfänger voll bewußt, konzentriert auf das Ende hin eng zusammenzuarbeiten. Fragt der Patient nach der Diagnose, muß der Arzt umgehend und wahrscheinlich auch umfassend reagieren; denn unterläßt er dies, gibt ihm der Patient kein zweites Mal die Möglichkeit hierzu.

Die Schwierigkeiten der Mitteilung der Diagnose einer lebensbedrohlichen Erkrankung an Eltern von an Leukämie erkrankten Kindern wurde von Eva Pichler, Renate Richter, O. A. Jürgenssen untersucht.[21] Die Eltern wünschten beim Erstgespräch die volle Wahrheit. Sie hatten schon vor der Eröffnung der Diagnose mit einer ernsten Erkrankung ihres Kindes gerechnet. Der *Diagnoseeröffnungsschock* traf sie wie ein „Keulenschlag". „Es war ein furchtbarer Schock, es war ungefähr das Schlimmste, das ich je erlebt habe. Ich werde das nie vergessen." – „Ich habe während des Gespräches immer nur gedacht, er wird nie mehr nach Hause kommen, das Zimmer wird immer leer bleiben." – „Der Oberarzt hat gesagt: ‚Nehmen Sie Platz. Wie viele Kinder haben Sie?' Ich habe gesagt: Drei. Das Gefühl, als er gefragt hat, ‚Wie viele Kinder haben Sie', kann ich gar nicht beschreiben." Wie sehr auch trotz Mitteilung einer infausten Diagnose ein Erstgespräch die Hoffnung auf Heilung betonen muß, und wie groß die Gefahr ist, hier Prozentzahlen anzugeben, wird deutlich: „Man hat uns gesagt, die Chancen stehen 50 zu 50. Jetzt warten wir täglich, daß es 51 geworden sind." Ein Vater hatte vom Operationsgehilfen gehört: „Metastasen bis ganz hinauf". Auch widersprüchliche Aussagen verschiedener behandelnder Ärzte kommen vor. Beide Seiten, Ärzte wie

Patienten, können bei der Frage nach der Ursache der Krebserkrankung ihr Kausalitätsbedürfnis nicht befriedigen.[22]

Das Vermitteln schlechter Nachrichten. Es ist gut, schlechte Nachrichten so einfach wie möglich auszudrücken und nicht durch Details und Feinheiten die Hauptaussage zu relativieren. Man sollte sich fragen, was die mitzuteilende Diagnose für diesen Patienten in der aktuellen Situation bedeuten könnte. Man sollte versuchen nachzuvollziehen, wie die Diagnose vom Patienten erfaßt und eingeordnet werden kann. Es ist besser, nicht mit dem Kern der Aussage zu beginnen, bevor Vertrauen und Verständnis soweit aufgebaut werden konnten, daß die Reaktionen abschätzbar werden. Die meisten Betroffenen können nicht alle Informationen auf einmal verkraften. Längere Pausen ermöglichen Fragen. Verleugnungen dienen dem Zweck, sich zu immunisieren; wer einmal auf eine Verleugnung eingeht, wird ihr mit Logik nicht mehr beikommen; ein Streitgespräch geht zu Lasten der therapeutischen Beziehungen. Durch Rückfragen kann sichergestellt werden, ob die Bedeutung der Mitteilung erfaßt wurde. Keinesfall darf Hoffnung zerstört werden, eine Frage von Sprachgefühl und Takt. Man sollte nichts mitteilen, was nicht stimmt. Eine solche Information gefährdet weitere Begegnungen.[23]

Sterbenskranke Kinder scheinen die Tatsache, ‚wann es soweit ist‘, zu spüren. Die Kinder benötigen das intime Gespräch mit einer Vertrauensperson, zu der nicht selten die Schwester nach intensiver Pflege werden kann, um sich von ihren Ängsten, ihrer Einsamkeit, ihrer Entfremdung und den Schmerzen ihrer Krankheit loszusprechen. Hier hat Sterbebegleitung die Funktion einer weltlichen Beichte. Für Ärzte und Krankenpfleger sind die eigene Angstreduktion im Umgang mit dem sterbenden Patienten, dessen Bereitschaft zur Mitarbeit und eine geeignete Form der Begegnung mit den Familienangehörigen erleichternd und für eine gute Bewältigung der medizinischen Aufgaben wichtige Voraussetzungen.[24]

Der Umgang mit der Familie eines lebensbedrohlich erkrankten Kindes setzt Erfahrungen im Umgang mit starken Gefühlsreaktionen voraus, Empathie, Geduld und Zeit. Nach Ermittlung der Diagnose ist der Umfang und die Tiefe der Emotion oder mögliche Verzweiflung der Eltern aufzuspüren. Weitere Erklärungen zur Diagnose und zur Art der Erkrankung sind erforderlich. Die Behandlungsschritte werden erläutert. Man versucht, die Unterstützung der Eltern für die Betreuung des Kindes zu erhalten, bietet die eigene an, hilft den Eltern, anderen Mitteilung über die Erkrankung und ihren Schweregrad zu machen, mögliche Reaktionen von Geschwistern (Eifersucht, Furcht) ebenso wie Schuldgefühle der Eltern sind anzusprechen. Hier kann man versuchen, Hoffnung zu etablieren, entweder auf Besserung oder auf den möglichen Fortschritt der Medizin in naher Zukunft. Während Ärzte diesen Optimismus sicher kaum teilen werden, ist es geboten, daß *Eltern hoffen dürfen*, mindestens jedoch auf Unterstützung für eine gute Fürsorge und eine Linderung des Leidens. Antizipatorische Trauerreaktionen können angesprochen werden. Die Kinder brauchen in dieser Situation die Beständigkeit elterlichen Verhaltens, die Kontinuität der Erziehung und das unveränderte Wertesystem der Eltern. Es wäre keine Alternative, wenn Eltern nun plötzlich dazu übergingen, ihr Kind zu verwöhnen, sei es aus Kummer oder aus Schuldgefühlen. Manche Fähigkeit und Stärke von Familienmitgliedern will erkannt werden, und es ist wichtig, diese zu fördern und sorgsam auf ein mögliches Ende hin zu orientieren.[25]

Unter *antizipatorischem Trauern* versteht man bei Betroffenen stimulierte Prozesse, die darauf abzielen, den bevorstehenden Verlust wahrzunehmen, damit verbundene Gefühle zuzulassen, adaptive Mechanismen zu entwickeln und eine möglicherweise unsteuerbare emotionale Betroffenheit durch den Tod des Kindes zu mindern.[26]

Der Tod eines Kindes. Renate Richter berichtet von der vierjährigen Birgit: „Die Beine sind gelähmt, später die Arme, sie kann nicht mehr einmal ein störendes Haar aus dem Gesicht streichen, (da) soll sie zum Zeitvertreib für sich und die Geschwister Weihnachtsgeschenke aussuchen. Für alle fällt ihr ein passendes Geschenk ein, sie selbst wünscht sich nichts mehr, ‚weil sie

ja nichts mehr braucht'. Noch einmal wird sie aus der Klinik entlassen. Als sie am Abend zurückkommt, erzählt sie ihrer Nacht-
schwester: „Ich mag nicht mehr zu Hause bleiben. Die Minke
(das ist ihre kleine Katze) spürt, wie krank ich bin. Sie mag nicht
mehr bei mir bleiben." Als die Schmerzen plötzlich unerträglich wurden, ohne daß ich mit ihr über die neuesten Untersu-
chungsbefunde gesprochen hätte: „Bitte hol mir schnell das
Krebserl heraus, ich glaube, es hat Eier gelegt. Ich bin doch so
lebenshungrig, warum kann ich nicht laufen?" Eine halbe
Stunde vor ihrem Tod schickt sie, die erst vier Jahre alt ist, die
Mutter nach Hause: „Du sollst jetzt fortgehen!" Als die Mutter
verspricht, in der Früh' wie immer die erste auf Station zu sein,
äußert das todkranke Kind: „Ich glaube, Du brauchst morgen
nicht wiederzukommen." Eine Stunde später stirbt sie tatsächlich."[27]

Nach dem Tode des Kindes. Bei einer Untersuchung von hinterbliebenen Familienmitgliedern von 40 an Leukämie gestorbenen Kindern fand Kaplan[28] in mehr als zwei Dritteln aufge-
staute Eheprobleme, Eltern-Kind-Probleme sowie Schullei-
stungsstörungen unter den Geschwistern. 95 % der Familien
berichteten Gesundheitsprobleme, in 40 % der Familien begann jemand zu trinken. Die Mehrzahl entwickelte düstere
Trauerreaktionen, häufigen Aufenthalt auf dem Friedhof, Unfähigkeit, über das gestorbene Kind innerhalb der Familie zu
sprechen. Nach dem Tod des Kindes war bei 35 % der Familien
erstmals psychiatrische Versorgung notwendig geworden,
mehr als die Hälfte zeigten Arbeitsstörungen. Diese Probleme
waren vor der Mitteilung der Diagnose der Krebskrankheit des
Kindes nicht vorgekommen.

Aus einem mehrere hundert Seiten umfassenden Bericht einer
Mutter *nach* dem Tode ihres 15jährigen Jungen: „Ohne die Offenheit des Arztes, die mir manchmal grausam erschien, wäre
ich nicht in der Lage gewesen, die letzte Zeit mit Christian so in-
tensiv zu leben. Oft habe ich ihn damals nicht verstanden, wenn
er so offen und ohne jede Hoffnung zu mir sprach, und verzweifelte fast daran. Heute bin ich ihm unendlich dankbar dafür,
weil er mir den Weg gewiesen hat, all meine verfügbaren

Kräfte einzusetzen. Wie oft tröstet mich heute der Gedanke, wenn ich mich verzweifelt nach Christian sehne, daß er selbst in Berlin noch zeitweise glücklich war und an seine Heilung glaubte – es ist schwer, mit einem Todkranken zu leben, es ihn nicht spüren zu lassen, wie es um ihn steht. Aber die Intensität einer solchen Beziehung ist so beglückend und bereichernd für das eigene Leben, weil man plötzlich neue Wertmaßstäbe für sich und für das Zusammenleben entwickelt, Dinge nicht mehr wichtig nimmt, die so schwerwiegend erscheinen. Diese Lebenseinstellung verläßt einen auch später nicht mehr." Barbara Kolb.[29]

Die onkologischen Kinderabteilungen arbeiten zum Teil heute eng mit Elterngruppen zusammen. Hier finden sich freiwillig Eltern von Kindern, die bereits gestorben sind, und Eltern von Kindern, deren Kinder noch um das Überleben kämpfen, zusammen, um sich gegenseitig zu stützen und um Hilfe zu unternehmen gegen elterliche und familiäre Not im Umgang mit ihren lebensbedrohlich erkrankten oder sterbenden Kindern. Dies ist offensichtlich eine Möglichkeit, das enorme Emotionspotential abzubauen, das sich zum Teil über Monate oder Jahre der andauernden Anspannung der Eltern aufgestaut hat und das sich nicht gleich nach dem Tode löst. In dieser Emotionalisierung steckt eine konstruktive Kraft, anderen zu helfen.

Anmerkungen

1 Diesen Aspekt des erforschbaren Todes berührt auch Rolf Winau in diesem Band über die Mortalität in Berlin im 18. Jahrhundert, S. 202–216.

2 Gustel Matthias Schmitt: Die psychologische Betreuung des krebskranken Kindes, Göttingen 1983.

3 Während ich in diesen Bemerkungen auf die Ergebnisse der Literatur sowie auf die psychologische Interpretation vorliegender Daten und Fakten angewiesen bin, so kann Hansjörg Riehm als täglich in diesem Feld Stehender seine eigene Erfahrung der herrschenden Lehrmeinung abwägend gegenüberstellen. Hansjörg Riehm: Tod und Sterben von krebskranken Kindern, S. 310. Außerdem liegt ein Bericht: Hansjörg Riehm: Die ‚letzte' Intimität bei sterbenden

Kindern, von Krankenschwestern auf der Kinderkrebsstation vor, in: Regine Lockot und Hans Peter Rosemeier: Ärztliches Handeln und Intimität, Stuttgart 1983, S. 64–69.

4 Einen neueren Literaturüberblick hierzu geben Wolf-Rüdiger Minsel und Hans Peter Rosemeier: Das kranke Kind im Krankenhaus, in: Brennpunkte der Klinischen Psychologie, Band III: Psychologie und Medizin, München 1982, S. 88–109.

5 Zur Problematik und zur historischen Übersicht praktisch aller traditionellen Stufenmodelle psychischer Entwicklung siehe Rudolf Bergius: Entwicklung als Stufenfolge, in: Handbuch der Psychologie, Band 3, Entwicklungspsychologie, 2. A., Göttingen 1972, S. 104–195.

6 Hierzu: Paul Baltes: Entwicklungspsychologie unter dem Aspekt der gesamten Lebensspanne, in: Leo Montada (Hrsg.): Brennpunkte der Entwicklungspsychologie, Stuttgart 1979, S. 42–60.

7 Zur Vertiefung sei empfohlen: Rolf Oerter und Leo Montada: Entwicklungspsychologie, München 1982, oder: Joseph Stone und Joseph Church: Kindheit und Jugend, 2 Bände, herausgegeben von Peter Potthoff und Hans Peter Rosemeier, Stuttgart 1978.

8 Alfred Adler: Über den nervösen Charakter, Wiesbaden 1912.

9 Wie man die Behinderung der Entwicklung von Jugendlichen mit Krebs mildern kann, erläutern John Spinetta u. a.: The adolescent's psychosocial response to cancer, in Cameron Tebbi (Hrsg.): Paediatric and Adolescent Oncology, Boston 1981, S. 313–346.

10 Gustel Schmitt, vgl. Anm. 2, S. 22.

11 Maria Nagy: The Child's View of Death, Journal of Genetic Psychology 73 (1948), S. 3–27.

12 Malte Neidhardt: Zur Entwicklung eines Todesverständnisses beim Kind, nicht-publizierter Symposionsbeitrag 1981.

13 Maria Nagy, vgl. Anm. 11.

14 Malte Neidhardt, vgl. Anm. 12, S. 17.

15 Malte Neidhardt, vgl. Anm. 12, S. 18.

16 Jean Piaget: La représentation du monde chez l'enfant, Paris 1926, deutsch: Die Bildung des Zeitbegriffs beim Kinde, Zürich 1955.

17 Dieter Bürgin: Das Kind, die lebensbedrohende Krankheit und der Tod, Bern 1978.

18 Maria Nagy, vgl. Anm. 11.

19 Malte Neidhardt, vgl. Anm. 12, S. 19.

20 Mit Arbeitsaufgaben, Materialien und Tonbanddokumenten ist das evaluierte Programm von Uwe Koch und Christoph Schmeling ausgestattet: Betreuung von Schwer- und Todkranken, Ausbildungskurs für Ärzte und Krankenpflegepersonal, München 1982.

21 Eva Pichler, Renate Richter und O. A. Jürgenssen: Eltern leukämie- und tumorkranker Kinder äußern sich zur Mitteilung der Diagnose, Klinische Pädiatrie 194 (1982), S. 94–99.

22 Vgl. Anm. 21, S. 95, 96.

23 Die Empfehlungen stammen von H. P. Hogshead: The art of delivering bad news, in: C. A. Garfield (Hrsg.): Psychosocial care of the dying patient, New York 1978, S. 128–129.

24 Vgl. Hans Peter Rosemeier und Wolf-Rüdiger Minsel: Das kranke Kind und der Tod, in: Jürgen Howe und R. Ochsmann (Hrsg.): Tod – Sterben – Trauer, Bericht über die erste Tagung zur Thanato-Psychologie, Vechta (1982), erscheint in Frankfurt 1984.

25 Diese Empfehlungen wurden formuliert nach S. B. Friedman u. a.: Behavioral observations on the parents anticipating the death of a child, Paediatrics 33 (1963), S. 610–625.

26 Die antizipatorische Trauer wurde von E. H. Futterman & I. Hoffmann vorgeschlagen: Journal of the American Academy of Child Psychiatry 9 (1970), S. 477–494.

27 Renate Richter: Die Problematik des leukämie- und tumorkranken Kindes und seiner Familie, Dissertation Fachbereich Medizin, Universität Mainz, 1981, S. 113.

28 D. M. Kaplan: The family when the child dies. Second national conference on human values and cancer, American Cancer Society, New York (1978), S. 78–82.

29 Barbara Kolb: Christian… Danke, daß du bei uns warst. Tagebuch einer Mutter. St. Peter-Ording 1980, S. 209.

Hansjörg Riehm

Tod und Sterben von krebskranken Kindern

Das erlebte Sterben und der Tod eines Kindes sind in unserer Generation und in unseren Breiten ein seltenes Ereignis geworden. Aufgrund von Familien mit hoher Kinderzahl und hoher Kindersterblichkeit war vor hundert Jahren nahezu jeder Zeitgenosse – und auch Kinder – Augenzeuge von Sterben und Tod auch und gerade von Kindern in nächster Umgebung. Unsere Ahnen waren mit dem Erleben des Sterbens ihrer Kinder und deren Tod vertraut. Erst Mitte des 19. Jahrhunderts, in der Zeit zwischen den Weltkriegen und letztlich erst in der unmittelbar zurückliegenden Nachkriegszeit ist der Kindestod so selten geworden, daß er unserer Beobachtung in der Regel entzogen ist. Fast immer war und ist oft der Kindestod ein plötzliches Ereignis, die Phase des Sterbens auf eine kurze und meist weder vorhersehbare noch faßbare Spanne reduziert. In unseren Tagen ist der plötzliche gewaltsame Tod des Kindes die führende Todesursache, das gesunde Kind erliegt meist einem Verkehrstrauma bei Verlust seines Bewußtseins, einer Vergiftung, dem Homozid. Der Tod ereignet sich dann fast immer unter den Bedingungen der Intensivmedizin; wo auch sonst sollte noch Hoffnung auf einen günstigen Ausgang bestehen? Unsere Ahnen erlebten den Kindestod als ein nur Stunden und Tage, manchmal Wochen währendes Ereignis; in jenen Tagen waren medizinische Hilfen bei den allermeisten letalen Erkrankungen gänzlich wirkungslos, bei akuten Infektionskrankheiten, der Säuglingsdiarrhö. Das chronisch leidende und sterbende Kind war im Erleben der Menschen früher selten und ist es auch heute noch. Die drastisch verringerte Kindersterblichkeit an Akutkrankheiten hat es mit sich gebracht, daß wir dem selteneren Ereignis der chronischen Krankheit in unseren Tagen begegnen und uns damit auseinanderzusetzen haben.

Es gibt nicht viele Krankheiten beim Kind, die mit chronischem Leiden verknüpft sind und an denen Kinder sterben können oder sterben werden. Ich will hier diejenigen Krankheiten ausklammern, die einen Persönlichkeitsverlust, einen Gehirnschaden verursacht haben. Für unser Thema vermag diese Gruppe von Kindern weniger dienlich zu sein. Leiden, Sterben und Tod des Kindes zu erleben, darüber nachzudenken und hilfreich zu sein, mit ihm sich zu verständigen und seine Antwort zu erfahren, ist bei Funktionieren des Großhirns des Patienten möglich. Ich nenne hier einige verhältnismäßig häufige Krankheiten, bei denen wir dem Sterben und dem Tod begegnen, die naturgemäß schleichend verlaufen und bei denen wir trotz Bemühung kausal nicht helfen können: die zystische Fibrose, das chronische Nierenversagen, die Krebskrankheit, die Muskeldystrophie, einige Stoffwechselkrankheiten, schwere Mißbildungen.

Lassen Sie mich meine Erfahrungen pars pro toto mit dem krebskranken Kind erläutern, wobei ich diese Darstellung aus praktischer Erfahrung zu geben vermag. Ich beschäftige mich seit etwa 20 Jahren mit der kindlichen Krebskrankheit, seit 1972 als Leiter einer Abteilung für Onkologie an der Kinderklinik der Freien Universität. Nur eine Krankenstation dieser Art gibt es in Berlin und nur eine Spezialambulanz. Die Krankenstation hat eine Kapazität von 18 Betten. Durchschnittlich werden 15 Kinder von 15 überwiegend sehr erfahrenen Kinderkrankenschwestern, 3 Ärzten, einer Kindergärtnerin und Spieltherapeutin, einer Psychologin und einer Seelsorgerin betreut. Alle denkbaren medizinischen Hilfen und Spezialmethoden stehen diesen Kindern zur Verfügung, eine unabdingbare Voraussetzung für das Gelingen der Heilbehandlung. Diese ist bei den meisten Krebskrankheiten sehr kompliziert, belastend, auch traumatisierend; die Steuerung der Therapie erfordert sehr viel Erfahrung, Fingerspitzengefühl, Intuition. Die psychische Stabilität/Stabilisierung des Patienten ist eine Grundbedingung für die Durchführbarkeit der Behandlung während der entscheidenden Phasen. Das kindgerechte Biotop umfaßt selbstverständlich die wichtigsten Bezugspersonen des Patienten, seine Eltern. Diese müssen von den auf dieser Station Tätigen in vergleichbarer Weise betreut werden, da deren psychische Stabilität für das Kind außerordentlich hilfreich ist.

Die Krebskrankheit beim Kind ist, abhängig von der Art der Erkrankung, der Ausbreitung und vieler anderer Faktoren, eine oft heilbare Erkrankung; diese Erfahrung haben wir im Laufe der vergangenen 10 bis 20 Jahre bei Einsatz moderner Behandlungsverfahren gemacht. Tatsächlich überleben weit mehr als die Hälfte, ja fast 2/3 der krebskranken Kinder, von denen sehr wahrscheinlich die meisten eine normale Lebenserwartung besitzen und hoffentlich in eine gute Zukunft hineinwachsen. Die genannten Ziffern besagen aber, daß bei der Krebskrankheit in mancherlei Abhängigkeit der Tod möglich ist und zuvor das Sterben erfahren werden kann. Auf Dauer ist die Koexistenz von Krebs nicht mit dem Überleben zu vereinbaren. Heilung ist nur dann möglich, wenn die Krebskrankheit mit allen ihren Manifestationen gänzlich beseitigt werden konnte. Im Vorfeld unserer Überlegungen ist es für den handelnden Arzt bei dieser Krankheit oft schwierig oder gar unmöglich, zu einem gegebenen Zeitpunkt die Unvermeidlichkeit des Sterbenmüssens zu bestimmen: Die Hoffnung auf einen unwahrscheinlichen, noch günstigen Ausgang der Erkrankung bestimmt unser Handeln meist zu lange, was wir erst im Rückblick wissen können, in der Gegenwart diese Einsicht aber nicht möglich ist. In meinem Bewußtsein besteht hier ein Unterschied, der meine Zuwendung zum krebskranken Kind bestimmt: ‚Besteht bei tatkräftiger Unterstützung, Einsatz auch riskanter, vielleicht sogar wenig oder nicht erprobter Behandlungsverfahren noch eine Chance, der Tumorkrankheit Herr zu werden oder besteht sie nicht?' Im ersten Fall kann ich nicht gewillt sein, das Kind als sterbenden Patienten zu akzeptieren, im letzteren bin ich dazu gezwungen. Davon soll also die Rede sein: die Hoffnungslosigkeit auf Heilung ist rational erkennbar, durch Erfahrungswerte belegt, Sterben und Tod sind unvermeidlich, Realität geworden.

In einem gewissen Gegensatz zu einer wenig praxisbezogenen medizinischen Psychologie stellt sich mir in der Begegnung mit dem Sterbenden der Tod als eine dann zu begrüßende und zutiefst humane Lösung dar. Ich besitze nicht die Fähigkeit zum Mitleid um das Prinzip Tod, wohl aber um die zum Mitleiden mit dem sterbenden Kind, sollte es tatsächlich leiden. Nach dem erfolgten Tod erlischt die Fähigkeit zum Mitleiden, da für uns in der Klinik das Leiden sein akzeptiertes Ende gefunden hat. Sollte Sterben nicht mit Leiden verbunden sein, was bei der Krebskrankheit selten ist, besteht keine Veranlassung zum Mitleiden. Das Mitgefühl gilt den dieses Kind liebenden Menschen, den Eltern, den Geschwistern, auch den Menschen, die dieses Kind lieben gelernt haben, den Schwestern, den anderen Kindern: Sie erleiden einen schmerzlichen Verlust.

Der Tod eines Kindes ereignet sich zur ,Unzeit', warum sollte auch der wachsende Organismus vor Erreichen von Maturität und Alter vorzeitig vergehen? Mein Postulat ist abweichend von der ,Lehrmeinung': Um Todeserleben zu entwickeln, bedarf es der Maturität, die das Kind nicht haben kann und auch nicht haben soll. Wie ist es nun mit dem Todeserleben des Kindes, dessen Tod bestimmt ist, eigentlich bestellt? Aus der Sicht des Erwachsenen und mit zunehmender Maturität des Befähigten läßt sich die Frage nach der Erlebnisfähigkeit des Kindes nicht beantworten, da er sich seiner adulten Projektion nicht zu entziehen vermag. Er kann nur das Kind in dieser Lebensphase beobachten und daraus vorsichtige Schlüsse zu ziehen versuchen.

Das kranke Kind vermag in direkter zeitlicher Abhängigkeit zu den momentanen Beschwerden zu leiden, körperlich und psychisch. Für jeden Beobachter ist die Leidensfähigkeit des Kindes evident, es wird klagen, es wird weinen. In strenger Altersabhängigkeit wird der anhaltende Leidensdruck die Frage nach den Konsequenzen aufkommen lassen.

Das Kleinkind und besonders der Säugling ist offensichtlich lediglich leidensfähig und hat nach meinem Eindruck noch kein Todesverständnis entwickelt. Auf alle Fälle wird der Tod nicht mit der Endgültigkeit assoziiert, der Begriff ,Tod' wird im Sinne eines ,Spieles' gebraucht. Todesangst wird nicht artikuliert und ist beim Beobachten des Kindes auch indirekt nicht ablesbar:

Ich erinnere mich nur an wenige Einzelbeispiele, wo man geneigt sein könnte, auch kleinen Kindern eine Todesahnung zu konzedieren.

Beim Schulkind kann man erstmals beobachten, daß es den Tod als Konsequenz von Leiden in erste eigene Überlegungen mit einbezieht, es hat vielleicht mit dem Tod von Tieren Erfahrungen gesammelt. Das Schulkind entwickelt eine bildliche Vorstellung vom Tod, es besitzt eine unbestimmte Beziehung zur für uns alle so schwer faßbaren Endgültigkeit des Todes und verarbeitet dieses vage Wissen altersgerecht, aus unserer Perspektive möglicherweise inadäquat. Erst am Ende des ersten Lebensjahrzehnts wird der Tod als eine fixe Gefühlsgröße erfaßbar.

Das sich rasch entwickelnde Todesverständnis ist auch mit abgeschlossener Pubertät noch nicht ausgereift, wohl aber wird die Todesangst früher und mit Heftigkeit empfunden. Dabei muß bedacht werden, daß das Todesverständnis bei chronisch kranken Kindern und besonders bei Jugendlichen wegen des Leidensdruckes und seiner Konsequenzen beschleunigt erfolgt und schon beim 14jährigen die volle Maturität erreicht haben kann.

Dennoch habe ich aus eigenem Erleben wenige Kinder zu begleiten gehabt, die mir den Eindruck zu vermitteln vermochten, das Wissen um den Tod nach meinem Verständnis zu besitzen. Mehr noch als es wir Erwachsenen verstehen, würde das Kind, wäre es zu einer solchen verbalen Leistung befähigt, die Irrationalität, das Absurde, sterben zu müssen und den Tod als biologisches Phänomen anzunehmen, ausdrücken müssen.

Der Umgang des Jugendlichen mit dem Tod macht mich betroffener als andere mir vorstellbare oder bekannte Erlebnisse. Ich kenne niemanden, der im Umgang mit Halbwüchsigen Erfahrung hat, der diese Betroffenheit mit mir *nicht* teilen würde und nicht um die Unfähigkeit zur Hilfe wüßte. Das Erkennen, das der jugendliche Sterbende um seinen Tod im Rahmen seiner Immaturität weiß, sich nicht angemessen zu helfen vermag, macht uns bange und lähmend hilflos. Wie anders ist es beim

Kind, bei dem für uns der Eindruck besteht, es wisse von seinem nahenden Tod nichts: Der Gedanke des sich vollziehenden Todes stimmt mich dagegen fast heiter.

Unsere Hilfe für den Wissenden ist die körperliche Nähe, das ernste Gespräch, auch das heitere, das Gebet, das tröstende Wort. Der besondere Konflikt läßt uns nicht selten scheitern: Die so unzulängliche Hilfe wird verweigert, wir werden in unserer Hilflosigkeit bloßgestellt. Der 15jährige Michael, der an einem metastasierenden Weichteilsarkom litt, mehrfach letztlich erfolglos behandelt worden war, drehte sich in seinem Bett zur Wand und brach die Kommunikation zu uns ab, nachdem ihm klar wurde, daß wir entschlossen waren, auf eine Fortsetzung der Therapie zu verzichten. Er sprach nur noch mit Personen, die nichts mit diesen Entscheidungen zu tun hatten. Mir schien, er wolle von seinem nahen Tod nichts wissen, da dies ein zu unfaßbarer Gedanke war. Ich bin mir darüber klar, daß es andere Deutungen gibt. Es wurde damals nicht versucht, ihm – gegen seine Überzeugung – seinen nahenden Tod klarzumachen.

Jeanette, schon fast 17 Jahre alt und selbständig, auch von der psychisch labilen Mutter getrennt und allein lebend, starb in ihren vier Wänden mit Schmerzen und eigentlich ohne Beistand und verweigerte diesen sogar. Zur Beruhigung *unseres* Gewissens machten wir abwechselnd Besuche bei ihr zu Hause und wurden meist bald weggeschickt. Mit Monika, sie war allerdings schon 19 Jahre alt, vermochte ich zu Hause gut über den nahen Tod zu sprechen, auch in den allerletzten Lebenstagen, als das Mädchen kaum mehr sprechen konnte. Es war für mich tröstlich, daß sie den Tod nicht sonderlich zu fürchten schien. In ihrer Nähe konnte man sogar eine Art Todessehnsucht verspüren. Monika bedauerte, manche Dinge noch nicht kennengelernt zu haben, wie die Liebe zwischen Mann und Frau.

Trotz leidensbedingter Frühreifung des Todesverständnisses bei Jugendlichen ist dieses unbalanciert, es ist die durch das Vergrößerungsglas betrachtete Perspektive des eigenen unbewältigten Begreifens der Irrationalität des Todes. Mit dem Erwachen des Bewußtseins ist das Wahrnehmen der Gegenwart vorhanden. Die Erinnerung an die Vergangenheit entsteht durch erste Erfahrung, auch der zu erwartende Tod bleibt für das Kind lange eine Abstraktion. Das Todesbegreifen entsteht parallel mit dem Bewußtwerden der Zukunft.

Eine solche adäquate Zukunftssicht drückt sich bei dem 7jährigen Peter aus, als er zur Schwester sagte: „Wenn ich jetzt sterbe, willst Du mir dann helfen?" Die 4jährige Katharina hat allerdings am Vortage ihres Todes ihre Spielsachen den Geschwistern verschenkt, mit der Anmerkung, daß sie diese ja nun nicht mehr brauche. So die Mutter und ihre Erzählung.

Als Kinderarzt, der krebskranke Kinder betreut und beobachtet, habe ich ‚eine' Deutung der Entwicklung des Todesverständnisses angeboten. Der Leitgedanke war, daß selbst in der Konfrontation mit dem Tod das Kind ‚Kind' bleibt und seine entwicklungsbedingten Grenzen nicht zu sprengen vermag. Wir Erwachsenen sollten uns bewußt sein, daß unser Todesverständnis mit seiner typischen adulten Projektion auf das Kind ihm in seiner spezifischen Reife nicht hilfreich ist.

Das Begleiten des sterbenden Kindes bedarf der kindgerechten Anpassung: Nähe, Wärme, Emotion, glaubwürdige Aussagen, Tränen, Lachen; dagegen nicht: Distanz, Abstraktion, Intellektualisierung, nicht-kindgemäße Aufklärung.

Jürgen Howe

Zur Problematik von Psychotherapie mit Sterbenden*

Das Sterben als die letzte Phase des Lebens ist für die meisten Menschen unseres Kulturkreises u. a. mit Leid, Schmerzen, Depressionen, Trauer, Wut, unerträglichen Spannungen, Einsamkeit, Angst, Verzweiflung sowie vielen anderen negativen Erfahrungen und Problemen verbunden.

Dieses gilt um so mehr, als die den Betroffenen verbleibende Zeit zwischen der Diagnose einer todbringenden Krankheit und dem Eintritt des Todes aufgrund sich ständig erweiternder medizinischer Möglichkeiten immer größer wird. Viele Menschen stehen vor der Aufgabe, zusammen mit ihren Angehörigen ein Leben zu gestalten, von dem sie wissen, daß es in wenigen Wochen, Monaten oder Jahren zu Ende sein wird.

Als Ursache für die Häufigkeit und die Intensität der bei Sterbenden auftretenden psychischen wie sozialen Störungen über ein gewisses als „normal" anzusehendes Ausmaß an Leid, Trauer, Belastung und Angst hinaus werden von nahezu allen einschlägigen Autoren neben Einstellungen gegenüber dem Tod, institutionellen Bedingungen, insbesondere gesellschaftliche Werthaltungen verantwortlich gemacht, die Leistungsfähigkeit, Aktivität, Erfolg, Effektivität und Kontrolle bevorzugen.

Im folgenden wird versucht, das Erleben und Verhalten von Menschen angesichts des Todes zu beschreiben sowie einzelne Ursachen für das psychische Leid und die psychischen Störungen von Sterbenden zu identifizieren. Weiterhin wird die Be-

* Eine ausführliche Fassung dieses Beitrags ist erschienen in: Urs Baumann, Heinrich Berbalk, Gerhard Seidenstücker (Hrsg.): Klinische Psychologie, Trends in Forschung und Praxis, Bd. 6, Bern 1983, S. 212–247.

deutung herkömmlicher psychotherapeutischer Verfahren für die seelische Unterstützung von sterbenskranken Menschen untersucht.

1. Erleben und Verhalten in der letzten Lebensphase

Es zeigt sich ein nahezu unbegrenztes Spektrum gefühlsmäßiger, verhaltensmäßiger und kognitiver Reaktionsmöglichkeiten, die bei Sterbenskranken selten über eine längere Zeit konstant bleiben, sondern es wechseln sich meist gegensätzliche Reaktionen wie „Unterwerfung und Aufbegehren, Lebenswille und Sterbenswunsch, Hoffnung und totale Verzweiflung, Wissenwollen, was mit mir los ist, wie es weitergeht, wie lange noch, was noch auf mich zukommt, und Desinteresse, Leugnung, Illusion" schnell miteinander ab. Im folgenden soll kurz auf die häufig auftretenden Reaktionsweisen „Verdrängung/Verleugnung", „Lebensbilanz", „Sinnfindung" und „antizipatorische Trauer" eingegangen werden (Feigenberg 1980, zit. n. Spiegel-Rösing und Petzold 1984).

Verdrängungsprozesse können dazu führen, daß ein Patient die Tatsache seiner unheilbaren Erkrankung überhaupt leugnet, die Implikationen nicht anerkennt oder die Möglichkeit des nahenden eigenen Todes nicht wahrhaben will.

Weismann (1979) bezeichnet diese drei Kategorien als Verdrängung erster, zweiter und dritter Ordnung. Dieser Autor wies mit dem Begriff des „middle knowledge" darauf hin, daß Sterbende sich oftmals auf der Grenze zwischen Verdrängung und Anerkennung der Realität bewegen und beides sich nicht gegenseitig ausschließt, sondern nebeneinander existiert. Als Nachteile von extremer Verdrängung gelten, daß der Patient keine Anteilnahme und Unterstützung bei seinen Problemen und Empfindungen, die ihn in bestimmten Momenten doch bewegen, wie Fragen nach dem Sinn, Lebensbilanz u. a., empfangen kann.

Butler (1980 S. 142), der erst kürzlich über Lebensbilanz (Lebensrückschau) berichtete, betrachtet es als „eine natürliche Erscheinung generell als einen geistigen Prozeß einer immer stärker werdenden Rückkehr vergangener Erfahrungen zur Bewußtheit und speziell als Wiederauftauchen ungelöster Konflikte: diese wiederbelebten Erfahrungen und Konflikte können betrachtet und wiedereingegliedert werden. Vermutlich beschleunigt sich dieser Prozeß, wenn der Mensch den nahenden Zerfall und Tod realisiert und so die Einbildung persönlicher Unverwundbarkeit nicht mehr aufrechthalten kann".

Die allgemeine Existenz eines Bedürfnisses angesichts des Todes, sich mit seinem Leben auseinandersetzen zu wollen, scheint nicht bestreitbar zu sein. Dennoch gibt es kaum empirische Forschung zu diesem Konstrukt und seinen Determinanten.

Eng mit dem Prozeß des Bilanzierens hängen Fragen nach dem Sinn des eigenen Lebens zusammen.

Engelke (1980) fand bei der Untersuchung einer Stichprobe von N = 153 Gesprächen zwischen Krankenhausseelsorgern und Sterbens- und Schwerkranken, daß 70 % nach dem Sinn ihrer Krankheit fragten. Bei Patienten mit engem Kontakt zur Kirche waren es nur 40 %. Keinen Sinn in seinem bisherigen Leben zu entdecken, läßt auch die Frage nach dem „Warum der Krankheit" bzw. „Warum muß ich sterben" unbeantwortbar und verstärkt das individuelle Leiden insbesondere bei jungen Menschen, die gerade begonnen hatten zu leben. Als Folge davon treten Schuldgefühle wegen etwaiger Versäumnisse oder falschen Handelns sowie Wut gegen die Krankheit, Haß und Neid gegen andere, die leben dürfen, und Verzweiflung auf.

In enger Beziehung zu Einstellungen zum Sinn von Leben und Sterben muß der Prozeß der antizipatorischen Trauer gesehen werden. Damit ist die Trauer in Erwartung eines verlustreichen Ereignisses im Gegensatz zur Trauer als Reaktion auf den bereits erfolgten Verlust gemeint. Herrscht, wie z. B. in unserem Kulturkreis, die Sichtweise vor, daß der Tod im Vergleich zum Leben die endgültige Zerstörung des Ichs, das Nichts, das Schrecklichste, die größte Niederlage, etwas vollkommen Unakzeptables und Unannehmbares bedeutet, dann ist der Verlust aus der Sicht des Sterbenden total. Er verliert seine von ihm geliebten Menschen, seine berufliche Position, seinen Besitz, seine Freizeitaktivitäten, seine Freunde, seinen Körper, seine Ziele, seine Zukunft. Er verliert alles, und im Angesicht schwerster Krankheit und des damit verbundenen Todes trauert er über das bereits Verlorene und prospektiert die kommenden Verluste. Das ruft in der Regel tiefe Trauergefühle hervor, die oft kaum aufgefangen werden können und sich zeitweise mit offener Wut über die Ungerechtigkeit des eigenen Schicksals verbinden.

2. Ursachen für psychisches Leid und psychische Störungen von Sterbenden

2.1 *Aufklärungssituation.* Einen guten Überblick über die Problematik der Mitteilung der Diagnose maligner Erkrankungen geben Köhle, Simons und Urban (1981). Es ist kaum möglich, auf lange Sicht einem Patienten die Wahrheit über die Schwere seiner Krankheit vorzuenthalten. Oftmals entsteht jedoch die Situation, daß der Kranke seine Ängste, Belastungen und Verzweiflung nicht offen mit seinen Angehörigen bzw. dem medizinischen Personal besprechen kann und nach außen hin so tun muß, als wenn er bald wieder genesen würde. Anstatt Entlastung und Anteilnahme zu finden, gerät er immer weiter in die Isolation. Derzeitig muß davon ausgegangen werden, daß ein großer Teil der Ärzte eine offene Kommunikation z. T. aufgrund eigener Ängste, der Rollendefinition, mangelnder Ausbildung, schlechter Arbeitsbedingungen u. a. nicht bevorzugt und dieses sich für die betroffenen Menschen mit todbringenden Erkrankungen im weiteren Verlauf als psychische Beeinträchtigung erweist. So dürfte dadurch das Vertrauensverhältnis zum Arzt gestört sein, was sich in einer schlechten Kooperation bei der medizinischen Behandlung niederschlägt. Das Selbstwertgefühl des Patienten erfährt in der Regel eine Schwächung, da er sich als Partner nicht ernstgenommen und akzeptiert fühlen kann. Suizidtendenzen und Depressionszuständen wird Vorschub geleistet (Köhle, Simons und Urban 1981). Ein solches evtl. gestörtes Beziehungsverhältnis bedeutet weiterhin eine deutliche Einschränkung beim Bemühen um psychische Unterstützung des Patienten bei zusätzlich sich einstellenden psychischen Problemen. Die Gestaltung der Aufklärungssituation einschließlich der Arzt-Patient-Beziehung kann einen Teil der vielschichtigen Nöte von unheilbar Kranken mit verursachen.

2.2   *Familiäre Situation.* Im Prinzip könnte man davon ausgehen, daß lebensbedrohlich Erkrankte durch ihre Familienangehörigen genügend Anteilnahme und konkrete Hilfe erfahren. Das ist jedoch selten der Fall.

Bereits im Jahre 1978 starben N = 155 062 Menschen an bösartigen Neubildungen ausschließlich der lymphatischen und blutbildenden Organe. Derartige Erkrankungen stellen bereits die zweitgrößte Gruppe von Todesursachen dar (Gesundheitswesen 1980). Die meisten Familien fühlen sich den Anforderungen und Problemen, die durch ein unheilbar an Krebs erkranktes Mitglied entstehen, nicht gewachsen. Sie sind auf diese Art von Belastungen nicht vorbereitet. Es gibt weder Vorbilder in der eigenen Familie noch in der Öffentlichkeit, so daß oft nur noch Hilflosigkeit und sozialer Rückzug vom Kranken als Reaktion übrigbleibt.

Allerdings handelt es sich hier nicht in erster Linie um eine individualpsychologische Schwierigkeit, sondern um die Ratlosigkeit der Gemeinschaft gegenüber dieser sich weiter verbreitenden Krankheit einschließlich ihrer Folgen. Konzepte, die die Möglichkeiten der Familien zur Sterbebegleitung erweitern, scheinen sehr notwendig zu sein. Formale Psychotherapie kann hier nicht primär am Platze sein, da Sterbende sich gerade die Nähe und den Beistand der ihnen vertrauten Menschen wünschen.

2.3   *Auswirkungen der Krankheit und ihrer medizinischen Behandlung.* Wie erwähnt, beträgt die Zeit zwischen der Diagnose und dem Eintritt des Todes oft mehrere Jahre. Von daher stehen psychische Beeinträchtigungen, verursacht durch Krankheitsfolgen, zunächst im Vordergrund. Auch können durch bestimmte Arten medizinischer Behandlungen erhebliche psychische Beeinträchtigungen entstehen.

Rüddel (1980) nennt ein typisches Beispiel für das Erlernen von Ängsten vor der Chemotherapie bei einer an Krebs erkrankten Frau. Als Entstehungsbedingungen waren starkes Erbrechen nach jeder Injektion und der vollständige Verlust der Haare anzusehen. Die Ängste führten zunächst zum Abbruch der Behandlung, wodurch eine lebensbedrohliche Situation herbeigeführt wurde. Als direkte Folge der Erkrankung bzw. ihrer Behandlungsprozeduren kann es zu vielfältigen psychischen Störungen wie starken Ängsten, Depressionen, Selbstwert- und Identitätskrisen, sexuellen Schwierigkeiten, Beziehungsproblemen u. a. kommen. Auch bei zum Tode führenden Krankheiten stehen trotz der Lebensbedrohlichkeit Probleme der Bewältigung krankheitsbedingter Beeinträchtigungen z. T. über lange Zeit im Vordergrund (Frick-Bruder 1978). Da die Ursache der Störungen weniger als Auswirkung gesellschaftlicher Bedingungen aufgefaßt werden kann, erscheint es sinnvoll und nützlich, die Anpassungsleistungen des einzelnen Patienten durch psychotherapeutische Verfahren zu unterstützen. Dadurch kann der Krankheitsverlauf positiv beeinflußt werden.

3. Psychotherapeutische Verfahren

Es berichtet Renneker (1957) von einem sehr frühen Versuch, mit Hilfe einer *psychoanalytischen Behandlung* Krebs zu heilen. Shneidman (1978) geht es dagegen lediglich darum, dem Patienten zu größtmöglichem seelischen Wohlbefinden (psychological comfort) zu verhelfen. Dabei hält er eher supportive Interventionen für angezeigt, wenn er schreibt „‚Working through‘ is a luxury for those who have time to live" (S. 211). Es sollte weiterhin vom Analytiker von Beginn an versucht werden, die sehr intensive Übertragung des Patienten zu fördern, um schnell eine bedeutsame Rolle im Leben des Patienten zu übernehmen. Aus dieser Position heraus kann der Patient sich forciert in Regression begeben und der Analytiker ihm eine tragende Beziehung anbieten, die Ängste reduziert und Sicherheit vermittelt. Gleichzeitig erhöht sich dadurch jedoch die Gefahr unkontrollierter Gegenübertragung.

Es ist als verdienstvolle Pionierarbeit der Psychoanalyse anzusehen, daß sie der Gegenübertragungsproblematik, die oftmals für die Isolierung Sterbender mitverantwortlich ist, soviel Beachtung geschenkt hat.

Das übergreifende Ziel *gestalttherapeutischer Begleitung* besteht laut Petzold (1980) in der Unterstützung der Bilanzierung des Lebens zur „Schließung der Lebensgestalt" (S. 187). Dabei auftauchende ‚offene Gestalten' sollen geschlossen werden, d. h. sog. ‚unerledigte Geschäfte' erledigt werden. Dazu werden bestimmte Lebensszenen durch Dialoge dramatisiert, „die der Patient mit einzelnen Personen oder Dingen in der Szene führen kann. Gestalttherapeutische Identifikationstechniken ermöglichen, die Ereignisse aus der Vergangenheit sich wirklich wieder zu eigen zu machen. Es geschieht ein „reowning", das die Integrationsleistung in der Bilanz fördert und erleichtert" (S. 187–188). Die Verwendung von kreativen Medien wie Farben, Ton, Schreiben von Poesie, Gedichten usw., die dem Ausdrücken von Gefühlen und der plastischen Darstellung der eigenen Lebenssituation dienen, kann dabei sehr hilfreich sein. Auch Imaginationen und Träume können offene Gestalten symbolisieren und Ansatzpunkte geben für eine Aufarbeitung verdrängter und vergessener unbewältigter Erlebnisse.

Eine umfassende und sehr eindrucksvolle Beschreibung gestalttherapeutischer Sterbebegleitung hat Lückel (1981) vorgelegt.

Übergreifendes Ziel von *personenzentrierten Gesprächsgruppen,* wie sie im deutschen Sprachraum hauptsächlich von Tausch (1980) durchgeführt werden, besteht darin, den „seelischen Tod" zu verhindern, „quälende Ängste und nagende innere Einsamkeitsgefühle von Krebspatienten zu lindern" sowie eine Besserung des seelischen Wohlbefindens" zu erreichen (S. 207). In einer Untersuchung analysiert Tausch (1980) die Effekte der Gruppengespräche, indem sie 30 behandelte Personen (vier Gruppen) mit einer nicht behandelten Kontrollgruppe

vergleicht. Über drei Monate fand wöchentlich für jede der vier
Gruppen ein mehrstündiges Gespräch statt. Sowohl nach
Beendigung der Gesprächsserie als auch zwei bzw. drei Monate
danach zeigte sich als signifikantes Ergebnis, daß etwa
70 %–80 % der Behandlungsgruppe sich sowohl mit sich selbst
als auch im Umgang mit anderen als auch mit ihrer Erkrankung
wohler fühlten, d. h. die psychische Gesundheit insgesamt gesehen zugenommen hat. Auch Angehörige waren miteinbezogen
worden und nach dem Abschluß der Gespräche fanden sich
83 % der Teilnehmer auf Anregung der Leiter zu Selbsthilfe-
gruppen zusammen. Tausch schließt ihren Bericht mit dem Hinweis, daß für einige Krebspatienten „nicht nur die Qualität
ihres Lebens eine andere wurde, sondern auch die Qualität
ihres Sterbens".

Einen der bekanntesten Ansätze *imaginativer psychotherapeutischer Behandlung* von Tumorpatienten haben Simonton
und Simonton (1975) entwickelt. In Kombination mit medizinischer Behandlung verfolgen sie durch ein strukturiertes psy-
chotherapeutisches Vorgehen letztlich das Ziel, das Wachstum
des Krebses aufzuhalten. Dazu wird dem Patienten die Sichtweise vermittelt, daß er zu einem großen Teil für seine Krankheit selbst verantwortlich ist und von daher auch zahlreiche
Möglichkeiten besitzt, diese wieder einzudämmen. Unter diesem Gesichtspunkt erhält er Informationen über psychosomatische Krankheitskonzepte, wird eingearbeitet in Techniken
körperlicher und imaginativer Entspannung und erlernt positive Visualisierungen seiner Krankheit. D. h. er soll sich konkret bildhaft den Kampf zwischen gesunden und kranken Zellen vorstellen, der von den gesunden Zellen jeweils gewonnen
wird. Dadurch wird resignativen Einstellungen entgegengear-
beitet, und der Lebenswille und Mut werden gestärkt. In Verbindung mit Gruppentherapien zur Bearbeitung weiterer persönlicher Schwierigkeiten, zu denen oftmals die Angehörigen
hinzugezogen werden, streben die Autoren an, daß die Patienten ihre Therapie selbständig nach einem individuellen Programm fortführen. Ein weiterer Austausch zwischen Therapeuten und Patienten bleibt jedoch im weiteren Verlauf erhalten.

In einer Untersuchung zur Validierung der therapeutischen Effekte verglichen Simonton, Matthews-Simonton und Creighton (1982) die Überlebenszeiten der von ihnen behandelten Patienten mit statistischen Durchschnittswerten für bestimmte Tumorarten und Erkrankungsgrade und kamen zu dem Ergebnis, daß ihre Patienten z. T. erheblich länger lebten als zu erwarten gewesen wäre.

Die Wirkung einer weiteren Übung zur Visualisierung des eigenen Sterbens ist noch nicht systematisch überprüft. Wie Tausch (1981) berichtet, scheint dadurch jedoch eine gefühlsmäßige Auseinandersetzung mit dem Tod möglich zu sein. Weiterhin kann mit Hilfe dieser Übung die Angst vor dem Tod abgebaut und eine Bilanzierung des bisherigen Lebens angeregt werden. Zu den imaginativen Verfahren können auch Meditationsverfahren (z. B. Meares 1976) sowie Hypnose (vgl. Rossi 1980) gerechnet werden.

Wie sinnvoll *verhaltenstherapeutische* Arbeit sein kann, hat kürzlich Rüddel (1980) am Beispiel einer verhaltenstherapeutisch orientierten Krisenintervention bei Patienten, die sich durch Abbruch der Chemotherapie gefährdeten, demonstriert. Das Ziel bestand in der Fortsetzung der Chemotherapie und sollte durch folgende Teilschritte erreicht werden:

„1. Einübung in das Erlernen funktionaler Bedingungen und in die Verhaltensanalyse:
– Analyse der Situation, die zum Abbruch der Behandlung führte;
– Erstellung eines detaillierten Behandlungsablaufes für die nächste Zytostatikaapplikation.
2. Besprechung der Ängste und Erwartungen der weiterhin notwendigen Therapiemaßnahmen.
3. Enspannungstraining, Modifikation auf Jacobson-Basis (Jacobson 1938, 1964)
Ziel: – sofort nach Injektion der Zytostatika muß aktive Entspannung möglich sein;
– Therapie von Einschlafstörungen." (S. 217).

Rüddel berichtet, daß dieses Vorgehen bisher bei 5 Patienten, die die Chemotherapie abbrachen, erfolgreich praktiziert wur-

de. Trotz der kleinen Stichprobe erscheint die weitere Anwendung verhaltenstherapeutischer Methoden bei relativ eng begrenzten, jedoch sehr entscheidenden Problemen recht vielver-
sprechend.

Unter *psychedelischer Psychotherapie* wird das Verabreichen
bewußtseinserweiternder Substanzen, z. B. Lysergsäure-Di-
äthylamid (LSD), in Verbindung mit einer psychothera-
pieunterstützenden Verarbeitung der subjektiven Drogener-
lebnisse verstanden. Kast und Collins (1964) verwendeten LSD
zunächst erfolgreich zur Schmerzbekämpfung bei unheilbar an
Krebs Erkrankten und stellten dabei fest, daß Depression, Todesangst und Einschlafstörungen sich verringerten. Vorrangi-
ges Ziel dieser Art der Therapie ist es, den Todeskampf sowie
das Erleben des Sterbens sowohl für den Patienten als auch für
die Angehörigen zu erleichtern. Das Vorgehen im Detail beschreibt Grof (1980) in seinem Buch ‚LSD-Psychotherapie‘.

Grof weist darauf hin, daß durch das Erleben der hervorgerufenen Bewußtseinszustände eine Aussöhnung mit dem Tod ange-
bahnt werden kann, weil sie vermitteln, daß der Tod lediglich
einen Übergang in eine andere Form der Existenz bedeutet
und nicht die Auslöschung jeglichen Seins. Er hebt weiterhin
hervor, daß transzendentale Visionen und transpersonale Gei-
steszustände in nahezu allen Kulturen entweder durch Drogen
oder aber durch bestimmte Rituale und Handlungen in re-
gelmäßigen Abständen herbeigeführt werden und als Vorbereitung sowie als Orientierung für die Zeit nach dem Tode dien-
ten.

4. Zusammenfassende Bewertung

Das Spektrum der Ziele des dargestellten begrenzten Aus-
schnitts psychotherapeutischer Arbeit mit Sterbenden ist sehr
breit. Es reicht von der Minderung von Schmerzen und Angst
über ein Stoppen des Tumorwachstums bis hin zur Aussöhnung
mit dem Tod und der Vorbereitung auf eine andere Form der
Existenz nach dem Tod. Mit diesen Zielen sind ganz eng eine
Reihe von Ideologien, Wertentscheidungen, Menschenbildern

und philosophischen Auffassungen von Tod, vom Leben in der letzten Lebensphase und damit vom Leben in seiner ganzen Spanne verknüpft. So strebt die klientenzentrierte Therapie entsprechend ihren humanistisch-existentialistischen Wurzeln danach, den Patienten eine gewisse Qualität des Lebens und Selbstverwirklichung auch in der direkten Konfrontation mit dem Tod zu ermöglichen. Intensives, bewußtes Leben stellt einen Wert an sich dar. Der Tod bleibt bei dieser Auffassung unerwünscht. Ähnlich verhält es sich in der Psychoanalyse. Der Gestalttherapie ist die Einstellung implizit, daß man sein Leben, wenn auch in Grenzen, abschließen und freiwillig loslassen kann. In der Arbeit von Lückel lassen sich Vorbereitungen auf ein Jenseits nicht verkennen. Dies gilt auch für die imaginativen Verfahren, zumindest das katathyme Bilderleben, bei dem vom Erleben archetypischer Symbolik berichtet wird. Grundlegend für die psychedelische Psychotherapie ist dagegen die Überzeugung, daß der Tod lediglich ein Übergang in eine andere Existenzform bedeutet; sie stimuliert deshalb Vorgänge, die das Leben in einem völlig anderen Licht erscheinen lassen. Die Verhaltenstherapie ist wiederum gänzlich auf das Diesseits gerichtet.

Bei fast allen Berichten fehlt eine explizite Auseinandersetzung mit den kulturellen Werten, aber auch den persönlichen Auffassungen der Therapeuten. Da alle Autoren von deutlich positiven Auswirkungen berichten, liegt zunächst kein Grund dafür vor, dieses anzuzweifeln, obwohl forschungsmethodisch anspruchsvollere Untersuchungen eher die Ausnahme bilden. Angemerkt sei hier, daß trotz ermutigender Entwicklungstrends für die psychotherapeutische Arbeit mit Sterbenden sich deutliche Defizite insbesondere bei der Theorieentwicklung, der Evaluation der Wirksamkeit, der Entwicklung diagnostischer Instrumente ergeben. Eine ausführliche Analyse findet sich bei Spiegel-Rösing und Petzold (1984).

Sterben bedeutet in unserem Kulturkreis also Leiden und dieses Leiden ist letztlich nicht behandelbar, auch nicht durch Psychotherapie und entsprechend ausgebildete Spezialisten. Die Aufgabe des klinischen Psychologen besteht neben einer begrenzten psychotherapeutischen Versorgung vielmehr darin, die Angehörigen und die beteiligten professionellen Gruppen dabei zu unterstützen, mit Sterbenskranken umgehen zu können (Koch und Schmeling 1982). Letztendlich ist es gerade ihre Pflicht, einer Pathologisierung und Psychotherapeutisierung des Sterbens entgegenzuwirken sowie auf kulturell bedingte Quellen der Beeinträchtigung hinzuweisen.

Die Hoffnung auf eine grundsätzliche Hilfe durch Psychotherapie kann nicht erfüllt werden. Sie entspringt einer Machbarkeitsideologie, die Michaelis (1981) u. a. für das Entstehen immer neuer Psychotherapieformen verantwortlich macht. Linderung kann der Sterbende durch ein Teilenkönnen (Mitteilenkönnen) seines Leidens mit seinen Angehörigen bzw. ihm nahestehenden Personen erfahren. Diese dürfen sich nicht „allein als Kämpfer gegen Krankheit und Tod verstehen, sondern ebenso als die Begleiter im Leiden" (Pfeiffer 1982, S. 4). Langfristige Veränderung kann hier die Integration der Endlichkeit der eigenen Existenz in die Lebensgestaltung herbeiführen. Dazu scheinen jedoch Glaubenssysteme wie religiöse Überzeugungen sinnvoll zu sein. Grof (1980) hält dafür eine frühzeitige symbolische Konfrontation mit dem Tode sowie Übungserfahrungen mit veränderten Bewußtseinszuständen für sinnvoll. Denkbar ist es natürlich, diese Auseinandersetzung erst in der Sterbephase zu führen, um so eine Einbeziehung des Todes in das Leben noch zu ermöglichen (Kastenbaum 1972; Petzold 1980; Simonton, Matthews-Simonton und Creighton 1982). Dies muß allerdings als unbefriedigende Notlösung angesehen werden, da Sterbende immer wieder berichten, daß ihnen ein intensives, ausgefülltes Leben erst angesichts der direkten Bedrohung durch den Tod gelungen ist und sie rückblickend bedauern, die Endlichkeit ihres Lebens nicht früher realisiert zu haben (Yalom und Greves 1977; Tausch 1981).

Das Wissen um die inhumanen Auswirkungen unserer kulturellen Überzeugungen auf den gesellschaftlichen und individuellen Umgang mit Tod und Sterben hilft bei der praktischen Begleitung Sterbender relativ wenig. Es zeigt sogar eher die Begrenztheit persönlicher Unterstützung auf. Dennoch deutet es ganz unmißverständlich darauf hin, daß die Frage, wie der einzelne in unserer Gesellschaft im konstruktiven Sinn eher mit als gegen Tod und Sterben leben kann, zunächst als gänzlich unbeantwortet – vielleicht auch unbeantwortbar – erscheint, jedoch dringend der Reflexion bedarf.

Literatur

Butler, R. N.: Die Lebensrückschau: Eine Interpretation der Erinnerung beim alten Menschen, in: Integrative Therapie, 2/3, 1980, S. 141–156.

Engelke, E.: Sterbenskranke und die Kirche, München 1980.

Frick-Bruder, Viola: Die psychische Situation der Frau bei Mastektomie, Referat gehalten auf dem 1. Eppendorfer Symposium über aktuelle Probleme des Mamma-Karzinoms, Hamburg, 18./19. November 1978.

Gesundheitswesen: Sterbefälle 1977 und 1978 nach Todesursachen, in: Wirtschaft und Statistik, 7, 1980, S. 474–479.

Grof, Stanislav: LSD Psychotherapie. Pomona 1980.

Kast, E. C. und V. Collins: Study of lysergic diethylamide as an analgesic agent, in: Anaesthesia and Analgesia Current Researches, 43, 1964, S. 285–291.

Kastenbaum, Robert und R. Aisenberg: The psychology of death, New York 1972.

Koch, Uwe und Christian Schmeling: Betreuung von Schwer- und Todkranken, München 1982.

Köhle, Karl u. a.: Zum Umgang mit unheilbar Kranken, in: Thore von Uexküll (Hrsg.): Lehrbuch der psychosomatischen Medizin (2. Aufl.). München 1981, S. 814–835

Lückel, Kurt: Begegnung mit Sterbenden: Gestaltseelsorge in der Begleitung sterbender Menschen, München 1981.

Meares, A.: Regression of cancer after intensive medication, in: Medical Journal of Australia, 2, 1976, S. 184.

Michaelis, Wolfgang: Die Psychotherapieschwemme – zufällig oder zwangsläufig?, in: Wolf-Rüdiger Minsel, Reinhold Scheller (Hrsg.): Brennpunkte der klinischen Psychotherapie, Bd. 1, München 1981, S. 74–125.

Petzold, Hilarion: Integrative Arbeit mit einem Sterbenden mit Gestalttherapie. Ton, Poesietherapie und kreative Medien, in: Integrative Therapie, 2/3, 1980, S. 181–193.

Pfeiffer, Wolfgang: Leiden, Sterben, Tod in medizinischer Sicht, Münster, unveröffentl. Manuskript, 1982.

Renneker, R. E.: Countertransference reactions to cancer, in: Psychosomatic Medicine, 19, 1975, S. 409–418.

Rossi, E. O. (Hrsg.): The collected papers of Milton H. Erickson on hypnoses, Vol. 2, New York 1980.

Rüddel, H.: Verhaltenstherapeutische Krisenintervention in der Betreuung von Tumorpatienten. In: Michael Hautzinger, Wolfgang Schulz (Hrsg.): Klinische Psychologie und Psychotherapie, Bd. 3, Depression, Psychosomatik, Kongreßbericht Berlin 1980. Tübingen: DGVT-Verlag, 1980, S. 215–221.

Shneidman, E. S.: Some aspects of psychotherapy with dying persons, in: C. A. Garfield (Ed.): Psychosocial care of the dying patient, New York 1978, S. 201–218.

Simonton, Carl, Stephanie Matthews-Simonton, James Creighton: Wieder gesund werden, Reinbek 1982.

Simonton, Carl, Stephanie Simonton: Belief systems and management of the emotional aspects of malignancy, in: Journal of Transpersonal Psychology, 8, 1975, S. 29–41.

Spiegel-Rösing, Ina, Hilarion Petzold (Hrsg.): Psychotherapie mit sterbenden Patienten, Paderborn 1984.

Tausch, Anne-Marie: Personenzentrierte Hilfe für Krebspatienten, in: Martin Hautzinger, Wolfgang Schulz (Hrsg.): Klinische Psychologie und Psychotherapie, Bd. 3, Depression, Psychosomatik: Kongreßbericht, Berlin 1980, Tübingen 1980, S. 207–214.

Tausch, Anne-Marie: Gespräche gegen die Angst, Reinbek 1981.

Weismann, Avery: Coping with cancer, New York 1979.

Yalom, L. D., C. Greves: Group therapie with terminally ill, in: The American Journal of Psychiatry, 134, 1977, S. 396–400.

Renate Kreibich-Fischer

Sterbebegleitung von Krebspatienten im Krankenhaus

Tod und Sterben sind real, uns aber erst dann bewußt, wenn durch eine Krankheit, vielleicht eine plötzlich notwendige Operation, die Möglichkeit sterben zu müssen zur Beschäftigung damit zwingt. Ein ständiges Todesbewußtsein würde uns am Leben hindern. Mit der Todesbedrohung entstehen neben der existentiellen Angst auch Befürchtungen hinsichtlich der nahestehenden Menschen und der Institution Krankenhaus, dem Ort der verbleibenden eingeschränkten Lebensmöglichkeiten. Die Frage nach der Belastbarkeit der sozialen Beziehungen und danach, ob das Krankenhaus Schutz und Hilfe in dem erwarteten Umfang gewährt, werden zentral.

Bei uns sterben die Menschen überwiegend im Krankenhaus, einer Institution, die sich primär als Ort der Erhaltung und Wiederherstellung von Gesundheit versteht und in der Sterben zwar zur täglichen Erfahrung gehört, oft aber als Versagen, eine Art Betriebsunfall, verstanden wird.

Erst mit der Konfrontation des eigenen möglichen Todes weiß man plötzlich, daß man das Sterben und den Tod – das individuellste Erleben überhaupt – in einer Institution erleiden wird, die man ein Leben lang zu meiden versucht hat. Das betrifft auch den Tod von Krebspatienten, die aber auch noch anderen vielfältigen Belastungen ausgesetzt sind.

Die Diagnose „Krebs" löst immer wieder Gedanken an den Tod aus. Da Krebs als chronische Erkrankung in verschiedenen Phasen verläuft, wissen die Patienten nach den ersten therapeutischen Maßnahmen, daß sie so schnell nicht sterben werden. Das verbessert ihre Situation aber nur scheinbar. Gleichzeitig wird durch Beschäftigung mit der Erkrankung bei vielen Patienten das Bewußtsein mit Krebsmetaphern und Stereotypen

besetzt, die ihre Existenz fragwürdig, die „normale" Wirklichkeit „unnormal" machen. Wie immer die verschiedenen Phasen
der Erkrankung individuell unterschiedlich psychisch bewäl-
tigt werden, sind überdurchschnittlich häufig ähnliche psychische Belastungen zu beobachten: Sie fühlen sich abhängig
und gleichzeitig isoliert, sie erleiden Zeiten unerträglicher
Angst, ein naher Tod wird antizipiert und die Verhaltensmög-
lichkeiten in weiten Teilen ihres Lebens extrem eingeschränkt.

Mit der Todesnähe leben zu müssen, stellt vieles in Frage. Wie
soll man den Anforderungen des „normalen" Alltags gerecht
werden, wenn man dessen Wirklichkeit verloren hat und sich in
einer anderen, bedrohlichen Realität etablieren muß? Besonders kraß werden diese Gegensätze in der Metastasierungspha-
se, in der gleichzeitig Stigmatisierung und Selbststigmatisie-
rung zunehmen und die Sinnstrukturen des Lebens verlorenge-
hen. Dabei ist der Patient in dieser Phase keineswegs ein Sterbender, aber er fühlt sich eben meist auch dem Leben nicht
mehr voll zugehörig. Nun bin ich weit davon entfernt, dem dü-
steren Pessimismus zu verfallen, Krebs sei eine Krankheit zum
Tode hin. Was die psychische Stabilisierung der Patienten in
dieser Phase aber sehr erschwert, ist die Tatsache, daß Rezidiv-
therapien den seelischen und körperlichen Zustand der Patienten zuerst so verschlechtern können, daß die Vorstellung dabei
verloren geht, daß es jemals wieder besser gehen könnte, obwohl das in der Regel der Fall ist. Erwartungsgemäß muß eine
Therapie heilen oder wenigstens den Zustand wesentlich verbessern. Tritt das nicht ein, kann das die Hoffnungslosigkeit verstärken.

Der Patient muß sich also oft auf einen jahrelangen Therapie-
Alltags-Zyklus einstellen und das immer mit der Ungewißheit,
ob er rezidivfrei bleibt. Ein großer Teil der Patienten muß dabei
unglaubliche Anpassungsprozesse bewältigen, seine Umgebung zu entlasten, sie glauben zu machen, daß er damit zu-
rechtkommt, um der drohenden Isolierung zu entgehen. Er muß
die Phasen der Erkrankung mit den sehr unterschiedlichen somatischen und psychischen Empfindungen annehmen, er muß

sich mit dem Tod beschäftigen, der nicht mehr der Tod der anderen ist, sondern möglicherweise der eigene.

Wie reagieren nun Betroffene auf diese vielfältigen Belastungen? Meiner Erfahrung nach entsprechen für Krebspatienten (wie vermutlich für alle anderen auch) die Möglichkeiten, sich mit dem Tod auseinanderzusetzen, den Möglichkeiten, sich mit dem Leben auseinanderzusetzen. Letztlich erwirbt der Mensch als Patient keine anderen Problemlösefähigkeiten, die er nicht immer schon gehabt hätte. Die Auseinandersetzung, mit den Gefühlen und Gedanken sterben zu müssen, ist so unterschiedlich und individuell wie die Betroffenen selbst. Es geschieht kämpferisch, resignativ, ängstlich, gelassen, verbittert. So gut wie nie sucht ein Patient im Glauben Trost. Manchmal wird darüber gesprochen, daß es schade sei, nicht an eine Wiedergeburt glauben zu können. Tatsächlich erscheint es grausam, daß die im Krankenhaus sterbenden Menschen mit der Angst und Bewältigung ihres Sterbens weitgehend auf sich selbst zurückgeworfen sind. Es ist „trostlos" im Sinne des Wortes. Ein Teil der Patienten hofft, nicht viel davon zu merken, flüchtet sich in Bewußtlosigkeit. Dabei wird die Angst vor dem Vorgang des Sterbens deutlich, der Tod wird schon dem „Nichts" zugerechnet. Einige Patienten reagieren pragmatisch und hoffen so, der familialen Isolation zu entgehen. Sie haben keine Illusionen bezüglich der Belastbarkeit ihrer Umgebung. Andere Patienten hingegen können sich so mit ihrem Tod auseinandersetzen, daß sie zu einer Akzeptanz kommen. Fast alle Patienten reagieren empfindsam und verbittert auf Rückzugstendenzen. Sie spüren oft schneller als diese selbst, wenn Angehörige sich beginnen zu distanzieren, wenn die Ärzte durch mehr Handhabung von Apparaten und Medikation sich entziehen und die Schwestern zunehmend ihr Zimmer meiden.

Was kann man in dieser Situation, die nicht nur eine individuelle, sondern auch eine gesellschaftlich bedingte ist, für die sterbenden Krebspatienten tun?

Diese Frage richtet sich grundsätzlich an uns alle, da wir alle potentielle Krebspatienten oder Angehörige von Krebspatienten sind, stellt sich hier aber speziell für mich und meine als Psychoonkologen arbeitenden Kollegen. Sicher sollte man nicht seine herkömmlichen Therapievorstellungen verwirklichen wollen. Therapie zielt letztlich immer auf mehr Lebenskompetenz, und die Therapie zum Tode hin transzendiert den Tod selbst, dieses eigentlich nicht faßbare Geschehen. Wie LeShan in seiner Krisentherapie, die er ja mit medizinisch hoffnungslos Erkrankten durchgeführt hat, beschreibt, ist allein die Tatsache, daß ein Mensch noch lebt, ausreichend, um sich ihm auch in seinen psychischen Bedürfnissen ganz zu widmen.

Meine Erfahrung darüber hinaus ist aber die, daß es gut ist, schon längeren Kontakt zu den Patienten zu haben. Je vertrauter das Verhältnis ist, desto eher ist der Patient in der Lage, über seinen bevorstehenden Tod zu sprechen und über die damit verbundenen Vorstellungen, Wünsche, Ängste. Ich bin immer wieder erstaunt, mit welcher Offenheit bei einem bestimmten Grad der Vertrautheit Patienten darüber sprechen, daß sie nach einer Form suchen, die sie ihrem Tod geben können. Besonders junge Patienten, die den Schmerz des nicht gelebten Lebens sehr stark empfinden, können sich mit der Gewißheit, nicht fallengelassen zu werden, in der ihnen möglichen Form mit dem Sterben auseinandersetzen, das schließt auch alle negativen Impulse ein. Oft sind diese Kontakte einfacher als die mit den Angehörigen, weil diese ihrerseits die Verlustängste, den Schmerz, aber auch die Erwartungen an den Patienten mit in die Situation einbringen, denen der Patient häufig nicht gewachsen ist.

Voraussetzung für derartige therapeutische Interventionen ist der Wunsch der Patienten selbst. Oft kommt dazu ein vages Gefühl, daß die Erkrankung etwas mit ihrem „beschädigten Selbst" zu tun haben könnte. Zunehmend mehr werden psychischer Streß, biographische Brüche oder bestimmte Lebensereignisse als irgendwie bedeutsam für ihre Erkrankung beschrieben. Für diese spezifische Situation müssen eigene Vorgehensweisen entwickelt werden. Ich selbst arbeite mit der Krisentherapie im Sinne LeShans (1982) und einer modifizierten Form der Gesprächspsychotherapie. Die Krisenintervention bezieht den Zeitfaktor ein, sie konzentriert sich weder auf die monatelange Exploration negativer Impulse, noch verstärkt sie durch Mitleid die Hilflosigkeit der Patienten. Sie konzentriert sich ganz auf die Frage, was der Patient in der gegebenen Situation für *sich* will, wie er seine Ressourcen für sich nutzbar machen kann und wie er ein Stück der Sinnhaftigkeit des Lebens zurückgewinnen kann ohne Rücksicht darauf, wie viel Zeit zum Leben noch verbleibt.

Wie LeShan aus seiner Arbeit berichtet und wie es von mir bestätigt werden kann, wird von den Patienten häufig ein Sinnverlust artikuliert, der weit vor der Erkrankung eingetreten sein kann und dessen psychopathologische Auswirkungen von den Patienten nicht notwendigerweise mit der Krankheit in Zusammenhang gebracht werden müssen. Manchmal werden ambivalent empfundene emotionale Situationen aus der Kindheit beschrieben, deren Intensität dann wiederum nicht so stark war, daß ein Symptomshift zum Psychotischen erfolgte, sondern „nur" die perfekte Anpassung zur Folge hatte. Eindrucksvoll ist das in der Autobiographie von Fritz Zorn (1977) beschrieben.

Die Krisentherapie ist für mich die eine Möglichkeit der Arbeit mit den Patienten, die Gesprächstherapie die andere. Rogers (1975) sieht in seinem klientenzentrierten Konzept den Sozialisationsprozeß vorwiegend als Aufbau der Selbststruktur. Da Krebspatienten häufig an einem symbolisch verzerrten Selbstbild leiden, bieten sich hier Ansatzpunkte, mit seinem Konzept zu arbeiten.

Ich möchte hier nicht auf die Rogerschen Prozeßvariablen eingehen, sondern nur „Empathie" als wichtigste Voraussetzung für diese Arbeit nennen. Empathie ist das Schlüsselwort für alle Vorgehensweisen.

Ich muß mich den Patienten in äußerster Offenheit und Spontaneität zuwenden. Ich muß sie vorbehaltlos akzeptieren und ihnen glauben, was sie mir berichten. Ich darf nicht den kleinen Finger reichen, ich muß mich zur Verfügung stellen. Später wird sich zeigen, welche der offenen Angebote genutzt werden, welche benötigt werden. Das bestimmt der Patient selbst. Meine Erfahrung widerspricht auch den Aussagen der Mediziner, die sich oft mit der Begründung zurücknehmen, daß der Patient sie dann vereinnahme. Die Rücksichtnahme des Patienten steigt mit der eigenen Verfügbarkeit.

Ich nähere mich dem Patienten auch nicht mit allen Zeichen des Mitleids, das würde ihn hilflos und abhängig machen. Ich zeige ihm, daß er mir auch etwas geben kann, und ich bekomme sehr viel von den Patienten zurück. So entsteht eine paritätische Beziehung, die über sehr lange Zeit vertrauensvoll und stabil bleiben kann, weil sich die Patienten als gleichberechtigt empfinden, in der sie auch immer wieder Hilfe und Zuwendung annehmen können. Unter diesen Umständen wird es möglich, die Selbstexploration des Patienten aufrechtzuerhalten, die Kontakte in der von ihm gewünschten Form und Intensität über sehr lange Zeit durchzuführen.

Auf ganz wesentliche Aspekte dieses Themas kann ich hier nicht eingehen. Das betrifft vor allem die Rolle des Medizinbetriebes beim Sterben der Patienten, dabei zum einen das Unverhältnis des materiellen Aufwandes für medizinische Belange im Gegensatz zum Aufwand zur Befriedigung psychischer Bedürfnisse der Patienten und zum anderen das Verhalten von Ärzten und Pflegepersonal gegenüber Sterbenden. Ein wichtiges Anliegen wäre es auch, über die Erfahrung mit den Angehörigen Sterbender zu berichten.

Auf einen Exkurs möchte ich dennoch nicht verzichten: Die psychische Betreuung von Krebspatienten im klinischen Bereich ist eine Arbeit, die täglich neue Erfahrungen bringt. Psychoonkologen können sich nicht auf ein Gebäude gut abgesicherter theoretischer und empirischer Befunde stützen, die ihnen Sicherheit in der Sinnhaftigkeit ihres Handelns gäben. Das trifft im besonderen auch auf die terminale Phase der Erkrankung zu und auf die Begleitung zum Tode hin. In der Psychoonkologie gibt es noch nicht den Theorie-Empirie-Zyklus, der möglicherweise eine einheitliche Vorgehensweise evident machte. Die Theorienbildung hinkt eindeutig hinterher. Das liegt vor allem daran, daß der Aufwand für Forschungsmittel im Bereich psychosozialer Faktoren von Tumorerkrankungen verschwindend gering im Vergleich zur Mittelvergabe für Medizinforschung auf diesem Gebiet ist. Zum anderen liegt das z. T. auch in der Forschungspraxis selbst begründet, bei der sich jetzt in zwei Bereichen ein Paradigmenwechsel abzeichnet. Der eine Bereich betrifft die Inhalte der Forschung. Es wird die sehr schwierige Frage der Mitverantwortung psychischer Dispositionen bei der Genese von Krebs zurückgestellt zugunsten der Fragestellung nach Bewältigungsstrategien bei Menschen, die bereits an Krebs erkrankt sind.

Das zweite Gebiet betrifft die Vorgehensweise. Die Studien, die mit einer spezifischen Fragestellung praxisnah durchgeführt werden sollen, werden nicht mehr nur in der gegenwärtigen Methodologie, den Validitätskriterien empirisch-naturwissenschaftlicher Forschung entsprechend, durchgeführt, sondern auch mit den Methoden der explorativen Sozialforschung, also mit qualitativen Methoden. Daraus ergeben sich Vorteile: Sinnstrukturen – und darum handelt es sich hier – lassen sich mit diesen Methoden wesentlich besser erfassen, die Theorienbildung ist so aus den Plausibilitätskriterien der Praxis möglich und die dringend notwendige Ergänzung zur naturwissenschaftlichen Medizinforschung könnte erreicht werden.

Literatur

Baltrusch, H. J.: Psychosomatik, Psychologie und Soziologie neoplastischer Erkrankungen, Z. f. Psychosom. Medizin 9 (1963) S. 306.

Beck, D.: Krankheit als Selbstheilung, Frankfurt 1981.

Grossarth-Maticek, R.: Krankheit als Biographie, Köln 1979.

Koch, U., Ch. Schmeling: Betreuung von Schwer- und Todkranken, München 1982.

LeShan, L.: Psychotherapie gegen den Krebs, Stuttgart 1982.

Meerwein, F.: Einführung in die Psychoonkologie, Bern 1981.

Rogers, C. R.: Die Klientenzentrierte Gesprächspsychotherapie, München 1975.

Zorn, F.: Mars, München 1977.

Josef Mayer-Scheu

Seelsorgerliche Begleitung von Sterbenden und ihren Angehörigen im Krankenhaus

1. Sterben im Krankenhaus und seelsorgerliche Begleitung

1.1 Dieser Beitrag beschränkt sich auf die seelsorgerliche Begleitung im Krankenhaus.[1] Sterben im Krankenhaus ist nach wie vor das Schicksal von zwei Dritteln aller Bundesbürger. Damit ist zugleich eine einschneidende Reduktion der Gestaltungsmöglichkeiten für die letzte Lebensphase von Menschen angedeutet. Diese Einengung wird nicht nur durch den Verlauf der jeweiligen Krankheit bedingt, sondern mindestens ebenso stark durch die immer differenzierter werdenden Behandlungsformen von Kranken auch im Sterben und vor allem durch das Diktat der Organisationsstruktur des Krankenhauses. Sie nötigt dem Sterbenden in den meisten Krankenhäusern den weitverzweigten Behandlungsapparat ihrer spezialisierten Dienste auf, unter dem eine Begleitung des Kranken seelsorgerlich, psychologisch und sozial weit hinter den technischen Möglichkeiten der Medizin zurückbleibt. Dies gilt im besonderen Maße für die besser ausgestatteten akademischen Lehrkrankenhäuser, deren Struktur einer personalen Begleitung des Sterbenden meist entgegensteht.[2]

1.2 Seelsorgerliche Begleitung von Sterbenden muß sich dieser Organisationsstruktur des Krankenhauses stellen, um in Zusammenarbeit mit den verschiedenen therapeutischen Diensten (insbesondere mit Ärzten, Pflegenden, Krankengymnasten, Sozialarbeitern) dem Anspruch einer persönlichen Begleitung des Sterbenden bis hin zum Sterbebeistand genügen zu können.[3] Zwar ist die Seelsorge in die recht weitgehende Zwangsstruktur und Behandlungshierarchie des Krankenhauses nicht völlig eingebettet und kann die verbliebenen Freiräume nutzen und für den Sterbenden und seine Angehörigen zu erweitern versuchen. Dies ist aber nur möglich in Bezogenheit zu dem konkreten Handlungsablauf einer Krankenstation (durch persönliche Kontaktnahme, Teilnahme an den Übergabegesprächen auf Stationen, evtl. Balint-Gruppen u. ä.). Nur so hat sie die Chance, die Möglichkeiten einer seelsorgerlichen Begleitung in das Behandlungskonzept der Station einzubringen und zu einer ganzheitlicheren Sicht des Sterbens im Krankenhaus beizutragen. Dann aber müssen sich Seelsorger der eigenen wie der fremden Betroffenheit von Sterben und Tod der Kranken auf der jeweiligen Station stellen. Dazu gehört auch der Versuch der Aufarbeitung einer Verleugnung oder Verdrängung dieses Betroffen-Seins, die erfahrungsgemäß in dem Maße zunimmt, wie das persönliche Gespräch mit dem Kranken von einem Dienst auf den anderen delegiert werden kann, die Maßnahmen der Behandlung am Kranken immer mehr aufgesplittert, technisiert und indirekt werden. Dazu ein Beispiel: Auf einer Intensivpflegestation behandeln häufig im Verlauf von 24 Stunden mehr als 20 verschiedene Personen denselben Kranken oder Sterbenden. Sie stehen oft für Minuten oder Sekunden mit ihm in Kontakt und sind überwiegend stärker mit seinen Ausscheidungen, seinen Röntgenbildern, seinen Kurven und Blutwerten beschäftigt als mit seiner Person oder im Gespräch mit ihm. Wer von ihnen betrachtet sich selbst als Begleiter des Kranken, wenigstens als Ansprechpartner, der wieder kommt, seine Anliegen nicht vergißt oder gar bei ihm bleibt?[4]

Die mehr begleitenden Berufe im Krankenhaus können immer weniger den Geschehensablauf einer Krankenstation und die Zusammenarbeit der verschiedenen Dienste strukturell beeinflussen.[5] Unter bestimmten Umständen (die vor allem von der medizinischen Leitung der Station/des Krankenhauses und der Art der Station abhängen) vermögen sie jedoch durch Erweiterung der menschlichen Beziehungen unter den Therapeuten und zu den Kranken und Angehörigen wichtige Voraussetzungen für eine Begleitung von Sterbenden zu schaffen, deren Bedeutung sich nicht nur nach der Behandlung, sondern wenig-

stens überwiegend nach dem Wohl des Sterbenden in seiner
letzten Lebensphase richtet.

1.3   In diesem Handlungsansatz liegt die Chance für ein mini-
males *Gemeindeverständnis* im weiteren Sinn, das Sterbenden
und Trauernden helfen könnte, im Erleben, im Kämpfen und
Erleiden ebenso wie im Behandeln und Begleiten – als Mensch
menschlicher mit Sterben und Tod umzugehen. Unter den Voraussetzungen einer kontinuierlichen Zusammenarbeit von
Seelsorgern und Therapeuten kann eine Krankenstation an-
fanghaft zu einem Ort werden, wo nicht nur Symptome und
Körper bis zum letzten Atemzug behandelt werden, sondern
auch Leben in der letzten Lebensphase von Menschen erlebt,
für den Kranken wichtige Ereignisse begangen und miterlebt
werden. Dabei spielt die Beteiligung der wichtigsten Menschen
für den Kranken, meist seiner Angehörigen, eine große Rolle,
aber auch die Anteilnahme der Behandelnden: Ob es sich nun
um Enttäuschung und Niedergeschlagenheit handelt, um Auflehnung und Hadern, um Trauer und Abschied oder auch um
Feiern und Feste, um ein Wiedersehen und die Versöhnung
oder gar die Realisation von Träumen, die vielleicht ein Leben
lang liegengeblieben, aber durchaus noch realisierbar sind (Beispiele: Nach einer zweiten Remission einer leukämiekranken
Frau wurde ihr durch die Behandlung und Anteilnahme von
Therapeuten und Seelsorgern die nachgeholte Hochzeitsreise
mit ihrem Ehemann ermöglicht, nach der sie starb; der einver-
ständliche Abbruch einer qualvollen Strahlungsbehandlung
eines Krebskranken, um zu Hause noch ein Bild zu malen, nach
dessen Vollendung der Patient in der folgenden Nacht zu
Hause starb). In diesem Zusammenhang gehört die Beteiligung
der Angehörigen am Sterben des Kranken, ihre Begleitung
und ihr Schutz, gehören Formen des Feierns und Gedenkens
(Symbole), des Betens und des Gottesdienstes, so wie es der Sterbende (mit oder ohne Familie, entsprechend seiner Lebensgeschichte) realisieren kann. Hier muß auch Seelsorge lernen, in die
Begleitung von Sterbenden Elemente des Feierns einzubringen,
die konfessionsübergreifend verstanden werden und die für die
persönliche Lebensgeschichte der Betroffenen stimmig sind.

1.4   Seelsorgerliche Begleitung steht in diesem Kontext wie keine andere therapeutische Berufsausübung unter dem Gebot der Freiwilligkeit.

Schon beim kursorischen Krankenbesuch der Station[6] stellt der Seelsorger fest, wer von den Kranken seinen Besuch wünscht, wer für ihn offen ist, wer den Besuch problematisch findet oder ablehnt. Die Akzeptation der Ablehnung ist ein besonders wichtiges Kriterium der Lernbereitschaft von Seelsorgern. Dies gilt nicht nur in den Krankenhäusern des religiös neutralen Staates unter der Rücksicht der Respektierung der Glaubensfreiheit des einzelnen, sondern hat ebenso für konfessionelle Krankenhäuser zu gelten, weil die Abhängigkeit des Kranken und Sterbenden von der Institution Krankenhaus auf keinen Fall auf der geistig-religiösen Ebene um eine weitere Abhängigkeit vermehrt werden darf. Vor allem verträgt dies ein fundiertes Glaubensverständnis selbst nicht, das Glauben nicht nur im Sinne des Für-wahr-Haltens von bestimmten Sätzen versteht, sondern als das *Sich-Einlassen auf die unüberschaubare Wirklichkeit des Ganzen, die Sterben und Tod miteinbezieht.* Dieses Sich-Einlassen des Menschen geschieht in Formen des Festhaltens an vertrauter Überlieferung *und* im Loslassen von Vertrautem, um neue Lebensdimensionen in sich selbst – gerade angesichts des Sterbens – zu entdecken. Die Begleitung in diesem persönlichen Prozeß des Kranken erfordert vom Seelsorger sowohl Taktgefühl und Respekt vor dem Kranken als auch die Fähigkeit, die Herausforderung in dessen Leben zu erkennen, die sein Sterben gerade an ihn stellt. Wenn es zu einem solchen Prozeß der Begleitung mit Sterbenden kommt, erfährt der Seelsorger auch für sich selbst, daß sich die Frage nach Gott, nach dem Sinn des Lebens und des Todes in der Begleitung jedes Sterbenden trotz vieler phasenbedingter Parallelen neu und anders stellt.

1.5   Seelsorgerliche Begleitung vollzieht sich in Formen des einfachen kursorischen Krankenbesuches auf den Krankenstationen bei allen Patienten und in der intensiven seelsorgerlichen Begleitung einzelner. Sie kommt auf Wunsch von Kranken, deren Angehörigen oder des Stationsteams zustande.

Nicht selten geschieht sie nicht durch den Seelsorger selbst, sondern durch ein anderes therapeutisches Mitglied des Stationsteams. Der Seelsorger wird dabei manchmal zum Begleiter von Therapeuten, ebenso wie ja auch er selbst deren Begleitung in Anspruch nimmt, wo immer es zu dem persönlichen Austausch über die Betroffenheit an dem Sterbeprozeß kommt. Bei einer dauerhaften und intensiven Tätigkeit dieser Art benötigt der Seelsorger auch durch Außenstehende eine Praxisbegleitung (Supervision), um seine Erfahrungen auf Station in sein eigenes Leben und Sterben integrieren zu können.

2. Inhalte und Leitbilder für die seelsorgerliche Begleitung

2.1   In den letzten Jahren hat innerhalb der Seelsorgebewegung eine Reflexion begonnen, die gerade aus den Erfahrungen der Krankenhausseelsorge, also vor allem der Begleitung von Kranken und Sterbenden, versucht, neue Perspektiven für die Theologie aus dem Vergleich konkreter Erfahrungen („living documents"[7]) mit Lebenssituationen der Bibel und der kirchlichen Tradition zu entdecken.

Diese Seelsorge läßt sich auf die konkrete Erfahrung im Umgang mit dem Kranken in seiner persönlichen, familiären, gesellschaftlichen, sozialen und politischen (stellvertretend vor allem durch das Krankenhaus) Lebenssituation ein. Dazu gehören beim Sterbenden z. B. die Phasen, wie er sein Sterben erlebt.[8] Sie sind keineswegs parallel verlaufend zum Sterbeprozeß in der somatischen Entwicklung des Sterbens, vielmehr sehr oft diesem entgegengesetzt, ihn fördernd, beschleunigend oder hindernd, ja phasenweise ihn aufhaltend und gegenläufig beeinflussend. In der Auseinandersetzung mit diesem Prozeß liegen nach meiner Erfahrung besondere Möglichkeiten für die seelsorgerliche Begleitung. Wenn Kranke und Sterbende die ihnen verbliebenen Lebensmöglichkeiten entdecken – meist nach einer Zeit des Trauerns um endgültig verlorene Lebensmöglichkeiten –, können für sie auch noch im Krankenhaus unserer Tage intensive Lebensphasen entstehen. Sie können in den Kategorien der Zeit, in Stunden, Tagen, Wochen, Monaten, ja nicht einmal in Jahren adäquat erfaßt werden, weil ihnen eine so unerhörte Qualität und Dichte innewohnt, die von uns Gesunden kaum je erlebt wird, weil wir nur selten mit Sterben und Tod existentiell so konfrontiert werden.

Die gemeinsame Entdeckung solcher Herausforderungen des Sterbens im Leben ist ein zentrales Anliegen seelsorgerlicher Begleitung. Manchmal gelingt es, daß sich Sterbende dieser Herausforderung stellen und einen für sie ganz neuen Weg in der letzten Phase ihres Lebens gehen, etwa einem engen Steilpaß gleichend, mitunter einem Spaziergang durch eine weite Ebene. Mit diesen Bildern versuche ich anstelle verschiedener längerer Krankengeschichten[9] anzudeuten, wie stark solche letzten Lebensphasen von den medizinischen zu erwartenden Prognosen abweichen: in der Dauer, in der Intensität des Verlaufs, in unerwarteter Leistungsfähigkeit und in unerwarteten Zusammenbrüchen. Welche Mediziner unserer Tage lassen sich auf so heikle Verläufe von Sterbegeschichten im Krankenhaus ein? Sie führen schließlich zu großen Abweichungen von den orthodoxen Behandlungsmethoden: manchmal zu intensiven Therapien *mit* (nicht: an) dem Kranken auf ein bestimmtes Ereignis hin (vgl. die bereits erwähnte nachgeholte Hochzeitsreise), manchmal zu Abbrüchen der Therapie und zur Entlassung. In den zuletzt genannten Fällen habe ich in den 15 Jahren, in denen ich an den Universitäts-Kliniken in Heidelberg arbeite, noch nie erlebt, daß die Geschichte der letzten Tage, Monate – ja Jahre! – dieser Menschen für die Mediziner der behandelnden Berufsgruppen noch von Interesse war. Ich habe nur einmal erfahren, welch kalter Schrecken ein Pflegeteam überfuhr, als eine längst tot geglaubte Kollegin (eine Krankenschwester!) nach Jahren zu Besuch in ihrer alten Klinik wieder auftauchte, in der sie gearbeitet hatte und an einem bösartigen Tumor operiert worden war. Statt sich einer „Nachbestrahlung" zu stellen, hatte sie sich einer alternativen Therapie unterzogen, in einem intensiven Prozeß der Auseinandersetzung mit sich selbst und ihrer Umwelt ein „völlig neues"

Leben begonnen und wurde wieder gesund. Sie arbeitet wieder seit über 10 Jahren in einer anderen Stadt.

Nur selten habe ich in der intensiven seelsorgerlichen Begleitung – vielleicht in 12 von 500 Fällen – so auffällige Abweichungen vom medizinisch zu erwartenden Verlauf erlebt. Kleinere Abweichungen von der „normalen" medizinischen Behandlung auf Grund der gemeinsamen Entdeckung bestimmter persönlicher Lebensmöglichkeiten für die letzten Tage sind zwar häufiger, aber immer noch recht selten bei den im Krankenhaus Sterbenden. In den allermeisten Fällen unterdrücken nach meiner Erfahrung die in den Familien der Sterbenden geltenden Überlebensregeln[10] und der Behandlungsablauf des Krankenhauses eine andere Gestaltung der letzten Lebensphase, also einen Verlauf, der auf die Geschichte des einzelnen bezogen, erlebbar und den Betroffenen bewußt werden könnte.

In diesen alltäglich sich wiederholenden Lebenssituationen behinderter und verhinderter menschlicher Kommunikation und Selbstmitteilung verbleibt für die seelsorgerliche Begleitung oft nur die Funktion einer recht punktuellen, jeweils kurzfristigen Begleitung durch Nähe, durch den Versuch zu verstehen, manchmal ein Stück Versöhnung (mit sich selbst, mit Angehörigen) durch kleine Zeichen und im Beten miteinander sowie in der Feier der Krankensakramente.[11] Oft ist auch von alledem *nichts* zu entwickeln und zu entfalten.

2.2   Zum Schluß möchte ich anfügen, daß in den letzten Jahren die Erfahrungen mit Kranken und Sterbenden, die ich näher kennenlernte, mein Leben, mein eigenes Verständnis von Theologie und Seelsorge stark beeinflußt und verändert haben. Sie haben für mich theologische Begriffe wie „Tod und Auferstehung", „Gefangenschaft und Befreiung", „Wüste und Quellen", „Durchzug und neues Land", „Engel und Allmacher" (Baal) u.v.a.m. neu mit Leben gefüllt. Sie haben mir die Augen für Texte der Bibel als Lebenssituationen geöffnet, auch für die in den Kirchen bewahrten, aber auch für die vergessenen und verleugneten Traditionen. Sie haben mich gestoßen auf das, was in der modernen Medizin des Krankenhauses im Behandeln fehlt: das *Heilen*,[12] nicht als Ergebnis einer Behandlung, nicht als „letztes Ziel", sondern *als Ausrichtung von Therapeuten, als Haltung und Handlungsansatz für den Umgang mit Kranken.* Dadurch sind mir in den Heilungsgeschichten des Neuen Testamentes Handlungsperspektiven aufgegangen, die nicht mehr als Wunder weit von unserer Situation im Krankenhaus weggeschoben werden können. Ich kann sie hier nur beispielhaft[13] aufzählen: wenn Jesus Aussätzige anfaßt (vgl. Mk 1,41 par), die Dämonen in den Kranken direkt anspricht (vgl. Mk 1,23 ff. par), die Augen des Blinden mit Speichel und Erde bestreicht (vgl. Joh. 9,6), den Mund des Taubstummen mit seinem Speichel berührt und zum Himmel seufzt (vgl. Mk 7,33 f. par), sich von der blutflüssigen Frau anfassen und seiner Energien „berauben" läßt (vgl. Mk 5,27 ff. par), aber auch den nichtmotivierten 38 Jahre lang Gelähmten anschreit: „Steh auf, nimm (selbst) dein Bett und geh!" (vgl. Joh. 5,8) und überhaupt allen Kranken mit der ernstgemeinten Frage begegnet: „Willst du (wirklich) gesund werden?".[13]

2.3 Mir ist auch durch die Seelsorge im Krankenhaus im Umgang mit Behandlung und Therapie aufgegangen, wie diametral entgegengesetzt die bewußten, die heimlichen und die unbewußten „Gottesbilder" der technischen Medizin und der begleitenden Therapie sind.[14] Eine naturwissenschaftlich technisch orientierte Medizin, die sich auf ihre ureigenen Methoden für den Umgang mit Kranken beschränkt, wird auch ihre ultima ratio für den Umgang mit Sterbenden an den Gesetzen des medizinisch Prognostizierbaren anlegen. Sie steht damit in der Beantwortung der Frage nach dem Sinn von Leben, Sterben und Tod bewußt oder unbewußt in der Tradition eines Schöpfungsglaubens, der Gott und das Göttliche nur in den Kategorien von Naturgesetzlichkeiten (der Schöpfung) beschreibt und letztlich „anbetet".[15] Mit dieser Einstellung stehen Behandelnde im Krankenhaus jedoch hilflos vor dem Bedürfnis nach einer ganzheitlichen, kreativen, ja menschlichen Bewältigung von Sterben und Tod. Religionsgeschichtlich scheinen mir demgegenüber die therapeutischen (!) Traditionen von Nomadenvölkern ein heilsames Gegengewicht zu sein. In der Tradition

Israels – näherhin des Judentums und des Christentums, soweit sie mehr diesen Traditionen folgten – heißt dies kurz gesagt:[16] die Entdeckung Gottes und des Göttlichen eben nicht einfach in der Bestätigung der Regeln und Gesetze (der Schöpfung), sondern in der Ausnahme, im Glück, theologisch auch in der „unverdienten" und „unverdienbaren" Gnade! *Gott* wird hier erfahren als der *Mitgehende – im Unterschied zu dem Allmacher, der die Gesetze gemacht hat –*, der den Menschen an Grenzsituationen seines Lebens herausruft, bisher Erfahrenes loszulassen, in das neue, unbekannte Land aufzubrechen. Modellgeschichten dafür sind insbesondere die Abrahamsgeschichten im Alten Testament (vgl. Gen 12, 1 ff), aber auch eine Vielzahl anderer Erzählungen bis hin zu den Heilungsgeschichten im Neuen Testament. Hier wird der Mensch befähigt, die Begehung der eigenen Grenzen zu wagen, an ihr das neue Land oder das neue Leben zu entdecken, sei es in diesem Leben oder im Tod. Wichtig ist dabei die Figur des Begleiters – ursprünglich eine Hirtengestalt –, der mitgeht, anhört, zuläßt, versteht und den Betroffenen („einem Engel gleich") zur Annahme, zum Loslassen und zum nächsten Schritt ermutigt.[17] Es ist schon frappierend, daß Therapeutik im Altertum einmal diese Kunst des Hirte-Seins bedeutet hat.[18] Dabei ging es viel weniger um ein Machen und Behandeln nach Naturgesetzen, als vielmehr um das Nahe-Sein, Dienen, Pflegen und Mitgehen mit dem Kranken.

2.4   Bei Jesus selbst ist sein Tod zu der entscheidenden Erfahrung für seine Freunde geworden: auch für ihr eigenes Leben und Sterben! Endete der Mord an diesem waffenlosen, ungepanzerten, gewaltfreien Menschen so sinnlos, wie es uns oft alltäglich erscheint, wenn wir von den Millionen sinnlosen Toden hören, die in unserer Geschichte gestorben werden? Oder bewegt uns dieses Sterben am Galgen und die damit verbundene Erfahrung seiner Jünger so, daß für Glaubende nicht der Tod, sondern nur das Tot-Sein in diesem Leben wirklich tot macht?

Anmerkungen

1 Auf die – bedauerlicherweise – immer noch geringe Bedeutung der Begleitung von Sterbenden und Angehörigen zu Hause, um die sich die Gemeindekrankenpflege, Sozialstationen, die eigene Familie und Nachbarn kümmern, kann in diesem Zusammenhang nicht näher eingegangen werden.

2 Vgl. dazu statt vieler B. G. Glaser/A. L. Strauss: Interaktion mit Sterbenden, Göttingen 1974, R. Kautzky (Hrsg.): Sterben im Krankenhaus, Freiburg 1976, E. E. Lau: Tod im Krankenhaus, Köln 1975, D. Sudnow: Organisiertes Sterben, Frankfurt 1973.

3 Vgl. dazu Themenheft Sterben: Concilium (10) 1974, P. Sporken: Menschlich Sterben, Düsseldorf 1973, P. Sporken: Umgang mit Sterbenden, Düsseldorf 1973, J. Mayer-Scheu: Seelsorge im Krankenhaus, 2. Aufl., Mainz 1980.

4 Vgl. dazu J. Mayer-Scheu (Anm. 3), S. 55 ff.

5 Vgl. dazu J. J. Rohde: Strukturelle Momente der Inhumanität einer humanen Institution, über die Situation des Patienten im Krankenhaus, in: G. Albrecht u. a. (Hrsg.): Soziologie, Sprache, Bezug zur Praxis, Verhältnis zu anderen Wissenschaften – René König zum 65. Geburtstag, Köln – Opladen 1971; D. Sudnow: Organisiertes Sterben (Anm. 2), E. E. Lau: Tod im Krankenhaus (Anm. 2), H. C. Piper: Kranksein – Erleiden und Erleben, in: J. Mayer-Scheu/R. Kautzky (Hrsg.): Vom Behandeln zum Heilen, 2. Aufl. Wien – Göttingen 1979, S. 23 ff. Eine eigene Ausnahmeerfahrung hierzu: Vgl. J. Mayer-Scheu: Macht und Ohnmacht der Krankenhausseelsorge, in: Wege zum Menschen, 7 (1982), S. 260–268.

6 Dazu J. Mayer-Scheu (Anm. 3) S. 37 f.

7 Anhand dieses Begriffs ist in der amerikanischen Seelsorgebewegung das Modell der Clinical Pastoral Education (CPE), d. i. Klinische Seelsorge-Ausbildung entwickelt worden. Es begreift die Kranken nicht nur als Seelsorgepartner, sondern auch als Träger von Offenbarungswahrheiten im Prozeß gemeinsamen (kirchlichen) Handelns.

8 Vgl. dazu statt vieler E. Kübler-Ross: Interviews mit Sterbenden, Stuttgart 1971, P. Sporken: Menschlich Sterben (Anm. 3).

9 Vgl. dazu beispielhaft H. J. Schultz (Hrsg.): Letzte Tage, insbes. den 1. Beitrag über das Sterben von Lili Pincus, Stuttgart/Berlin 1983; L. Pincus: Bis daß der Tod euch scheidet, Stuttgart 1977, insbes. S. 11 ff.

10 Dieser Begriff ist durch die Familientherapie entwickelt und gerade für den Umgang mit Sterbenden vielfach belegt worden. Vgl. dazu L. Hoffmann: Grundlagen der Familientherapie, Hamburg 1982, S. Minuchin/B. L. Rosman/L. Baker: Psychosomatische Krankheiten in der Familie, Stuttgart 1981, S. Minuchin: Familie und Familientherapie, 5. Aufl., Freiburg 1983, J. Haley: Direktive Familientherapie, 2. Aufl., München 1979.

11 Vgl. dazu M. Probst/K. Richter (Hrsg.): Heilssorge für die Kranken, Freiburg – Wien – Zürich 1975, J. Mayer-Scheu/A. Reiner: Heilszeichen für Kranke, 2. Aufl., Kevelaer 1975.

12 Dazu J. Mayer-Scheu/R. Kautzky (Anm. 5), S. 74 ff.

13 Dazu ausführlicher J. Mayer-Scheu/R. Kautzky (Anm. 5) S. 138 ff., 147 ff., 157 ff.

14 Vgl. J. Mayer-Scheu/R. Kautzky (Anm. 5) S. 117 ff.

15 Vgl. J. Mayer-Scheu/R. Kautzky (Anm. 5) S. 56 ff., 79 ff., 121 ff., 125 f.

16 Dazu J. Mayer-Scheu/R. Kautzky (Anm. 5) S. 126 ff., 131 ff.

17 Vgl. J. Mayer-Scheu/R. Kautzky (Anm. 5) S. 134 ff. Zu der Einführung des Begriffs „Engel" in diesem Kontext vgl. P. L. Berger: Auf den Spuren der Engel, Frankfurt 1969.

18 Vgl. dazu H. Schipperges: Zur Tradition des „Christus Medicus" im frühen Christentum und in der älteren Heilkunde, in: Arzt und Christ (11) 1965, S. 12 ff., J. Mayer-Scheu: Der Heilungsauftrag der Seelsorge, in: P.-M. Pflüger (Hrsg.): Grenzen in Seelsorge und Psychotherapie, Fellbach 1982, S. 70 f.

Elmar Weingarten
Bemerkungen zur sozialen Organisation des Sterbens im Krankenhaus

Mein Beitrag steht in einem nicht in allen Einzelheiten abgesprochenen Zusammenhang zu den folgenden Beiträgen. Einblick soll gegeben werden in die Praxis und Problematik der Sterbebegleitung in solchen Institutionen, die mit dem Tod als Alltäglichkeit konfrontiert sind. Diesen Berichten aus der Praxis, die psychologisches, psychoanalytisches und seelsorgerisches Bemühen um den Sterbenden reflektieren, möchte ich versuchen einige Bemerkungen voranzuschicken, die den institutionellen Rahmen charakterisieren, in dem gestorben wird, die aufzeigen sollen, wie die Menschen den Tod im Krankenhauszusammenhang sozial organisieren, aber auch andeuten, wie sich diese Organisationsformen im Laufe der Zeit verändert haben.

Sterben in Institutionen

Sterben ist zunächst einmal ein höchst *individuelles* Ereignis. Die Rede geht von der Einsamkeit im Tod. Gerade das Bewußtloswerden und der oft langsame Prozeß des Sterbens im Krankenhaus, das wie ein gemächliches Sich-Entfernen erscheinen mag, macht diese Einsamkeit sinnfällig.

Vom Pflegepersonal kann man in der morgendlichen Übergabe den Satz hören: „Frau Müller hat sich heute nacht verabschiedet", der ja so tut, als verlasse hier einer aus freien Stücken, aber unter Beachtung gesellschaftlicher Konventionen, die Szene. Dieser Satz verweist aber auch schon auf die Hilflosigkeit unserer Reaktionen. Er behandelt den Tod gleichsam als einseitige Entscheidung. Es spiegelt sich der stillschweigende Konsens, daß wir dieser Form des Abschieds gegenüber sprachlos bleiben müssen.

Unser hilfloses Verhalten Sterbenden gegenüber hat seinen Grund jedoch nicht nur in der Unfaßlichkeit eines Geschehens, sondern eben auch in dem Wesen des Sterbens, wozu auch gehört, daß dort ein einzelner Mensch ein für alle Mal weggeht und andere hinterbleiben.

Sterben ist aber auch ein *soziales* Geschehen, das eingebettet ist in einen gesellschaftlichen Zusammenhang, der oft genug den Tod kaltblütig „produziert", der aber auch den Rahmen für die alltägliche Organisation des Sterbens liefert, der festlegt, in welcher Weise die soziale Umwelt am Sterben teilzuhaben hat, auch dann, wenn sie nicht mehr Anteil nehmen will (Sudnow).

Der Prozeß ist vielfach und in unterschiedlichsten Zusammenhängen beschrieben worden. Die „Geburt der Klinik" (Foucault) hat eine Kreatur ans Licht der Welt gebracht, die nicht nur massiv in die Lebenszusammenhänge von Krankheit und Gesundheit eingegriffen hat, sondern die es ermöglichte, auch den Tod in seinem Zeitpunkt und das Sterben in seinem persönlichen und sozialen Verlauf zu kontrollieren und damit in seinem Wesen entscheidend zu verändern. Der „Geburtenkontrolle" hat sich ein Pendant zugesellt: die „Todeskontrolle" (Menne, 1978). Unsere Gesellschaft hat den Prozeß des Sterbens aus seinen alltäglichen Lebenszusammenhängen herausgelöst und in familienferne Institutionen (Krankenhäuser und Altenheime) hineinverlagert, die nur scheinbar im Sinne gesellschaftlich ausdifferenzierter Arbeitsteilung für die Bewältigung des Todes besser geschaffen sind.

Der Ort des Sterbens ist also nicht mehr die vertraute soziale Umgebung, die Familie. 1968 starben 44,2 % aller Sterbefälle im Krankenhaus. In zehn Jahren, also bis 1978, hat sich der Anteil auf 59,3 % erhöht. Wir wissen, daß dieser Prozeß noch viel einschneidender bei den in ihrem Zeitpunkt meist berechenbaren Geburten verlaufen ist (im Zeitraum von 1960–1973 von 66,3 auf 97,8 %). Beide Vorgänge sind sicherlich nur bedingt vergleichbar. Doch beschreiben sie Veränderungen, die nicht nur in Begriffen wie Säuglingssterblichkeit, Risikogeburt oder Reinfarktmorbidität und -mortalität diskutiert werden dürfen.

Sie sind Ausdruck ganz realer gesellschaftlicher Prozesse, die zumindest gemeinsam haben, daß natürliche Vorgänge wie der des Zur-Welt-Bringens von Leben und der des Beendigens eines Lebens in einen alltagsfernen medizinischen Kontext exiliert werden.

In sozialwissenschaftlicher Sichtweise ist das Krankenhaus als Teil der gesellschaftlichen Institution Medizin die „Arena", in der alle Beteiligten um die Gesundheit ihrer Patienten kämpfen und damit, im extremen Fall, gegen den Tod kämpfen – auch dann, wenn sie dabei eine Menge iatrogenen Schaden anrichten. Das Sterben-Lassen, vor allem das In-Frieden-Sterben-Lassen, ist also nicht die eigentliche Aufgabe des Krankenhauses. Dieses ist von seiner Selbstdefinition her und der Art und Weise, wie es räumlich und personell organisiert ist, nicht auf den Sterbevorgang und den Tod eingestellt. Der Tod eines Patienten wird oft, ganz sicher auf den Intensivstationen, wie eine verlorene Schlacht erlebt und hinterläßt neben dem Toten eine Reihe ermatteter medizinischer Krieger, die rasch und geschäftsmäßig, oft heimlich und hilflos, das Opfer des Todes beiseiteschaffen.

Wenn jedoch die ureigenste Bestimmung des Krankenhauses die Wiederherstellung der Gesundheit des Menschen und damit die Wiederherstellung als voll funktionsfähiges autonomes Individuum ist, so wird diese Aufgabe in der gegenwärtigen Entwicklung stark verändert. Die Medizin bietet sich der Gesellschaft als allmächtige, technisch perfekt ausgerüstete physiologische Wiederherstellungsmaschinerie an und sie erweckt den Eindruck, als könne sie fast nach Belieben entscheiden, wie lange ein Mensch leben kann bzw. wann er sterben darf. Im Vertrauen auf die technisch hochgerüstete Medizin werden viele Todkranke in Kliniken verlegt, weil die Angehörigen oder auch die Patienten selbst ganz realistisch die Chancen der Medizin im Kampf gegen den Tod als größer einschätzen als ihre eigenen Kräfte. Hinzu kommt jedoch ein Gefühl, daß dieser Kampf in jedem Fall gewagt werden muß, daß auch der letzte Strohhalm noch ergriffen werden muß, was sehr oft, jeder Kliniker wird dem zustimmen, zu entwürdigenden, quälend langen

Sterbeprozessen führt. Im Zeitalter des medizinisch-technologischen Fortschritts darf der Tod nicht mehr als der natürliche Endpunkt eines erfüllten Lebens, wie Todesanzeigen häufig die Zeit vorher beschreiben, verstanden und einfach hingenommen werden. Ihm muß der Kampf angesagt werden und die professionellen Orientierungen, die Organisation der Notfallversorgung und die allgemeinen Möglichkeiten medizinischer Betreuung tun ein übriges, um die Maschinerie des Am-Leben-Erhaltens ins Werk zu setzen und in Bewegung zu halten.

Der Tod in der Klinik als konkrete Erfahrung

Die vorstehenden Ausführungen argumentieren noch sehr allgemein entlang der These, daß die Verlagerung des Sterbeprozesses in die Institution Krankenhaus zu einer Anonymisierung des Erlebnisses des Todes und zu einer institutionell und damit bürokratisch geformten, technischen Lösung des Sterbeprozesses geführt hat, der unverträglich mit dem zu sein scheint, was man meint, wenn man von der Würde des menschlichen Todes spricht.

Im folgenden sollen die genannten Aspekte verdeutlichen und erweitern, vor allem jedoch an konkretem, beobachtetem Geschehen unmittelbarer erfahrbar machen. Eine im Rahmen eines Forschungsprojektes[1] beobachtete Szene sei kurz - teilweise das dokumentierte Material zusammenfassend - geschildert und interpretiert.

Szenenbeispiel:
Gegen 2.00 Uhr nachts wird ein Patient - etwa 70 Jahre alt - auf die Intensivstation eines großen Universitätskrankenhauses

---

1   Das Szenenbeispiel entstammt dem empirischen Material des vom BMFT geförderten Projekts „Patientenorientierte Intensivtherapie und medizinische Technologie", das der Verfasser zusammen mit Prof. Dr. H. A. Paul geleitet hat und an dem außer ihm noch Claudia von Grote, Gerald Schneider und Anne Sprenger mitarbeiten. Das Projekt wird am Institut für Soziale Medizin der Freien Universität durchgeführt.

und dort auf den einzigen noch freien Platz in einem Vierbett-
zimmer geschoben. Die beiden seitlichen Vorhänge werden
zugezogen. Dr. S. holt das fahrbare Röntgengerät und schiebt
es in die Nähe des Bettes des Patienten.

> „Ich folge Dr. S. und stehe am Bett des Patienten. Dieser ist be-
> reits vom Pfleger an den Monitor angeschlossen worden und die
> erste Infusion läuft auch schon. Auf Anweisung von Dr. S. spritzt
> der Pfleger mehrere Ampullen in die Infusion. Dr. S. würgt einen
> Schlauch in den Rachen des Patienten, bläst zweimal rein und
> fragt mich dann nach der Pumpe (Ambu-Beutel). Diese verhakt
> sich beim Abnehmen von der Versorgungsleiste. Ich versuche
> die Pumpen zu entwirren, was schließlich gelingt. Dann schließt
> Dr. S. die Pumpe an und pumpt Luft in die Lunge des Patienten.
>
> Der Patient gibt röchelnde Geräusche von sich. Ich merke noch
> nicht, was los ist. Dann bittet mich Dr. S., das Pumpen zu über-
> nehmen, wir tauschen die Plätze, ich stehe links, er steht rechts
> neben mir. Mit ruhigem Blick, wortlos beobachtet er, was ge-
> schieht. Ich sehe am Monitor eine gerade Linie und merke,
> immer wenn ich pumpe, erscheint am Monitor-Bild ein kleiner
> Ausschlag. Ich verstehe nichts mehr. Plötzlich macht Dr. S. eine
> Geste, die mir deutlich macht, daß der Patient gestorben ist: Dr.
> S. läßt resigniert beide Hände nach unten fallen. Der Pfleger
> nimmt die Elektroden des EKGs ab und zieht die Infusionszu-
> gänge aus dem Körper des Patienten. Ich unterbreche kurz das
> Pumpen. Dr. S. ermahnt mich weiterzupumpen, flüstert mir zu:
> „Es ist wegen der anderen“ (gemeint sind die anderen Patienten),
> was mir auch sinnvoll erscheint, da diese wohl wegen der Hektik
> nicht sehr fest schlafen. Ich pumpe weiter. Die koreanische
> Schwester, die die ganze Zeit hilfsbereit herumgelaufen ist,
> Spritzen angereicht hat usw., Dr. S. und ich schieben das Bett des
> Patienten heraus, ich pumpe weiter. Beim Herausfahren fällt mir
> die Pumpe fast aus der Hand. Dr. S. ermahnt mich wieder
> weiterzupumpen, was ich fortsetze, bis wir auf dem Gang sind.
> Eine knappe Anweisung, den Patienten ins Röntgenzimmer zu
> schieben, was ich alleine mit der koreanischen Schwester tue. Sie
> führt das Bett vorne. Als wir im Röntgenzimmer sind, deute ich
> an, den Raum verlassen zu wollen. Sie bittet mich dazubleiben.
> „Ich habe Angst“. Ich bleibe also da und beobachte sie; sie beob-
> achtet mich. Schließlich fragt sie mich, ob dies der erste Tod sei,
> den ich erlebe, was ich bejahen muß. Ich ringe mit mir, ob ich sie
> fragen soll, wovor sie Angst habe.

Es dauert sehr lange, bis wir alle möglichen Verrichtungen an dem Toten durchgeführt hatten, bei denen ich ihr helfe: den Schlauch aus der Nase gezogen – er war viel länger als ich vermutete –, dem Patienten erneut ein Hemd angezogen, er fühlte sich lauwarm an, ein fürchterliches Gefühl. Dann band sie ihm den herunterhängenden Kiefer mit einer braunen Binde fest. Ich stemmte dafür den Kopf des Patienten nach oben. Schließlich faßte ich mir ein Herz und fragte sie, weshalb sie denn Angst habe. Sie meinte: „In meinem Land sind Tote nicht tot". Schließlich zog sie ein Laken über das ganze Bett. Ich machte das Licht aus und sie machte es wieder an, es sollte alles hell und normal sein."

Der weitere Verlauf der Szene offenbart noch die ganze Problematik der administrativen Bewältigung eines solchen Todes, wobei die Besonderheit vorlag, daß es sich um einen von draußen kommenden Patienten handelte und die Todesursache zunächst als ungeklärt gelten mußte. Diesen Aspekten und dem Vorgang der „Entfernung" der Leiche möchte ich jedoch hier nicht weiter nachgehen.

Nur zögernd wende ich mich der vorgelegten Szene zu, da die Betroffenheit des Beobachters, die in der Darstellung offen ihren Ausdruck findet, den Szenengehalt selbst schon interpretiert und es schwerfällt, das geschilderte Geschehen analytisch zu zerpflücken. Ich greife daher einige wenige Aspekte heraus und schließe daran allgemeinere Gedanken an, ohne jetzt eine methodisch saubere Feinanalyse vorzuführen.

Der sterbende Patient löst, wie viele Neuaufnahmen auf der Intensivstation, eine routinemäßig eingespielte geschäftige Hektik aus. Die Chancen stehen sichtbar schlecht, aber dennoch wird mit vielen Medikamenten und der „Bebeutelung" ein letzter Versuch im Kampf gegen den Tod unternommen. Es ist schwer zu sagen, ob der Patient diesen Kampf um sein Leben noch wahrgenommen hat. Dem medizinischen Personal vermittelt die kämpferische Auseinandersetzung mit dem Tod subjektiv das Gefühl, alles erdenklich Mögliche zur Rettung des Lebens versucht zu haben.

Von der Lektüre des Protokolls her ist es schwer zu entscheiden, welche Wahrnehmungen den Arzt dazu brachten, den Tod festzustellen, den er durch ein Fallenlassen der Hände seiner Umgebung gegenüber gestisch andeutet. Der Monitor ist es sicherlich nicht allein. Der Beobachter, ein medizinischer Laie, vertraute zunächst allein dem Monitor, für ihn war das scheinbar intakte Bild Ausdruck von Lebensresten im Patienten, die er im Gesicht nicht mehr wahrnehmen konnte. Das Erschrecken des Beobachters ist begreiflich, wenn er entdeckt, daß er selbst es ist, der mechanisch ein visuell auf den Monitor abgebildetes Lebenssignal des Patienten erzeugt. Er begreift, daß er den Übergang vom Leben zum Tod nicht wahrgenommen hat. Die technischen Geräte, die den Patienten mittlerweile umgeben, können es jedenfalls nicht alleine sein, die diesen Schritt erkennbar werden lassen.

Der Arzt erlebt den Einschnitt anders. Sein medizinisches Wissen, mit dem er die beobachtbaren Signale verarbeitet, führen ihn zu der Entscheidung, daß für diesen Patienten das Ende gekommen ist. Resigniert und wortlos läßt er die Hände fallen. Die Sprachlosigkeit, die das Sterben im Krankenhaus insgesamt umgibt, setzt sich fort. Ein „konspiratives Schweigen" herrscht angesichts des sich nähernden Todes. Angehörige und Patienten erleben es oft voller Angst, und es verstärkt ihre Unsicherheiten. Dies liegt nicht nur daran, daß die Situation für den Patienten hoffnungslos ist und es möglicherweise einfach nicht viel zu sagen gibt, außer dem für den Fortgang der medizinischen Handlung Notwendigen. Es ist auch die ganz begreifliche Angst vor der Erfahrung einer medizinischen Niederlage und der Vergeblichkeit der Medizin, selbst in solchen Todesfällen, wo die Überforderung der Medizin von vornherein evident ist.

Auch wenn ein „konspiratives Schweigen" über die Szene gelegt wird, so ist das Sterben doch öffentlich: Die anderen Patienten erleben es – zumindest in Andeutungen – mit. Der Arzt rechnet auch damit, wenn er den Beobachter auffordert, mit dem Bebeuteln auch dann fortzufahren, wenn die Feststellung des Todes schon getroffen ist. Den Patienten, die möglicherweise für sich die Intensivstation als „Endstation" definieren, soll das unmittelbare Erleben des Endes eines Mitpatienten erspart werden. Daß hierfür in den meisten Kliniken die baulichen Voraussetzungen fehlen, ist eine besondere Tragik und führt oft zu nachgerade grotesken Hilfskonstruktionen des Verschleierns eines Sterbefalles, die die Patienten rasch durchschauen.

Die Geste des Arztes leitet aber noch etwas anderes ein. Der Pfleger entfernt die Elektroden und Braunülen, durch die die Infusionen gegeben wurden; dies ist das sichtbare Zeichen der Aufgabe des Kampfes. Seine Spuren werden beseitigt und das erschreckende Ritual der „Zurichtung" des Toten beginnt. Es darf keine Zeit vergehen zwischen dem Eintreten des Todes und jenen Handgriffen, die dem Toten eine eigene Identität als Toter sichern sollen, die in ihrem äußeren Bild nicht allzu weit entfernt sein darf von dem, was die Umwelt im Gedächtnis hat und im Gedächtnis behalten will.

Wenn wir uns erinnern an den eingangs zitierten Stationsjargon, daß sich ein Patient „verabschiedet" hat, womit metaphorisch sein Tod anderen mitgeteilt wird, so wird an dem vorgetragenen Beispiel deutlich, dem zahlreiche weitere hinzugefügt werden könnten, daß das Gegenstück in unseren Krankenhäusern, bei aller Betroffenheit, oft zu fehlen scheint: das *Abschiednehmen*. Ein Abschiednehmen, das ernst und situationsangemessen ist, das seine Zeit braucht und das erkennen läßt, daß die Menschen, die den Patienten gepflegt haben, doch eine tiefere Beziehung zu dem Sterbenden entwickeln konnten.

Im medizinischen System regieren jedoch Sachzwänge, unzulängliche Räumlichkeiten, Forschungs- und Lehrinteressen (Pathologie und die Notwendigkeit, das Katheterschieben zu üben, beispielsweise), die ein humanes Sterben verhindern, das nur dann human sein kann, wenn es Grundregeln menschlichen Zusammenlebens verwirklicht, wozu auch ein ernsthaftes Abschiednehmen im Tode gehört.

Einzig und allein die enge Verbindung von pastoralen und technischen Fähigkeiten bei allen Mitgliedern des medizinischen Personals eröffnen dem medizinischen System eine Chance, auf die ethischen Herausforderungen, wie sie nicht nur durch

den Prozeß des Sterbens gegeben sind, im Zeitalter nahezu un-
begrenzter medizintechnischer Möglichkeiten eine wahrhaft
humane Antwort zu geben.

Literatur

Glaser, B. G. und A. Strauss: Interaktion mit Sterbenden. Beobachtungen für Ärzte, Schwester, Seelsorger und Angehörige, Göttingen
1974.

Kautsky, R.: Sterben im Krankenhaus. Aufzeichnungen über einen Tod,
Freiburg 1976.

Kübler-Ross, E.: Interviews mit Sterbenden, Stuttgart 1976.

Lofland, L.: The Craft of Dying. The Modern Face of Death, London
1978.

Menne, E. W.: Todeskontrolle. Das „moderne" Ende sozialer Lebensgeschichten, Vorgänge 36 (1976), S. 80–95.

Schluchter, W.: Legitimationsprobleme der Medizin, Zeitschrift für
Soziologie 3 (1974) S. 375–396.

Schmeling, C., C. Jährig, U. Koch: Sterben im Krankenhaus, Medizin,
Mensch, Gesellschaft 7 (1982) S. 140–149.

Sudnow, D.: Organisiertes Sterben. Eine soziologische Untersuchung,
Frankfurt 1973.

Ingeborg Falck

Sterbebegleitung älterer Menschen im Krankenhaus

Ein geriatrisches Krankenhaus, in dem 55 % der Patienten 81 Jahre und darüber alt sind, und nur 30 % das Krankenhaus wieder verlassen, so daß 70 % sterben, kann den Problemen von Tod und Sterben nicht ausweichen.

Ein alter Mensch sollte im hohen Alter sich mit dem Tod und Sterben auseinandergesetzt haben, so daß in der Geriatrie vor allem die Sterbebegleitung im Vordergrund steht, so wie wir es im Rahmen der Deutschen Gesellschaft für Gerontologie in einer Resolution zur Sterbebegleitung aus der Sicht des Krankenhauses, aus der Sicht der Öffentlichkeit, aus der Sicht der Familie dargestellt haben.

Schwierig wird das Problem allerdings, wenn der Sterbende nicht auf ein sinnvolles Leben zurückblicken kann, da er ein Randgruppenpatient ist und angesichts des Todes sichtbar wird, daß das Leben aus psychosozialen Zwängen geprägt war, eine Situation, die nicht mehr in eine positive Richtung gebracht werden kann.

Aus der Sicht der Geriatrie, die viele alte Menschen beim Sterben begleiten muß, haben wir die Einrichtung von Sterbekliniken abgelehnt. Geburt und Sterben sollte sich nicht hinter den Mauern des Krankenhauses vollziehen, sie sollten nicht institutionalisiert und professionalisiert werden.

Beim alten Menschen tritt öfter auch der Wunsch nach Sterbehilfe auf, er sieht sein Leben dann als abgeschlossen an und sieht keinen Sinn mehr in einer Lebensverlängerung. Kann es dann eine Sterbehilfe geben?

Lebensverlängernde Maßnahmen stehen hier unter Umständen sowieso nicht an, so daß wirkliche Sterbehilfe als aktive Tat gefordert wird. Meist ist dies allerdings nur der Appell an die Sterbebegleitung.

Es kommt aber doch bei der 92jährigen alleinstehenden alten Frau unter Umständen zur völligen Nahrungs- und Flüssigkeitsverweigerung. Hier steht dann der Arzt hilflos an dem Krankenbett, denn er weiß, daß man durch Nahrungs- und Flüssigkeitsverzicht nicht in wenigen Tagen stirbt, sondern daß es zu einem längeren Prozeß kommt, der z. B. durch Absinken des Gesamteiweißes zu schmerzhaften Komplikationen wie Dekubitus usw. führt. Hier muß auf die Methode der Sterbebegleitung zurückgegriffen werden, damit das Lebensende durch solche Gewaltakte nicht so traurig gestaltet wird.

Welchen Tod jemand erfährt, ist gerade bei einem alten Menschen schon aus seinem vorherigen Leben her bestimmt. Wie die Geburt, ist auch das Sterben eine Aufgabe, bei der vor allem die Frauen gefordert werden. In einer Partnerschaft sind es fast immer die Frauen, die die traurigen Pflichten im Zusammenhang mit Tod und Sterben zu übernehmen haben, denn die Lebenserwartung der Männer ist kürzer und früher war die Frau meist jünger als der Mann.

Die Trauer trifft so vor allem die Frauen, diese Tatsache ist kein feministischer Aspekt, sondern eine Realität, die allgemein völlig vergessen wird, dabei gab es früher Klageweiber und Totenfrauen, aber wohl kaum Klagemänner und Totenmänner.

Sterben aus der Sicht des Krankenhauses

1. Vorbereitung auf das Sterben sollte in jedem Alter geschehen, indem Sterben und Tod enttabuisiert werden. Bei der Realisierung dieser Forderung lassen sich Konzepte der Einstellungsänderung, des Lernens, der Entwicklungsaufgaben und der Feldtheorie nutzen.
2. Adressaten der Vorbereitung auf das Sterben sind die direkt Betroffenen (also wir alle), das medizinische und paramedizinische Personal und die Öffentlichkeit. Jede dieser Zielgruppen wird spezifische Vorbereitungstechniken erfordern.

3. Über Tod und Sterben herrschen heute zahlreiche Vorstellungen. Dieser Pluralismus der Interpretation des Phänomens Tod muß als Realität berücksichtigt werden.

4. Aufgabe der Theologie sollte es auch sein, die Vorstellung über den Tod und was darauf folgt zu entwickeln.

5. Wenn immer es möglich ist, sollte das Sterben in die Wohnung zurückverlegt werden. In der vertrauten Umgebung sinkt die Belastung des Sterbenden. Zusätzlich sammeln die Lebenden Erfahrung über den Umgang mit Sterbenden und mit dem Tod.

6. Sollte der Sterbende außerhalb seiner Wohnung bleiben müssen, ist die Anwesenheit wichtiger Sozialpartner zu erleichtern. Das kann z. B. durch großzügige Besuchszeiten und durch Übernachtungszeiten bzw. -angebote geschehen.

7. Die Kommunikationsfähigkeit des Personals über Tod und Sterben ist zu verbessern.

8. Die Aus- und Fortbildung von Medizinern über Gespräche mit Patienten und mit Mitarbeitern sollte verstärkt werden.

9. Auch Praktikanten oder andere unausgebildete Mitarbeiter in der Klinik sind von ihrem Einsatz zumindest rudimentär über den Umgang mit Schwerkranken und Sterbenden zu informieren. Andernfalls sollte sichergestellt sein, daß diese Mitarbeiter nicht in der Nähe schwerkranker Patienten tätig sind.

10. Für die Ausbildung des Pflegepersonals ist ein Curriculum zu entwickeln. Für diese Zielsetzung sollte eine Arbeitsgruppe eingesetzt werden.

11. Die Berufsspezialisierung sollte nicht soweit getrieben werden, daß es Spezialisten für den Umgang mit Sterbenden gibt.

12. Das Pflegeteam, bestehend aus Medizinern, Pflegepersonal, Putzhilfen usw., sollte mindestens einmal wöchentlich zu einer Arbeitssitzung zusammenkommen, um Informationen über die Patienten auszutauschen, Methoden des Umgangs zu vermitteln und das weitere Vorgehen gemeinsam festzulegen.

13. Um die Dominanz der statushohen Mediziner bei solchen Sitzungen zu vermindern, sollten gerade diese Berufe über partnerschaftliches Verhalten im Team fortgebildet werden.

14. Um die Stellung des Pflegepersonals bei den Patienten zu stärken und um eine Entlastung der Mediziner zu erreichen, sollte eine Aufwertung des Pflegepersonals, die auch nach außen sichtbar ist, angestrebt werden.

15. Personal in der Ausbildung sollte von Supervisoren betreut werden. Die Aufgaben dieser Supervisoren, soweit sie den Umgang mit Sterbenden betreffen, sollten von einer Arbeitsgruppe zusammengestellt werden.

16. Auch wer mit Sterbenden umgeht, braucht Erfolgserlebnisse. Zur Ausbildung des Personals gehört daher auch, die wenig spektakulären Erfolge wahrzunehmen.

17. Erfolge stellen sich auch ein, wenn man in Übereinstimmung mit moralischen Ansprüchen lebt. Daher ist eine Berufsethik zu entwickeln, an die sich das Pflegepersonal gebunden fühlen kann.

18. Ein wünschenswerter Umgang mit Sterbenden wird heute oft auch durch räumliche Grenzen und durch unrealistische Stellenpläne verhindert. Daher ist gerade in Einrichtungen mit vielen Schwerkranken die räumliche und personelle Ausstattung zu verbessern.

19. Wenn in aussichtslosen Fällen die medizinische Behandlung reduziert werden muß, ist die soziale Betreuung zu erhöhen. Sterbende benötigen daher mehr Pflegekräfte!

20. Schwierige Patienten haben oft eine Pflegeperson, mit der sie sich besser verstehen. In solchen Fällen ist diese Person von anderen Aufgaben zu entlasten, um „ihren" Patienten betreuen zu können.

21. Verlegung Schwerkranker und Sterbender in neue Abteilungen vermehren ihre Belastungen. Daher sollten solche Verlegungen nur vorgesehen werden, wenn sie dem Patienten zahlreiche Vorteile bringen.

22. Sterbende sollten nicht in einem Raum mit Personen in gleicher Lage isoliert werden. Die Gemeinschaft mit gesünderen Kranken kann die letzten Tage erleichtern.

23. Der Forderung nach Rehabilitation um jeden Preis ist die Forderung nach Gelegenheit zur Regression, wenn sie vom Patienten gewünscht wird, entgegenzustellen.

24. Die meisten Kranken hoffen auf Genesung. Durch eine verfrühte Mitteilung, der Tod sei nahe, kann man diese Hoffnung rauben. Daher sollte die Mitteilung nicht zu früh geschehen und in einer Formulierung erfolgen, die die Erhaltung der Hoffnung sichert.

25. Wenn ein Patient gestorben ist, sollten die Mitpatienten oder auch Mitbewohner des Pflegeheimes über den Tod informiert werden.

26. In persönliche Gespräche mit Schwerkranken werden auch intime Dinge einbezogen. Diese persönlichen Daten sollten nur dann an behandelnde Kollegen weitergegeben werden, wenn der Patient zustimmt.

27. Die Bedingungen des Sterbens in Kliniken und des Lebens in Heimen sind teilweise nicht menschenwürdig. Um die Zustände zu verbessern, sollte eine „Kampagne" zur Humanisierung der Institutionen organisiert werden.

28. Die Wirkungen von Empfehlungen zum Umgang mit Sterbenden sind noch nicht bekannt. Deshalb wird vorgeschlagen, in der Bundesrepublik Deutschland in z. B. 10 Krankenhäusern und Pflegeheimen Modelleinrichtungen aufzubauen. Bedingungen und Barrieren oder Erfolge und die Wirkungen bei Patienten, Angehörigen und Pflegepersonal sind dabei durch wissenschaftliche Begleituntersuchungen zu kontrollieren.

29. Die Berliner Arbeitssitzung zeigte, wie verschiedene Disziplinen, die sich mit Sterbenden befassen (können), noch zu wenig voneinander wissen. Es ist daher dringend, die interdisziplinäre Zusammenarbeit zwischen Medizin, Theologie, Psychologie, Soziologie und praktischer Betreuung zu verstärken.

Sterben aus der Sicht der Öffentlichkeit

1. Es ist wesentlich, daß in der Gesellschaft darüber Klarheit besteht, daß das Recht auf menschenwürdige Behandlung

allen Phasen des Lebens zukommt – ganz im besonderen in der Phase, in der der Mensch auf die Hilfe anderer angewiesen ist, wie in Kindheit, Alter und im Sterben.

Wir sehen in der Verdrängung von Altern und Sterben aus der Gesellschaft eine Gefährdung des Rechts auf menschenwürdige Behandlung und eine Überforderung der Menschen, die in den spezialisierten Institutionen arbeiten. Das Grundrecht auf menschenwürdige Behandlung umfaßt mindestens: Reinigung, Bettung, Ernährung, menschliche Zuwendung, Linderung von Schmerz.

2. Aufgrund der Ausgliederung der Pflegebedürftigkeit und des Sterbens aus der Familie und der Aufgabenzuweisung an spezialisierte Institutionen ist eine berufsmäßige Pflege und Sterbebegleitung entstanden. Damit entlastet sich die Gesellschaft von der Verantwortung für die Bereiche und bürdet sie bestimmten Berufsgruppen auf. Dieser Vorgang sollte nicht toleriert werden, denn jeder ist betroffen und zuständig.

3. Die Arbeit mit Sterbenden muß in der Öffentlichkeit eine entsprechende Würdigung erfahren und darf nicht geringer gewertet werden als die Arbeit in diagnostisch-therapeutisch orientierten Bereichen der Medizin. Dies ist um so wichtiger, als eine Durchsetzung des Grundrechtes auf menschenwürdige Behandlung des Pflegebedürftigen und Sterbenden nur möglich ist, wenn die dort Tätigen hinreichend qualifiziert, persönlich engagiert und in ausreichender Zahl verfügbar sind.

4. Lösungsansätze sehen wir in der stärkeren Außenwirksamkeit von Institutionen, in denen gestorben wird, gegenüber der Öffentlichkeit und gegenüber den Familien; in der stärkeren Einbeziehung der ehrenamtlichen Mitarbeit und in einem speziellen Training des betroffenen Personals. Die geforderte höhere Anerkennung der Arbeit des Personals in der Sterbebegleitung muß u. a. in einer angemessenen Bezahlung ihren Ausdruck finden.

Sterbebegleitung aus der Sicht der Familie

Sterbebegleitung kann nicht ohne Sterbevorbereitung erfolgen und diese gehört in das Gesamtkonzept der Sinngestaltung des Lebens. Die positive Familie würde in diesem Sinn die Leibbewältigung, die Einsamkeitsbewältigung, die Leidbewältigung und damit von Krankheit und Tod übernehmen. Der Sterbende erlebt sein Sterben im wesentlichen in bezug auf die Familienmitglieder. Das individuelle Sterben ist dabei auch die Lebensbilanz. Beim Sterben eines Familienmitgliedes werden Schuldkomplexe offensichtlich. Hier benötigt die Familie oft Hilfe, etwa durch Vorbereitung und nachgehende Trauerarbeit. Eine Überforderung der Familie muß vermieden werden.

Hier hätten offene Hilfen z. B. bei der Betreuung der Sterbenden in der Familie durch Besuchsdienste, Nachbarschaftshilfe usw. eine wesentliche Aufgabe. Über die Familie hinaus muß mehr allgemeines soziales Engagement gefordert werden, das aber gelernt sein muß. Besonders die Witwen, die quantitativ und auch qualitativ die bedeutendste Gruppe sind, bedürfen einer Hilfe zur Selbsthilfe, z. B. durch offene Alteninstitutionen, Jugendinstitutionen usw.

Resolutionen des Symposions der Deutschen Gesellschaft für Gerontologie, das mit Unterstützung des Bundesministeriums für Familie, Jugend und Gesundheit im November 1979 in Berlin stattfand.
Schriftenreihe des Deutschen Zentrums für Altersfragen, Berlin 1980.

Literatur

Falck, I., H. Lauter, S. Kanowski und A. Paul: Stellungnahme zur Errichtung von Modellsterbekliniken, Akt. Gerontologie 8 (1978), S. 681–682.

Falck, I.: Vorbereitung auf das Sterben aus der Sicht des geriatrischen Krankenhauses, Akt. Gerontologie 10 (1980), S. 157–160.

Falck, I. (Hrsg.): Sterbebegleitung älterer Menschen – Ergebnis einer Arbeitstagung der Deutschen Gesellschaft für Gerontologie im November 1979 in Berlin. Schriftenreihe des Deutschen Zentrums für Altersfragen Berlin 32 (1980).

Rolf Winau

Sterbehilfe

Zur Problematik ärztlicher Verantwortung

Der Begriff der Sterbehilfe, der *Euthanasia*[1], taucht in der medizinischen Fachliteratur erst sehr spät, im 18. Jahrhundert, auf. Zwar hatte schon im 17. Jahrhundert Francis Bacon den Begriff der Euthanasie benutzt, seine Forderungen an die Medizin waren jedoch ins Leere gestoßen. Aufgabe des Arztes sei nicht nur die Erhaltung der Gesundheit, die Heilung der Krankheit, so hatte er gefordert, sondern auch die Verlängerung des menschlichen Lebens. Da es nun aber unheilbare Krankheiten gebe, die diesen Aufgaben entgegenstünden, müsse es in einem solchen Falle Aufgabe des Arztes sein, Schmerzen zu lindern, nicht nur „wenn jene Linderung der Schmerzen... zur Wiederherstellung der Gesundheit dient, sondern auch dann, wenn ganz und gar keine Hoffnung mehr vorhanden, und doch aber durch Linderung der Qualen ein mehr sanfter und ruhiger Übergang aus diesem zu jenem Leben verschafft werden kann. Denn es ist fürwahr kein kleiner Teil der menschlichen Glückseligkeit, daß man nämlich ein sanftes Ende habe."[2] Bacon nennt dies *Euthanasia exterior* im Gegensatz zur *Euthanasia interior*, die sich mit der Vorbereitung der Seele auf den Tod beschäftigt. Hier wird die Euthanasie zum ersten Mal zur Aufgabe des Arztes erklärt, die Sterbebegleitung ihm zur Pflicht gemacht.

Aber es dauerte noch fast zwei Jahrhunderte, bis die Ärzte diese Forderung aufgriffen. Aus dem 18. Jahrhundert ist nur eine Arbeit bekannt, die den Begriff Euthanasie im Titel führt: die Dissertation von Zacharias Philipp Schultz *De Euthanasia medica – vom leichten Tod, Halle – Magdeburg 1735.* Ihr steht eine zweite, im selben Jahr und am selben Ort verfaßte gegenüber: Karl Christian Henning *De dysthanasia medica – vom schweren*

Tod. Beide Schriften beschäftigen sich mit dem Problem rein akademisch. Sie suchen zu ergründen, wie ein leichter und ein schwerer Tod wissenschaftlich voneinander zu unterscheiden seien. Wenn der Arzt freilich die Zeichen eines leichten Todes erkenne, die ausführlich abgehandelt werden, dann sei es seine Pflicht, den Patienten sterben zu lassen, ihm keine anregenden Medikamente mehr zu verabreichen, die unter Umständen das Sterben erschweren könnten. Auf keinen Fall aber dürften die Ärzte das Ende durch die Gabe von Medikamenten beschleunigen.

Johann Christian Reil widmet der Euthanasie ein ganzes Kapitel in seinem *Entwurf einer allgemeinen Therapie.*[3] Vor ihm hatte schon Nikolaus Paradys in Leiden von der *Euthanasia naturalis* gesprochen.[4] Beide greifen die Forderungen Bacons auf, präzisieren sie, machen die Sterbehilfe endgültig zur ärztlichen Aufgabe und regen eine ausgedehnte Literatur an.[5]

Euthanasie bedeutet dort stets Sterbebegleitung, Hilfe beim Sterben. Als deutsche Übersetzung wird häufig der Begriff Todeslinderung benutzt oder es werden Umschreibungen gegeben, wie etwa die folgende: „Euthanasie ist das Verfahren des Arztes am Sterbebette ..., alle Möglichkeiten der Erleichterung zu schaffen".[6] Ist das Sterben ohnehin leicht, so erübrigen sich ärztliche Maßnahmen, ist es jedoch schwer, so muß Sorge für die Euthanasie getroffen werden. Zu diesen Maßnahmen gehören Ruhe im Krankenzimmer, sorgfältige Pflege, häufiger Hausbesuch des Arztes, der dem Kranken das Gefühl der Zuwendung vermittelt. Medikamente sollen so verabreicht werden, daß der ohnehin Schwerkranke nicht noch zusätzlich gequält wird. Schmerzen sind soweit wie möglich auszuschalten, der Patient soll beruhigt, ihm ein sanftes, leichtes, nicht durch unnötige Zumutungen erschwertes Ende bereitet werden. Mit Medikamenten, die zwar den Tod hinauszögern, aber keine Erleichterung bringen, soll der Arzt sehr vorsichtig umgehen. Noch größere Vorsicht ist indes bei betäubenden Mitteln geboten, da diese das Leben ungewollt verkürzen könnten.

Es fehlen jedoch in dieser Diskussion auch nicht Stimmen, die dafür plädieren, in der letzten Phase alle Medikamente abzusetzen oder zumindest stark zu reduzieren, wobei die Frage diskutiert wird, ob ein solches Vorgehen beim Kranken nicht das Gefühl bewirken könne, er sei nun endgültig aufgegeben. Deshalb gibt es auch andere Stimmen, die für maximale Therapie bis zum Ende plädieren. Auch ein anderer Punkt wird bereits in diese frühe Diskussion eingebracht: Ist der Arzt berechtigt, dem Kranken seinen Tod zu nehmen, indem er ihm narkotische Mittel verabreicht, die sein Bewußtsein so sehr trüben, daß er den Tod nicht begreift und erlebt? Eine Reihe von Ärzten vertritt die These, daß zu einem erfüllten Leben auch der bewußte Tod gehöre, und der Arzt deshalb nur schmerzlindernde, nicht aber das Bewußtsein trübende Mittel geben dürfe.

Immer wieder wird betont, daß euthanatische Mittel erst dann verwendet werden dürfen, wenn die Prognose sicher infaust sei und wenn der Prozeß des Sterbens begonnen habe.

Eines ist allen Schriften gemeinsam: Ärztliches Handeln darf nie zu einer Verkürzung des Lebens führen. Medikamente, die eine solche Wirkung haben könnten, dürfen deshalb nicht gegeben werden. Selbst wenn der Patient die Beendigung seiner Leiden wünscht, darf der Arzt diesem Wunsch nie nachgeben und lebensverkürzende Maßnahmen treffen.

Über die ärztlichen und pflegerischen Maßnahmen hinaus werden ausführlich die psychischen Hilfen diskutiert, die dem Sterbenden gegeben werden müssen. Der Arzt soll bis zum Ende Hoffnung verbreiten, der direkte Hinweis auf den Tod wird als unärztlich angesehen. Kontrovers wird die Frage priesterlichen Zuspruchs diskutiert: Vorwürfen, vor allem an die katholische Kirche, die durch Spendung der Sterbesakramente dem Kranken jede Hoffnung raube, stehen positive Stellungnahmen gegenüber, die eine Zusammenarbeit von Arzt und Priester fordern.

Es ist bemerkenswert, daß in allen untersuchten Schriften kein Hinweis auf eine ärztliche Verpflichtung aus dem hippokratischen Eid zu finden ist. Der hippokratische Eid wird erst im 20. Jahrhundert zur Frage der Sterbehilfe und der Euthanasie, ja überhaupt zu Fragen der ärztlichen Ethik bemüht.

Als man über die Greueltaten deutscher Nazi-Ärzte im Nürnberger Prozeß urteilte,[7] zeigte es sich bald, daß es keine verbindliche ärztliche Deontologie gab und daß auch der hippokratische Eid eine solche nicht darstellte. Da er aber heute noch von Ärzten und Nichtärzten immer wieder als Richtschnur ärztlichen Handelns angesehen wird, auch im Zusammenhang mit der Sterbehilfe, muß hier kurz darauf eingegangen werden.

Der hippokratische Eid wird heute von keinem Arzt in Deutschland geschworen, es ist auch schon lange her, daß er geschworen wurde. „Wer heute den Eid des Hippokrates ablegt, schwört damit zweifellos einen Meineid", hat schon 1941 Henry E. Sigerist geschrieben.[8] Dennoch wird er auch heute noch als Magna Charta ärztlichen Verhaltens gepriesen, von ewigen Grundwahrheiten ist die Rede, die dort für alle Zeiten gültig niedergelegt seien, von einem Monument ärztlicher Ethik über Zeit und Raum. Wenn dem so wäre, dann müßte der hippokratische Eid auch alle Fragen im Zusammenhang mit der Sterbehilfe beantworten.

Der hippokratische Eid,[9] der nicht von Hippokrates stammt, sondern wesentlich jünger ist, besteht aus zwei völlig unterschiedlichen Teilen. Der erste Teil ist ein Zunfteid, der auf den handwerklichen Charakter der griechischen Medizin verweist und in dem die Weitergabe des Heilwissens und die soziale Sicherung der Ärzte geregelt werden. Der Kernsatz des zweiten Teils lautet: Rein und heilig will ich mein Leben und meine Kunst (techne) bewahren. Oberstes Gebot ist also die Heiligung und Reinheit des ärztlichen Lebens, ein Satz, der auf den Orden der Pythagoräer verweist. Nur in ihrem Umkreis können die der Zentralforderung zugeordneten Gebote gesehen werden. Ihre Übertretung würde die Reinheit und Heiligkeit zerstören: die Hilfe beim Sterben, die Abtreibung und der Gebrauch des Messers. Geburt, Abtreibung, Sterben, das Vergießen von Blut machen nach Ansicht der Pythagoräer den Menschen unrein. Auch das Verbot des Geschlechtsverkehrs dürfte in den Kreis der Reinheitsgebote gehören. Ein Blick auf die antike Wirklichkeit zeigt, daß die Mehrzahl der Ärzte diese Gebote nicht zu den ihren gemacht hat und der Eid ganz sicher nicht von ihnen geschworen wurde. Was bleibt sonst noch? Die Versicherung, nur zum Nutzen, niemals zum Schaden des Patienten tätig zu werden und das Gebot der ärztlichen Schweigepflicht. Sehr wenig, um darin den Kern aller ärztlichen Ethik zu sehen.

Wenn der Eid dennoch über Jahrhunderte eine bedeutende Rolle in der Geschichte der Medizin gespielt hat, dann nicht als ethische Norm, sondern als Bindung des Arztes an die eidnehmende Instanz, sei es Fakultät, sei es Kirche oder Staat.

Wenn im hippokratischen Eid die für alle Zeiten gültige ärztliche Ethik gesehen wird, dann müßte es eine zeitlose, von allen Einflüssen der Kultur, Gesellschaft, Religion und Philosophie unabhängige ärztliche Ethik geben. Dies aber ist gerade nicht der Fall. Dazu zwei Beispiele: Zur Zeit der hippokratischen Medizin gehörte die Behandlung unheilbar Kranker nicht zu den ärztlichen Pflichten. Zeigte sich eine nicht therapierbare Erkrankung, war die Prognose infaust, so war der Arzt von der Behandlung freigestellt. Niemand hat das als unethisch empfunden. Wurde vom Arzt im Mittelalter die Diagnose Aussatz gestellt, so war dies gleichbedeutend mit dem gesellschaftlichen Tod des Kranken; er mußte die Stadt verlassen, in einem Siechenhaus wohnen, seinen Lebensunterhalt erbetteln, sein Erbe wurde geteilt und in manchen Städten ihm ein Requiem gehalten. Auch hier galt das Verhalten des Arztes, der ja dies alles mit seiner Diagnose heraufbeschwor, nicht als unethisch.

Wenn es also keine überzeitliche ärztliche Ethik gibt, dann dürfen auch Zweifel an einer ärztlichen Normenethik angemeldet werden. Gerade der Arzt lebt in Situationen, häufig in Grenzsituationen. Ethische Normen helfen hier wenig, gefragt ist eine Situationsethik. Gesetze, Berufsordnungen, vielleicht auch Gelöbnisse[10] sind notwendig, sie markieren indes nur Eckpunkte ärztlichen Tuns. Ein in Paragraphen lebendes ärztliches Sittengesetz, eine moralische Dienstanweisung[11] sind sie nicht. In ihrem Rahmen geht es immer um konkrete Einzelentscheidungen des Arztes. So reicht weder die Norm *Ehrfurcht vor dem Leben*, noch die Norm *dem Patienten nicht schaden* aus, um eine Entscheidung über Sterbehilfe zu treffen. „Die Norm ist

dasjenige Element, das die Tendenz hat, zeitlos Gültigkeit z⊔
beanspruchen und alle Menschen kollektiv zu verpflichten. Di⊔
Situation hingegen ist geschichtlich im Sinne von einmalig, zeit
lich bedingt und individuell", schreibt Helmut Siefert. „So gese
hen gibt es keine spezifische ärztliche Ethik und auf immer gül
tige unwandelbare Normen, sondern nur spezifisch ärztliche Si
tuationen."[12] Dieser Satz gilt insbesondere für die Sterbehilfe.

Die Diskussion um Möglichkeiten und Grenzen einer ärztli
chen Sterbehilfe ist in Deutschland nach dem Zweiten Welt
krieg für lange Zeit unmöglich gewesen. Zu tief war das Trau
ma, das durch die Ermordung des psychisch Kranken unter den
pervertierten Begriff der Euthanasie entstanden war. Erst End⊔
der 60er Jahre begann auch hier zögernd eine neue Diskussion
die erst durch einen spektakulären Fall neues Interesse fan⊔
und dann auf breiter Ebene geführt wurde.[13]

Am 17. Januar 1975 zeigte die Züricher Stadträtin R. Pestalozz
den Chefarzt im Züricher Triemli-Hospital, Urs Haemmerli, be⊔
der Staatsanwaltschaft wegen des Verdachts von Tötungsde
likten an, suspendierte ihn vom Dienst und veranlaßte sein⊔
Verhaftung. Haemmerli hatte bei Patienten, die irreversibe
bewußtlos waren, nach reiflicher Prüfung in jedem Einzelfal⊔
auf jede Therapie verzichtet, ja darüber hinaus nur eine kalo
rienfreie Flüssigkeitszufuhr aufrecht erhalten. In seinen Auge⊔
waren diese Patienten schon tot, auch wenn sie noch sponta⊔
atmeten und die Hirnströme meßbar waren.

Das Verhalten Haemmerlis machte mit aller Entschiedenhei
deutlich, daß der Arzt einer solchen Situation nicht mit norma
tiven Forderungen gerecht werden kann, sondern sein Han
deln an der Situation orientieren muß. Es zeigte aber auch, da⊔
selbst Orientierungspunkte für solches situatives Verhalte⊔
nicht vorhanden waren.

Die sich an den Fall Haemmerli anschließende Diskussio⊔
führte schließlich neben einer Reihe von Initiativen von Politi
kern und Bürgern zur Verabschiedung der Richtlinien für di⊔
Sterbehilfe durch die Schweizerische Akademie der Medizini
schen Wissenschaften, die beispielgebend auch für die Bundes

republik wurden und deshalb in vollem Wortlaut mit Text und
Kommentar hier zitiert werden.[14]

Richtlinien

I. Einleitung

Zu den Pflichten des Arztes, welche Heilen, Helfen und Lindern
von Leiden als hohes Ziel umfassen, gehört auch, dem Sterbenden bis zu seinem Tode zu helfen. Diese Hilfe besteht in Behandlung, Beistand und Pflege.

II. Behandlung

a) In bezug auf die Behandlung ist der Wille des urteilsfähigen
Patienten nach dessen gehöriger Aufklärung zu respektieren,
auch wenn er sich nicht mit medizinischen Indikationen deckt.

b) Beim bewußtlosen oder sonst urteilsunfähigen Patienten
dienen medizinische Indikationen als Beurteilungsgrundlage
für das ärztliche Vorgehen im Sinne einer Geschäftsführung
ohne Auftrag. Hinweise auf den mutmaßlichen Willen des Patienten sind dabei zu berücksichtigen. Dem Patienten nahestehende Personen müssen angehört werden; rechtlich aber liegt
die letzte Entscheidung beim Arzt. Ist der Patient unmündig
oder entmündigt, so darf die Behandlung nicht gegen den Willen der Eltern oder des Vormundes eingeschränkt oder abgebrochen werden.

c) Bestehen bei einem auf den Tod Kranken oder Verletzten
Aussichten auf eine Besserung, kehrt der Arzt diejenigen
Maßnahmen vor, welche der möglichen Heilung und Linderung
des Leidens dienen.

d) Beim Sterbenden, auf den Tod Kranken oder lebensgefährlich Verletzten,

- bei dem das Grundleiden mit infauster Prognose einen irreversiblen Verlauf genommen hat und

- der kein bewußtes und umweltbezogenes Leben mit eigener
Persönlichkeitsgestaltung wird führen können,

lindert der Arzt die Beschwerden. Er ist aber nicht verpflichtet, alle der Lebensverlängerung dienenden therapeutischen Möglichkeiten einzusetzen.

III. Beistand

Der Arzt bemüht sich, seinem auf den Tod kranken, lebensgefährlich verletzten oder sterbenden Patienten, mit dem ein Kontakt möglich ist, auch menschlich beizustehen.

IV. Pflege

Der auf den Tod kranke, lebensgefährlich verletzte und der sterbende Patient haben einen Anspruch auf die ihren Umständen entsprechende und in der gegebenen Situation mögliche Pflege.

Kommentar

Zu den Aufgaben des Arztes gehört auch die Sterbehilfe; sie ist das Bemühen, dem Sterbenden so beizustehen, daß er in Würde zu sterben vermag. Solche Sterbehilfe ist nicht nur ein medizinisches, sondern auch ein ethisches und juristisches Problem.

I. Ärztliche Überlegungen

Der von einer tödlichen Krankheit oder von einer lebensgefährlichen äußeren Gewalteinwirkung betroffene Mensch ist nicht notwendigerweise ein Sterbender. Er ist ein in Todesgefahr Schwebender, und es versteht sich von selbst, daß stets die Lebenserhaltung und wenn möglich die Heilung anzustreben ist. In solchen Fällen hat der Arzt diejenigen Hilfsmittel einzusetzen, die ihm zur Verfügung stehen und geboten erscheinen. Diesen Patienten zu behandeln, ist Lebenshilfe und keine Sterbehilfe.

1.a) Die Sterbehilfe betrifft den im Sterben liegenden Menschen. Ein Sterbender ist ein Kranker oder Verletzter, bei dem der Arzt auf Grund einer Reihe klinischer Zeichen zur Überzeugung kommt, daß die Krankheit irreversibel oder die traumatische Schädigung infaust verläuft und der Tod in kurzer Zeit eintreten wird. In solchen Fällen kann der Arzt auf weitere, technisch eventuell noch mögliche Maßnahmen verzichten.

b) Die ärztliche Hilfe endet beim Eintritt des Todes, dessen Definition in den „Richtlinien für die Definition und die Diagnose des Todes" der Schweizerischen Akademie der medizinischen Wissenschaften (1969) festgelegt ist.

2.   Die Sterbehilfe umfaßt die aktive Sterbehilfe (oder Sterbenachhilfe) und die passive Sterbehilfe. Allerdings ist diese Unterscheidung in einzelnen Fällen nicht leicht zu treffen.

a) Die aktive Sterbehilfe ist die gezielte Lebensverkürzung durch Tötung des Sterbenden. Sie besteht in künstlichen Eingriffen in die restlichen Lebensvorgänge, um das Eintreten des Todes zu beschleunigen. (Diese Sterbehilfe wurde auch als „aktive Euthanasie" bezeichnet, obschon „Euthanasie" eigentlich „guter Tod" heißt. Im Dritten Reich wurde die „Vernichtung lebensunwerten Lebens" mißbräuchlich mit diesem Worte bezeichnet, weshalb es hier nicht gebraucht wird.) Aktive Sterbehilfe ist nach dem Schweiz. Strafgesetzbuch strafbare vorsätzliche Tötung (StGB Art. 111 bis 113, Adnex). Sie bleibt gemäß StGB Art. 114 strafbar, selbst wenn sie auf Verlangen des Patienten erfolgt.

b) Die passive Sterbehilfe ist der Verzicht auf lebensverlängernde Maßnahmen beim Todkranken. Sie umfaßt die Unterlassung oder das Nichtfortsetzen von Medikationen sowie von technischen Maßnahmen, z. B. Beatmung, Sauerstoffzufuhr, Bluttransfusionen, Hämodialyse, künstliche Ernährung.

Ärztlich ist der Verzicht auf eine Therapie bzw. die Beschränkung auf eine Linderung von Beschwerden begründet, wenn ein Hinausschieben des Todes für den Sterbenden eine nicht zumutbare Verlängerung des Leidens bedeutet und das Grundleiden mit infauster Prognose einen irreversiblen Verlauf angenommen hat.

c) Als medizinische Sonderfälle sei das Vorgehen bei einigen zerebralen Störungen erörtert: Apallisches Syndrom (Coma vigile, akinetischer Mutismus). Wenn der Patient dauernd schwer bewußtseinsgestört bleibt und keinerlei Kommunikation mit seiner Umwelt hat, so muß der Arzt nach längerer Beobachtung beurteilen, ob der Prozeß irreversibel ist, so daß auf die besonderen lebensverlängernden Maßnahmen verzichtet werden kann, auch wenn das Atmen und Schlucken erhalten sind. Die Behandlung darf sich in diesen Fällen auf pflegerische Hilfe beschränken.

Schwere zerebrale Störungen des Neugeborenen. Bei schweren Mißbildungen und perinatalen Schäden des Zentralnervensystems, die zu irreparablen Entwicklungsstörungen führen würden, und wenn ein Neugeborenes bzw. ein Säugling nur dank des fortdauernden Einsatzes außergewöhnlicher technischer Hilfsmittel leben kann, darf von der erstmaligen oder anhaltenden Anwendung solcher Hilfsmittel abgesehen werden.

II. Ethische Gesichtspunkte

Die Schweizerische Akademie der Medizinischen Wissenschaften war von dem Grundgedanken geleitet, daß es die primäre Verpflichtung des Arztes ist, dem Patienten in jeder möglichen Weise helfend beizustehen. Während des Lebens ist die Hilfe, die er leisten kann, ausgerichtet auf die Erhaltung und Verlängerung des Lebens. Beim Sterbenden hängt die bestmögliche Hilfe von einer Anzahl von Gegebenheiten ab, deren angemessene Würdigung und Abwägung den Arzt vor schwere Entscheidungen stellen kann. Der Arzt hat in seine Überlegungen unter anderem
- die Persönlichkeit oder den ausgesprochenen oder mutmaßlichen Willen des Patienten
- seine Belastbarkeit durch Schmerzen und Verstümmelung
- die Zumutbarkeit medizinischer Eingriffe
- die Verfügbarkeit therapeutischer Mittel
- die Einstellung der menschlichen und gesellschaftlichen Umgebung
einzubeziehen.

Der Sterbeprozeß beginnt, wenn die elementaren körperlichen Lebensfunktionen erheblich beeinträchtigt sind oder völlig ausfallen. Sind diese Lebensgrundlagen derart betroffen, daß jegliche Fähigkeit entfällt, Subjekt oder Träger eigener Handlungen zu sein, d. h., sein Leben selbst zu bestimmen, und steht der Tod wegen lebensgefährdender Komplikationen unmittelbar bevor, so ist dem Arzt ein breiter Ermessensspielraum für sein Handeln zuzugestehen.

Diese Richtlinien können dem Arzt seine Entscheidung nicht abnehmen, sollen sie ihm aber nach Möglichkeit erleichtern.

III. Rechtliche Beurteilung

Die Sterbehilfe beruht auf der Verpflichtung des Arztes, bei der Übernahme der Behandlung eines Patienten alles in seinen Kräften Stehende zu unternehmen, um Gesundheit und Leben des Kranken zu fördern und zu bewahren. Diese Pflicht wird als Garantenpflicht des Arztes bezeichnet. Der Arzt, welcher passive Sterbehilfe leistet, könnte zivil- oder strafrechtlich verantwortlich werden, wenn er dadurch seine Garantenpflicht verletzt. Deshalb muß der Arzt wissen, in welcher Weise diese Pflicht einerseits dem urteilsfähigen, bei vollem Bewußtsein befindlichen Patienten, und andererseits dem bewußtlosen Patienten gegenüber besteht.

1.   Der Wille des urteilsfähigen Patienten, der über die Erkrankung, deren Behandlung und die damit verbundenen Risiken aufgeklärt worden ist, bindet den Arzt. Weil der urteilsfähige Patient darüber zu entscheiden hat, ob er behandelt werden will, kann er die Behandlung abbrechen lassen. Unter diesen Umständen entfällt die rechtliche Grundlage zur Behandlung mit denjenigen Maßnahmen, welche der Patient nicht mehr wünscht. In diesem Fall darf sich der Arzt – dem Wunsch des Patienten entsprechend – darauf beschränken, nur noch leidenmildernde Mittel zu geben oder eine in anderer Weise beschränkte Behandlung durchzuführen, ohne daß er deswegen rechtlich verantwortlich wird. Es gilt der Grundsatz:

„Voluntas aegroti suprema lex esto".

2.　Ist der tödlich erkrankte Patient nicht mehr urteilsfähig und deswegen nicht in der Lage, seinen Willen zu äußern (wie z. B. der Bewußtlose), so wird die Pflicht des Arztes zivilrechtlich nach den Regeln der „Geschäftsführung ohne Auftrag" bestimmt (OR Art. 419 ff.). Die Heilbemühungen sind dann entsprechend dem mutmaßlichen Willen des Patienten auszuführen. Dieser Wille ist nicht einfach als auf bloße Verlängerung von Schmerzen und Leiden zielend anzusehen. Vielmehr kann der Respekt vor der Persönlichkeit des Sterbenden die Anwendung medizinischer Maßnahmen als nicht mehr angezeigt erscheinen lassen. Ist diese Voraussetzung gegeben, so kann sich der Arzt strafrechtlich auf einen der „Geschäftsführung ohne Auftrag" entsprechenden Rechtfertigungsgrund berufen.

3.　Eine frühere schriftliche Erklärung, worin der Patient auf jede künstliche Lebensverlängerung verzichtet, kann für die Ermittlung seines Willens ein gewichtiges Indiz abgeben. Entscheidend ist jedoch der gegenwärtige mußmaßliche Wille, der nur auf Grund einer sorgfältigen Abwägung aller Umstände des Falles gefunden werden kann. Verbindlich ist die frühere Erklärung schon deshalb nicht, weil sie zu jeder Zeit rückgängig gemacht werden kann. Somit muß stets danach gefragt werden, ob der Patient die Erklärung im gegenwärtigen Augenblick vernünftigerweise widerrufen würde oder nicht.

4.　Dem Patienten nahestehende Personen sind anzuhören. (Nahestehende Personen sind in der Regel, doch nicht ausschließlich, die nächsten Verwandten des Patienten.) Die letzte Entscheidung liegt rechtlich allerdings beim Arzt. Ist jedoch der Patient unmündig oder entmündigt, so darf die Behandlung nicht gegen den Willen der Eltern oder des Vormundes eingeschränkt oder abgebrochen werden.

Diese Richtlinien wurden 1979 von der Bundesärztekammer im wesentlichen übernommen, jedoch an einzelnen Stellen verändert. Sie sind dabei nicht nur den „deutschen Rechtsverhältnissen und dem deutschen Sprachgebrauch" angepaßt worden, sondern auch an einer Stelle inhaltlich abweichend.[15] Auf diesen wesentlichen Unterschied sei deshalb hingewiesen. Während der schweizerische Kommentar von aktiver und passiver Sterbehilfe spricht und beide, ebenso wie medizinische Sonderfälle, beschreibt, wird in den deutschen Richtlinien festgestellt: Sterbehilfe ist die Beschränkung auf eine Linderung von Beschwerden bei gleichzeitigem Verzicht auf lebensverlängernde Maßnahmen beim Todkranken.

Die gezielte Lebensverkürzung durch künstliche Eingriffe in die restlichen Lebensvorgänge, um das Eintreten des Todes zu beschleunigen, ist nach dem Strafgesetzbuch strafbare, vorsätzliche Tötung (§ 212 SStGB).

Damit ist eine in der Schweizer Erklärung angesprochene auch begriffliche Differenzierung nicht mehr klar erkennbar. Diese erscheint jedoch für eine Diskussion unverzichtbar. Sicher muß man nicht soweit gehen wie Albin Eser in seinem Typisierungsversuch,[16] der Handlungscharakter und Erfolg, Motivation, Zustand des Kranken, Einsichts- und Einwilligungsfähigkeit, Willentlichkeit und schließlich den potentiellen „Täterkreis" dafür heranziehen will. Eine solche Vielfalt ist eher verwirrend als hilfreich. Wenn die Differenzierung in aktive und passive Euthanasie zu grob erscheint, und auch die Hinzufügung des Begriffs der negativen Euthanasie, der künstlichen Lebens- und Leidensverlängerung nicht ausreichend ist, so mag die folgende Gliederung, die sich im wesentlichen an Ehrhardt orientiert,[17] hilfreich sein.

1. Hilfe beim Sterben, die dem Sterbenden gegeben wird.
   a) Sterbehilfe ohne Lebensverkürzung; z. B. durch Verabreichung bewußtseinslähmender Mittel, welche weder Zeitpunkt noch Ursache des Todes modifizieren.
   b) Sterbehilfe durch sterben lassen; d. h. darauf verzichten, zugunsten kurzfristigen Hinauszögerns des Leidens einzugreifen.
   c) Sterbehilfe mit Lebensverkürzung als Nebenwirkung; z. B. durch Gabe von Medikamenten, die neben ihrer therapeutischen Wirkung einen Einfluß auf die schnellere Herbeiführung des Todes haben können.

d) Sterbehilfe mit beabsichtigter Lebensverkürzung; d. h. die Gabe von Medikamenten mit dem ausgesprochenen Ziel, den Tod herbeizuführen.

2. Hilfe zum Sterben, die denjenigen gegeben wird, die keineswegs baldige Todeserwartung zeichnet, die sie aber aus anderen Gründen wünschen, und wenn andere Ursachen vorliegen, sie von der Last ihres irdischen Daseins befreien soll.

a) Beschließen subjektiv wertlos gewordenen Lebens.
   aa) Selbstmord und Beihilfe dazu
   bb) Tötung auf Verlangen; z. B. von unheilbaren Kranken, denen weitere Existenz nur Qual bedeutet.
b) Ausmerzung objektiv wertlos gewordenen Lebens.

Die Frage nach Kriterien für eine solche Objektivierung wirft die Betrachtung zwangsläufig wieder auf die Ebene des Subjektiven zurück, damit den Weg öffnend für einseitige Interpretationen und damit die Beherrschung vieler durch einige wenige. Unsere jüngste Vergangenheit sollte uns zu steter Wachsamkeit anspornen.

Anmerkungen

1 Vgl. Rolf Winau: Euthanasie – Wandlungen eines Begriffes, in: Ingeborg Falck (Hrsg.): Sterbebegleitung älterer Menschen, Berlin 1980 (= Beiträge zur Gerontologie und Altenarbeit 32), S. 7–19.

2 Zitiert nach der deutschen Übersetzung von J. H. Pfingsten: Francis Bacon: Über die Würde und den Fortgang der Wissenschaften, Pest 1783, S. 394.

3 Halle 1816, Kap. 15 „Von der Euthanasia, den Hilfen, erträglich zu sterben."

4 Abgedruckt in Baldingers Neues Magazin für Ärzte 18 (1796), S. 560–572.

5 Aufgeführt in Rolf Winau (Anm. 1), S. 18.

6 Friedrich August Benjamin Puchelt: Das System der Medizin im Umrisse dargestellt, Bd. 1, Heidelberg 1826, S. 522.

7 Vgl. dazu Alexander Mitscherlich und Fred Miehlke: Medizin ohne Menschlichkeit, 2. Aufl. Frankfurt 1978 (Fischer Taschenbuch 2003).

8 Henry E. Sigerist, Medicine and human welfare, New Haven 1941,
   S. 106.

9 Der Eid: Ich schwöre, Apollon den Arzt und Asklepios und Hy-
   gieia und Panakeia und alle Götter und Göttinnen zu Zeugen anru-
   fend, daß ich nach bestem Vermögen und Urteil diesen Eid und
   diese Verpflichtung erfüllen werde: den, der mich diese Kunst lehr-
   te, meinen Eltern gleich zu achten, mit ihm den Lebensunterhalt zu
   teilen und ihn, wenn er Not leidet, mitzuversorgen; seine Nachkommen meinen Brüdern gleichzustellen und, wenn sie es wünschen, sie
   diese Kunst zu lehren ohne Entgelt und ohne Vertrag; Ratschlag
   und Vorlesung und alle übrige Belehrung meinen und meines Leh-
   rers Söhnen mitzuteilen, wie auch den Schülern, die nach ärztli-
   chem Brauch durch den Vertrag gebunden und durch den Eid verpflichtet sind, sonst aber niemandem.
   Meine Verordnungen werde ich treffen zu Nutz und Frommen der
   Kranken, nach bestem Vermögen und Urteil; ich werde sie bewahren vor Schaden und willkürlichem Unrecht.
   Ich werde niemandem, auch nicht auf eine Bitte hin, ein tödliches
   Gift verabreichen oder auch nur dazu raten. Auch werde ich nie
   einer Frau ein Abtreibungsmittel geben. Heilig und rein werde ich
   mein Leben und meine Kunst bewahren. Auch werde ich den Bla-
   senstein nicht operieren, sondern es denen überlassen, deren Ge-
   werbe dies ist.
   Welche Häuser ich betreten werde, ich will zu Nutz und Frommen
   der Kranken eintreten, mich enthalten jedes willkürlichen Unrech-
   tes und jeder andern Schädigung, auch aller Werke der Wollust an
   den Leibern von Frauen und Männern, Freien und Sklaven.
   Was ich bei der Behandlung sehe oder höre oder auch außerhalb der
   Behandlung im Leben der Menschen, werde ich, soweit man es nicht
   ausplaudern darf, verschweigen und solches als ein Geheimnis betrachten.
   Wenn ich nun diesen Eid erfülle und nicht verletze, möge mir im
   Leben und in der Kunst Erfolg zuteil werden und Ruhm bei allen
   Menschen bis in ewige Zeiten; wenn ich ihn übertrete und meineidig
   werde, das Gegenteil.

10 So auch das Genfer Gelöbnis, das offiziell *Serment d'Hippokrate,
   formule de Genève* heißt und seit 1950 die Präambel der Berufsord-
   nung der deutschen Ärzte bildet. Obwohl es dort im Schlußsatz
   heißt: „Dies alles verspreche ich feierlich auf meine Ehre", wird
   kaum ein frisch approbierter Arzt auf dieses sein Versprechen aufmerksam gemacht. Und vielleicht ist es typisch, daß in der deut-

schen Übersetzung des französischen Originaltextes ein Wort nicht mit übersetzt wurde. Dort heißt es: „Je fais ces promesses solenellement, librement sur l'honneur." *Librement – freiwillig* fehlt in der deutschen Übersetzung.

11 Dieser Begriff stammt von dem Psychiater Alfred Hoche, der ihn in seiner Untersuchung über die Freigabe der Euthanasie geprägt hat. Vgl. Karl Binding und Alfred Hoche: Die Freigabe der Vernichtung lebensunwerten Lebens. Leipzig 1920, S. 45.

12 Helmut Siefert: Der hippokratische Eid – und wir?, Frankfurt 1973, S. 28 f.

13 Aus der Vielzahl der Literatur sei hier besonders hingewiesen auf Alfons Auer, Hartmud Menzel und Albin Eser (Hrsg.): Zwischen Heilauftrag und Sterbehilfe, Köln – Berlin – Bonn – München 1977. Albin Eser (Hrsg.): Suizid und Euthanasie, Stuttgart 1976. Hans Dieter Hiersche (Hrsg.): Euthanasie. Probleme der Sterbehilfe, Zürich – München 1975. Thomas Lohmann: Euthanasie in der Diskussion, Düsseldorf 1975. Jürgen Möllering: Schutz des Lebens, Recht auf Sterben, Stuttgart 1977. Wilhelm Uhlenbruck: Patiententestament, Berlin 1979. Volker Eid (Hrsg.): Euthanasie oder soll man auf Verlangen töten?, Mainz 1975. Volker Eid und Rudolf Frey (Hrsg.): Sterbehilfe oder wie weit reicht die ärztliche Behandlungspflicht?, Mainz 1978.

14 Zitiert nach Otto Gsell: Richtlinien für die Sterbehilfe der Schweizerischen Akademie der Medizinischen Wissenschaften, in: Aktuelle Gerontologie 7 (1977), S. 481–486.

15 Richtlinien für die Sterbehilfe, in: Deutsches Ärzteblatt 76 (1979), S. 957–960.

16 Albin Eser: Erscheinungsformen von Suizid und Euthanasie, in: Albin Eser (Anm. 13), S. 4–8.

17 Helmut Ehrhardt: Euthanasie und Vernichtung lebensunwerten Lebens, Stuttgart 1965. Helmut Ehrhardt: Euthanasie, in: Hans Göppinger (Hrsg.): Arzt und Recht, München 1966, S. 98 f.

Rudolf Wassermann

Das Recht auf den eigenen Tod

I. Der eigene Tod: Was ist das? – Zur Problemstellung

Ich spreche vom eigenen und nicht vom fremden Tod, also nicht vom Tod eines anderen, nicht von Sterbehilfe, sondern von dem Tod, den man selbst erfährt, sich gibt oder erleidet. Es war Rilke, der dem Begriff des eigenen Todes die dichterische Apotheose gestiftet hat. Ich zitiere aus dem Stundenbuch:[1]

> „O Herr, gib jedem seinen eigenen Tod / Das Sterben, das aus jenem Leben geht, / Darin er Liebe hatte, Sinn und Not."

Der eigene Tod: das gibt einem eigentümliche Würde und stillen Stolz, wie Rilke an anderer Stelle – in den „Aufzeichnungen des Malte Laurids Brigge" – bemerkt.[2] Rilke war es aber auch, der über den alten Kammerherrn Brigge schrieb: „Man sah es ihm an, daß er einen Tod in sich trug. Und was war das für einer: zwei Monate lang und so laut, daß man ihn hörte bis ins Vorwerk hinaus."[3]

Der eigene Tod im Sinne von Rilkes Stundenbuch ist Gnade. Ich gehöre zu einer Generation, die Zeugin entsetzlicher Leiden und massenweisen Sterbens gewesen ist und der es deshalb schwerfallen muß, angesichts der Realitäten, die sie erlebt hat, vom eigenen Tod zu sprechen oder zu hören. In Auschwitz wurde fabrikmäßig getötet und gestorben. Anonym und fabrikmäßig war auch das Sterben in den Bombennächten.

Und wie ist es heute? Zehn-, ja Hunderttausende ereilt der Unfalltod, abrupt und nicht am Ende eines erfüllten Lebens. Entpersönlicht – und weit entfernt vom eigenen Tod – ist auch das Sterben in den Krankenhäusern und Kliniken, in denen heutzutage das Leben der meisten endet. Jean Ziegler[4] und viele mit ihm sprechen von einer „Klasse von Thanatokraten und Opfern" – Herren über Leben und Tod –, die den Tod warenkapitalistisch und massendemokratisch vergesellschaften. Andere klagen Technik und Zivilisation an. In der Tat: Haben wir nicht beides getan, den Tod aus dem Bewußtsein verdrängt und Institutionen geschaffen, die die Gesellschaft von der Beunruhigung durch Krankheit und Sterben entlasten, damit aber auch die Fragen von Sterben und Tod technisch-sozialen Zwängen ausgeliefert, denen wir nun hilflos gegenüberstehen? Sollten wir – fünf Minuten vor zwölf – nun nicht umkehren, das Sterben – den ärgerlichen, aber unaufhebbaren Grenzfall der Machbarkeit – wieder in das Bewußtsein zurückholen, eine ars moriendi, wie die Alten sie kannten, entwickeln, eine Kultur des Sterbens? „Die Stunde schlägt, wieder ist es eine Stunde näher zum Grab".[5] Ist es nicht höchste Zeit zur Umkehr?

Wenig ist freilich von den gängigen Meinungen zu halten, die die Verdrängung des Todes aus dem Bewußtsein den einzelnen anlasten, weil diese sich nicht mehr mit den dunklen Seiten des Lebens befassen wollen. Eine solche kulturkritische Vereinfachung verkennt, daß, soziologisch gesprochen, die Delegierung der Todeskontrolle von der Familie an die Klinik kein individuelles Versagen, sondern die Folge einer Arbeitsteilung ist, die die gesamtgesellschaftliche Entwicklung betrifft.[6] Appellationen allein helfen daher nicht weiter.

Der eigene Tod – um noch ein wenig bei den nötigen Abgrenzungen zu bleiben – ist nicht der natürliche Tod (wobei man ohnehin im Zweifel sein muß, ob es den natürlichen Tod überhaupt gibt. Ist nicht jeder Tod eine Vernichtung?) Der eigene Tod ist auch nicht der sanfte, schmerzfreie Tod, so stark auch der Wunsch nach einem leichten Sterben motivierend für die Selbsttötung sein mag. Der eigene Tod kann ein gewaltsamer sein. Man kommt dem Begriff erst näher, wenn man ihn soziokulturell einordnet: in das Streben nach *menschlicher Autonomie,* nach *Freiheit* und *Selbstbestimmung,* nach *Mündigkeit* und *Emanzipation.* Das Recht auf den eigenen Tod: das ist die *Freiheit, nein zu sagen,*[7] nicht mehr mitzumachen, der Wunsch, die Delegation der Todeskontrolle von den Thanatokraten wieder wegzunehmen, die Kontrolle selbst auszuüben, sich den Tod verfügbar zu machen, auch und gerade im Tode der Herr seines

Geschicks zu sein. Die Selbstbestimmung des Menschen wird
bis zur freien Bestimmung über den Tod ausgedehnt, sie soll behauptet werden gegen den biologischen Tatbestand des Todes
wie gegen die soziokulturellen Verstrickungen, zu denen lange
Zeit die soziale Ächtung der Selbsttötung gehört hat. Die
Sprache selbst spiegelt diese Verstrickung wider: Man spricht
– wertend – vom Selbst*mord* und nicht – wertneutral – von
Selbsttötung.

Das eine jedenfalls ist klar: Beim Recht auf den Tod geht es
darum, dem Gang des Geschehens den eigenen Willen entge-
genzusetzen, ihm den eigenen Stempel aufzudrücken. Es geht
also um die Mitgestaltung des Sterbeprozesses. Neu ist das
nicht, soweit es sich um das faktische Mitgestaltenkönnen, die
tatsächliche Gestaltungsmacht handelt. Der Mensch konnte
schon immer seinem Leben vorzeitig durch Selbsttötung ein
Ende setzen. Neu daran ist etwas anderes, auf das Albin Eser,[8]
dem in der Mitte der 60er Jahre wichtige Anstöße zur Erörterung der Problematik zu danken waren, zu Recht aufmerksam
gemacht hat: Die „fundamental neue Qualität", die das, was bislang als faktische Geltungsmacht hingenommen wurde, dadurch erhält, daß es als *normatives Gestaltungsrecht* postuliert
wird. Das Verlangen nach Todeskontrolle wird als Teil der Per-
sönlichkeitsverwirklichung verstanden und erhält so eine positive Zielsetzung. Es handelt sich um „ein emanzipiertes Rechnen des Menschen mit seiner Endlichkeit",[9] um die Postulie-
rung des Ideals der Mündigkeit wie im Leben so im Sterben,
des emanzipierten Endes einer Lebensgeschichte, die die Le-
bens- und Sterbensqualität höher bewertet als den menschlichen Fortschritt und sich von den Superstrukturen befreit, die
sich über den Köpfen der Menschen zusammenziehen und
denen gegenüber diese sonst ebenso hilflos, sprachlos und apa-
thisch blieben wie die sog. primitiven Menschen gegenüber der
undurchschauten, übermächtigen Natur, der diese sich durch
Magie zu erwehren suchten. Selbsttötung, so wird gesagt, ist
die Signatur von Freiheit.[10]

Keiner hat so eindrucksvoll wie Jean Améry, der am 17. Oktober 1978 im Österreichischen Hof in Salzburg den Freitod

wählte, dieser Emanzipationsethik, die sich als radikal-humani-
täre Gegenethik zur christlich-humanistischen begreift, das
Credo gesungen. Améry schrieb: „Wer abspringt, ist nicht notwendigerweise dem Wahnsinn verfallen, ist nicht einmal gestört oder verstört. Der Hang zum Freitod ist keine Krankheit,
von der man geheilt werden muß wie von den Masern, ... Das
Subjekt entscheidet in voller Souveränität für sich, was nicht
heißt: gegen die Gesellschaft. Der Einzige kann ein Eigentum,
das nie wirklich sein eigen war, zerstören um der Eigentlichkeit
willen, nach der es ihn verlangt."[11]

II. Läßt sich das Recht auf den eigenen Tod verfassungs-rechtlich begründen?

Soviel zur Grundlegung und zum Hintergrund unserer Fragestellung. Wie nun steht das Recht zu dieser Problematik, die es
als eine Herausforderung betrachten muß? Im Gegensatz zu
den Rechtsordnungen anderer Länder – etwa auch zu denen
nordamerikanischer Einzelstaaten – ist die Selbsttötung nach
deutschem Recht straflos. Das ist für die Bundesrepublik keine
Errungenschaft etwa der Strafrechtsreform der 70er Jahre,
sondern überkommenes Recht, das sich teilweise bereits im
18. Jahrhundert und allgemein in Deutschland im 19. Jahrhundert durchgesetzt hat. Seither ist in Deutschland die Selbsttötung strafrechtlich irrelevant, und dies nicht nur in bezug auf die
Tat, sondern auch in bezug auf die Beihilfe, die von anderen zur
Tat geleistet wird.

Die Frage nach dem Recht auf den eigenen Tod ist jedoch keine
strafrechtliche. Das Strafrecht beantwortet die Frage, ob bestimmte Verhaltensweisen bestraft oder nicht bestraft werden
sollen. Das Recht auf den eigenen Tod zielt auf etwas anderes,
nämlich auf die Verfügung des Menschen über das eigene Leben. Die Begründung für das Recht auf den Tod muß deshalb im
Verfassungsrecht gesucht werden.

1. *Das Recht auf Leben (Art. 2 Abs. 2 GG).* Das GG gewährt in
Art. 2 Abs. 2 das Recht auf Leben und körperliche Unversehrtheit. Ist aus diesem Recht auf Leben ein Grundrecht auf Verfü-

gung über das eigene Leben abzuleiten? Verschiedentlich wird das bejaht.[12] Ich muß dem jedoch widersprechen. Wortlaut, Zweck und Entstehungsgeschichte der Bestimmung erlauben es nicht, ihr das Recht, sich zu töten, zu entnehmen.

Dem *Wortlaut* nach garantiert Art. 2 Abs. 2 GG nur ein Recht auf Leben und körperliche Unversehrtheit und nicht auf den Tod. Was die körperliche Unversehrtheit angeht, so steht außer Streit, daß man über dieses Grundrecht verfügen, z. B. in seine Verletzung – etwa bei riskanten Sportarten – einwilligen kann. Ein Analogieschluß auf das Recht auf Leben könnte indessen nach den juristischen Auslegungsregeln nur dann gezogen werden, wenn die Sachverhalte ähnlich und infolge ihrer Ähnlichkeit in den für die gesetzliche Bewertung maßgebenden Gesichtspunkten gleich zu bewerten sind. Analogie gründet sich auf die Forderung, Gleichartiges gleich zu behandeln. Fehlt die Gleichartigkeit, so ist kein Raum für Analogie. So verhält es sich aber hier. Die körperliche Unversehrtheit kann wieder hergestellt, ihre Beeinträchtigung bis zu einem gewissen Grade mit Geld kompensiert werden. Die Tötung ist dagegen irreversibel. Der darin liegende Unterschied verbietet die rechtliche Gleichbehandlung.[13]

Weitere gravierende, nicht zu überwindende Bedenken ergeben sich aus der *Zweckbestimmung* des in Art. 2 Abs. 2 GG niedergelegten Rechtes auf Leben. Wie die Entstehungsgeschichte dokumentiert,[14] war die Aufnahme dieses Rechts in die Verfassung, für die es in der Geschichte weder Vorläufer noch Beispiele gibt, eine Reaktion auf das Geschehen in der NS-Zeit, in der unter den Stichworten „Vernichtung lebensunwerten Lebens" oder der „Ausmerzung minderwertiger Rassen" Mord in Form staatlicher Maßnahmen straflos praktiziert und sogar für Rechtens erklärt werden konnte. Differenzierungen bei der Beurteilung des menschlichen Lebens, etwa auf Grund von Unwerturteilen aus sozialen, eugenischen, wirtschaftlichen oder politischen Erwägungen, sollten damit von der Rechtsordnung ausgeschlossen werden. Jeder Mensch, also auch der kranke Mensch, erhielt deshalb einen Anspruch darauf, in seiner Existenz durch den Staat geschützt zu werden. Es sollte verhindert werden, daß der Staat mit der Begründung tötet, ein menschliches Leben sei minderwertig, ein Mensch „lebensunwert".

Behält man diesen Zweck der Verfassungsnorm – Schutz der individuellen menschlichen Existenz gegen staatliche Unwerturteile – im Auge, so verbietet sich andererseits auch eine Auslegung, die darin die Begründung eines *absoluten* Lebensschutzes sieht, der auch gegenüber dem Grundrechtsträger selbst Platz greift.

Art. 2 Abs. 2 Satz 1 GG betrifft die Eingriffsbefugnisse und Verpflichtungen des Staates. Über das individuelle Verfügungsrecht des einzelnen wird darin nichts ausgesagt. Wo das Recht auf Leben so interpretiert wird, daß auch die Selbsttötung verboten ist,[15] scheint ein Vorverständnis im Spiel zu sein, das die Verfassungsnorm durch die Brille religiöser Auffassungen betrachtet, wonach das Leben ein dem Menschen von Gott gegebenes Gut ist, das der individuellen Disposition entzogen ist. Ich verkenne nicht, wie ehrwürdig und beeindruckend dieses Verständnis einer „Heiligkeit des Lebens" ist. Wer es in die Verfassung hineininterpretiert, setzt sich jedoch darüber hinweg, daß das GG weltanschaulich neutral ist. Der Verfassung der Bundesrepublik liegt weder eine rigoristische Hochethik noch das christliche Glaubensbekenntnis zugrunde. Außer Frage steht, daß Verbindungslinien vom christlichen Standort zu dem Wertgehalt des GG gezogen werden können. Das GG nimmt, wie Gustav Heinemann einmal gesagt hat,[16] alle Bürger des Staates in Pflicht und redet jeden persönlich nach seiner glaubensmäßigen und weltanschaulichen Überzeugung an. Ein christliches Monopol für die Auslegung des Art. 2 Abs. 2 GG kann jedoch nicht in Anspruch genommen werden. Die Interpretation des GG muß vielmehr der Pluralität der religiösen Bekenntnisse und weltanschaulichen Überzeugungen Rechnung tragen. Ein Verbot, selbst über sein Leben zu verfügen, kann daher Art. 2 Abs. 2 GG nicht entnommen werden[17]. Lebensschutz und Sterbensfreiheit sind keine sich verfassungsrechtlich ausschließenden Gegensätze.

2. *Das Recht auf Selbstbestimmung (Art. 2 Abs. 1 GG).* Es kommt hinzu, daß das Grundgesetz nicht nur vom Recht auf Leben

spricht, sondern auch das Selbstbestimmungsrecht des Menschen anerkennt. Jeder hat nach Art. 2 Abs. 1 GG das Recht auf eine freie Entfaltung seiner Persönlichkeit. Die Selbstbestimmung über Leben und Tod kann man als Teil dieses Selbstbestimmungsrechts des Menschen und Ausfluß seiner Autonomie betrachten. Wenn auch das Bundesverfassungsgericht in seiner Entscheidung zum § 218 StGB[18] ausgesprochen hat, daß das Freiheitsgrundrecht des Art. 2 Abs. 1 GG nicht schrankenlos ist und gegenüber der Verpflichtung zum Schutz des ungeborenen Lebens im Mutterleib zurücktritt, so steht doch außer Frage, daß ihm eine elementare Bedeutung zukommt. Freiheitlichkeit ist Leitprinzip der Verfassungs- und Rechtsordnung der Bundesrepublik; Eingriffe in den von ihm geschützten Bereich sind nur legitimiert, wenn sie durch eines der drei in Art. 2 Abs. 1 GG genannten Schutzgüter – Rechte anderer, verfassungsmäßige Ordnung, Sittengesetz – gerechtfertigt sind.

Auch hier ist der Rückgriff auf die Entstehung des Grundgesetzes nicht ohne Relevanz. Nach dem Willen der Verfassungsväter sollte mit ihm eine Gegenposition zu den kollektivistischen Leitbildern des NS-Systems bezogen werden. Sein Ansatz ist weder der Staat noch das Volk, sondern der Bürger. In der freien, sich selbst bestimmenden Persönlichkeit und ihrer Würde verkörpert sich der oberste Wert der Verfassung. Das Bundesverfassungsgericht hat diesen Ansatz dadurch konkretisiert, daß es ein allgemeines Menschenbild des Grundgesetzes entworfen hat. Danach hat jeder das Recht, sich innerhalb des Kernbereichs seiner Persönlichkeit, der das Wesen des Menschen als geistig-seelische Person ausmacht, frei zu entfalten.[19] Der einzelne Bürger hat einen unantastbaren Bereich privater Lebensgestaltung, in dessen Rahmen der Integrität der menschlichen Person in geistig-seelischer Beziehung ein besonders hoher Wert beizumessen ist.[20] Der einzelne ist sittlich autonom; er kann frei darüber entscheiden, ob und mit welcher ethischen Zielsetzung er von seiner Freiheit auf persönliche Entscheidung Gebrauch macht.[21] Dieser Schutz ist allerdings nicht absolut. Als gemeinschaftsbezogener Bürger muß jeder die staatlichen Maßnahmen hinnehmen, die im überwiegenden Interesse der Allgemeinheit vorgenommen werden, soweit sie nicht den unantastbaren Bereich privater Lebensgestaltung beeinträchtigen.[22]

Wendet man dieses Bild auf die Selbsttötung an, so ist mit der neueren Meinung in der Literatur[23] festzustellen, daß auch die Selbsttötung zu dem in Art. 2 Abs. 1 GG geschützten Kernbereich der individuellen Entfaltungsfreiheit gehört. Daß die Ausübung des Selbstbestimmungsrechts hier zur Vernichtung der geistig-leiblichen Existenz des Menschen führt, ist kein durchgreifender Einwand. Die Verfassung garantiert nicht nur die aktive Ausübung eines Grundrechts, sondern auch die Nichtausübung, den Verzicht auf das Grundrecht.[24] Die Zielsetzung, mit der der Mensch von seiner Autonomie Gebrauch macht, schreibt ihm – wie das Bundesverfassungsgericht[25] bestätigt hat – das Grundgesetz nicht vor.

Beachtung verdient ferner, daß der Bundesgerichtshof in der Rechtsprechung zum Arztrecht keine Bedenken trägt, das Selbstbestimmungsrecht des Menschen über das Recht und die Pflicht des Arztes zur Heilung zu stellen. So heißt es in der Entscheidung vom 28. November 1957[26]: „Denn selbst ein lebensgefährlich Kranker kann triftige und sowohl menschlich als auch sittlich achtenswerte Gründe haben, eine Operation abzulehnen, auch wenn er durch sie und nur durch sie von seinem Leiden befreit werden könnte." Im Klartext bedeutet das, daß der Wille des urteilsfähigen Kranken dem vorgeht, was der Arzt auf Grund seines Wissens als Wohl des Kranken definiert. Kraft seines Selbstbestimmungsrechts darf der Kranke selbst solche Behandlungen, die ärztlicherseits für unbedingt notwendig erachtet werden, ablehnen, und dies auch dann, wenn vorauszusehen ist, daß das Unterbleiben des ärztlichen Eingriffs zum Tod des Patienten führt. Der objektive ärztliche Heilauftrag muß hinter den subjektiven Willen des Kranken zurücktreten. Etwas anderes soll nur gelten, wenn Umstände vorliegen, die erkennen lassen, daß der Kranke seinen Entschluß nicht in freier Willensbestimmung gefaßt hat.

Für den Entschluß zur Selbsttötung kann nichts anderes gelten als für den Entschluß, lebensrettende ärztliche Eingriffe abzulehnen. Auch die Entscheidung, sein Leben zu beenden, ist ein Akt der Freiheit, wenn nicht Umstände des Einzelfalles dessen Unfreiheit konstituieren.

Allerdings findet die Handlungsfreiheit in Art. 2 Abs. 1 GG ihre Grenze im *Sittengesetz.* Wenn dieses die Selbsttötung mißbillige, würde die verfassungsrechtliche Grundlage für das Recht auf Selbsttötung entfallen. Indessen steht das Sittengesetz der Anerkennung des Rechtes auf den Tod nicht im Wege.

Das Sittengesetz im Sinne der Verfassungsnorm ist keine dem Menschen vorgegebene Ordnung, sondern eine Zusammenfassung allgemein in der Gesellschaft anerkannter Werturteile. Von Bedeutung ist in diesem Zusammenhang der tiefgehende Anschauungswandel, der sich im gesellschaftlichen Bewußtsein kontinuierlich vollzogen hat. Nur die katholische Kirche verurteilt heute noch den Selbstmord als sittlich verwerflich. Die evangelische Sozialethik, die früher ebenfalls von einer strengen Verurteilung der Selbsttötung ausging, ist zunehmend toleranter geworden. Den Wendepunkt markierte Dietrich Bonhoeffer in seiner Ethik.[27] Auch Bonhoeffer geht davon aus, daß Gott allein Herr über Tod und Leben ist. Für Bonhoeffer ist der Verstoß dagegen aber nicht mehr vor dem Forum der gesellschaftlichen Moral verwerflich, sondern allein vor dem Forum Gottes. Die Verurteilung der Selbsttötung ist ausschließlich religiös und nicht mehr moralisch. „Es gibt", so schreibt Bonhoeffer,[28] „keinen anderen zwingenden Grund, der den Selbstmord verwerflich macht, als die Tatsache, daß es über dem Menschen einen Gott gibt. Der Selbstmord kann vor einer atheistischen Ethik wohlbestehen. Das Recht des Selbstmörders zerbricht allein an dem lebendigen Gott."

Was das für unser Problem bedeutet, bedarf keiner Erläuterung, wohl aber der Hervorhebung: Es ist die Herausnahme der Selbsttötung aus moralischen Kategorien und die Zuweisung an die Religion.[29] Damit aber entfällt die Möglichkeit, das Sittengesetz gegen das Recht zur Selbsttötung ins Feld zu führen.[30] Die Bundesrepublik ist, wie erwähnt, ein religiös und weltanschaulich neutraler Staat. Das Verwerflichkeitsurteil einzelner konfessioneller Gruppen kann in einem solchen Staat nicht zur Richtlinie für alle gemacht werden.

Verfehlt wäre es, sich gegenüber dieser Verfassungsposition auf eine Entscheidung des Bundesgerichtshofs – Großer Senat für Strafsachen – vom 10. März 1954[31] zu berufen, in der dem Selbstmörder unter Hinweis auf das Sittengesetz die Befugnis abgesprochen wurde, aus eigenem Willensentschluß über sein Leben zu verfügen. Die Entscheidung entstammt einer Zeit, in der der Bundesgerichtshof auch den Geschlechtsverkehr zwischen Verlobten als sittlich verwerflich bezeichnete[32], also einer stark naturrechtlich ausgerichteten moralisierenden Phase der Rechtsprechung des Bundesgerichtshofs, die inzwischen Vergangenheit ist.

3. *Die Verpflichtung zur Achtung der Menschenwürde (Art. 1 Abs. 1 GG).* Relevant für unser Thema ist schließlich auch der Verfassungsgrundsatz der Menschenwürde, und zwar deshalb, weil das Recht auf menschenwürdiges Sterben davon betroffen wird.

In Art. 1 Abs. 1 GG heißt es: „Die Würde des Menschen ist unantastbar. Sie zu achten und zu schützen ist Verpflichtung aller staatlichen Gewalt." Diese Fundamental- oder Primärnorm der Verfassung der Bundesrepublik ist für unsere Problematik unmittelbar einschlägig, und dies sogar in besonderem Maße. Würde des Menschen ist nach der Rechtsprechung der innere und zugleich soziale Wert- und Achtungsanspruch, der dem Menschen um seinetwillen zukommt. Der Mensch wird dabei als geistig sittliches Wesen aufgefaßt, das darauf angelegt ist, in Selbstbewußtsein und Freiheit sich selber zu bestimmen.[33] Aus dieser freiheitlichen Komponente der Menschenwürde ist zu folgern, daß der Mensch niemals zum bloßen Objekt erniedrigt, wie ein Gegenstand behandelt werden darf, auch wenn dies nicht aus Mißachtung der Person, sondern in guter Absicht geschieht. Eine Abstufung, die zwischen gesunden, kranken und sterbenden Menschen unterscheidet, ist unzulässig. Art. 1 Abs. 1 GG schützt die Würde eines jeden Menschen, gleichviel in welcher Situation er sich befindet und ohne Rücksicht darauf, ob er sich seiner Würde bewußt ist.[34]

Juristisch gesehen, ist das Recht auf menschenwürdiges Sterben eine Ausprägung des Verfassungsrechts auf Achtung der Menschenwürde. Anders ausgedrückt: Auch der Sterbende hat einen Anspruch darauf, daß seine Würde als Mensch respektiert wird, und dieser Anspruch ist nicht bloß ein ethisches Postulat, sondern ein Recht, das Verbindlichkeit beansprucht.

Diese rechtliche Qualifizierung ist keine bloße Begriffsspielerei; sie hat zur Folge, daß das Recht auf menschenwürdiges Sterben ebenso viel rechtliche Verbindlichkeiten beanspruchen kann wie etwa das Recht des Patienten auf menschenwürdige Behandlung. Da dem Rechtsanspruch des Grundrechtsträgers die Rechtsverpflichtung der staatlichen Gewalt entspricht, ist die Dynamik, die aus der rechtlichen Einordnung folgt, unübersehbar. Wer darauf dringt, daß in den staatlichen und kommunalen Krankenhäusern bessere Bedingungen für ein menschenwürdiges Sterben geschaffen werden, braucht sich nicht nur auf moralische Argumente zu stützen; für ihn streitet auch die Verfassung, das stärkste Argument, das unsere Rechtsordnung kennt. Ebenso kann sich auf den höchsten Verfassungswert berufen, wer verlangt, daß es ihm erspart bleibt, sein Leben trotz infauster Prognose als Objekt medizinisch-technischer Prozeduren zu beschließen.

Soviel über die Antwort, die das Verfassungsrecht auf unsere Frage nach dem Recht auf den Tod gibt. Sucht man nach einer *Formel,* um die Rechtslage prägnant wiederzugeben, so bietet sich die Aussage an: *„Weder verboten noch geboten, wohl aber erlaubt".*[35] Die Selbsttötung ist nicht vom Recht verboten, aber auch keine Rechtspflicht; sie ist erlaubt als Akt der freien Selbstbestimmung. Der Staat respektiert das Sterben als Sphäre und Akt der Persönlichkeit, der Privatheit, und damit als einen Freiraum, in den er sich nicht einmischt.

Was sich hier bewährt, hat Eser[36] zutreffend den *Kompromiß-charakter* des Rechts genannt: Gegenläufige Interessen müssen miteinander abgewogen und unter Berücksichtigung tendenzieller Folgewirkungen in eine möglichst optimale Konkordanz gebracht werden. Man würde meine Position mißverste-

hen, wollte man ihr ein Herunterspielen des fundamentalen
Ranges entnehmen, den das Leben sowohl in seiner Einmalig-
keit für das Individuum als auch in seiner konstitutiven Funktion
für die menschliche Gesellschaft hat. Das Leben ist ohne Frage
ein der Gesellschaft vorgegebener Wert. Diese gesellschaftliche Funktion, die man das Lebenserhaltungsinteresse der
Gesellschaft nennen kann, darf aber nicht so weit betont werden, daß der individuelle Eigenwert des Lebens negiert wird.
Das aber wäre der Fall, wenn dem Staat das Recht zugesprochen würde, einen Menschen gegen seinen Willen mit Zwang
am Leben zu erhalten.

III. Probleme der Praxis

Das Ergebnis der verfassungsrechtlichen Betrachtung erfordert in nicht wenigen Punkten ein Umdenken in der Praxis.
Nicht alle auftauchenden Fragen können hier erörtert werden.
Drei von ihnen greife ich heraus, weil deren Behandlung als
vordringlich erscheint: die Verhinderung der Selbsttötung, die
Unterstützung des Suizids durch Beihilfe und Tötung auf Verlangen sowie das sog. Patiententestament.

1. *Recht auf den eigenen Tod und Verhinderung der Selbsttötung.* Die bisherige Untersuchung ist davon ausgegangen, daß
der Mensch, der Hand an sich legt, frei verantwortlich handelt.
Niemand – weder der Staat noch Private – ist befugt, einen solchen Lebensunwilligen an der Ausführung seiner Tat zu hindern. Man kann, wenn Ethik oder Religion dies verlangen, raten, warnen und mahnen, an das soziale Verantwortungsbe-
wußtsein appellieren, um den Lebensunwilligen davon abzuhalten, seinem Leben ein Ende zu machen; mehr aber nicht. Der Le-
bensunwillige macht von seinem Recht Gebrauch, und die Gesellschaft hat dieses Recht grundsätzlich zu respektieren.
Wenn es trotz dieser Rechtslage häufig Ausnahmefälle gibt, in
denen eine Pflicht zur Verhinderung der Selbsttötung besteht,
so hat das seinen Grund darin, daß der Entschluß, aus dem
Leben zu scheiden, nicht stets ein Akt freier Selbstbestimmung
ist.

Da die Selbsttötung weder ein Rechtsgeschäft noch ein Delikt ist, verbietet es sich, Geschäfts- bzw. strafrechtliche Schuldfähigkeit zu verlangen. Von einem frei verantwortlich handelnden Suizidenten kann jedoch nur gesprochen werden, wenn der Mensch, der sich den Tod gibt, imstande ist, einzusehen, was er damit tut, und die Tragweite seines Tuns im wesentlichen abzuschätzen. Diese „natürliche Einsichtsfähigkeit"[37], die von der Rechtsordnung auch für die Rechtfertigung der Einwilligung in eine Körperverletzung gefordert wird, kann, wenn man empirische Untersuchungen auswertet, bei höchstens 60% der Menschen, die sich das Leben nehmen wollen, als vorhanden angesehen werden. Bei mindestens 40 % fehlt sie dagegen.[38] Ein hoher Prozentsatz ist infolge psychischer Belastungen oder Krankheiten außerstande, die rechtlichen Anforderungen, die an einen Akt der Freiheit zu stellen sind, zu erfüllen. In solchen Fällen ist der Staat nach Art. 2 Abs. 2 GG in Verbindung mit dem Sozialstaatsprinzip (Art. 20 Abs. 1 GG) gehalten, den Lebensunwilligen vor dem Suizid zu schützen. Diesem Zweck dienen die landesrechtlichen Polizei- und Unterbringungsgesetze sowie bundesrechtlich der § 323 c StGB, die Strafvorschrift für unterlassene Hilfeleistung, aus der sich eine Hilfeleistungspflicht für jeden ergibt, der bei einem Unglücksfall keine Hilfe leistet, obwohl dies erforderlich und zumutbar war. Darüber hinaus trifft die Pflicht zur Selbstmordverhinderung jeden, der sich – wie z. B. Eltern oder Vormünder – in einer Garantenstellung gegenüber einem Lebensunwilligen befindet, der nicht frei verantwortlich handelt, etwa weil er minderjährig ist oder sich in einem Zustand befindet, der seine Einsichts- und Urteilsfähigkeit ausschließt.[39]

Die Schwierigkeit in der Praxis besteht darin, daß der potentielle Retter meistens *nicht klar erkennen* kann, ob der Selbstmörder frei verantwortlich handelt oder nicht. Wie soll er sich in einer solchen Situation verhalten? Sie stellt sich rechtlich als Konflikt zwischen zwei verfassungsrechtlichen Prinzipien dar, dem Rechtsstaatsprinzip, das Achtung vor dem Recht auf den eigenen Tod verlangt, und dem Sozialstaatsprinzip, das die

Fürsorge für die nicht zu verantwortlichem Handeln fähigen Angehörigen des Gesellschaftsintegrats gebietet.

Lassen Sie uns die Problematik an einem alltäglichen Fall veranschaulichen. 10 Uhr morgens in einer x-beliebigen Großstadt: Ein Mann ist auf das Dach eines Hochhauses geklettert und macht Anstalten, sich in die Tiefe zu stürzen. Die Polizei, alarmiert, verschafft sich Zugang zum Dach und will den Mann zurückhalten. Darf sie das?

Für die herrschende Meinung folgt die Berechtigung des polizeilichen Einschreitens daraus, daß der Selbstmordversuch eine konkrete Gefahr für *die öffentliche Ordnung* darstellt, deren Abwehr die Aufgabe der Polizei ist. Diese Auffassung ist jedoch mit der Anerkennung des Rechts auf den eigenen Tod nicht vereinbar. Der Begriff der öffentlichen Ordnung faßt die Regeln zusammen, deren Befolgung nach den jeweils herrschenden Anschauungen der Zeit als unerläßliche Voraussetzungen für ein gedeihliches Zusammenleben anzusehen sind.[40] Gibt es, wie dargelegt, das Recht, über sein Leben zu verfügen, so ist dieses Bestandteil der öffentlichen Ordnung, so daß dieser Begriff als Rechtsgrund für das Einschreiten der Polizei ausfällt.

Die Rechtsgrundlage ergibt sich jedoch aus Art. 2 Abs. 2 GG in Verbindung mit der *Fürsorgepflicht des Staates für Leben und Gesundheit der in der Einsichts- und Urteilsfähigkeit beschränkten Bürger.*[41] Wäre bekannt, daß der zum Suizid Entschlossene frei verantwortlich handelt, so müßte die Polizei die Rettungsaktion einstellen. Ist dies unbekannt oder bestehen Zweifel, die sich wegen der Notwendigkeit raschen Eingreifens nicht klären lassen, so darf, ja muß sie die Rettung vornehmen. Für die Rechtmäßigkeit ihres Handelns genügt die Möglichkeit einer nicht frei verantwortlichen Selbstgefährdung der Person auf dem Dach des Hochhauses.

Daß in einem solchen Fall das Sozialstaatsprinzip das Rechtsstaatsprinzip überlagert, hat Gründe, denen Plausibilität nicht abzusprechen ist. Neben der quantitativen Häufigkeit der unfrei – etwa unter dem Einfluß von Depressionen – gefaßten Suizidentschlüsse, auf die die Forschung aufmerksam macht, ist zu

bedenken, daß das Selbstbestimmungsrecht eines frei verantwortlichen Suizidenten von diesem nach seiner Verletzung
durch den Retter neu ausgeübt werden kann, während das
Leben eines nicht frei verantwortlich Handelnden bei einem
Nichteingreifen irreversibel verloren ist. Im Zweifel – nämlich
bei Unklarheit über die Freiheit des Entschlusses zur Selbsttötung – muß daher die Lebenserhaltung den Vorrang haben. Es
gilt also der Satz *„in dubio pro vita".*[42] Dabei fällt für die Ambivalenz des Suizidwillens auch ins Gewicht, daß viele Suizidenten, die gerettet werden, zufrieden weiterleben. Der Selbstmordversuch hat sich auf sie befreiend ausgewirkt, eine seelische Last von ihnen genommen, so daß sie dem Leben wieder
eine annehmbare Perspektive abgewinnen. Folgt der Rettung
allerdings auch ein neuer Suizidversuch, was keineswegs selten
der Fall ist, so ist eine andere Beurteilung angezeigt. Würde
man bei Wiederholungen des Versuchs am Vorrang des Sozial-
staatsprinzips festhalten und den Suizidenten immer wieder
retten, so wäre das Recht zur Verfügung über das eigene Leben
faktisch aufgehoben. Ist dem potentiellen Retter bekannt, daß
der Suizident schon einen oder gar mehrere Versuche unternommen hat, nach denen sich seine volle Einsichtsfähigkeit in
die Bedeutung und die Tragweite der Selbsttötung herausgestellt hat, dann steht für ihn fest, daß der neuerliche Selbsttö-
tungsversuch frei verantwortlich zustande gekommen ist.[43] In
einem solchen Fall muß von dem potentiellen Retter – in unserem Beispiel: der Polizei – das Recht, seinem Leben ein Ende zu
machen, respektiert werden.

Ein weiteres Problem, über das neu nachgedacht werden muß,
ist der *Suizidversuch in den Vollzugsanstalten.*[44] Der Staat, konkret: die Vollzugsverwaltung, hat aufgrund öffentlich-rechtli-
cher Fürsorgepflicht die Verantwortung für Leben und Gesundheit der Gefangenen.[45] Die von § 101 des Strafvollzugsgesetzes getroffene Regelung sieht vor, daß medizinische
Zwangsmaßnahmen bei Lebensgefahr zulässig sind; zu ihrer
Durchführung ist die Anstaltsleitung allerdings nicht verpflichtet, solange von einer freien Willensbestimmung ausgegangen
werden kann, es sei denn, es besteht akute Lebensgefahr. Will

der Gefangene sich zu Tode hungern, so wird er deshalb zwangsweise ernährt, sobald akute Lebensgefahr besteht, so unerquicklich und mühselig das auch bei widerspenstigen Gefangenen sein mag.[46] Von der hier entwickelten Auffassung aus kommt es dagegen darauf an, mit welcher Zielsetzung der Gefangene in den Hungerstreik getreten ist und wie es mit seiner Einsichts- und Urteilsfähigkeit bestellt ist. Oft hat die Verweigerung der Nahrungsaufnahme lediglich eine Appellfunktion, es soll gegen die Haftbedingungen oder bestimmte Maßnahmen protestiert werden. In einem solchen Fall, in dem der Hungerstreik als Kampfmittel eingesetzt wird, fehlt es an dem Willen, mit dem Leben Schluß zu machen. Die Anstaltsverwaltung ist daher zur *Zwangsernährung* berechtigt und verpflichtet. Anders ist die Rechtslage, wenn der einsichtsfähige Gefangene sterben will. Die Garantenstellung ändert nichts daran, daß die Anstaltsleitung verpflichtet ist, einen solchen ernsthaften Willen zu achten.[47] Einzuräumen ist allerdings, daß es oft schwierig ist, die Ernsthaftigkeit des Willens festzustellen.[48] Die Mitglieder der terroristischen Baader-Meinhof-Gruppe z. B. benutzten den Hungerstreik als Kampfmittel. Darüber, daß sie die Tragweite ihres Streiks und das Risiko des tödlichen Ausgangs kannten und im vollen Bewußtsein der Gefährdung mit mindestens bedingtem Vorsatz handelten, konnten kaum Zweifel bestehen. Wenn die Vollzugsverwaltung von der zwangsweisen Ernährung abgesehen hätte, hätte man ihr deshalb keinen Vorwurf machen können.[49]

Eine besondere Schutzpflicht wegen ihrer *Garantenstellung* gegenüber dem Suizidenten haben auch die *Angehörigen* auf Grund enger Lebensgemeinschaft und der *Arzt* kraft Übernahme der Behandlungspflicht. Auch hier gilt angesichts der Schwierigkeiten, den ernstlichen Suizidwillen festzustellen, der Satz „in dubio pro vita". Es steht jedoch außer Zweifel, daß durch eine frei verantwortliche Suizidentscheidung, wenn sie festzustellen ist, auch der Garant von seiner Erfolgsabwendungspflicht befreit wird. Wenn der voll einsichtsfähige Patient aus dem Leben scheiden will, dann müssen auch der Ehegatte und der Arzt sich damit abfinden.[50]

Schließlich ist darauf hinzuweisen, daß die Unterscheidung, ob der Entschluß zur Selbsttötung frei verantwortlich gefaßt worden ist oder nicht, auch bei der *Hilfeleistungspflicht des § 323 c StGB* die entscheidende Rolle spielt. Ein Unglücksfall im Sinne dieser Bestimmung ist nur der Selbstmordversuch, der nicht auf einem frei verantwortlich gefaßten Entschluß beruht. Bestehen Zweifel an der freien Verantwortlichkeit des Suizidenten, so ist die Rettung geboten. Der Retter greift dann zwar in Rechtsgüter des Suizidenten ein, macht sich aber nicht etwa nach §§ 223, 240 StGB strafbar, weil er sich auf das Vorliegen oder die irrtümliche Annahme des Rechtfertigungsgrundes der Notwehr (§ 34 StGB) berufen kann.[51]

2. *Die Mitwirkung am Suizid: Beihilfe zur Selbsttötung und Tötung auf Verlangen.* Von der *Verhinderung* nun zur *Unterstützung* des Suizids. Die Frage ist, welche Konsequenzen aus der Bejahung des Rechts, seinem Leben ein Ende zu machen, für ein Verhalten Dritter zu ziehen sind, das juristisch als Hilfeleistung zur Selbsttötung zu qualifizieren ist? Ein kleiner Fall mag auch hier die Situation veranschaulichen.

Der krebskranke A will seinem Leben ein Ende setzen und bittet seine Ehefrau, eine Überdosis Schlaftabletten auf den Nachttisch zu legen. Die Ehefrau tut das, A nimmt die Tabletten zu sich und stirbt.

Die Handlung der Ehefrau ist *Beihilfe zur Selbsttötung* und als solche straflos, weil die Haupttat, die Selbsttötung, nicht strafbar ist. Allerdings besteht Anlaß, darauf aufmerksam zu machen, daß sich aus der Bejahung des Rechts, seinem Leben selbst ein Ende zu setzen, kein Anspruch gegen andere ergibt, ihm dabei behilflich zu sein. Niemand konnte in unserem Fall die Ehefrau zwingen, die todbringende Dosis zu beschaffen.

Wie aber ist die Rechtslage, wenn der Ehemann nicht imstande ist, die Tabletten selbst zu sich zu nehmen und seine Ehefrau ihm deshalb die todbringende Dosis einflößt? In diesem Fall handelt es sich nicht mehr um eine Selbsttötung, zu der ein Dritter Hilfe leistet, sondern um die Tötung durch einen *Dritten,* wenn auch *auf Verlangen* des Getöteten. Diese Handlung ist als vorsätzliches Tötungsdelikt strafbar. Wird sie jedoch auf das ausdrückliche und ernstliche Verlangen des Getöteten vorgenommen, so ist sie gegenüber dem allgemeinen Tötungsdelikt (§ 212 StGB) dadurch nach § 216 StGB privilegiert, daß das Strafmaß geringer ist.[52]

Wer sich von einem qualvoll Leidenden und hoffnungslos Erkrankten zu einer todbringenden Injektion, zur Abgabe einer Überdosis von Schlaftabletten bestimmen läßt, macht sich also strafbar. Anders ist es dann, wenn nicht der Arzt oder ein anderer dem Patienten die todbringende Tablettendosis oder Injektion gibt, sondern wenn der Patient selbst über sein Schicksal verfügt und Herr seiner Tat ist, seinem Leiden also selbst ein Ende macht.

Straflose Selbsttötung und *strafbarer Gnadentod* unterscheiden sich dadurch voneinander, daß der Kranke im ersten Fall die sogenannte *Tatherrschaft* hat, im zweiten Fall nicht. Die Rechtsprechung orientiert sich dabei an der Entscheidung des Bundesgerichtshofs vom 14. August 1963, die eine nach subjektiven Merkmalen ausgerichtete Unterscheidung strikt ablehnt und allein darauf abstellt, wer das zum Tode führende Geschehen tatsächlich beherrscht. Gibt sich der Kranke in die Hand des anderen, weil er, wie es in der Entscheidung heißt, duldend von ihm den Tod entgegennehmen will, dann hat dieser die Tatherrschaft. Behält der Kranke dagegen bis zuletzt die freie Entscheidung über sein Schicksal, dann tötet er sich selbst, wenn auch mit fremder Hilfe.

Wer einem Kranken Beihilfe zur Selbsttötung leisten will, muß also nach dieser Rechtsprechung darauf achten, daß nach seinem Tatbeitrag dem Kranken noch die volle Freiheit verbleibt, sich den Auswirkungen zu entziehen oder sie zu beenden. Da das nach einer tödlich wirkenden Injektion nicht der Fall ist, muß in einem solchen Fall zum Beispiel der Arzt, der die Injektion gegeben hat, damit rechnen, nach dem StGB zur Rechenschaft gezogen zu werden. Legt dagegen der Arzt (oder ein anderer) die Tabletten auf den Nachttisch, damit der Kranke sie dann selbst einnimmt, so hat er nur straflose Beihilfe zur Selbsttötung geleistet. Voraussetzung ist dabei, daß der Kranke sich verantwortlich entschieden hat, sein Leben zu beenden. Da die meisten Menschen – worauf namentlich von ärztlicher Seite immer wieder hingewiesen wird – Selbstmord in einer psychischen Ausnahmeverfassung begehen, die ihre Verantwortlichkeit ausschließt, sollten der Arzt, der Angehörige oder wer immer dem Kranken in dieser Form Sterbehilfe leisten will, sich vergewissern, daß eine solche Ausnahmesituation nicht vorliegt. Da der Verdacht der Tötung von fremder Hand stets auftaucht, wenn ein Kranker in der Klinik vergiftet aufgefunden wird, sollte auch an die Beweislage gedacht werden. Nur wenn eindeutige Beweise vorhanden sind, daß der Kranke sich selbst eigenverantwortlich den Tod gegeben hat, entgeht der Arzt den Weiterungen des Ermittlungsverfahrens. Mit der Mißbilligung seitens des ärztlichen Berufsstandes muß er ohnehin rechnen; denn die Mitwirkung auch durch die Überlassung von Tötungsmitteln widerspricht dem ärztlichen Auftrag (so auch die Resolution der Deutschen Gesellschaft für Chirurgie – Ausschuß Behandlung Todkranker und Sterbender – vom 10. April 1979[53]).

Im Vergleich zu anderen Ländern, die das Recht auf Selbsttötung nicht anerkennen, zeichnet sich also das Recht der Bundesrepublik in diesem Punkte durch ein Plus an Liberalität und Humanität aus. Hinsichtlich der straflosen Anstiftung und Beihilfe an der fremden Selbsttötung hat man sogar von einer „normativen Selbstisolierung" des deutschen Rechts (Gerd Geilen) gesprochen. Gleichwohl bleibt die Rechtslage auch in der Bundesrepublik unbefriedigend. Die Grenze, die die strafbare *aktive Sterbehilfe („Tötung auf Verlangen")* von der nichtstrafbaren Selbsttötung trennt, ist nur in der juristischen Theorie exakt zu bestimmen, in der Praxis dagegen ist sie hauchdünn.[54] Hinzu kommt, daß weder die Privilegierung des § 216 StGB noch das Anerkenntnis strafloser Beihilfe zur Selbsttötung in solchen Fällen zum Zuge kommen können, in denen der Kranke keinen Willen bilden oder äußern kann. Zu denken ist an die sogenannten Apalliker, aber auch an sonst schwer Bewußtseinsgestörte, die dahinsiechen. Das Kriterium der Tatherrschaft schließt auch die Straflosigkeit in allen Fällen aus, in denen der Kranke sich aus äußeren Gründen nicht selbst töten kann.

Die sog. *passive Euthanasie* – die Sterbehilfe durch schmerzlindernde Mittel und Verzicht auf lebensverlängernde Therapie – ist heute kein Problem mehr, das nach dem Gesetzgeber ruft. Die nach dem schweizerischen Vorbild[55] erlassenen Richtlinien der Bundesärztekammer[56] und die schon erwähnten[57] Richtlinien der Deutschen Gesellschaft für Chirurgie haben zusammengefaßt, was gesicherte Rechtsmeinung[58] ist. Bei bewußtlosen, nicht einsichtsfähigen oder zulässigerweise nicht voll aufgeklärten Patienten richtet sich die Behandlung nach dem mutmaßlichen Willen des Kranken. Hat der Arzt erfolglos die ihm offenstehenden Informationsmöglichkeiten ausgeschöpft, so darf er darauf abstellen, was nach Lage der Dinge ärztlich angemessen ist. Es besteht kein Zwang, den tödlich Erkrankten nur noch als Demonstrationsobjekt für den medizinischen und technischen Fortschritt, also als bloßes Objekt, am Leben zu erhalten. Anders verhält es sich bei der *aktiven Euthanasie.*

Die unbefriedigende Rechtslage[59] kann hier nur durch den Gesetzgeber verbessert werden. Nachdem das Tabu, das infolge der nationalsozialistischen Vernichtungsaktionen gegen „lebensunwertes Leben" der unbefangenen Erörterung der Problematik entgegenstand, weitgehend gewichen ist, sind die Chancen für eine vorurteilsfreie Diskussion gestiegen. Dennoch ist Skepsis am Platze, was gesetzgeberische Initiativen zur Freigabe der aktiven Sterbehilfe auch nur in den engsten Grenzen angeht.

Es geht hier nicht um Selbst-, sondern um Fremdbestimmung.[60] So sehr ich juristisch für Selbstverfügbarkeit eintrete, so wenig für Fremdverfügbarkeit. Das Recht auf Tötung ist etwas anderes als das Recht auf Sterben. Nicht verkannt werden darf dabei, daß die Rechtsordnung nun einmal „mißtrauisch" sein muß.[61] Es gibt nicht nur besorgte Angehörige, sondern auch Verwandte, die den Kranken als Belastung empfinden oder denen es um den schnellen Eintritt des Erbfalls geht. Ebensowenig kann außer acht gelassen werden, daß es Krankenhauspersonal gibt, das in der Pflege Todkranker keinen Sinn mehr erblickt, möglicherweise Krankenhausverwaltungen, die freie Betten benötigen, und unter Umständen auch Ärzte, die an sterbenden Patienten medizinische Erfahrungen machen wollen. Ein „vertrauensseliges" Recht, das nicht bedenkt, ob und welche Möglichkeiten zum Mißbrauch bestehen, führt sich selbst ad absurdum.[62]

Auch der Blick über die Grenzen[63] beseitigt die Skepsis nicht. Es ist zwar nicht zu verkennen, daß das Engagement für die Zulassung der aktiven Euthanasie beträchtlich ist.[64] Die Gefahr des Mißbrauchs spielt aber auch hier eine hemmende Rolle. Die Vorschläge sehen deshalb Verwaltungsverfahren vor, in denen zur Vermeidung des Mißbrauchs komplizierte Sicherungen eingebaut sind. So knüpfte die wohl bekannteste dieser Initiativen, die kantonale Volksinitiative in Zürich, die die Kantonsbürger 1977 verworfen haben, die aktive Euthanasie an drei Voraussetzungen, deren Vorliegen zum Schutze des Kranken wie des Arztes festgestellt werden sollte. Zunächst sollten ein Arzt und der Kantonsarzt gemeinsam das Vorliegen einer tödlichen Krankheit bestätigen; dann sollte der Kranke seinen Sterbewunsch in öffentlicher Urkunde vor einem Notar und zwei Zeugen niederlegen, und 72 Stunden danach hatte ein Psychiater in einer weiteren öffentlichen Urkunde zu bestätigen, daß der Kranke urteilsfähig sei und am Sterbewunsch festhalte.[65]

Ein Procedere wie dieses ist ohne Frage äußerst bürokratisch und schwerfällig. Ein weiteres Manko besteht darin, daß es nur auf den urteilsfähigen Patienten zugeschnitten ist. Diese Grenze ist jedoch bei einer Legalisierung der Sterbehilfe unüberschreitbar; sie muß auch nach meiner Ansicht unbedingt respektiert werden.

Eine andere Frage ist jedoch, ob man nicht wenigstens eine *Auflockerung* des starren § 216 StGB anstreben sollte, die dem Richter die Freiheit gibt, in tragischen Konfliktfällen von der Strafverhängung abzusehen.

Ich denke dabei nicht nur an den in Gewissensnot handelnden Täter, sondern auch an den Richter, der den Zwiespalt zwischen Recht und Ethik nach- und mitempfindet, in den der wegen aktiver Sterbehilfe Angeklagte geraten ist. Er wird sich fragen, ob er nicht selbst so gehandelt hätte wie der Angeklagte. Und dennoch ist er verpflichtet, ihn zu verurteilen.[66] Der Angeklagte wiederum sieht sich wegen seines Verhaltens zum Kriminellen gestempelt, dem auch der Richter seinen Respekt nicht versagen kann, wenn nicht überhaupt die Gesellschaft das gesetzliche Unwerturteil umkehrt. Ich erinnere an Fälle, in denen das Gericht eine symbolische Strafe verhängte, die Angeklagten aber von der Menge enthusiastisch gefeiert wurden.

Deshalb möchte ich den Vorschlag aufgreifen, den die sogenannten Alternativprofessoren – ein Arbeitskreis deutscher und schweizerischer Hochschullehrer – schon 1970 in einem Alternativentwurf zum offiziellen Entwurf der Strafrechtsreform gemacht haben.[67] Es handelt sich um den Schuldspruch unter Strafverzicht und dessen Ausdehnung auf die Tötung auf Verlangen. Damals war die Zeit noch nicht reif, diese Institution im Strafgesetzbuch der Bundesrepublik zu verankern. Jetzt, fast 15 Jahre später, dürfte es jedoch an der Zeit sein, das damals Versäumte nachzuholen. Der Richter erhielte damit für Konfliktfälle, wie sie bei der aktiven Sterbehilfe vorliegen, die Möglichkeit, die ethischen Motive des Täters dadurch zu respektieren, daß er keine Strafe verhängt und dem Täter das Stigma des Vorbestraftseins erspart. Im Urteil wäre festzustellen, daß die Tötung auf Wunsch des Sterbenden zwar rechtswidrig gewesen und auch schuldhaft begangen worden ist. Die Tatsache, daß die Tötung auf Bitten des Todkranken und aus Barmherzigkeit geschah, würde aber einen Grund bedeuten, der den Verzicht auf Strafe erlaubt. Eine solche Maßnahme wäre sicher nur ein kleiner Schritt auf dem Wege der Gesellschaft zu weiterer Humanität und Freiheit. Sie würde aber viel dazu beitragen, daß die Rechtsordnung den in unheilbarer Krankheit leidenden und dahinvegetierenden Menschen, die durch den Tod erlöst werden wollen, weniger furchtbar erscheint, als dies heute der Fall ist.

3. *Das Patiententestament.* Stärker als die Reform des Straftatbestandes Tötung auf Verlangen beschäftigt die Öffentlichkeit die Frage der Wirksamkeit von schriftlichen Erklärungen, in denen der Patient zum Ausdruck bringt, daß er im Fall irreversibler Bewußtlosigkeit, wahrscheinlicher schwerer Dauerschädigung des Gehirns (Decerebration) oder des dauernden Ausfalls lebenswichtiger Körperfunktionen oder bei infauster Prognose hinsichtlich seiner Erkrankung mit einer Intensivtherapie oder Reanimation nicht einverstanden ist. Dieses *Patiententestament* („living will", Patientenbrief), das dem Patienten ein menschenwürdiges Sterben auch im hochtechnisierten Krankenhaus sichern will, hat seine Vorbilder in den Vereinigten Staaten, insbesondere in dem kalifornischen Natural Death Act, der 1977 in Kraft getreten ist. Nach diesem Gesetz können Kranke wie Gesunde widerrufbar eine schriftliche Willenserklärung – living will – abgeben, in der der Arzt angewiesen wird, im Falle ihrer tödlichen Erkrankung (terminal condition) lebensverlängernde Maßnahmen nicht vorzunehmen. Sofern der Patient schon schwer erkrankt ist, ist dieser living will bindend. Der Arzt, der der Anweisung folgend lebensverlängernde Maßnahmen unterläßt, kann nicht wegen Tötung zur Verantwortung gezogen werden; auch als Selbsttötung darf das Nichtanwenden der Maßnahmen nicht angesehen werden. Die Frage ist, welche Wirkung solche Erklärungen[68] nach dem Recht der Bundesrepublik äußern können.

Um das Ergebnis der bisherigen Diskussion vorwegzunehmen: Die Skepsis überwiegt. Sie stützt sich auf die Widerrufbarkeit der Erklärung und verweist darauf, daß im Ernstfall der Lebenswille des Kranken dominiert;[69] die in einer anderen Situation abgegebene Willenserklärung hält aller Erfahrung nach diese Probe nicht aus und widerspricht dem, was der Kranke in der entscheidenden Situation tatsächlich will.[70] Dennoch sind Patientenbriefe nach meiner Meinung nicht juristisch irrelevant.

Außer Frage steht, daß die Erklärung jederzeit frei widerruflich ist. Ebenso lehrt die Erfahrung, daß gesunde Menschen vielfach anders urteilen als Moribunde. Willenserklärungen besitzen aber nicht nur für den Moment ihrer Abgabe Gültigkeit, sondern sind grundsätzlich bis zu ihrem Widerruf verbindlich. Das ist der Ausgangspunkt, und es besteht kein hinreichender Grund, ihn in Frage zu stellen. Man kann vielmehr für den Regelfall davon ausgehen, daß Behandlungserklärungen der hier in Rede stehenden Art nicht unüberlegt, sondern erst nach gründlicher Information abgegeben werden. Es ist daher einigermaßen gewagt, wenn diesen Erklärungen – wie es Juristen und Ärzte heute vielfach tun – jede Bindungswirkung über den Tag der Errichtung hinaus abgesprochen wird, ganz so, als ob der Sterbende ein anderes Wesen als der Erklärende wäre.

Womöglich schlagen hier die oben skizzierten Vorverständnisse von der Heiligkeit des Lebens und der Ächtung des Freitodes durch, so daß der Ansatz der laizistischen, weltanschaulich neutralen Rechtsordnung nicht wahrgenommen wird. Die Verfassung mit ihrem Selbstbestimmungsrecht fordert indessen auch in diesem Punkte Respekt.

Auf jeden Fall ist – auch vom Standpunkt der herrschenden Meinung aus – zu verlangen, daß Erklärungen ihren Wert als Indiz und bei der Feststellung des mutmaßlichen Willens des Sterbenden behalten. Es muß von der Existenz dieser Erklärung ausgegangen werden. Alsdann mag man sich, wie die Schweizerische Akademie der Wissenschaften[71] und die Bundesärztekammer[72] in ihren Richtlinien ausgeführt haben, anhand der sorgfältig abzuwägenden Umstände des Falles fragen, ob der Patient die Erklärung im gegenwärtigen Augenblick nicht etwa vernünftigerweise widerrufen würde.

Darauf verlassen, daß sein erklärter Wille ausgeführt wird, kann sich der Patient bei diesem Stand der rechtlichen Beurteilung freilich nicht. So ist es denn auch nicht verwunderlich, daß man trotz der lebhaften Diskussion, die das Patiententestament ausgelöst hat, kaum auf Patienten trifft, die solche oder ähnliche Erklärungen abfassen.

V. Die Anerkennung des Rechts auf den eigenen Tod ist kein Plädoyer für den Freitod

Ausführungen über eine Problematik wie die hier erörterte sind oft Mißverständnissen ausgesetzt. Erlauben Sie mir daher zum Schluß noch einige Sätze, die vielleicht davor schützen können.

Wenn hier das Recht zur Selbsttötung bejaht worden ist, so ist das kein Plädoyer für den Freitod, kein Appell, sich das Leben zu nehmen. Die Rechtsordnung bildet den Rahmen, in dem Menschen handeln. Wie diese sich dort, wo das Recht einen Freiraum läßt, entscheiden, ist Sache ihrer Überzeugung, ihrer Werte, ihrer Religion.

Die Exegese der Verfassung, deren Ergebnisse ich Ihnen vorgestellt und deren Auswirkungen auf die Praxis wir verfolgt haben, darf sich davon nicht beeinflussen lassen; beides ist zu trennen.

Jedes Recht ist das Ergebnis gesellschaftlicher Entwicklungsprozesse, wirkt aber auch auf diese zurück. So hat auch die Anerkennung des Rechts auf den eigenen Tod – wie jeder Rechtsfortschritt – Konsequenzen für das gesellschaftliche Leben. Ich sehe diese vornehmlich darin, daß es immer weniger möglich sein wird, dem Freitod – der Selbsttötung – die gesellschaftliche Achtung zu versagen. Wer von einem Recht Gebrauch macht, den kann man nicht von Staats oder Gesellschafts wegen als unehrenhaft behandeln, mögen auch Kirche und Religion ihre Vorbehalte haben.

Etwas anderes ist es, ob man die Bestrebungen unterstützen soll, die die Selbsttötung propagieren, Anleitungen für die Selbsttötung herausgeben und die Einrichtung von Sterbekliniken oder exit-houses zum Ziel haben.[73] Rechtlich ist dagegen nichts einzuwenden. Ich gestehe jedoch, daß ich ein Unbehagen gegenüber dem Eifer, der Angriffslust und der Penetranz empfinde, mit denen heute von verschiedenen Gruppen und Bewegungen für eine Sache gestritten wird, die als individuelle Entscheidung Respekt verdient, bei massenweiser Propagierung aber Fehlverhalten befürchten läßt.[74] Sterben ist eine höchst individuelle Angelegenheit. Selbsttötungswellen und

Sterbehäuser, in denen fabrikweise getötet wird, sind die Bilder, die das Umschlagen eines individuellen Vorgangs in eine Massenhaftigkeit andeuten, die dem Ereignis eben die Würde nimmt, auf die es den Protagonisten des freien Sterbens gerade ankommt.

So möchte ich denn auch nicht mit der Selbstgerechtigkeit schließen, mit der der Jurist gemeinhin in die Zukunft blickt, sondern in einer dem Gegenstand unserer Betrachtung angemesseneren Weise; verhalten, gedämpft, sich der eigenen Position in der Gestalt eines Zitats versichernd:

> „Ein freier Tod ist eine hochindividuelle Sache, die zwar niemals ohne gesellschaftliche Bezüge vollzogen wird, mit der aber letztlich der Mensch mit sich allein ist, vor der die Sozietät zu schweigen hat."[75]

Und die Rigoristen, die Angst vor der Auflockerung der Strafbestimmung gegen die aktive Euthanasie haben und die Tötung aus Barmherzigkeit unbedingt mit dem Strafmakel belegen wollen, diese Hartherzigen sollten auf die Bergpredigt hingewiesen werden, wo es heißt (Matth. 5, 7):

> „Selig sind die Barmherzigen,
> denn sie werden Barmherzigkeit erlangen."

Anmerkungen

1 Rainer Maria Rilke: Werke, Bd. 1, 1, Frankfurt am Main 1980 S. 103.

2 Rainer Maria Rilke (Anm. 1), Bd. 3, 1, S. 115.

3 Rainer Maria Rilke (Anm. 1), Bd. 3, 1, S. 115.

4 Jean Ziegler: Les vivants et la mort, 1975, dt. Übersetzung: Die Lebenden und der Tod, Darmstadt und Neuwied 1977, S. 14 f., 80 ff.

5 Ernst Bloch: Das Prinzip Hoffnung, Bd. 3, Berlin (Ost) 1959, S. 197.

6 S. dazu insbes. Ferdinand W. Menne: Todeskontrolle. Das „moderne" Ende sozialer Lebensgeschichten, in: Vorgänge 36 (1978) S. 80, 87 ff.

7 Vgl. Milton D. Heifetz und Charles Mangel: The right to die, New York 1975, dt. Übersetzung: Das Recht zu sterben, Frankfurt/Main

1976, S. 31; s. auch Paul Moor: Death is not the worst: The Case for Voluntary Euthanasia, 1973, deutsche Übersetzung: Die Freiheit zum Tode, Reinbek 1973.

8 Albin Eser: Neues Recht des Sterbens? Einige grundsätzliche Betrachtungen, in: Albin Eser (Hrsg.): Suizid und Euthanasie als human- und sozialwissenschaftliches Problem, Stuttgart 1976, S. 392 f.

9 Menne (Anm. 6), S. 92.

10 Joseph Fletcher: In Verteidigung des Suizids, in: Albin Eser (Hrsg.): Suizid und Euthanasie (Anm. 8), S. 233 ff., 244.

11 Jean Améry: Hand an sich legen. Diskurs über den Freitod, Stuttgart 1983, S. 40, 69.

12 So z. B. schon Andreas Hamann/Helmut Lenz: Grundgesetz, 3. Aufl., Neuwied und Berlin 1970, Art. 2 Anm. B 8.

13 Insoweit zutreffend Gerd Roellecke: Gibt es ein „Recht auf den Tod"?, in: Eser (Hrsg.): Suizid und Euthanasie (Anm. 8), S. 338.

14 Vgl. Entscheidungen des Bundesverfassungsgerichts (BVerfGE) Bd. 39, S. 1, 36 f.; s. a. Kurt Georg Wernicke in: Bonner Kommentar zum Grundgesetz (Erstbearbeitung), Art. 2 Anm. II 2 a.

15 So etwa Günter Dürig in: Theodor Maunz/Günter Dürig/Roman Herzog/Rupert Scholz: Grundgesetz, München 1958 ff., Art. 2 Rdnr. 12.

16 Gustav W. Heinemann: Plädoyer für den Rechtsstaat, Rechtspolitische Reden und Aufsätze, Karlsruhe 1969, S. 15.

17 Ebenso Franz-Ludwig Knemeyer, Veröffentlichungen der Vereinigung der Deutschen Staatsrechtslehrer (VVDStL), Bd. 35 (1977), S. 221 ff., 256. S. a. Eser, a.a.O. (Anm. 8), S. 395.

18 BVerfGE 39, 1.

19 BVerfGE 4, 7, 15 f.

20 BVerfGE 27, 1, 6; 344, 350.

21 BVerfGE 4, 7, 15 f.; 12, 45, 54 f.

22 BVerfGE 6, 32, 41; 27, 1, 6; 344, 350 f.

23 Vgl. die gründliche Arbeit von Joachim Wagner: Selbstmord und Selbstmordverhinderung, Karlsruhe 1975, S. 93 f.

24 Dazu Joachim Wagner (Anm. 23), S. 91, 94.

25 Vgl. Anm. 21.

26 Entscheidungen des Bundesgerichtshofs in Strafsachen (BGHSt) Bd. 11, S. 111, 114.

27　Dietrich Bonhoeffer: Ethik, München 1956, S. 111 ff.

28　Dietrich Bonhoeffer (Anm. 27), S. 112. Wie Bonhoeffer auch Alfons Auer: Das Recht des Menschen auf einen „natürlichen" Tod, in Albin Eser (Hrsg.): Suizid und Euthanasie (Anm. 8), S. 250, 252 f.

29　Zutreffend Joachim Wagner (Anm. 23), S. 103.

30　Zustimmend Albin Eser (Anm. 8), S. 395.

31　BGHSt 6, 147, 153.

32　BGHSt 6, 46, 52 ff.

33　BVerfGE 30, 1, 39 f.

34　Bruno Schmidt-Bleibtreu/Franz Klein, Kommentar zum Grundgesetz, 5. Aufl., Neuwied und Darmstadt 1980, Art. 1, Rdnr. 1.

35　Einem Bericht der Frankfurter Allgemeinen Zeitung vom 31. Ma 1983 ist zu entnehmen, daß diese Formel bereits auf einer Tagung der Katholischen Akademie Bayern in München von Frau Pieper Professorin für Moralphilosophie in Basel, gebraucht worden ist Unter den Gegenstimmen, die das Recht auf den eigenen Tod ablehnen, ist der in Anm. 13 erwähnte Aufsatz von Roellecke hervorzuheben.

36　Albin Eser (Anm. 8), S. 397.

37　Vgl. dafür BGHSt 12, 379, 382 und eingehend Joachim Wagne (Anm. 23), S. 117.

38　Ich folge damit den Zahlen von Wagner (Anm. 23), S. 119 ff., 122 f Die tatsächlichen Zahlen dürften unter den Annahmen Wagner liegen. Die Suizidforschung kommt zu sehr unterschiedlichen Er gebnissen. Der von *Kranken* geäußerte Wunsch, ein Ende zu ma chen, ist vielfach in Wahrheit die Bitte um Linderung des Leiden und mehr Sterbebeistand. Dazu statt vieler Markus von Lutterotti Ärztlicher Heilauftrag und Euthanasie, in: Albin Eser (Hrsg.): Suizi und Euthanasie (Anm. 8), S. 294 f.: „Tatsächlich gibt es beim termina Kranken so gut wie nie ein echtes Tötungsverlangen". Lutterott weist jedoch darauf hin, daß der Wunsch eines Kranken nach Eu thanasie auch echt gemeint sein kann.

39　Albin Eser (Anm. 8), S. 398 f tritt mit beachtlichen Gründen dafü ein, daß es nicht auf eine objektive, von heteronomen Zwängen tat sächlich freie Entscheidung ankommt, sondern daß das Handel aus *subjektivem Freiheitsbewußtsein* entscheidend ist.

40　Herrschende Meinung. Zur Kritik an diesem Begriff s. Volkma Götz: Allgemeines Polizei- und Ordnungsrecht, 5. Aufl., Göttinge 1978, S. 48 ff.

41 Wie hier und im folgenden Joachim Wagner (Anm. 23), S. 134 ff.

42 S. auch Albin Eser (Anm. 8), S. 399.

43 Ebenso Joachim Wagner (Anm. 23), S. 127.

44 Selbsttötung ist die häufigste Todesursache im Strafvollzug; sie ist etwa zehnmal so häufig wie bei einer nach Alters- und Sozialstruktur vergleichbaren Population in Freiheit, vgl. Psychiatrie-Enquete, Bundestags-Drucksache 7/4200 v. 25. 11. 1975, S. 279; Dietrich Zettel: Anstaltsarzt und ärztliche Versorgung, in: Hans-Dieter Schwind/Günter Blau (Hrsg.): Strafvollzug in der Praxis, Berlin – New York 1976, S. 181, 186; Günther Kaiser/Hans-Jürgen Kerner/ Heinz Schöch: Strafvollzug, 3. Aufl., Heidelberg 1982, S. 402 ff.

45 S. § 56 Abs. 1 des Strafvollzugsgesetzes (StVollzG), wonach für die körperliche Gesundheit des Gefangenen zu sorgen ist. § 88 Abs. 1 StVollzG erlaubt besondere Sicherungsmaßnahmen bei Gefahr des Selbstmordes.

46 OLG Koblenz Juristische Rundschau 1977, S. 471 mit weiteren Nachweisen.

47 S. a. Joachim Wagner (Anm. 23), S. 154 f.; Joachim Wagner: Anmerkung zu OLG Koblenz Juristische Rundschau 1977, 473 ff.; Albrecht Brühl in: Kommentar zum Strafvollzugsgesetz, Reihe Alternativkommentare (AK StVollzG), 2. Aufl., Neuwied und Darmstadt 1982, § 101 Rz 6, 13, 19; Rolf-Peter Calliess/Heinz Müller-Dietz, Strafvollzugsgesetz, 2. Aufl., München 1979, § 101 Rdnr. 1 ff.; Kaiser/Kerner/Schöch (Anm. 44), S. 404.

48 Um eine eindeutige Willenskundgebung des Gefangenen herbeizuführen, bestimmen die bundeseinheitlichen Vollzugsvorschriften zu § 101 StVollzG, daß die Erklärung schriftlich festzuhalten oder bei mündlichen Erklärungen ein Vermerk darüber anzufertigen ist.

49 Nach Eintritt der Bewußtlosigkeit des Gefangenen, der sich zunächst aufgrund freier Willensbestimmung gegen die Zwangsernährung ausgesprochen hat, braucht nach vorherrschender Meinung die freie Willensbestimmung nicht mehr respektiert zu werden, weil nicht ausgeschlossen werden könne, daß eine Willensänderung eingetreten sei. Dann soll die Behörde zum Eingreifen befugt, aber nicht verpflichtet sein (vgl. Brühl, AK StVollzG, 2. Aufl., Art. 101 Rz 12, 19). Diese Auffassung ist abzulehnen; die Willenskundgebung des Gefangenen ist unbedingt abgegeben, auch und gerade für den – voraussehbaren – Fall des Eintretens der Bewußtlosigkeit vor dem Todeseintritt.

50 So zu Recht die herrschende Meinung in der juristischen Literatur, vgl. die Nachweise bei Joachim Wagner a.a.O. (Anm. 23); a. A.
BGHSt 6, 147.

51 Ebenso Joachim Wagner (Anm. 23), S. 131 f.

52 BGHSt 19, 152.

53 Beilage zu Mitteilungen der Deutschen Gesellschaft für Chirurgie, Heft 3/1979.

54 So zu Recht Ernst Walter Hanack: Euthanasie in strafrechtlicher
Sicht, in: Hans-Dieter Hiersche (Hrsg.): Euthanasie. Probleme der
Sterbehilfe, München 1975, S. 121, 147.

55 Richtlinien für die Sterbehilfe vom 5.11. 1976 nebst Kommentar,
herausgegeben von der Schweizerischen Akademie der medizinischen Wissenschaften, Basel 1976.

56 Richtlinien der Bundesärztekammer für die Sterbehilfe und Kommentar dazu, Deutsches Ärzteblatt 76 (1979) S. 958 ff.

57 Vgl. Anm. 53.

58 Zur Konsensbildung vgl. etwa Hanack (Anm. 54), S. 135 ff.; Hans-
Ludwig Schreiber: Euthanasie, in: Beiträge zur gerichtlichen Medi-
zin, Wien 1975, S. 37, 39; Rudolf Wassermann: Die Sterbehilfe im
Recht der Bundesrepublik, in: Berit Hedeby: Ja zur Sterbehilfe,
Frankfurt am Main 1981, S. 139, S. 152 ff.

59 Vgl. etwa Rudolf Schmitt: Strafrechtlicher Schutz des Opfers vor
sich selbst?, in: Festschrift für Reinhart Maurach, Karlsruhe 1972,
S. 113, 117 mit weiteren Nachweisen; Gerhard Simson: Ein Ja zur
Sterbehilfe aus Barmherzigkeit, in: Festschrift für Erich Schwinge,
Bonn 1973, S. 89, 99 ff.

60 Vgl. Albin Eser (Anm. 8), S. 400.

61 Zur „Mißbrauchsabwehr" s. a. Albin Eser (Anm. 8), S. 398.

62 Ablehnend gegen die aktive Euthanasie insbesondere auch Gerd
Geilen: Euthanasie und Selbstbestimmung, Tübingen 1975, S. 29;
Hans-Ludwig Schreiber (Anm. 58), S. 40 ff.; Karl Engisch: Der Arzt
an den Grenzen des Lebens, Bonn 1973, S. 49 ff. Für Straffreiheit dagegen Rudolf Schmitt (Anm. 59), S. 118; Michael Mars: Zur Definition des Begriffs „Rechtsgut", München 1972, S. 63 ff.

63 S. Gerhard Simson/Friedrich Geerds: Straftaten gegen die Person und Sittlichkeitsdelikte in rechtsvergleichender Sicht, München
1969; Gerhard Simson: Die Tötung aus Barmherzigkeit in rechtsvergleichender Sicht, in: Albin Eser (Hrsg.): Suizid und Euthanasie,
(Anm. 8) S. 322 ff.

64 Ein Modell für die Verwirklichung des „rationalen Todes" in Exit-Häusern hat Jo Roman entwickelt, es ist veröffentlicht in der deutschen Ausgabe ihres Buches Exit House; s. Jo Roman: Freiwillig aus dem Leben. Ein Dokument, Frankfurt am Main 1983, S. 163 ff.

65 Ähnlich die Vorstellungen der Deutschen Gesellschaft für humanes Sterben; dazu – kritisch – Werner Wachsmuth/Hans-Ludwig Schreiber: Von der Unberührbarkeit des Todes. Der Wunsch, die Art des Sterbens zu bestimmen, Frankfurter Allgemeine Zeitung, 23. 11. 1982, S. 11.

66 Vielfach versuchen Gerichte, sich ihrer Not durch juristische Konstruktionen wie Pflichtenkollision bzw. Notstand (§§ 34, 35 StGB) zu entziehen, die das Vorliegen von Rechtswidrigkeit oder Schuld verneinen. Dazu positiv Gerhard Simson (Anm. 59), S. 110; Gerhard Simson (Anm. 63), S. 333. Karl Engisch: Konflikte, Aporien und Paradoxien bei der rechtlichen Beurteilung der ärztlichen Sterbehilfe, Festschrift für Eduard Dreher, Berlin – New York 1977, S. 309, 320 meint, wenn Tötung auf Verlangen nicht bestraft werde, solle dies nicht im Sinne einer rechtfertigenden Billigung, sondern im Sinne einer menschlich verstehenden Entschuldigung gedeutet werden.

67 Alternativ-Entwurf eines Strafgesetzbuches, Besonderer Teil, Straftaten gegen die Person. 1. Halbband, herausgegeben von Jürgen Baumann u. a., Tübingen 1970. Für diesen Vorschlag Ernst Walter Hanack (Anm. 54), S. 156. Zur Resonanz, die dieser Gedanke auf dem Symposion des Bielefelder Zentrums für interdisziplinäre Forschung im März 1975 im Zusammenhang mit einem von Simson eingebrachten Vorschlag auf Ergänzung des § 216 StGB (Gerhard Simson, a.a.O. [Anm. 63], S. 334) gefunden hat, vgl. Peter Bringewat: Diskussionsbericht III: Ethische und rechtliche Perspektiven zu Suizid und Euthanasie, in: Albin Eser (Hrsg.): Suizid und Euthanasie, (Anm. 8), S. 408, 415 ff., 422.

68 Vgl. Wilhelm Uhlenbruck: Der Patientenbrief – die privatautonome Gestaltung des Rechtes auf einen menschenwürdigen Tod, Neue Juristische Wochenschrift 1978, S. 566 ff. Für die USA s. Luis Kutner: Die Verfügung zu Lebzeiten – Zur Bewältigung des historischen Vorgangs Tod, in: Albin Eser: Suizid und Euthanasie (Anm. 8), S. 360 ff.

69 Statt vieler Werner Wachsmuth/Hans-Ludwig Schreiber (Anm. 65), die auf Grund von Beobachtungen in Zentren für Querschnittgelähmte von einem „frappierenden Lebenswillen" bei den tatsächlich Betroffenen sprechen.

70 Auf dem Bielefelder Symposion 1975 nannte Markus von Lutterotti den Todeswunsch eines Gesunden in Form einer notariell
   beurkundeten Erklärung ein anthropologisches Fehlurteil. Der
   Gesunde könne die Situation des Sterbens nicht antizipieren. Vgl.
   Peter Bringewat (Anm. 67), S. 408.

71 Kommentar zu den Richtlinien für Sterbehilfe (Anm. 55), III, 3.

72 Kommentar zu den Richtlinien für Sterbehilfe (Anm. 56), III, 3.

73 S. o. Anm. 64 f.

74 S. a. die Bedenken bei Gerhard Wachsmuth/Hans-Ludwig Schreiber (Anm. 65).

75 Jean Améry (Anm. 11), S. 103.

Die Autoren

Meinhard Adler, Prof. Dr. med., Facharzt für Psychiatrie, geboren 1937, studierte Pädagogik in Leipzig, Medizin, Psychologie und Anthropologie in Göttingen, Mainz, Erlangen, München. Tätigkeiten u. a. am Max-Planck-Institut für Psychiatrie München, Neurologie im Klinikum Steglitz der FU Berlin, Auslandsstipendium für Hirnphysiologie und Verhaltensforschung in Yale und Madrid. Professur für Physiologische Psychologie an der FU Berlin 1974, seit 1976 Professur in der Heilpädagogischen Psychiatrie, Universität Köln, 1983 Honorarprofessur FU Berlin für Physiologische Psychologie innerhalb der Medizinischen Psychologie.
Schwerpunkte: Biologische Psychiatrie, spezielle psychiatrische Arbeiten, Wissenschaftsmethodik, kulturpsychiatrische Studien, Arbeiten zu Tod und Suizid. Lehrbuch der Physiologischen Psychologie, Biologische Grundlagen von Erleben und Verhalten.

Margret M. Baltes, Prof. Ph. D. Dipl.-Psych., studierte Psychologie in Freiburg und Saarbrücken (Diplomabschluß) und den USA, wo sie den Ph. D. an der West Virginia University erwarb. Nach einer achtjährigen Tätigkeit als Assistant- und Associate Professor of Human Development an der Pennsylvania State University kam sie 1980 an die Freie Universität Berlin, wo ihr eine Professur für psychologische Gerontologie in der Abteilung Gerontopsychiatrie im Klinikum Charlottenburg angeboten wurde. Zudem ist sie als Honorarprofessor mit dem psychologischen Institut der Universität Trier verbunden.
Ihr wissenschaftliches Interesse liegt hauptsächlich in der Gerontologie, wo Fragen der Autonomie, der Aktivität und Sozialbeziehungen des alten Menschen ihre wesentlichen Forschungsbereiche ausmachen.

Wilfried Barner, Prof. Dr. phil., geboren 1937, Studium der Klassischen Philologie (Griechisch, Latein) und der Germanistik in Göttingen und Tübingen. Promotion 1963, Habilitation 1968. Seit 1971 Ordinarius für Deutsche Philologie an der Universität Tübingen. Gastprofessuren in Cincinnati und Jerusalem, Forschungsprofessor in Princeton. Forschungsschwerpunkte: deutsche Literatur des Humanismus, des Barock, der Aufklärung (besonders Lessing) und des 20. Jahrhunderts (nach 1945), Literaturtheorie, deutsch-antike Literaturbeziehungen.

Hans Ebeling, Prof. Dr. phil., geboren 1939, Studium der Philosophie, Erziehungswissenschaft, Lateinischen und Griechischen Philologie in Freiburg i. Br. und Tübingen. Promotion 1967 in Freiburg, Habilitation 1975. Nach Lehrtätigkeit an den Universitäten Freiburg und Heidelberg 1978–1979 Lehrstuhlvertreter an der Freien Universität Berlin, 1980–1981 an der Universität Frankfurt a. M. Seit 1981 Lehrstuhlinhaber im Fachbereich Philosophie der Universität Paderborn. Hauptarbeitsgebiete: Fundamentalphilosophie, Praktische Philosophie, Theorie der Moderne.

Ingeborg Falck, Prof. Dr. med., geboren 1922, Studium der Medizin in Berlin, Weiterbildung zum Facharzt für Innere Medizin an der Charité, Habilitation 1966 für Innere Medizin an der Humboldt-Universität Berlin, Umhabilitation an die Freie Universität Berlin 1966. Seit 1963 Leitender Arzt der Inneren Abteilung, Ärztlicher Leiter des Max-Bürger-Krankenhauses. Vizepräsidentin der Deutschen Gesellschaft für Gerontologie, Mitherausgeber der Zeitschrift für Gerontologie.
Schwerpunkte: Geriatrie, auch unter sozialmedizinischen Aspekten, Frauen- und Ärztinnenprobleme.

Jürgen Howe, Dr. rer. nat. Dipl.-Psych., geboren 1950, Studium der Psychologie in Kiel, Hochschulassistent an der Universität Osnabrück/Abt. Vechta.
Arbeitsschwerpunkte: Integration psychotherapeutischer Verfahren, Thanato-Psychologie.

Siegfried Kanowski, Prof. Dr. med., geboren 1935, studierte Humanmedizin an der Freien Universität Berlin. Approbation als

Arzt 1962, Beginn an der Psychiatrischen und Neurologischen
Klinik für Psychiatrie und Neurologie. Klinischer Oberarzt
1968. Habilitation für Psychiatrie und Neurologie 1971. Ernennung zum Leiter der neugegründeten Abteilung für Gerontopsychiatrie an der Freien Universität, Klinikum Charlottenburg 1972. Schwerpunkte: Klinische Psychopharmakologie in
der Alterspsychiatrie (speziell Nootropika-Forschung), Psychopathologie, Therapie-Evaluation. Mitglied zweier Kommissionen des Bundesgesundheitsamtes, Mitglied des Vorstandes
der Beraterkommission des BMFJG für das Modellprogramm
Psychiatrie in der Bundesrepublik und zahlreiche Fachgesellschaften.

Renate Kreibich-Fischer, Dipl.-Psych., Malerin, Psychotherapeutin, studierte Chemie, Malerei und Psychologie in Dresden
und Berlin, arbeitet in der psycho-sozialen Beratungsstelle für
Tumorpatienten im Krankenhaus Moabit, Berlin, und als Dozentin für Psychologie am Berlin-Kolleg.
Veröffentlichungen im Bereich der Entwicklungspsychologie
sozialer Kognitionen und im Bereich der psycho-sozialen Beratung von Tumorpatienten.

Josef Mayer-Scheu, Dr. theol., geboren 1936, studierte Jura
(Staatsexamen 1961) und Theologie in Freiburg, Heidelberg
und Mainz, 1969 Promotion, kath. Krankenhausseelsorger an
den Universitätskliniken Heidelberg, graduiert bei WILL-
Europa (Themenzentrierte Interaktion), Supervisor für Klinische Seelsorge-Ausbildung (KSA) in der Deutschen Gesellschaft für Pastoralpsychologie, Leiter des Instituts für KSA in
Heidelberg. Veröffentlichungen im Staatskirchenrecht, zum
Themenbereich Gruppendynamik und Lebendiges Lernen, vor
allem zur Krankenhausseelsorge und zum Thema Behandeln
und Heilen im Krankenhaus, Mitherausgeber der pastoralanthropologischen Reihe *Sehen, Verstehen, Helfen.*

Hans-Joachim Merker, Prof. Dr. med., geboren 1929, Studium
der Archäologie und Kunstgeschichte an der Freien Universität
Berlin, 1950 Wechsel in die Medizinische Fakultät, Staatsex-

amen 1956, Approbation 1957. Seit 1957 Assistent, zunächst in der Forschungsabteilung für Elektronenmikroskopie, dann im Anatomischen Intitut der Freien Universität Berlin. Habilitation für Anatomie 1964, 1968 apl. Professor und Leiter einer embryologischen Arbeitsgruppe im Sonderforschungsbereich Embryonalpharmakologie, 1973 Berufung auf einen Lehrstuhl für Anatomie an der Freien Universität Berlin, Sprecher des Sonderforschungsbereichs.
Wissenschaftliche Interessensgebiete: Feinstruktur embryonalen Gewebes, vergleichende Embryologie, Teratologie, Substanztestung am Embryo und in vitro.

Hansjörg Riehm, Prof. Dr. med., geboren 1933, studierte Medizin an den Universitäten Tübingen, Kiel, Innsbruck und Berlin, habilitierte sich nach einem 2jährigen Studienaufentalt in den USA 1970 an der Freien Universität Berlin für das Fach Kinderheilkunde. Seit 1972 Leiter der Abteilung Pädiatrie II mit Schwerpunkt Hämatologie an der Kinderklinik der Freien Universität, ab 1984 in gleicher Position an der Kinderklinik der Medizinischen Hochschule Hannover. Systematische Untersuchungen zur Therapie kindlicher Krebskrankheiten, insbesondere der akuten Leukämien. Nationale und internationale Forschungspreise.

Hans Peter Rosemeier, Prof. Dr. phil. Dipl.-Psych., geboren 1944, Studium in Karlsruhe, München und Regensburg, Tätigkeiten: Fachbereich Philosophie/Psychologie der Universität Regensburg, Max-Planck-Institut für Psychiatrie in München, Institut für Soziale Medizin der Freien Universität Berlin, seit 1976 geschäftsführender Direktor des Instituts für Medizinische Psychologie des Fachbereichs Grundlagenmedizin. Schwerpunkte: Untersuchungen zum Menstruationserleben, Ärztliches Handeln und Intimität, Lehrbuch der Medizinischen Psychologie.

Hans Schadewaldt, Prof. Dr. med., geboren 1923, studierte Medizin und Geschichte in Tübingen, Würzburg und Königsberg. Promotion 1949 in Tübingen, Habilitation für Geschichte der

Medizin 1961 in Freiburg. Seit 1963 als außerordentlicher, seit 1965 als ordentlicher Professor Direktor des neubegründeten Instituts für Geschichte der Medizin der damaligen Medizinischen Akademie und heutigen Universität Düsseldorf. Sekretär der Klasse für Geisteswissenschaften der Rheinisch-Westfälischen Akademie der Wissenschaften.
Hauptarbeitsgebiete: Geschichte der Pädiatrie, Schiffs- und Tropenmedizin, Allergologie, Ärztliche Ethik, Kunst und Medizin.

Bruno Schlegelberger, Prof. Dr. phil., geboren 1934, seit 1954 Mitglied des Jesuitenordens, Studium der Philosophie und Theologie in Frankreich, Deutschland und Spanien. Von 1970–74 Leiter der Studentenseelsorge in Berlin-West, 1974 Berufung auf den Lehrstuhl für Kath. Theologie an der PH Berlin, seit 1980 an der FU Berlin. Forschungen auf dem Gebiet der Moraltheologie und der Theologie der Dritten Welt unter besonderer Berücksichtigung Lateinamerikas.

Gisela Schneider, Dipl.-Psych. und Ärztin, nach Studium der Philosophie, Religionswissenschaften und Psychologie 1973 Diplom in Psychologie an der Freien Universität Berlin. Anschließend freiberufliche Tätigkeit als Kinderpsychotherapeutin und Medizinstudium. Zur Zeit in Facharztausbildung für Psychiatrie und Neurologie.

Michael Theunissen, Prof. Dr. phil., geboren 1932, studierte Philosophie, Theologie und Germanistik in Bonn und Freiburg. Nach Professuren in Bern und Heidelberg lehrt er seit 1980 wieder Philosophie an der Freien Universität Berlin, wo er sich 1964 habilitierte. Untersuchungen zur Philosophie des 19. und 20. Jahrhunderts und insbesondere zur Sozial- und Religionsphilosophie.

Rudolf Wassermann, Oberlandesgerichtspräsident, geboren 1925, Studium der Rechtswissenschaft, Soziologie und Politikwissenschaft in Halle (Saale) und Berlin (West). Nach richterlicher Tätigkeit beim Landgericht Berlin und beim Kammergericht 1967 Ministerialrat im Bundesjustizministerium, 1968 Landgerichtspräsident in Frankfurt am Main, seit 1971 Präsident des Oberlandesgerichts Braunschweig. Daneben Präsident des Niedersächsischen Landesjustizprüfungsamts und Mitglied des Staatsgerichtshofs von Niedersachsen.

Zahlreiche Veröffentlichungen, darunter *Der politische Richter* (1972), *Der soziale Zivilprozeß* (1978), *Menschen vor Gericht* (1979), *Recht und Sprache* (1983), *Ist Bonn doch Weimar?* (1983). Arbeitsschwerpunkte: Verfassung, Rechts- und Kriminalpolitik, Strafrecht, Verfahrensrecht.

Elmar Weingarten Dr. rer. soc. Dipl. Vw., arbeitet als Hochschulassistent am Institut für Soziale Medizin der Freien Universität Berlin. Als Medizinsoziologe befaßt er sich in Forschung und Lehre mit dem Verhältnis Medizin und Technik und Problemen des Arzt-Pflegepersonal-Patienten-Verhältnisses. Die Interessen in der Allgemeinen Soziologie liegen in der mikrosoziologischen Theorieentwicklung, insbesondere der Ethnomethodologie und der qualitativen Sozialforschung.

Rolf Winau, Prof. Dr. phil. Dr. med., geboren 1937, studierte Philosophie, Germanistik und Geschichte in Bonn und Freiburg, Medizin in Mainz, habilitierte sich dort 1972 für Geschichte der Medizin. Seit 1976 ist er Lehrstuhlinhaber dieses Faches an der Freien Universität Berlin. Forschungen zum Biologismus, der Medizin im Nationalsozialismus und der Sozialgeschichte der Medizin.

Namenregister

Sachregister

Haeberle

Die Sexualität des Menschen

Handbuch und Atlas

von Prof. Dr. Dr. *Erwin J. Haeberle*

21,5 x 27,8 cm. XII, 559 Seiten. Mit 294 Abbildungen, 7 Tabellen. 1983.
Broschiert DM 54,– ISBN 3 11 008753 7

Die Sexologie – nach wie vor ein Stiefkind der Medizin – wird in
diesem reichbebilderten Handbuch unter folgenden Aspekten
behandelt:
Physiologische und psychologische Grundlagen · Formen und
Varianten menschlicher Sexualität · Sexuelle Funktionsstörungen ·
Sexualität und Partnerschaft – Ehe, Familie, Emanzipation · Sexu-
alität und Gesellschaft – Konformität und Abweichung in Ge-
schichte, Kunst und Recht.
Eine reichhaltige photographische Dokumentation erlaubt auch
auf visuellem Wege den Zugang zum vielgestaltigen Inhalt: Die
Sexualität des Menschen.
Professor Haeberle, Sexualtherapeut in San Francisco, war Organi-
sator des 6. Weltkongresses für Sexologie in Washington im Mai
1983, ist Hochschullehrer am Institute for Advanced Study of
Human Sexuality in San Francisco und Research Associate am
Kinsey Institute.

*Haeberle hat mit seinem Handbuch die seit langem umfassendste Dar-
stellung der Sexualforschung geschaffen, die auch wissenschaftlichen
Ansprüchen genügt. Daneben ist ihm zugleich das Kunststück gelungen,
ein wirklich allgemeinverständliches und im besten Sinne populärwissen-
schaftliches Buch zu schreiben, das sich wegen seiner klaren Gliederung
und seines Registers ausgezeichnet als Nachschlagewerk eignet.*
Süddeutsche Zeitung

*... Tatsächlich gibt es wohl kein zweites Fachbuch, das die Vielfalt mensch-
lichen Sexuallebens so reichhaltig und freizügig, dabei durchaus ästhetisch
in Bildern – historischen und realistischen –, darbietet wie dieses.*
Frankfurter Rundschau

de Gruyter

W. Pschyrembel

Klinisches Wörterbuch

Mit klinischen Syndromen und Nomina Anatomica

254., völlig neu bearbeitete Auflage.
14 x 21,5 cm. XXIV, 1341 Seiten. 2843 Abbildungen. 1982.
Gebunden DM 58,– ISBN 3 11 007187 8

Das am weitesten verbreitete klinische Nachschlagewerk
erleichtert **Diagnose und Differentialdiagnose,**
erläutert alle wichtigen **Krankheitszustände,**
informiert über **Medizin und Grenzgebiete,**
nennt **Wortbedeutung** und
ist grundlegende **Rechtschreibhilfe.**

Der millionenfach bewährte medizinische Ratgeber wurde
im Stichwortbestand um ca. 20 % erweitert, durch modernste
Satztechnologie jedoch nicht „dicker" und
um rund 800 Abbildungen zusätzlich verstärkt: ein Plus von
35 % visueller Information.

Notwendigkeit genug, diese Neuauflage allen alten Auflagen vorzuziehen.

de Gruyter